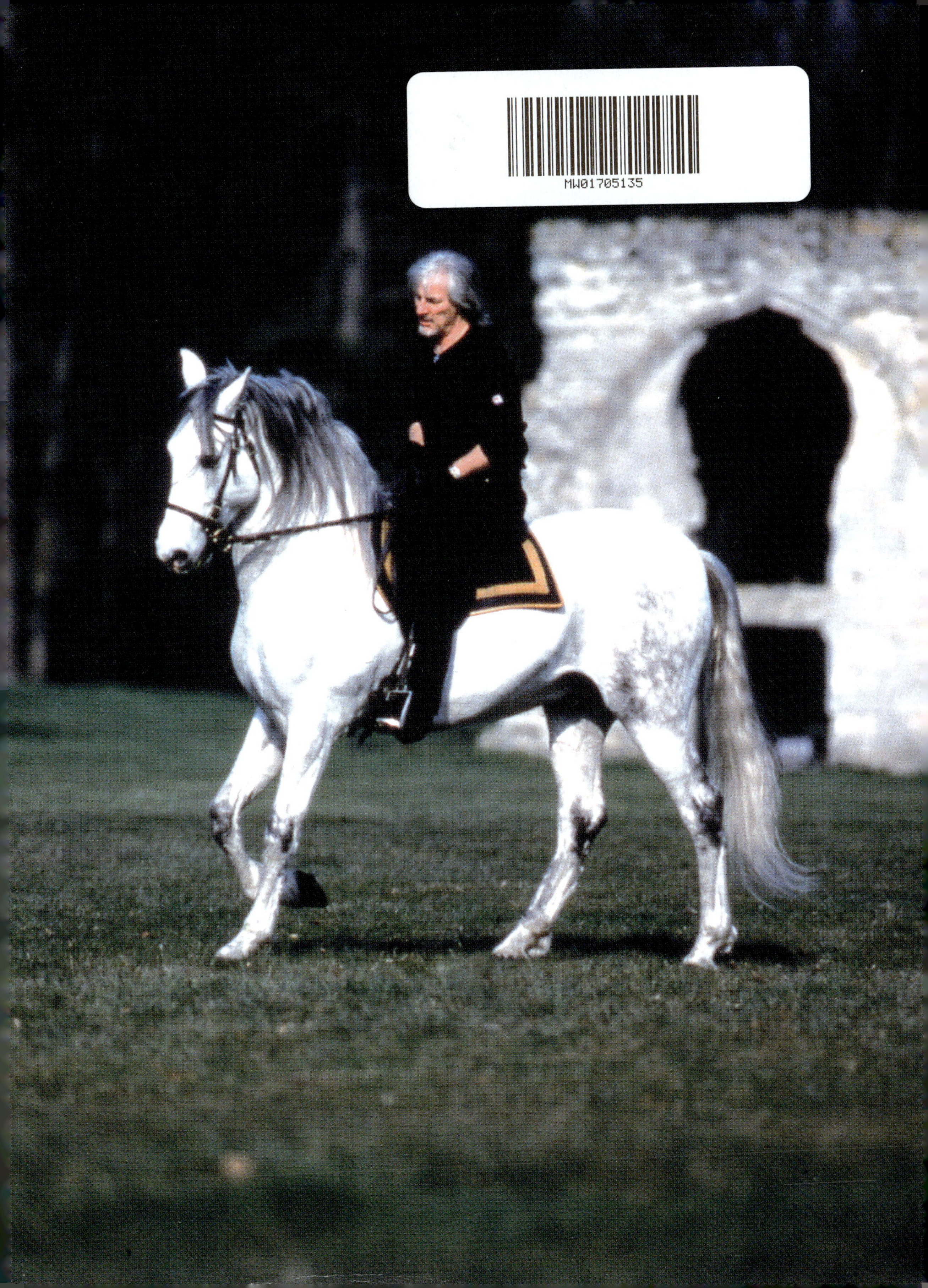

LES CHEVAUX
VUS PAR HUGUES AUFRAY

PROPOS RECUEILLIS PAR DELPHINE GERMAIN
PHOTOGRAPHIES : ALAIN LAURIOUX

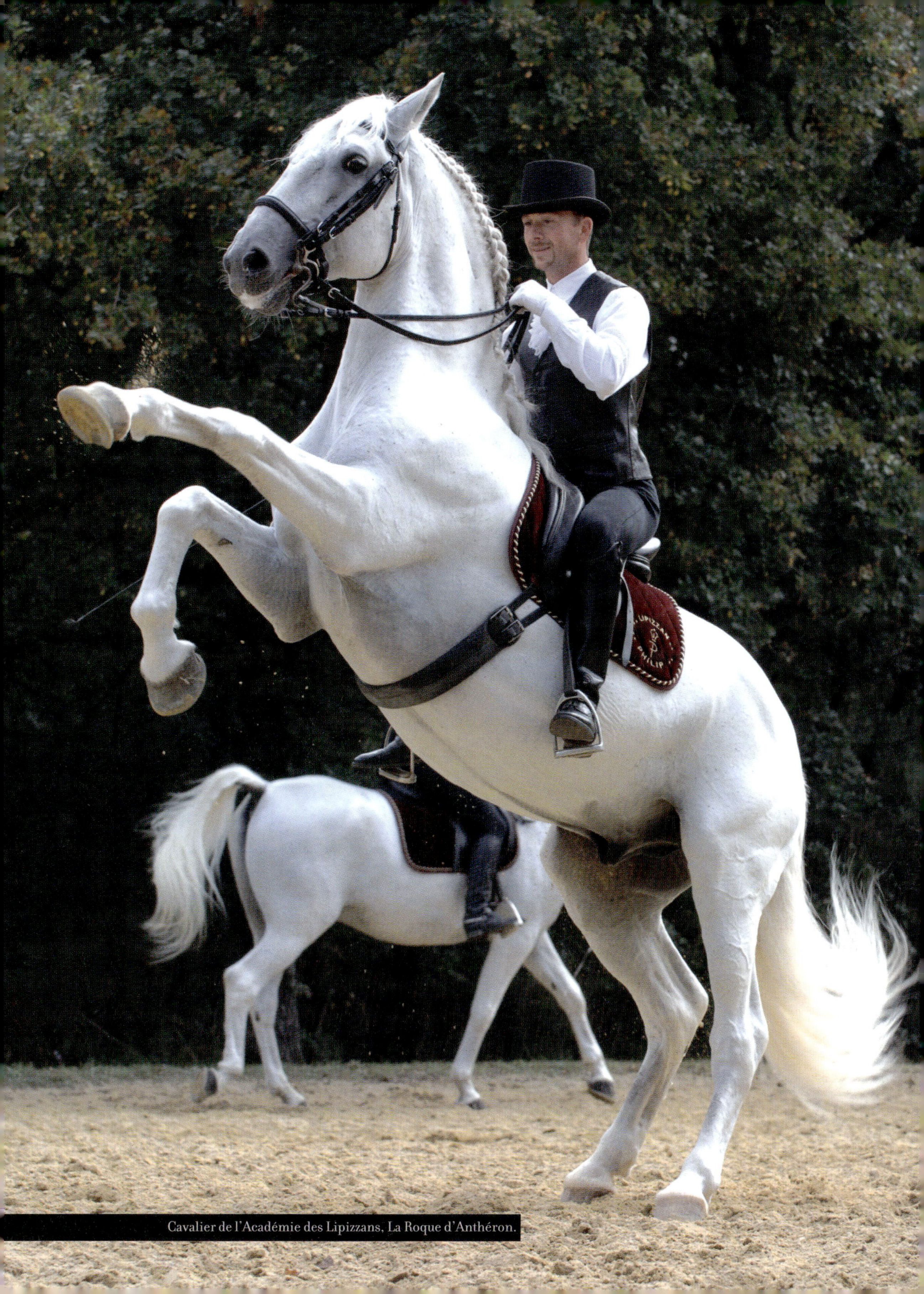

Cavalier de l'Académie des Lipizzans, La Roque d'Anthéron.

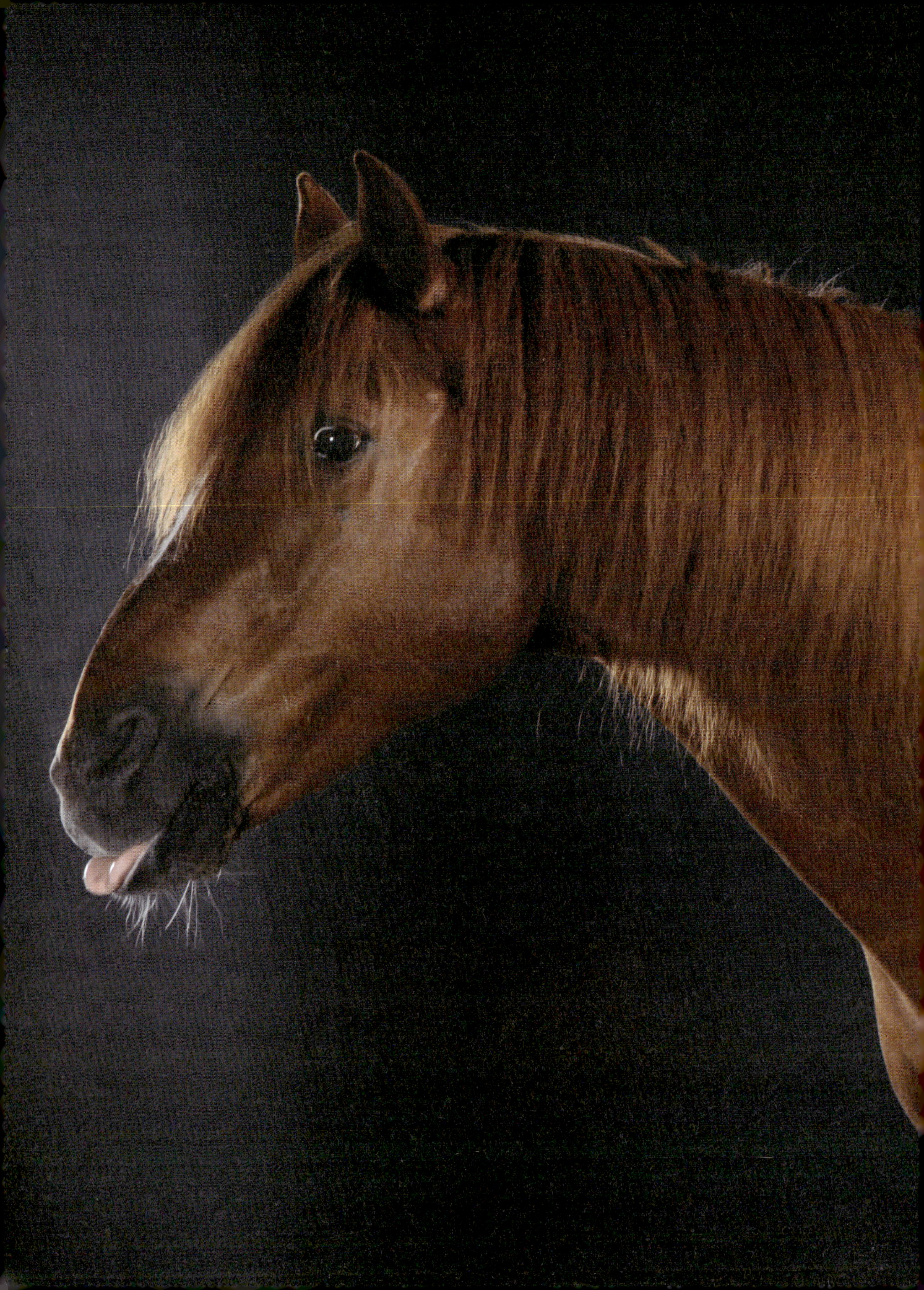

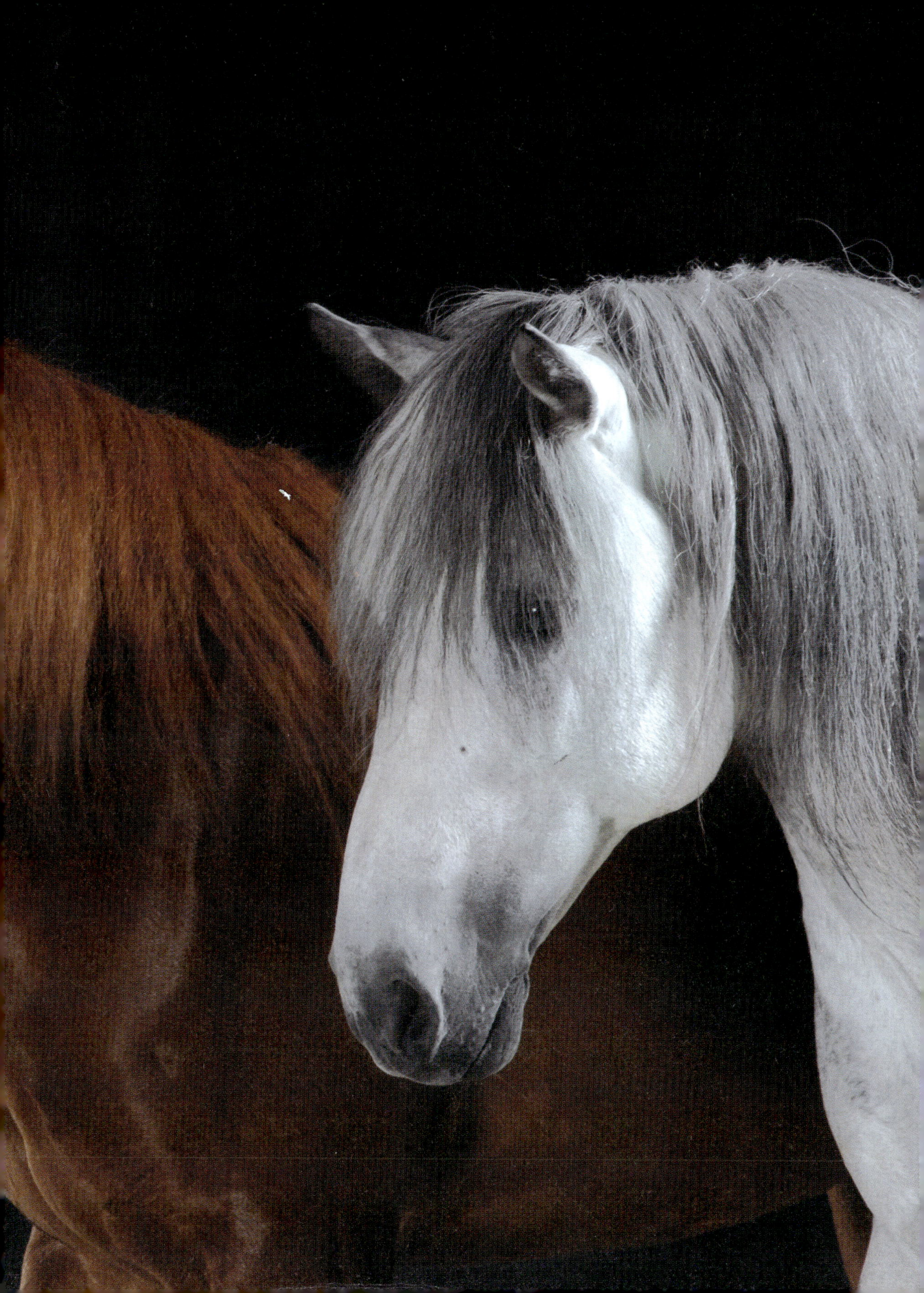

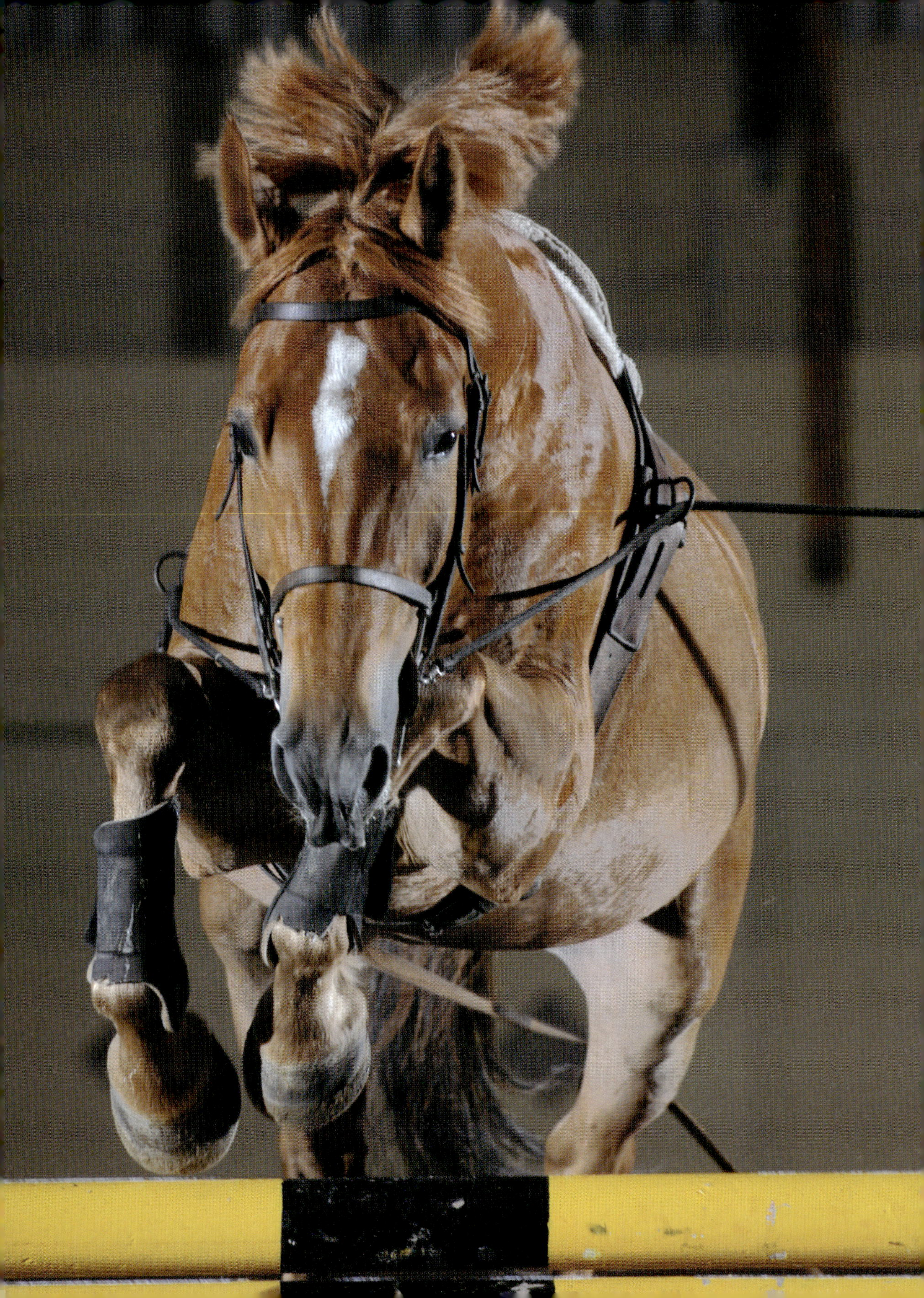

ALEZAN

ALEZAN

Selle français sautant aux longues rênes.

Écoutez l'histoire
Qui chante la gloire
D'un homme aussi beau que son cheval
Sous le soleil brûlant
Du grand pays texan
Vivaient cet homme et son alezan

L'homme et sa monture
De nobles figures
Chevauchaient dans la poussière
Plus libres que le vent
De l'aurore au couchant
Et plus rapides que l'éclair

Menant son étalon
Puissant comme un canon
Il galopait dans le désert
Crinière en bataille
Sabots en mitraille
Un ouragan sans frontières

Luciano Romero
C'est le nom de mon héros
Disait, comme le veut la légende,
Avec toi camarade
Je serre entre mes jambes
Un volcan et quatre fusils

Des yeux clairs et brillants
Une fleur entre les dents
Luciano disait à son cheval
Que m'emporte le diable
Si je trouve une femme
Plus pure que toi et plus fidèle

Au valet la dame
Pour la dame il y a un roi
Mais pour le roi qu'un seul cheval
En affaire de cœur
L'homme qui tombe amoureux
Perdra, c'est la règle du jeu

L'homme et l'alezan, paroles et musique : Hugues Aufray.

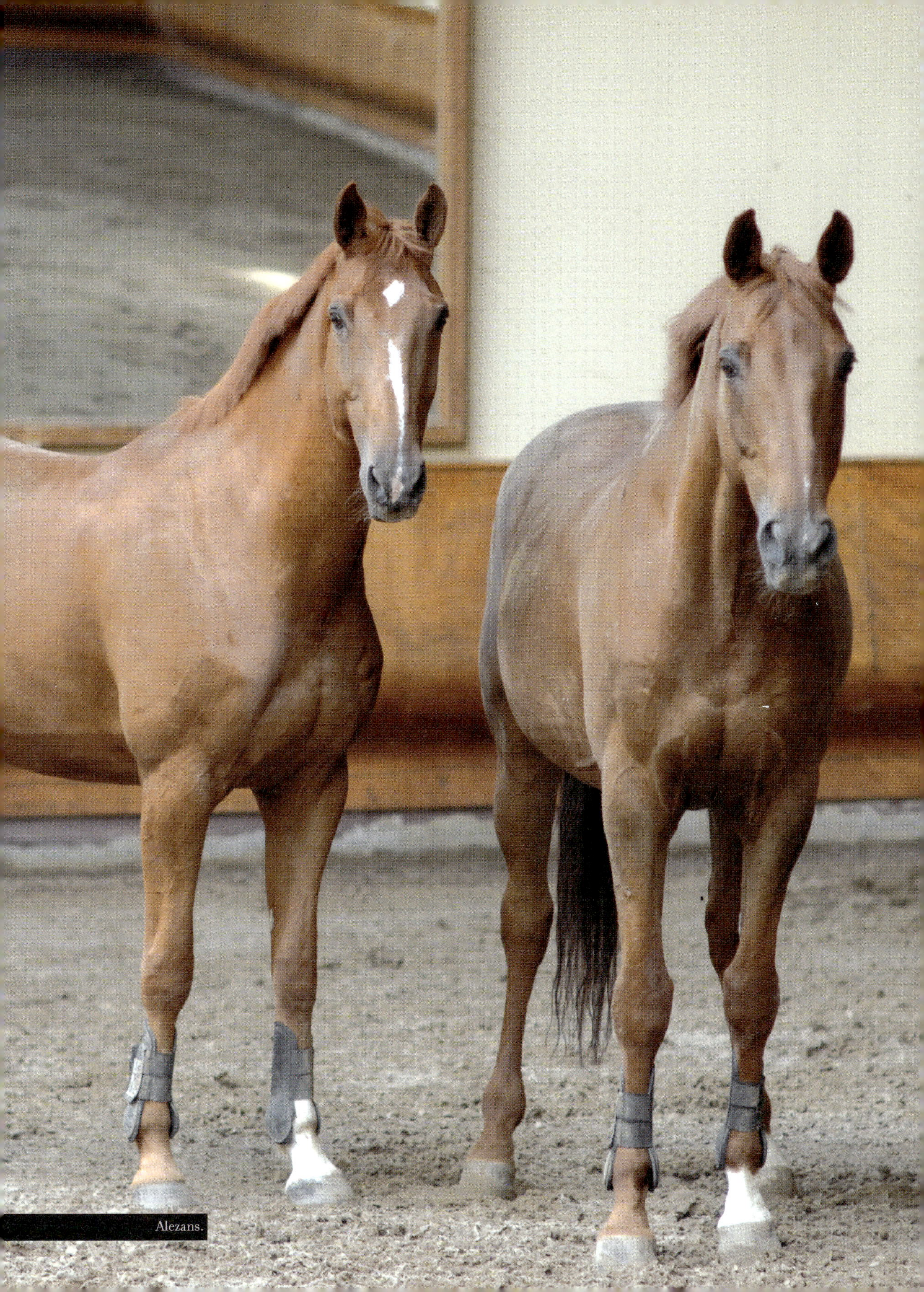

Alezans.

Alezan : de l'espagnol *alazan*, issu de l'arabe al- hisan : « le cheval ».
J'adore ce mot, mais je ne suis pas fou de ce type de cheval dont la robe a la même couleur que le crin.
Pour les néophytes, la robe est le pelage du cheval, considéré du point de vue de sa couleur ; quand au mot crin, il désigne uniquement la queue et la crinière.

La plupart des alezans sont d'ailleurs plutôt brun rouge.

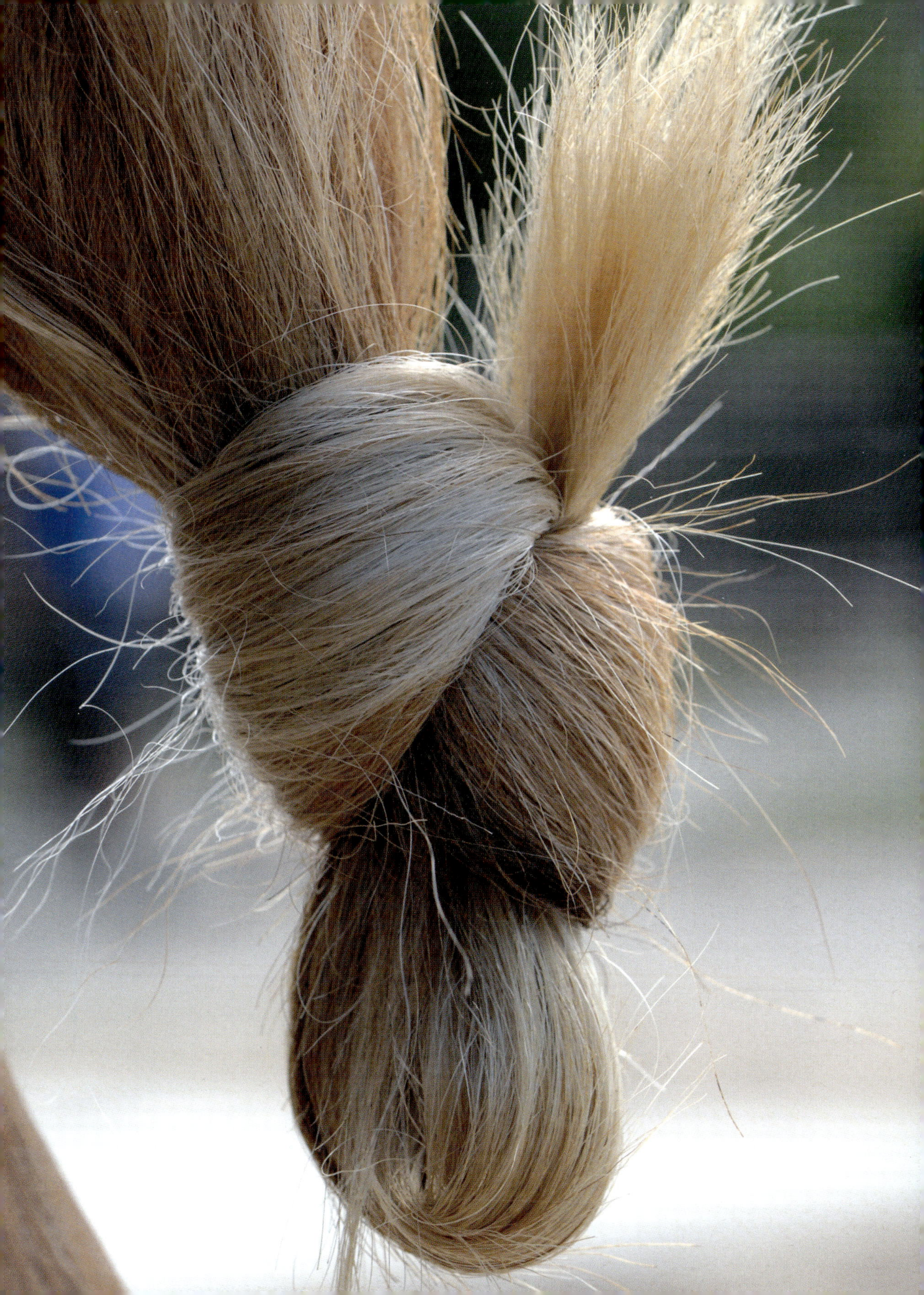

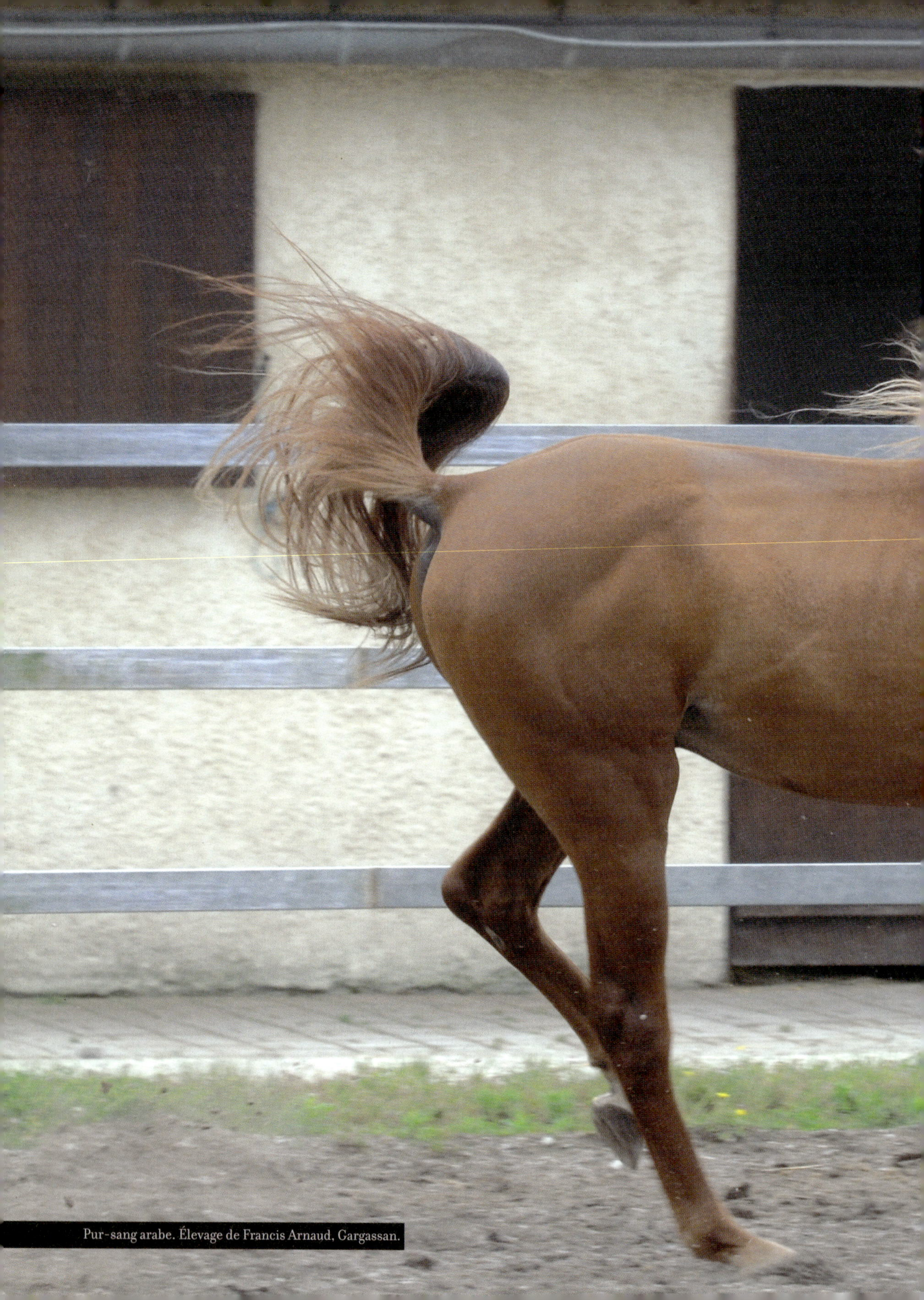

Pur-sang arabe. Élevage de Francis Arnaud, Gargassan.

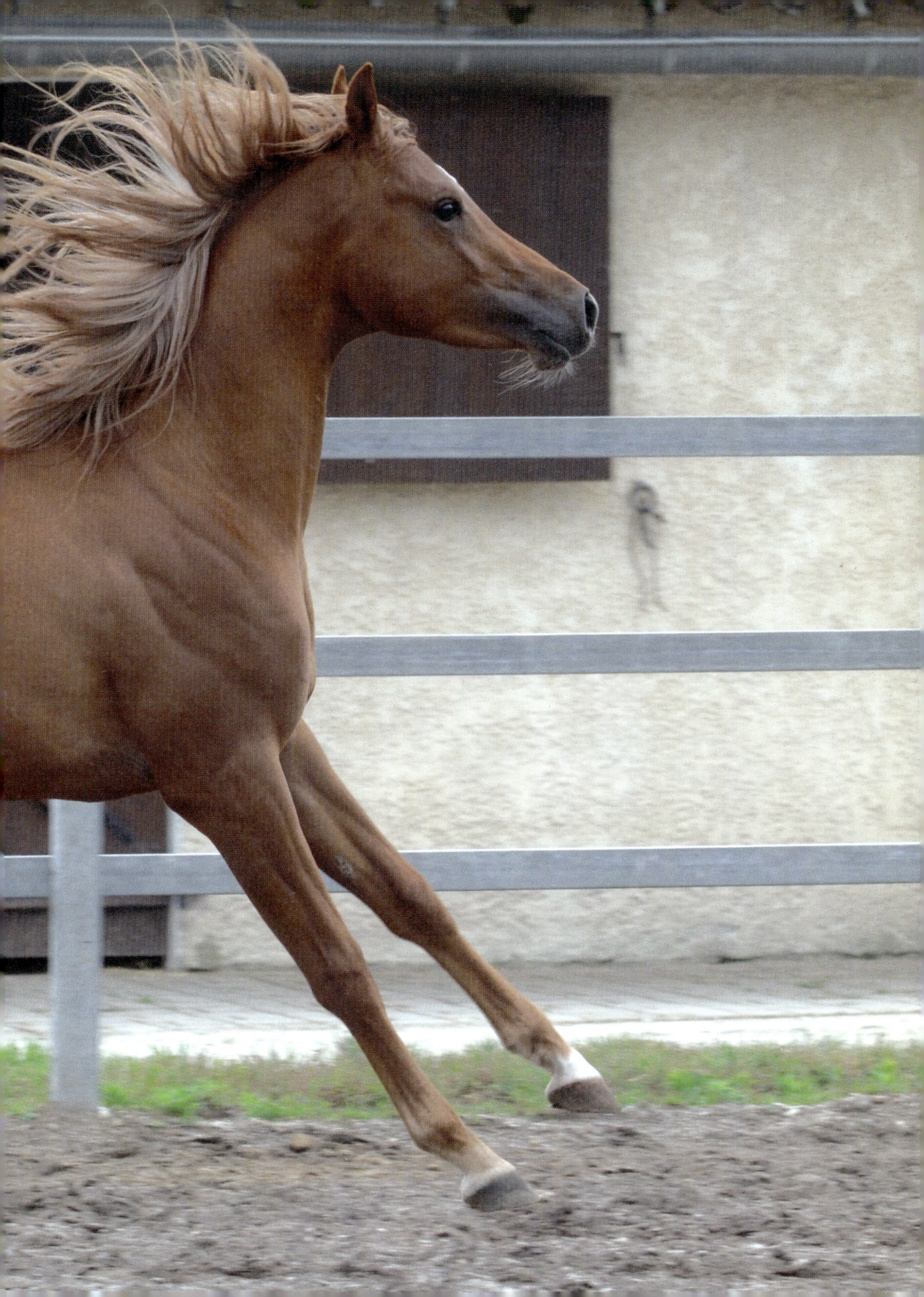

ALLURE

ALLURE

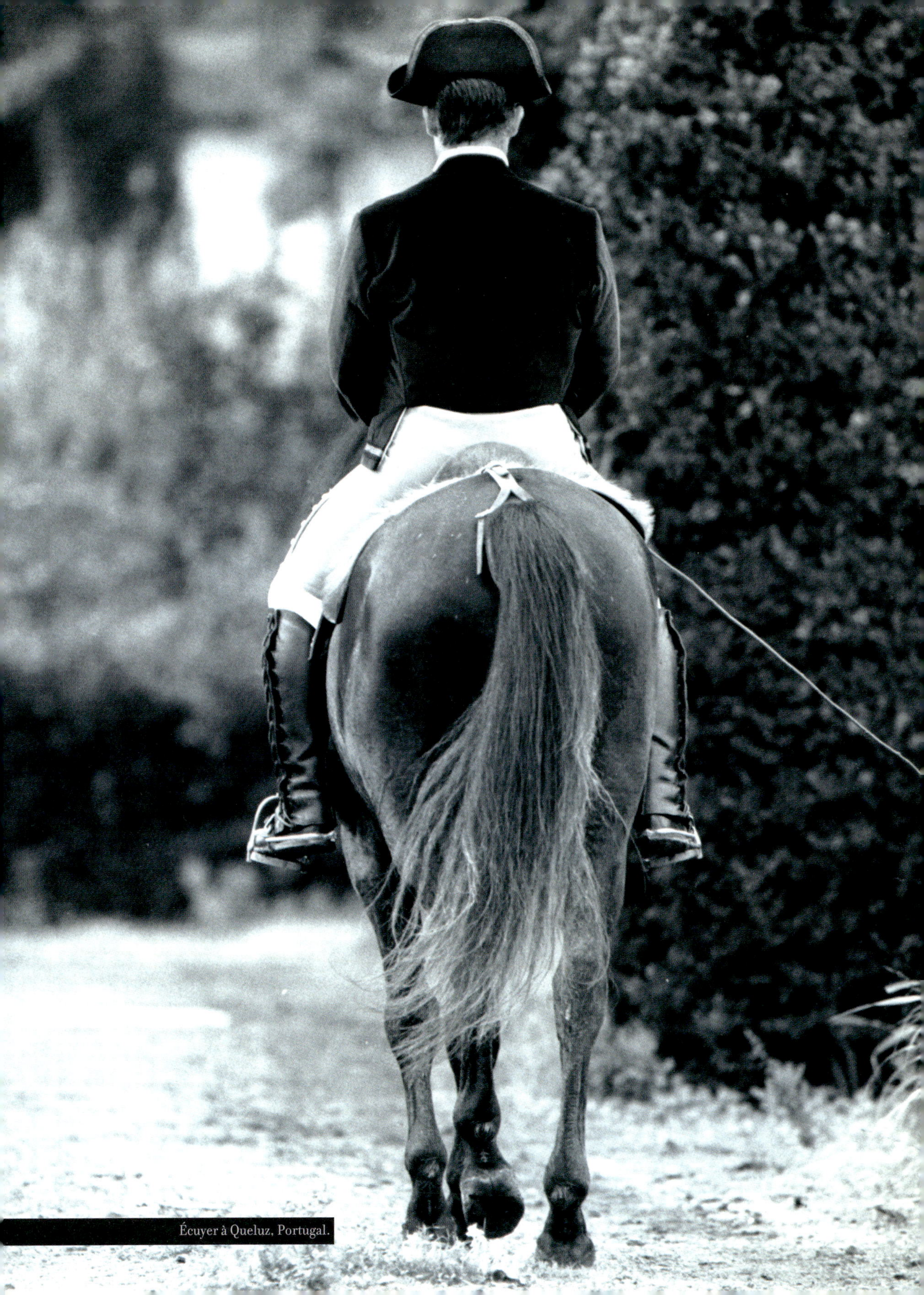

Écuyer à Queluz, Portugal.

Je n'ai pas les qualités requises pour développer une thèse sur les allures, c'est-à-dire, pour un cheval, les différentes façons de se déplacer, en raison de la complexité et de la difficulté que représente cette analyse.
En revanche, bien que n'étant pas professeur d'équitation, j'ai quelques idées sur la façon dont on doit « paraître » à cheval.
Pour moi, en jouant un peu sur les mots, je parlerai donc de l'allure du cavalier en adéquation avec son cheval. En effet, un bon cavalier a toujours une belle allure ! Attachez-vous à cette idée, même si vous êtes débutant, n'oubliez pas d'avoir une posture élégante… c'est-à-dire un dos bien droit, les épaules et les mains basses, le regard droit et franc, la jambe naturellement dans le prolongement du corps, avec une certaine rigueur, – à ne pas confondre avec rigidité et raideur –, de la tenue en conservant néanmoins une certaine décontraction. Je dis souvent aux jeunes cavaliers : « Lorsque tu montes à cheval, il faut que tu aies l'air d'un prince ou d'une princesse. » Je suis conscient que cette conception est issue de l'école classique occidentale que nous connaissons. Il y a d'autres écoles ou méthodes pour monter à cheval.
Les cow-boys, garçons vachers d'outre-Atlantique ne montent pas ainsi… Ils ont cependant un style, l'équitation western, d'une grande efficacité et qui demande une très grande connaissance du cheval. Les cavaliers mongols montent des petits chevaux à leur façon… Personnellement, c'est l'école classique, et notamment l'école espagnole, qui me séduit le plus !

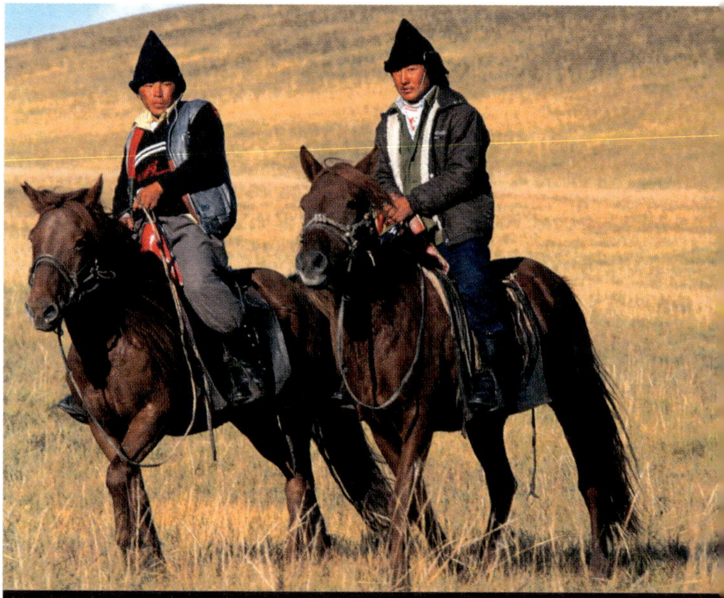
Cavaliers mongols.

Comme la plupart des petits garçons, les leçons d'équitation en manège m'ennuyaient profondément. Elles sont pourtant au cheval ce que le solfège est à la musique. Je m'y soumettais cependant par discipline et passion pour le cheval, mais j'attendais avec impatience le moment où le professeur allait dire : « Maintenant au galop ! » Car, dans le mot allure, il y a aussi une notion de vitesse. Et pour un enfant monter à cheval, c'est aller à toute allure !

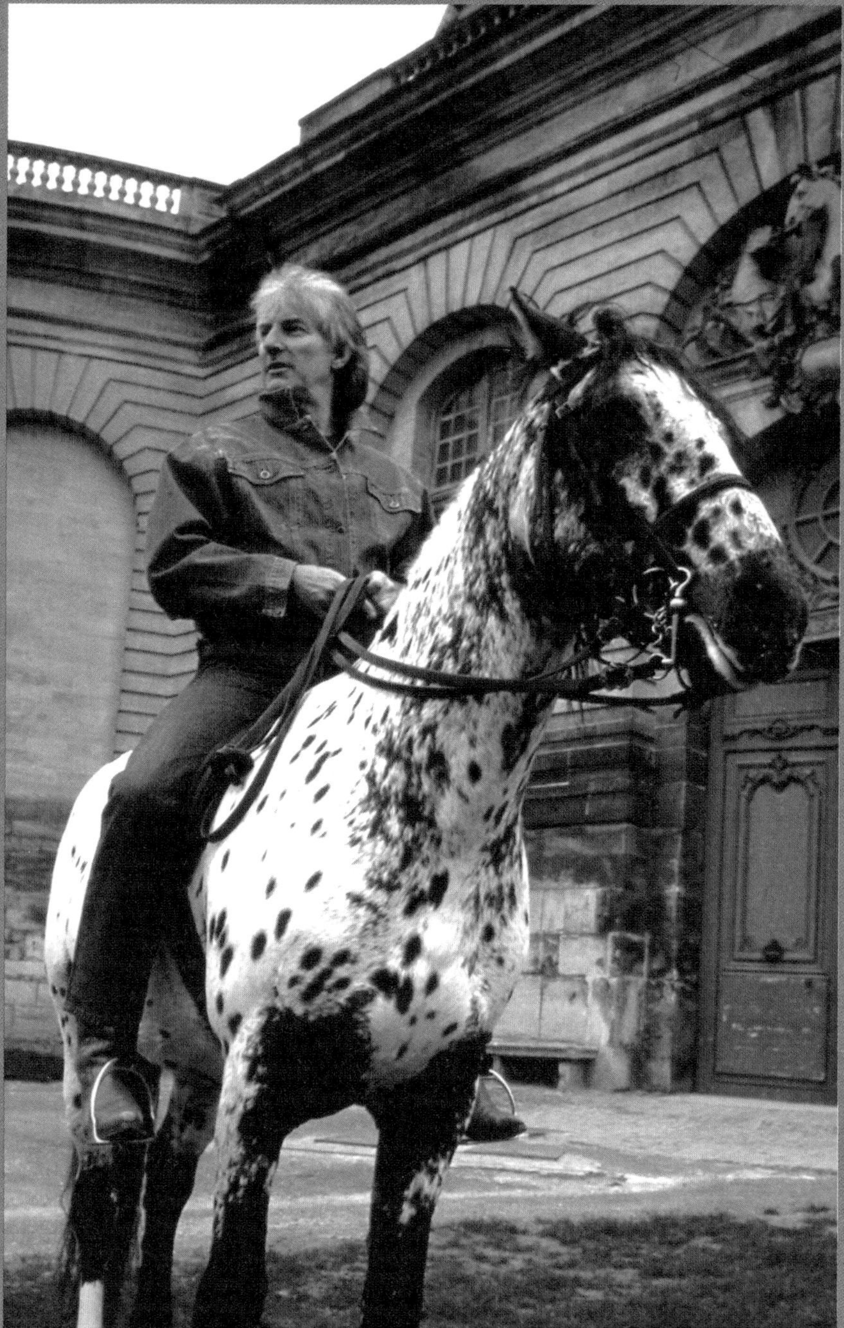

Au Musée vivant du cheval, Chantilly.

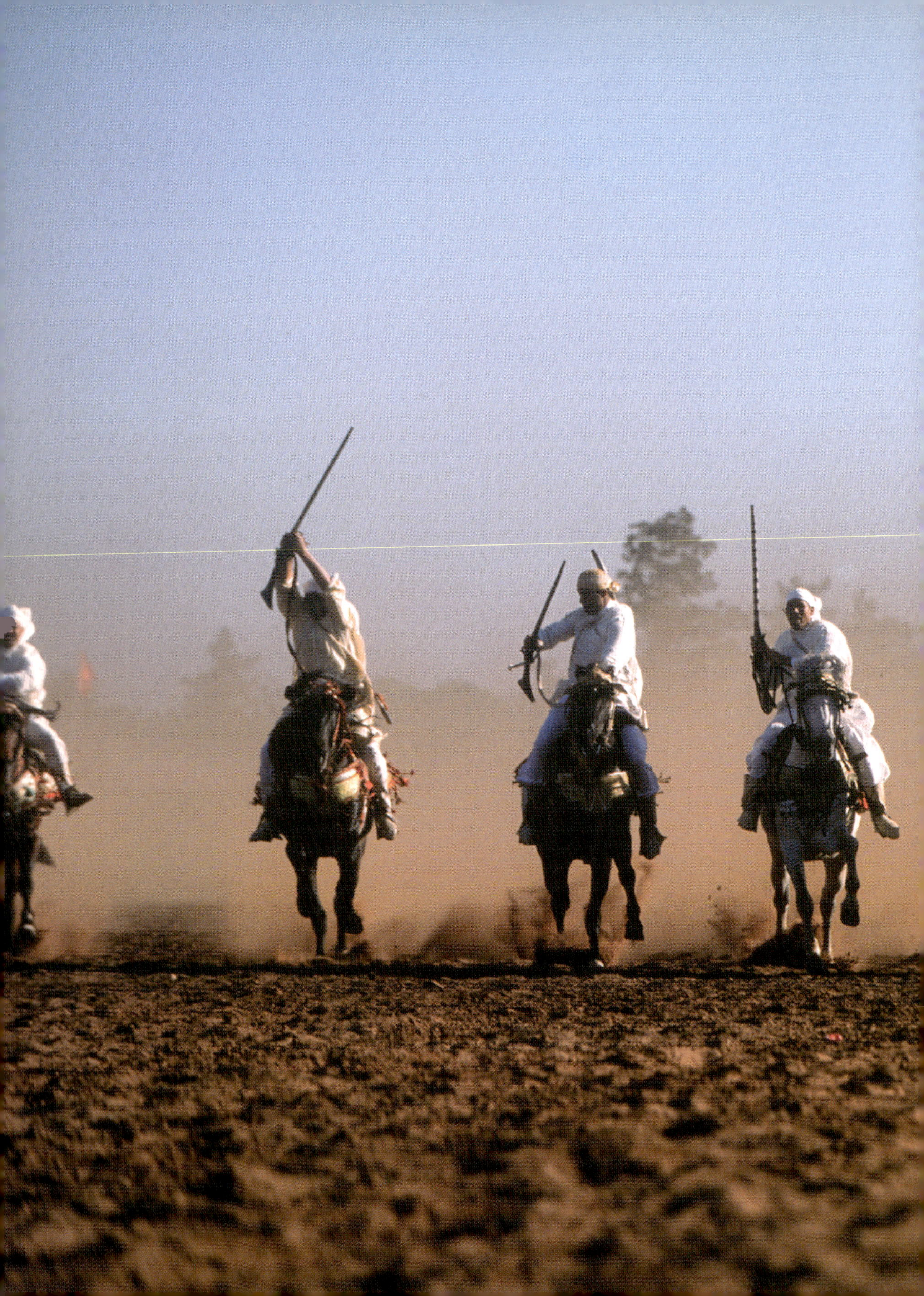

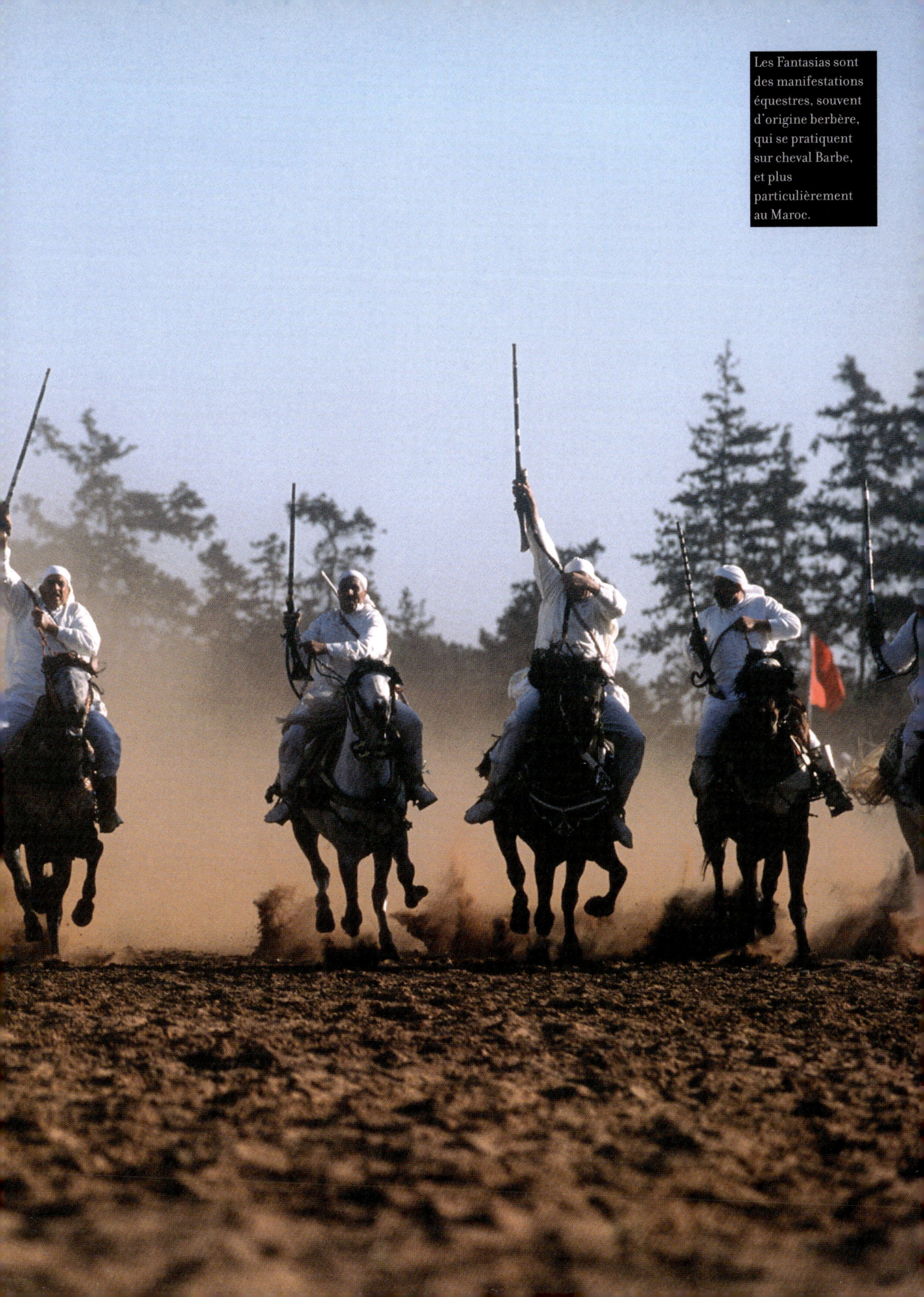

Les Fantasias sont des manifestations équestres, souvent d'origine berbère, qui se pratiquent sur cheval Barbe, et plus particulièrement au Maroc.

ARtiSTE

ARTISTE

Pur race espagnole.

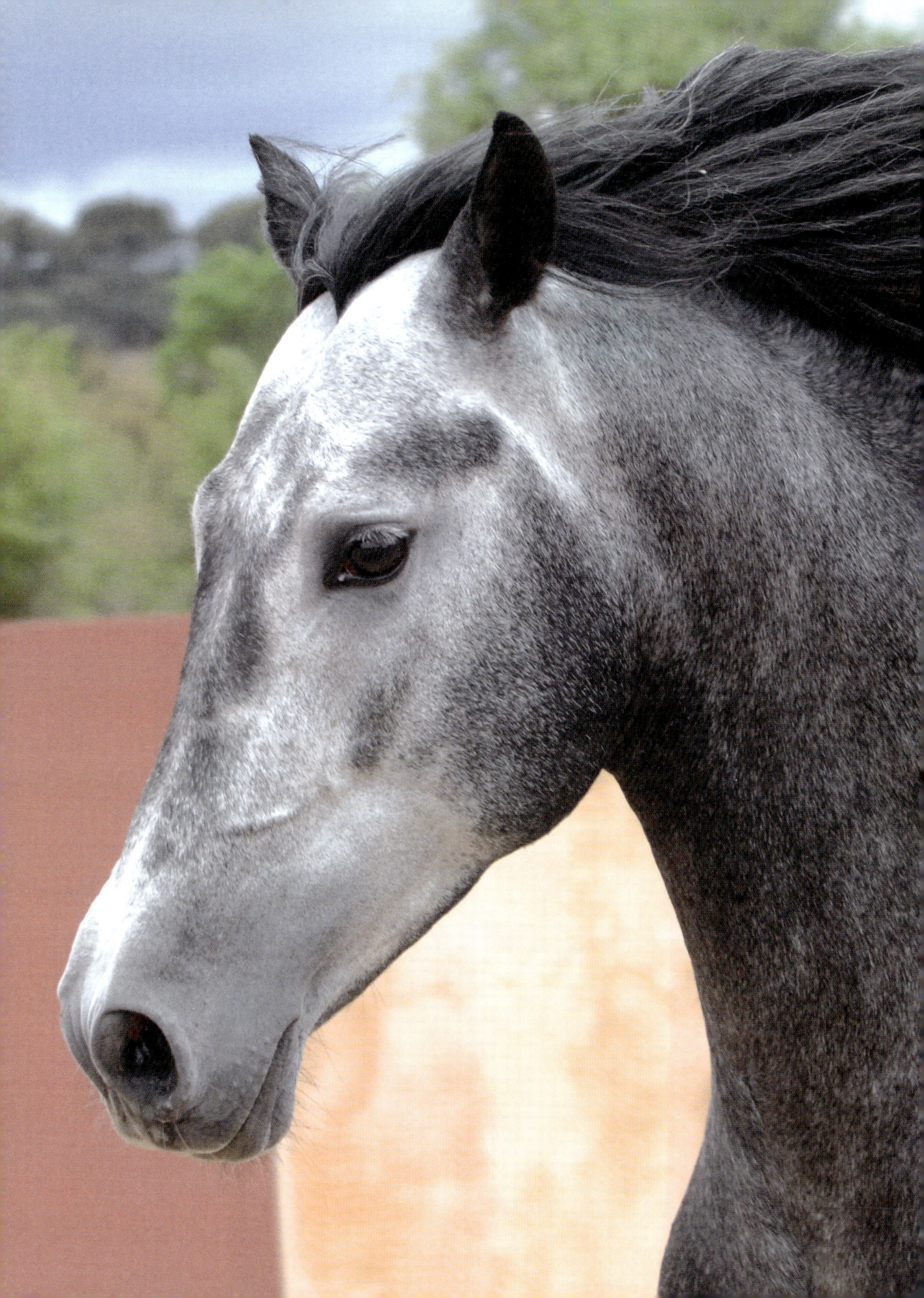

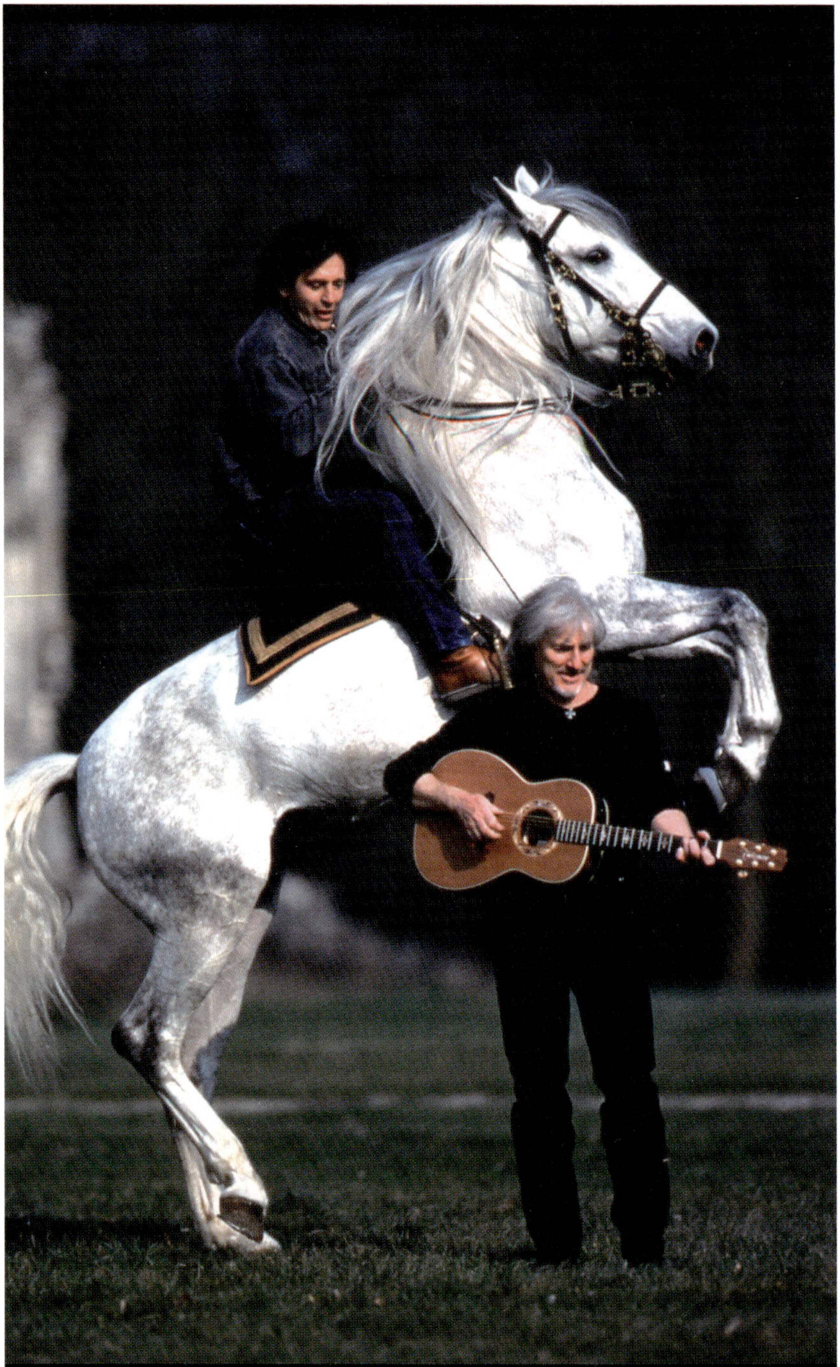

Avec Mario Luraschi à l'Abbaye de Chaalis.

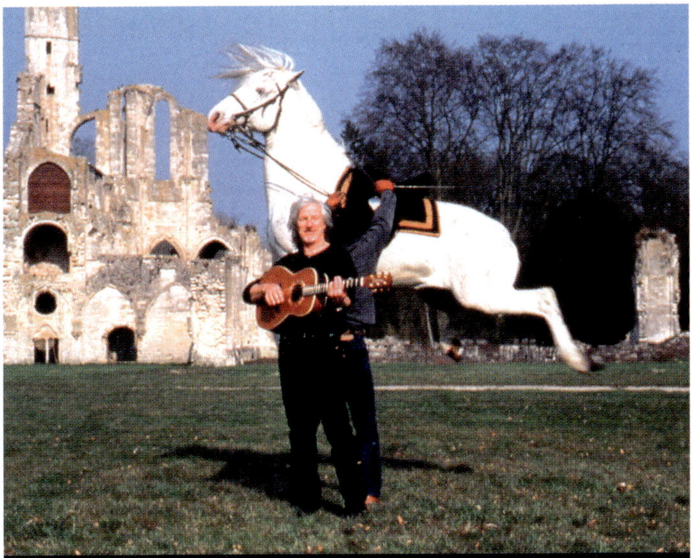

Avec Mario Luraschi à l'Abbaye de Chaalis.

J'aime tous les chevaux. Je n'ai pas d'a priori sur les races.
J'écris le mot « CHEVAL » en majuscules. Pur-sang sur les hippodromes, cheval de sport ou de randonnée, cheval de labour ou de trait… c'est le même animal qui a fait de l'homme, à l'aube de son histoire, un centaure à la conquête de la planète Terre.
Dans le milieu équestre, tous ne partagent pas cette façon de voir et ne s'intéressent qu'à une seule catégorie d'équidés…

J'ai souvent chanté mon aversion pour toutes les formes de racisme. Il n'est donc pas question que j'éprouve le moindre goût pour une ségrégation dans la race équine, mais j'ai forcément des préférences…
Avoir une « collection » rassemblant des chevaux de toutes races est pour moi un rêve de milliardaire… pourtant ce rêve est accessible à nous tous pour le modeste prix d'un billet d'entrée au Salon du cheval ou au Musée vivant du cheval de Chantilly, chez mon ami Yves Bienaimé.

Bien sûr, en tant qu'artiste, j'apprécie particulièrement les chevaux qui ont du panache : encolure puissante, crinière et queue longues… Vous m'avez compris, je pense aux étalons ibériques, élégants et frimeurs, que montent ces grands cavaliers que sont les rejoneadors… mais aussi aux chevaux que prépare pour le cinéma, et avec maestria, le merveilleux Mario Luraschi.

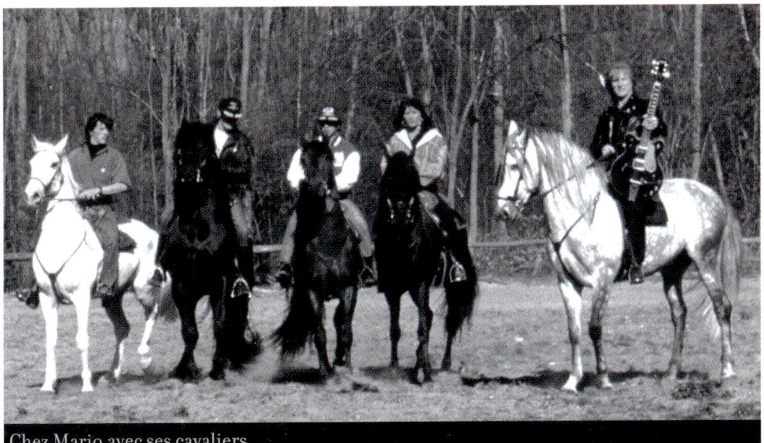

Chez Mario avec ses cavaliers.

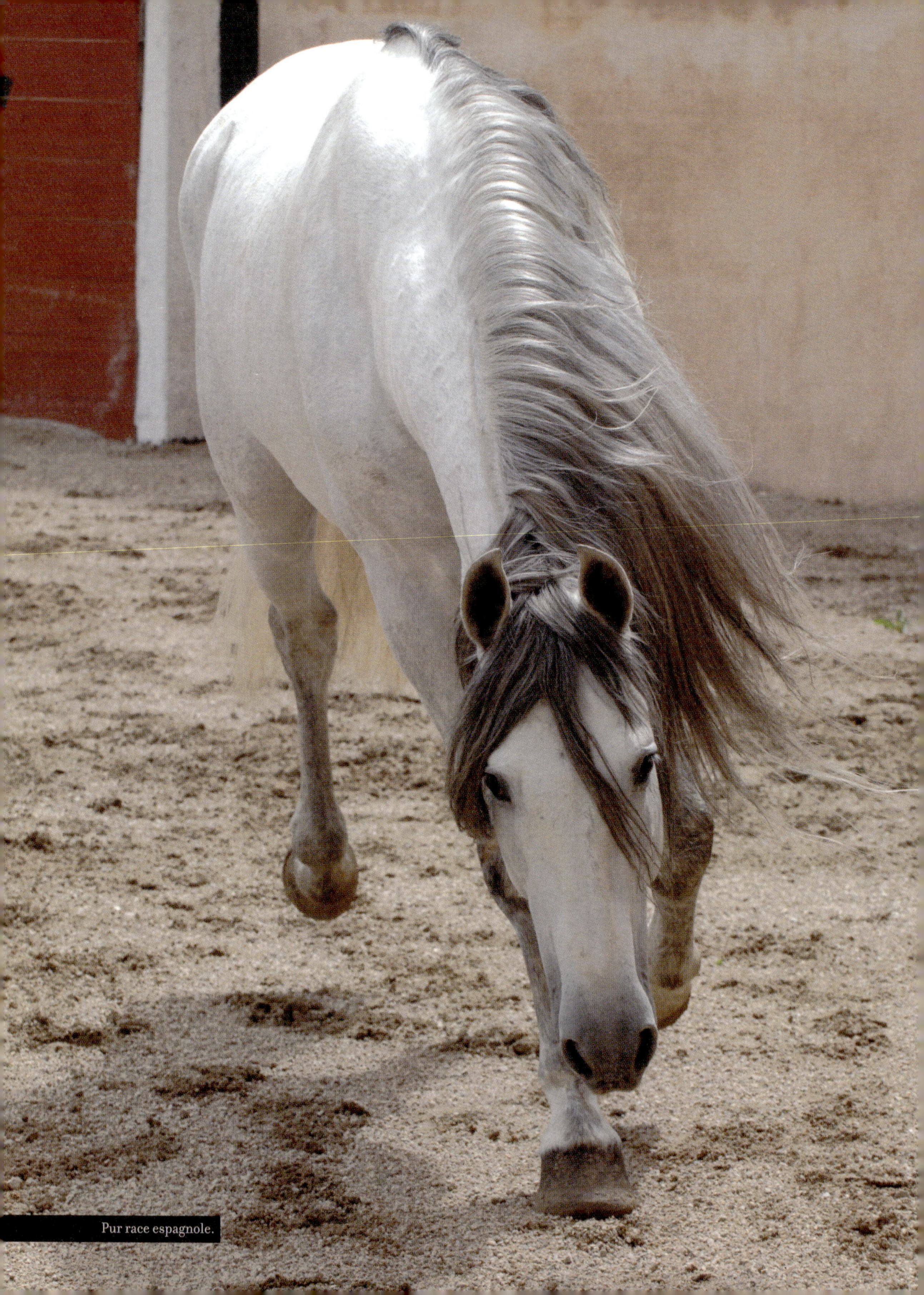

Pur race espagnole.

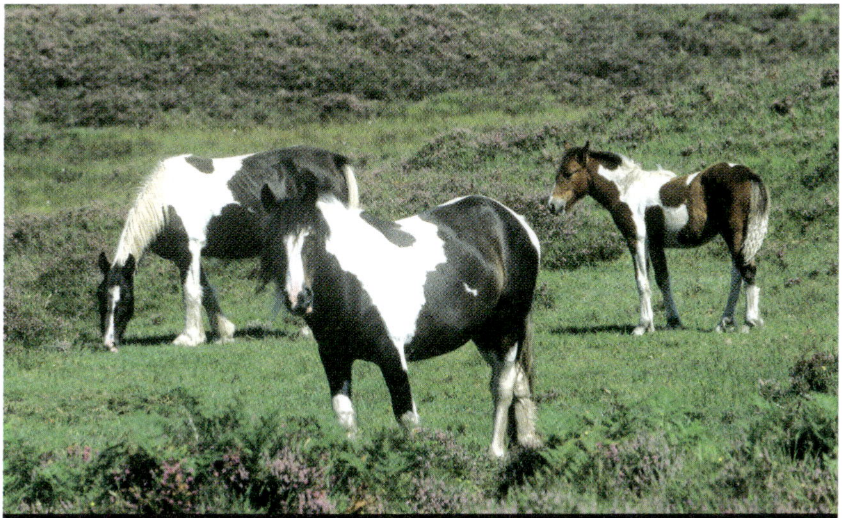

EN HAUT : Chevaux Pie en Irlande ; EN BAS : Quarter Horse.

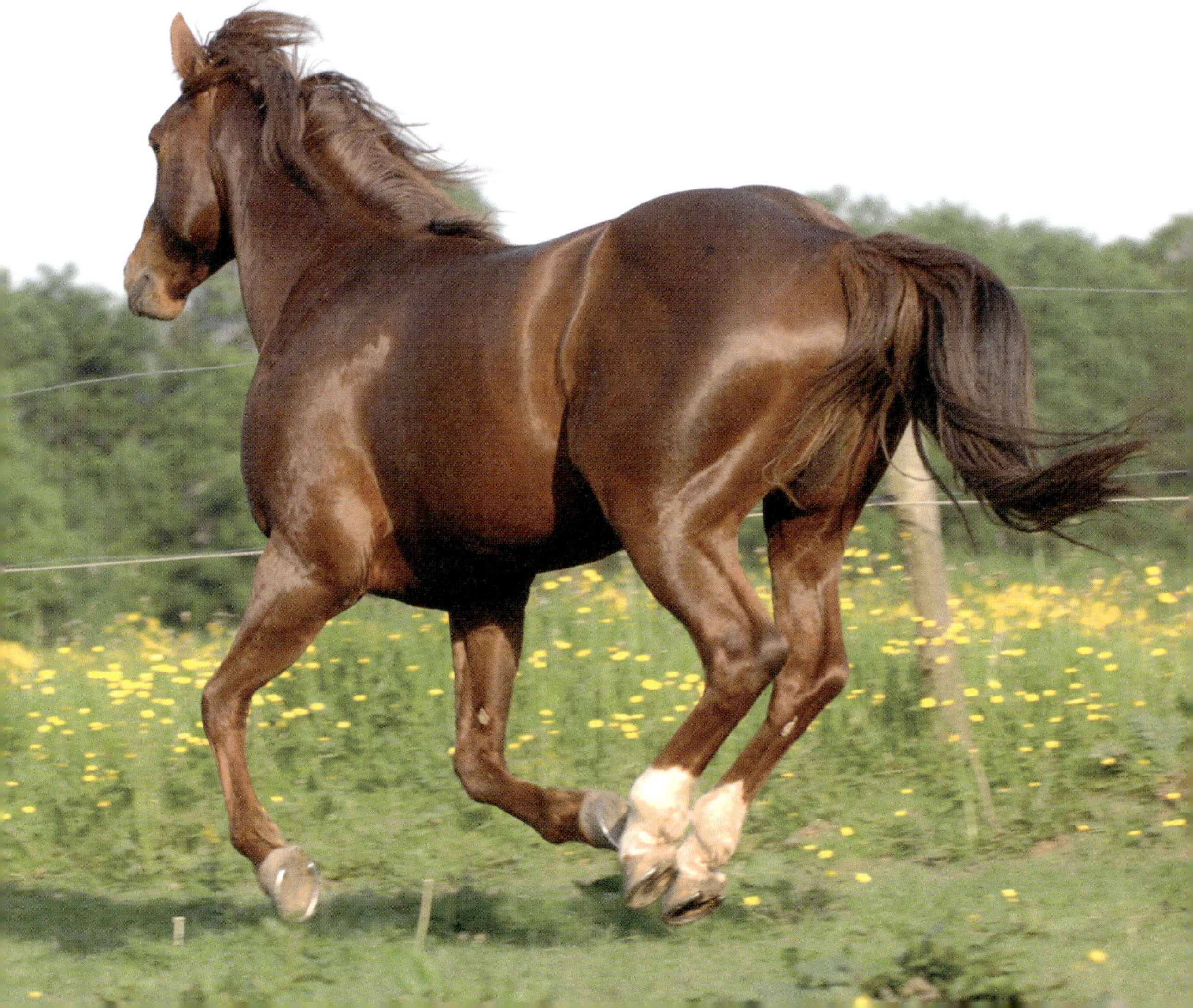

BA
RB
E

BARBE

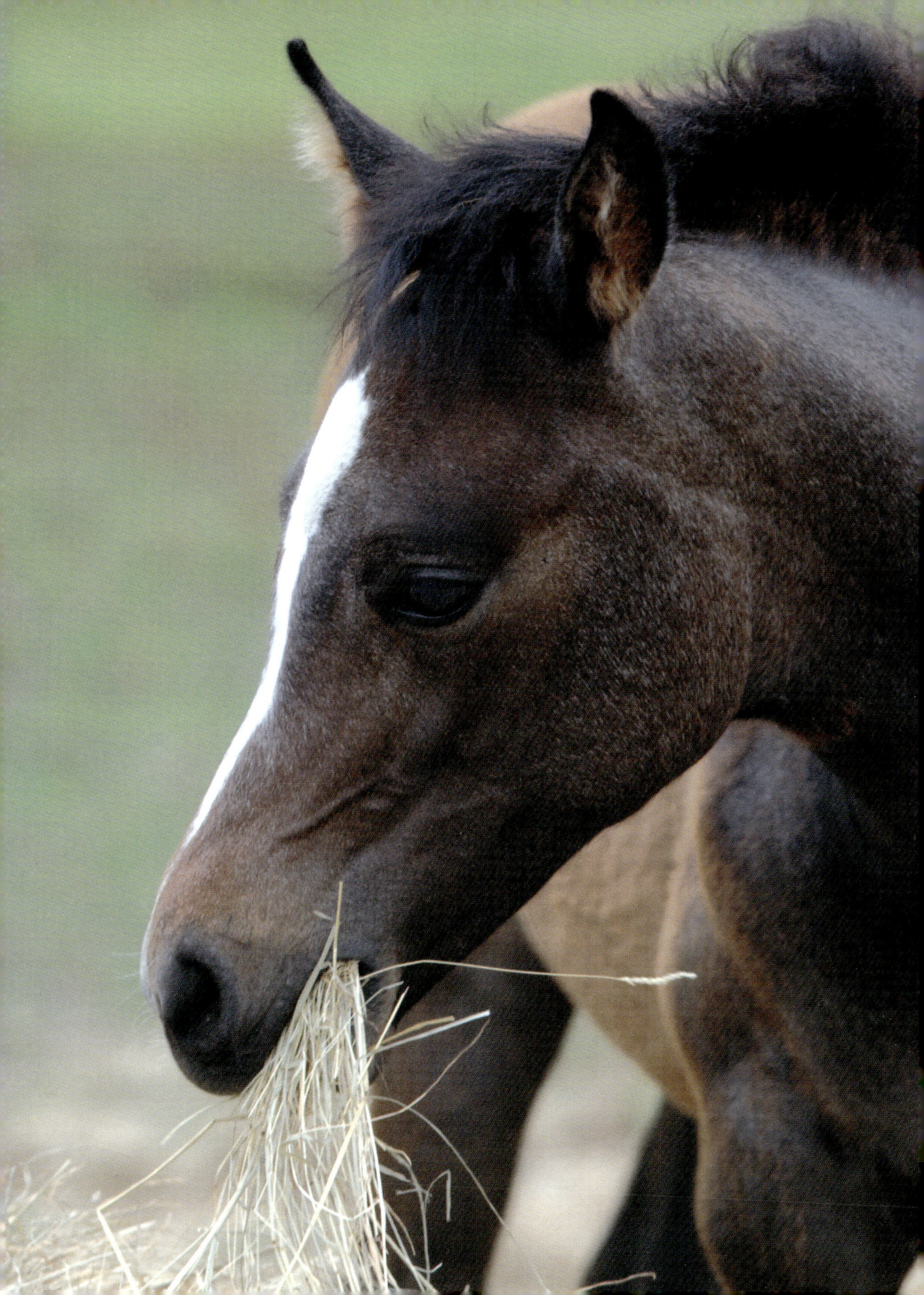

Barbe… de l'italien *barbero*, c'est le cheval du Maghreb, le cheval des cavaliers nubiens que les Romains découvriront lors de leur invasion en Afrique du Nord. Ces derniers l'appelaient aussi « cheval de Barbarie ». Grâce à lui, les fantassins romains deviendront cavaliers. Quelques siècles plus tard, lorsque les Arabes à leur tour coloniseront le Maghreb avec leur « cheval pur-sang arabe », le Barbe sera relégué au second plan, comme le cheval du pauvre, maltraité et utilisé comme animal de trait.
Il sera paradoxalement sauvé en 1830 par la colonisation de l'Algérie par la France. En effet, les officiers de la cavalerie française lui trouvent d'énormes qualités et décident d'ouvrir un stud-book (registre généalogique des chevaux). L'affaire traînera de longues années pour des raisons administratives, puis sera bloquée par la guerre d'Algérie. Il faudra attendre 1989 pour que le stud-book du cheval Barbe soit officiellement ouvert par les haras nationaux.

Le Barbe est un cheval doté de nombreuses qualités… Rustique, endurant, de taille moyenne, peu coûteux, c'est le cheval idéal pour les clubs hippiques et notamment pour les jeunes.
Le plus beau cheval Barbe que j'ai vu dans ma vie est un étalon noir, propriété du roi du Maroc.
J'ai eu plusieurs Barbes. Une de mes juments, née à la ferme, a été championne de France « modèle et allure ». Demoiselle, c'est son nom, a longtemps été montée par Jean-Yves Bonnet pour ses spectacles de chevalerie.
Pour ceux qui auront la chance de le trouver en fouinant les bouquinistes ou les brocantes, je signale le beau livre du lieutenant Licart, *Le cheval barbe et son re-dressage* (Berger-Levrault, 1930).

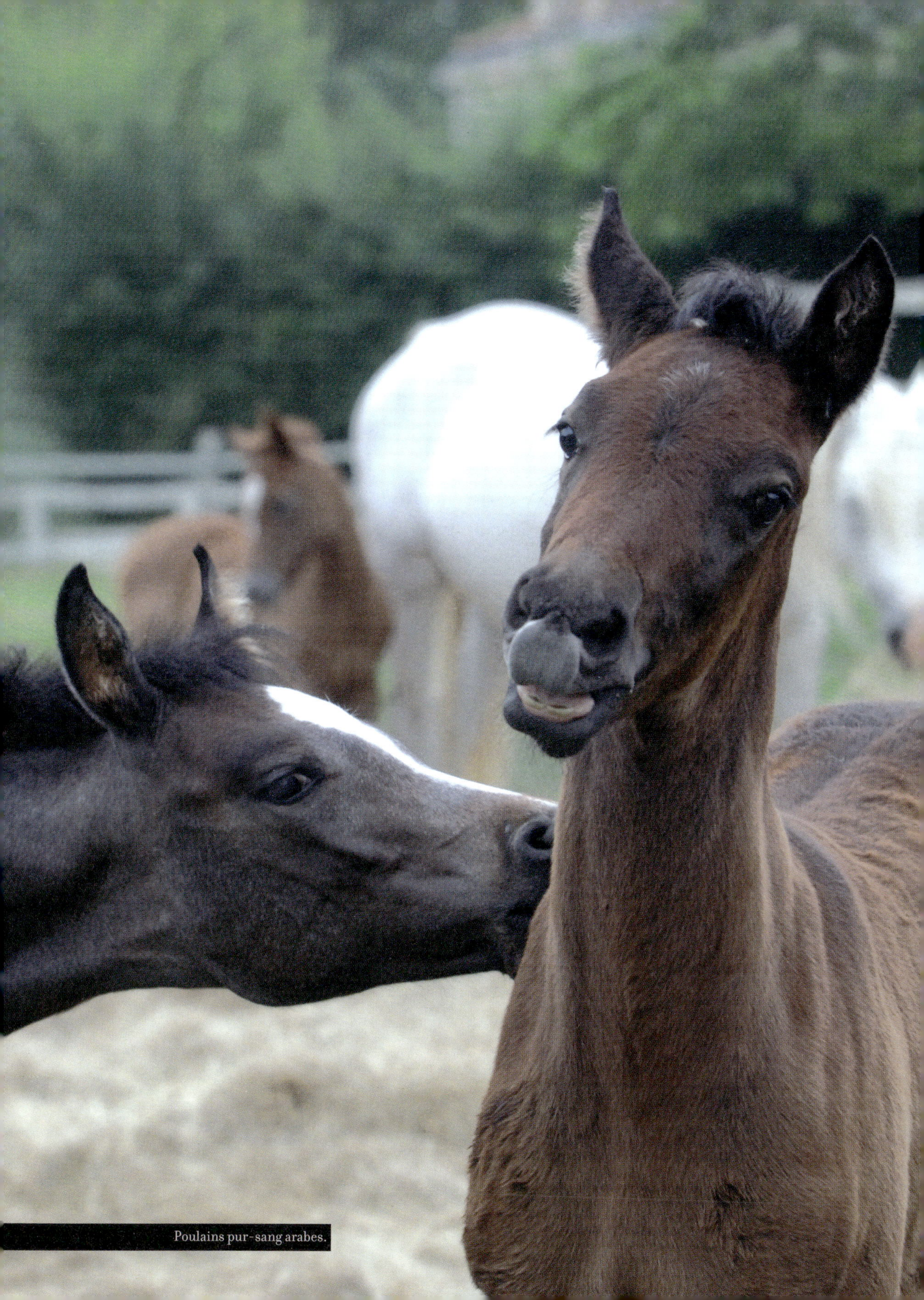

Poulains pur-sang arabes.

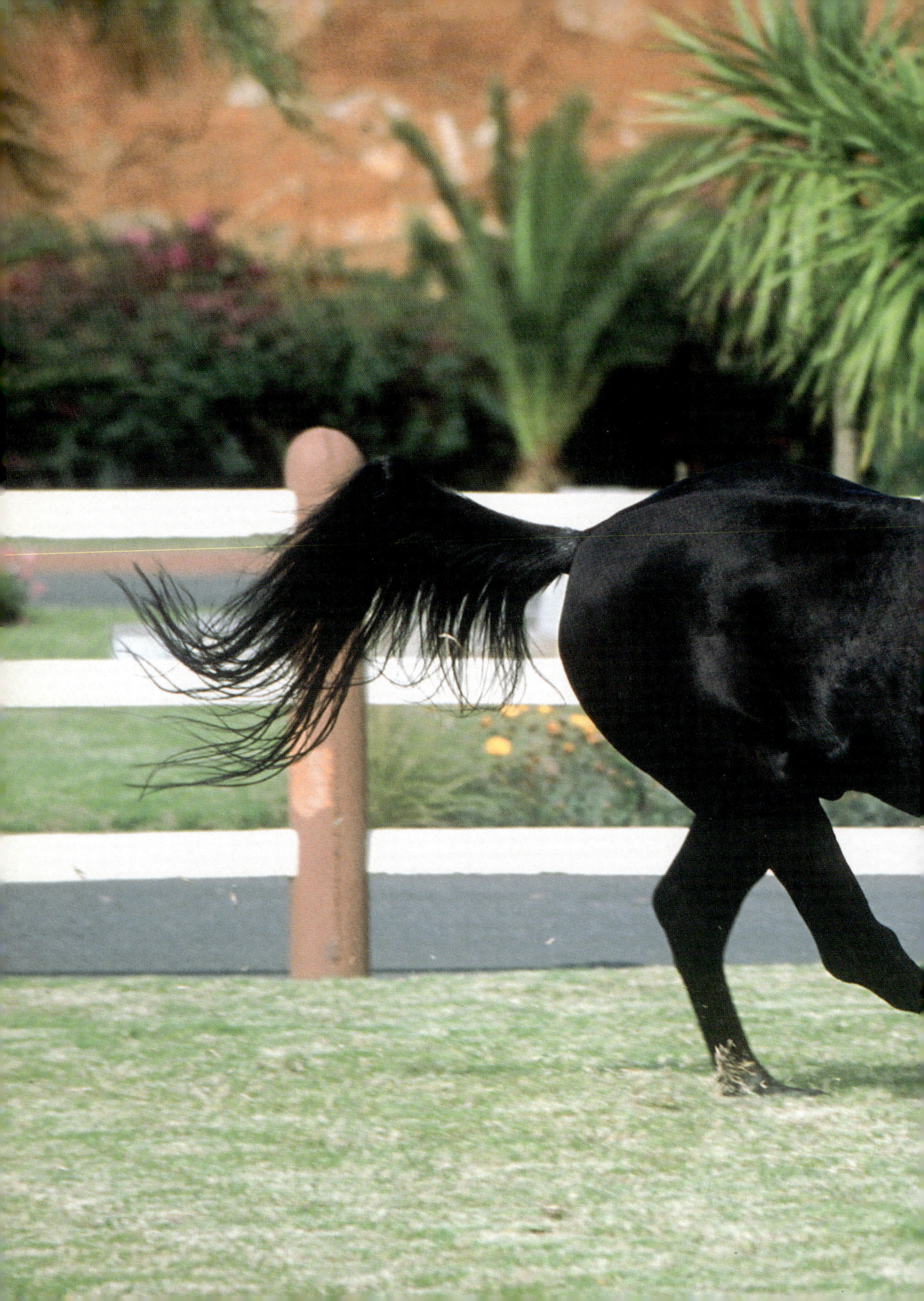

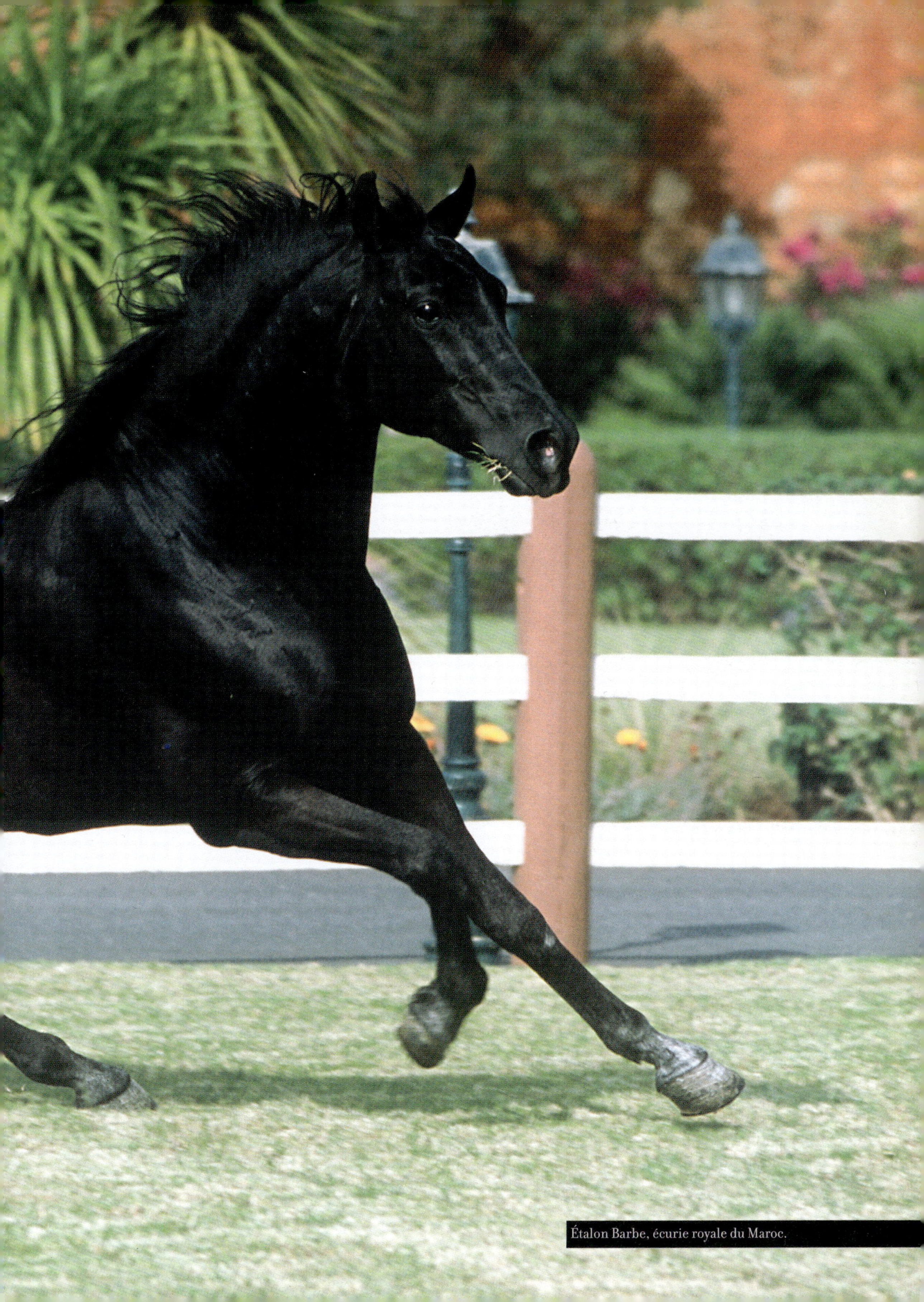

Étalon Barbe, écurie royale du Maroc.

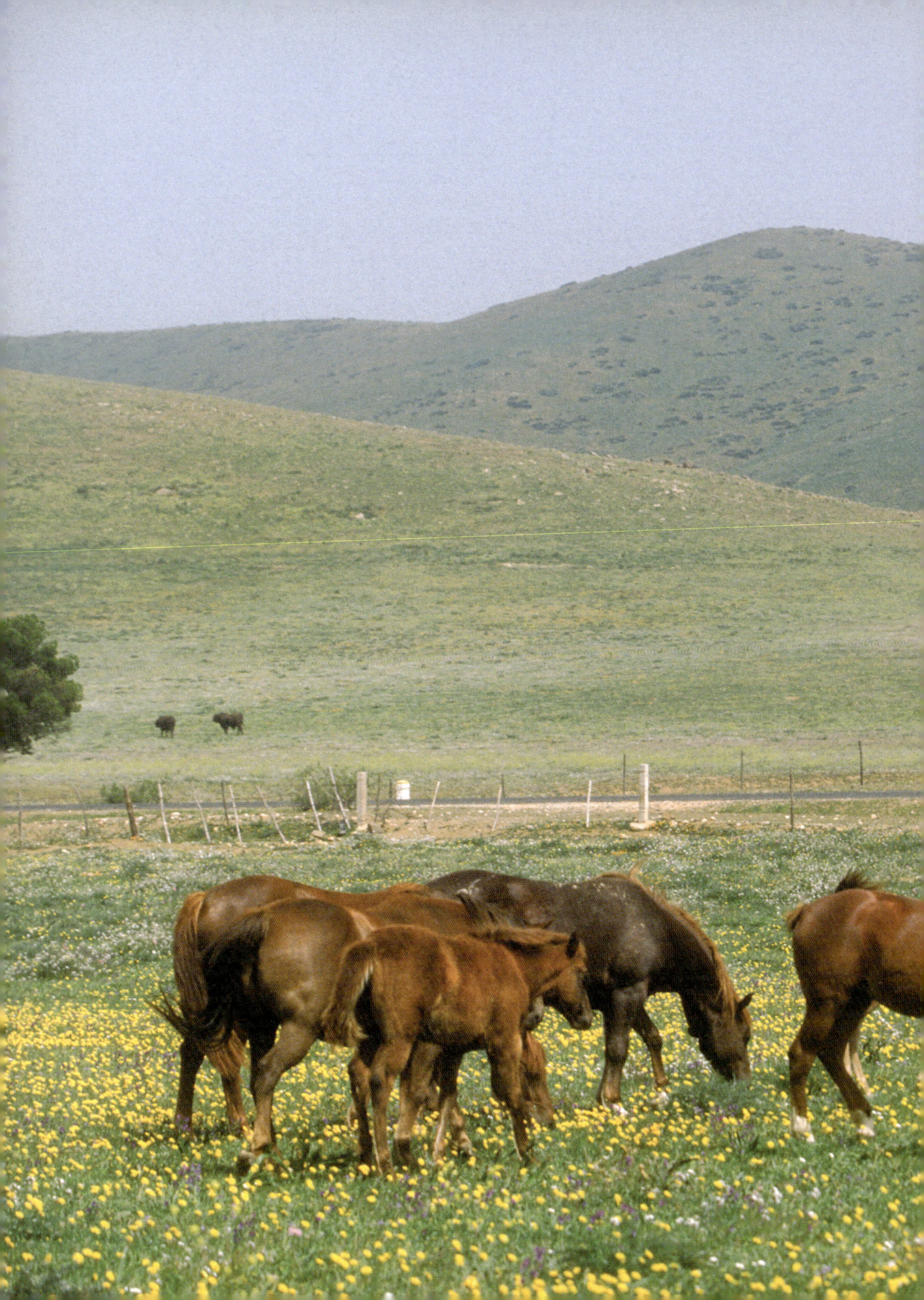

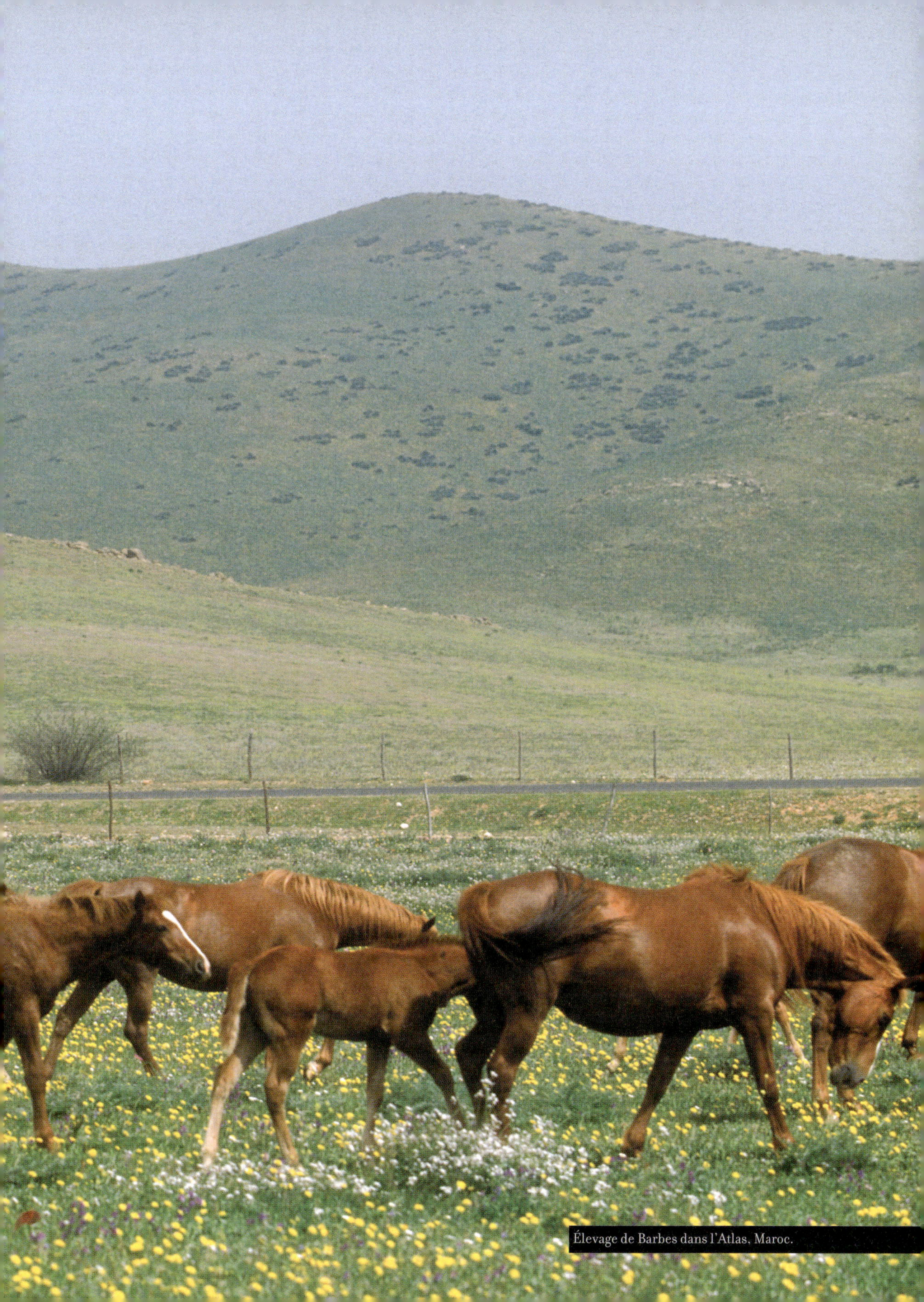

Élevage de Barbes dans l'Atlas, Maroc.

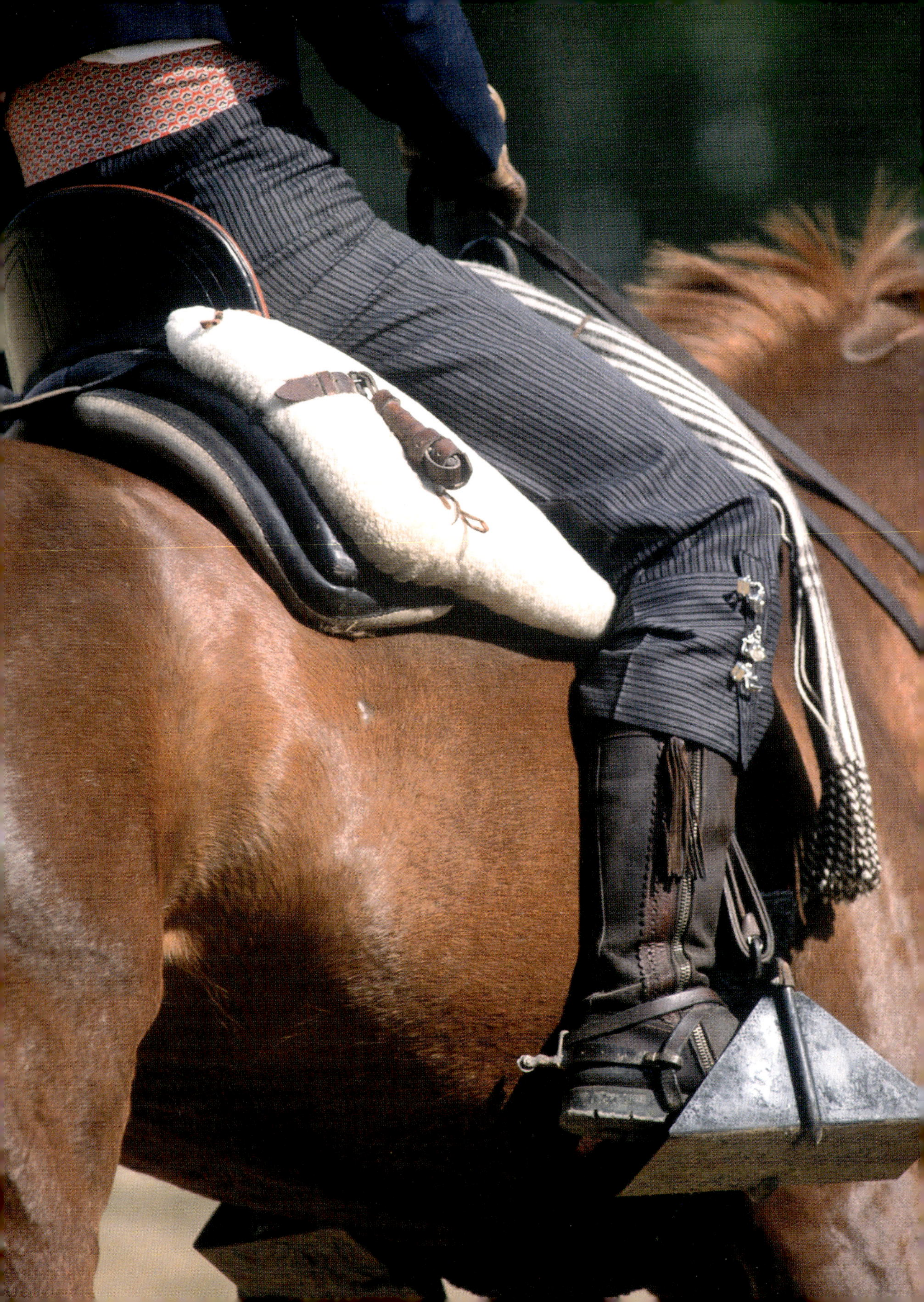

B O T T E S

BOTTES

Botte camarguaise.

« Quand je serai grand, j'aurai des bottes… » C'est ce que, gamin, je me disais souvent.

Petit garçon, j'étais gaucher et dyslexique, j'écrivais même de droite à gauche. Quand je fus en âge de lacer mes souliers, j'étais incapable de faire les nœuds. Ils se défaisaient constamment, je marchais dessus, cela me handicapait. Dès que je le pus, je fis tout pour trouver des bottes. La chausse de rêve pour moi : pas de lacet, une bonne tenue de jambe et assez couvrante pour traverser ruisseaux et cours d'eau sans se mouiller les pieds !

C'est à onze ans, lorsque j'entre au collège de Sorèze que débute ma carrière de cavalier. Et qui dit cavalier, dit botte. Je réussis à récupérer une paire auprès d'un ancien élève qui les avait abandonnées. Elles étaient complètement déchirées, mais je m'en fichais : j'avais des bottes !

Quelques années plus tard, j'ai acheté ma première paire en Espagne où j'avais rejoint mon père en 1946 (après le divorce de mes parents). Je les ai trouvées au marché aux Puces de Madrid, le fameux Rastro. Il s'agissait de bottes de pompier qui ressemblaient à des bottes de soldat. Je les ai gardées toute mon adolescence. J'avais seize ans, j'allais au Lycée français de Madrid et j'étais le seul élève à porter des bottes et à ne pas porter de cravate !

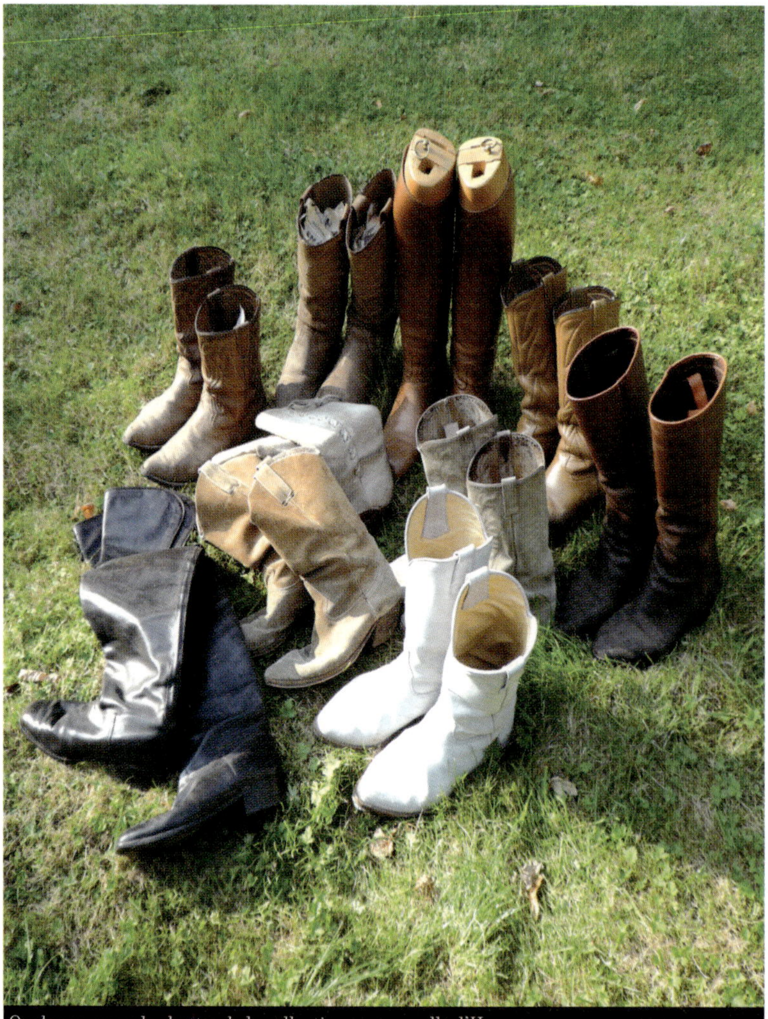
Quelques-unes des bottes de la collection personnelle d'Hugues.

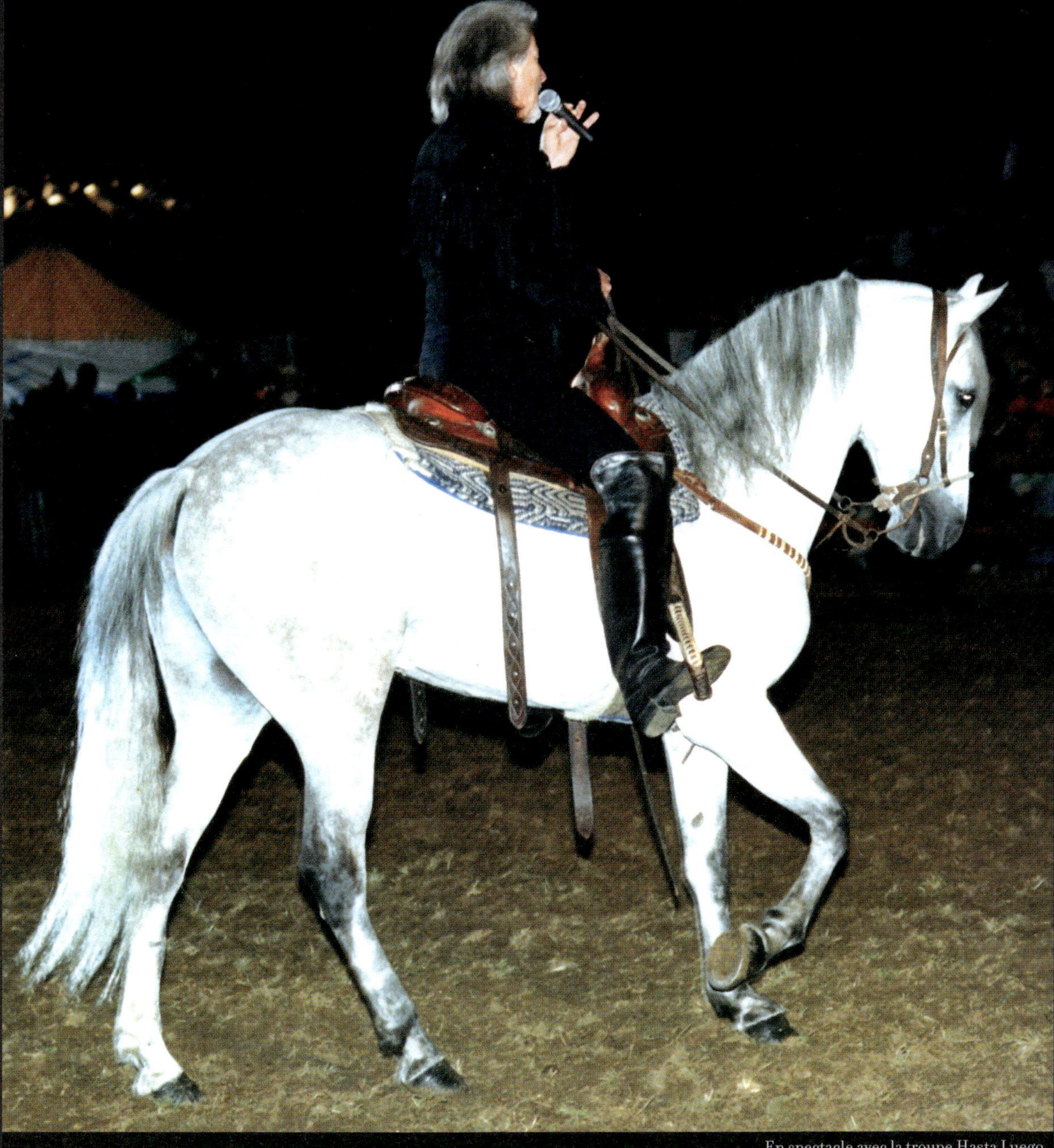
En spectacle avec la troupe Hasta Luego.

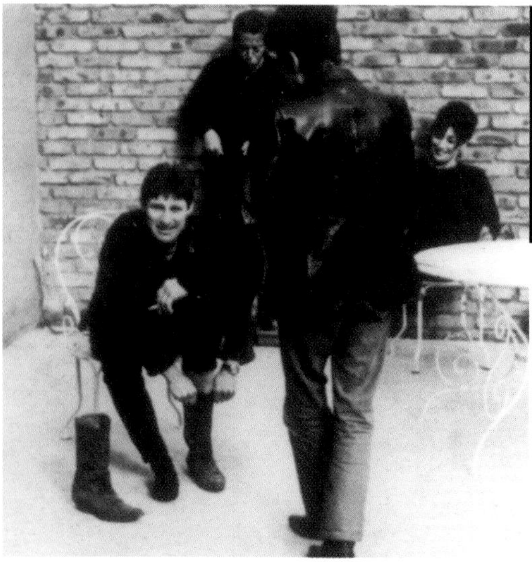

Le fameux échange « bottines rock'n'roll-santiags » entre Bob Dylan et Hugues à Paris, rue Daguerre, en 1963.

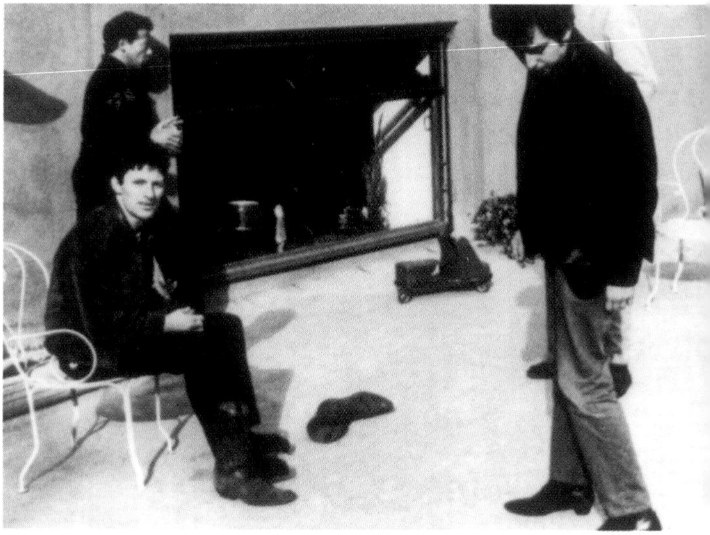

Plus tard, sur scène, j'ai lancé la mode des bottines rock'n'roll, un modèle inspiré des bottes de flamenco, qu'un bottier de la rue Meslay faisait pour moi sur mesure. J'ai un pied particulier, petit avec une très forte cambrure. J'ai beaucoup de mal à trouver des bottes, seules la Camargue des guardians et la Campera espagnole me conviennent.
Un jour, j'étais avec Bob Dylan et nous avons procédé à un échange de chaussures. Il a été conquis par mes bottines. En revanche, je n'ai jamais pu enfiler ses santiags. À mon grand désespoir !

J'ai fini par trouver les bottes de mes rêves, mais je ne les ai pas encore portées ! Il s'agit de celles qu'a sculptées François Rude (1784-1855) pour la statue en bronze du maréchal Ney. On peut les admirer devant la Closerie des Lilas à Paris.
Elles sont d'une grande beauté et tout simplement parfaites.

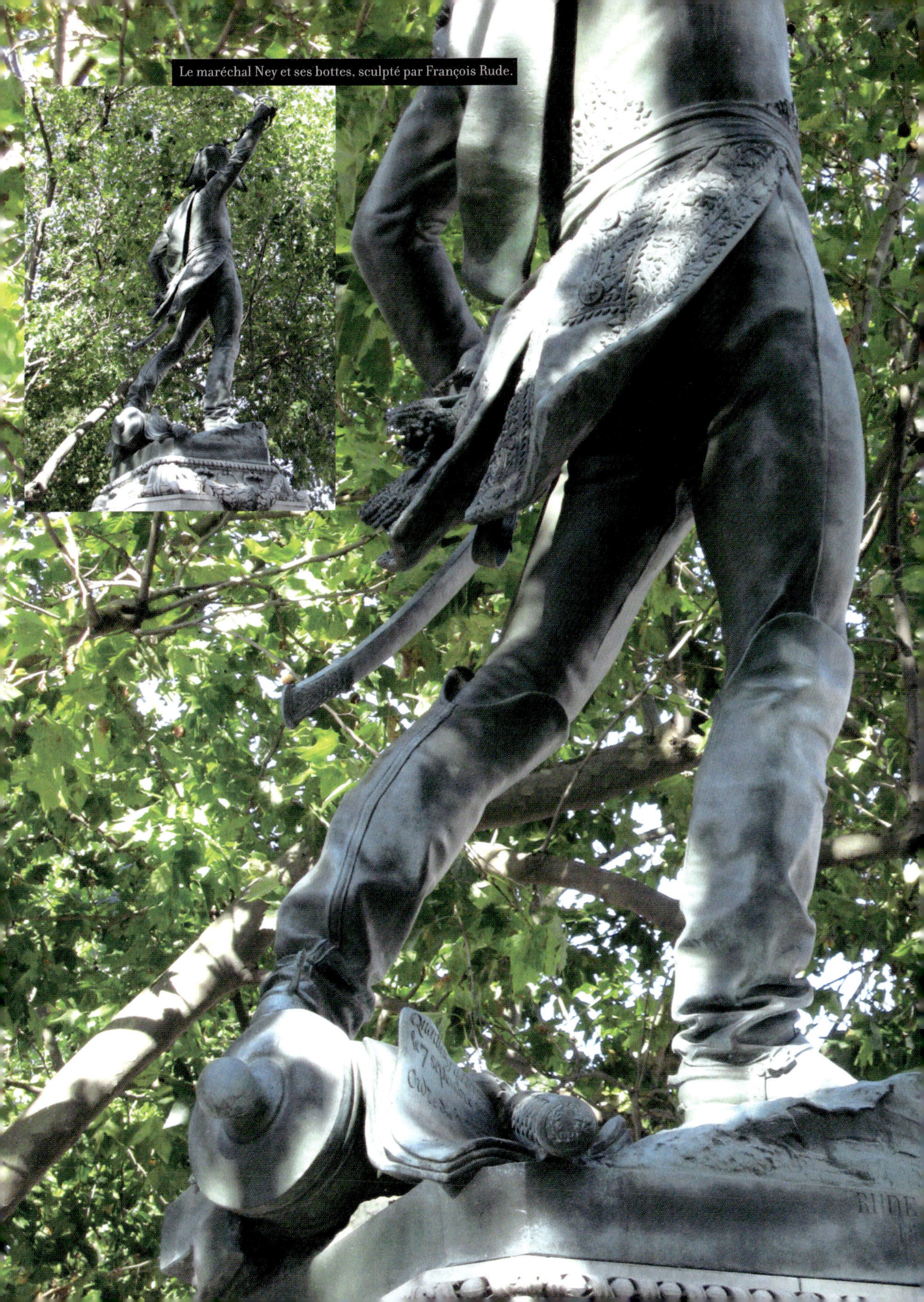

Le maréchal Ney et ses bottes, sculpté par François Rude.

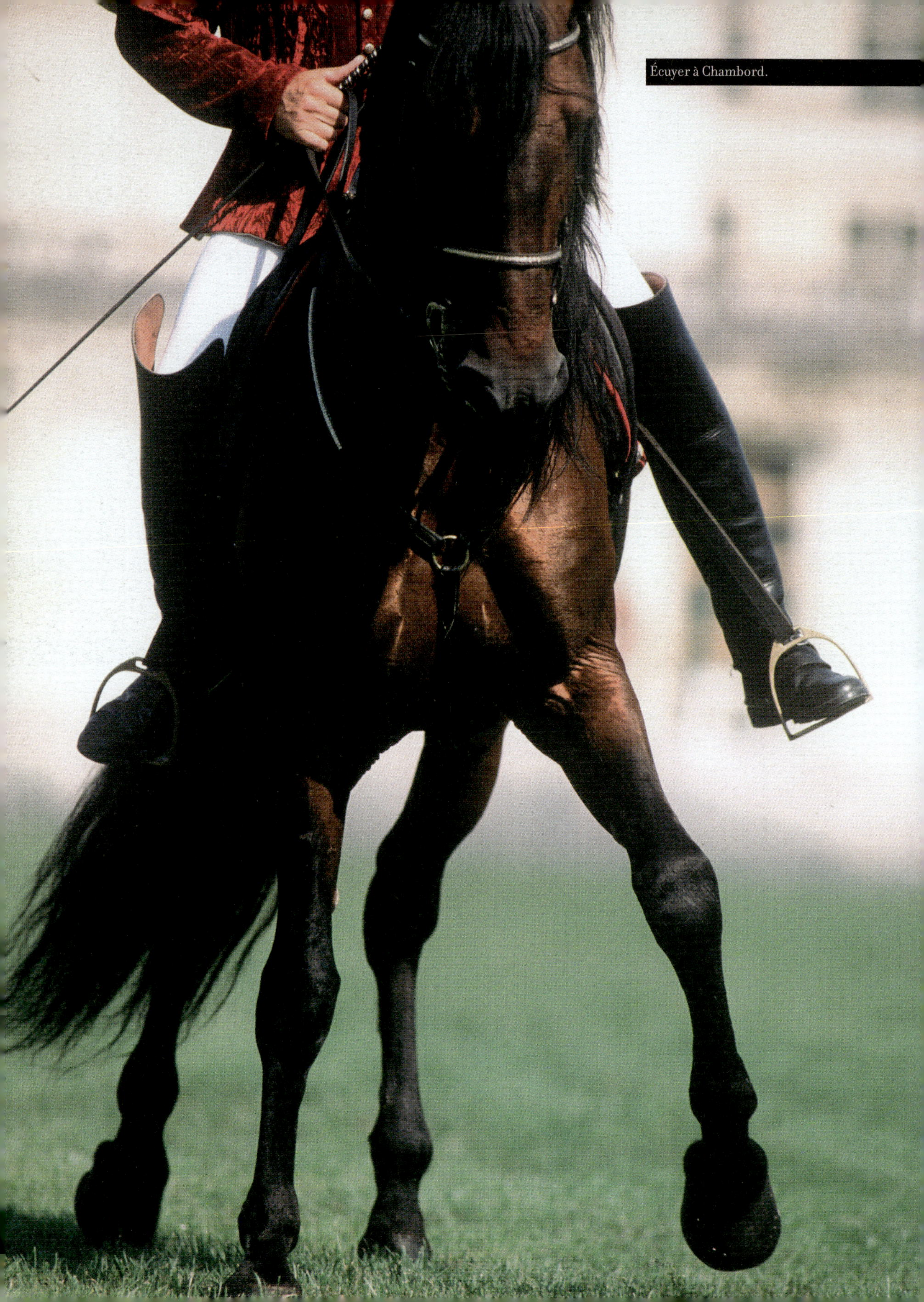
Écuyer à Chambord.

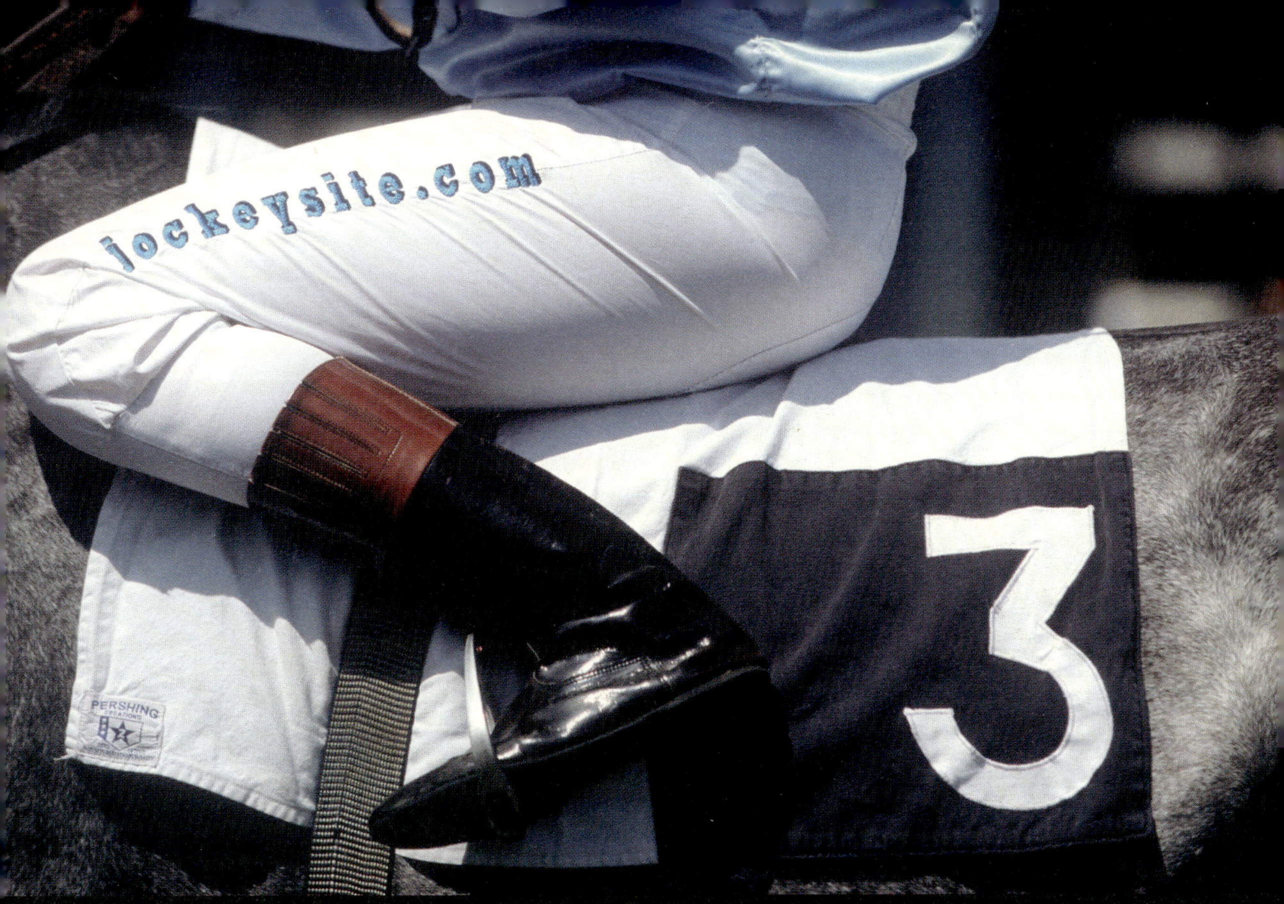

EN HAUT : botte de course ; EN BAS : botte de guardian.

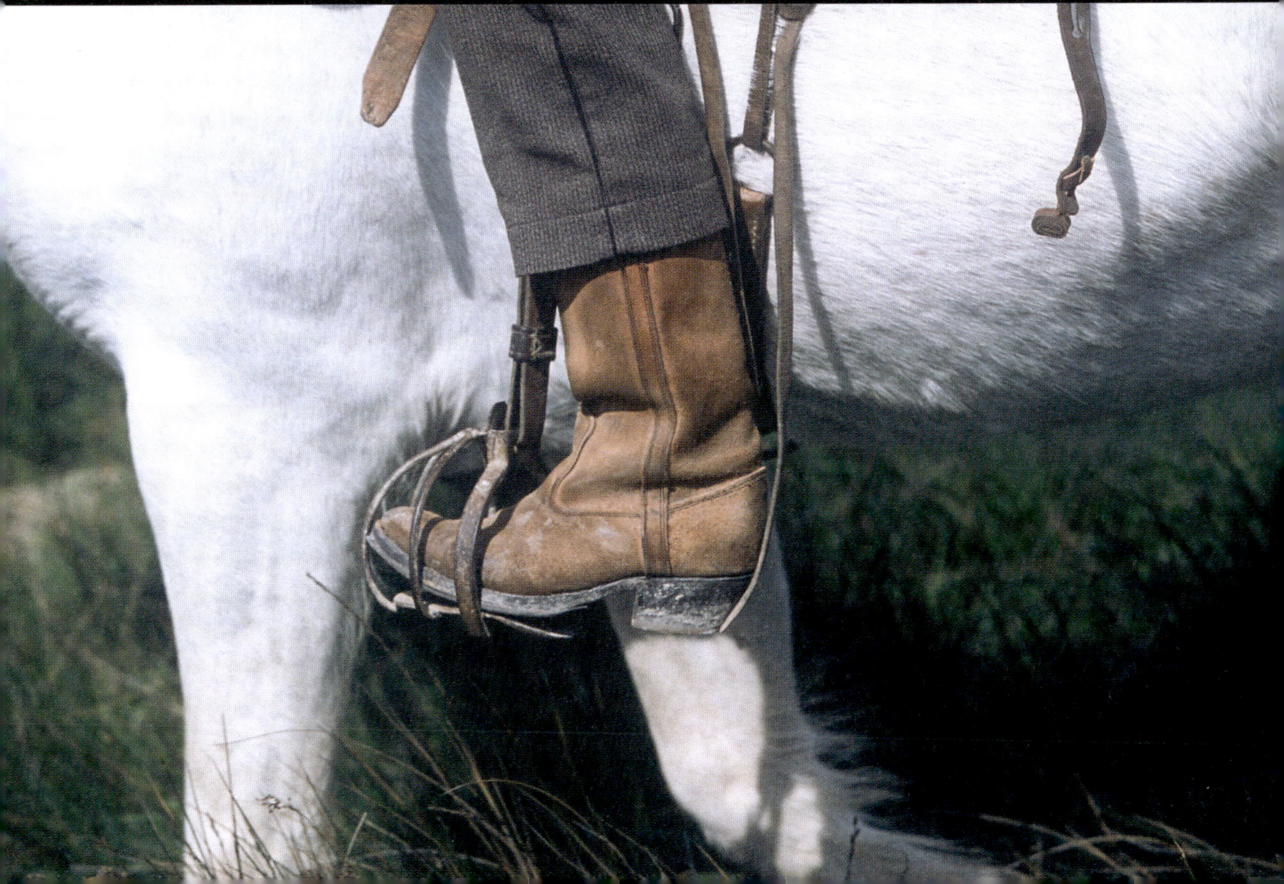

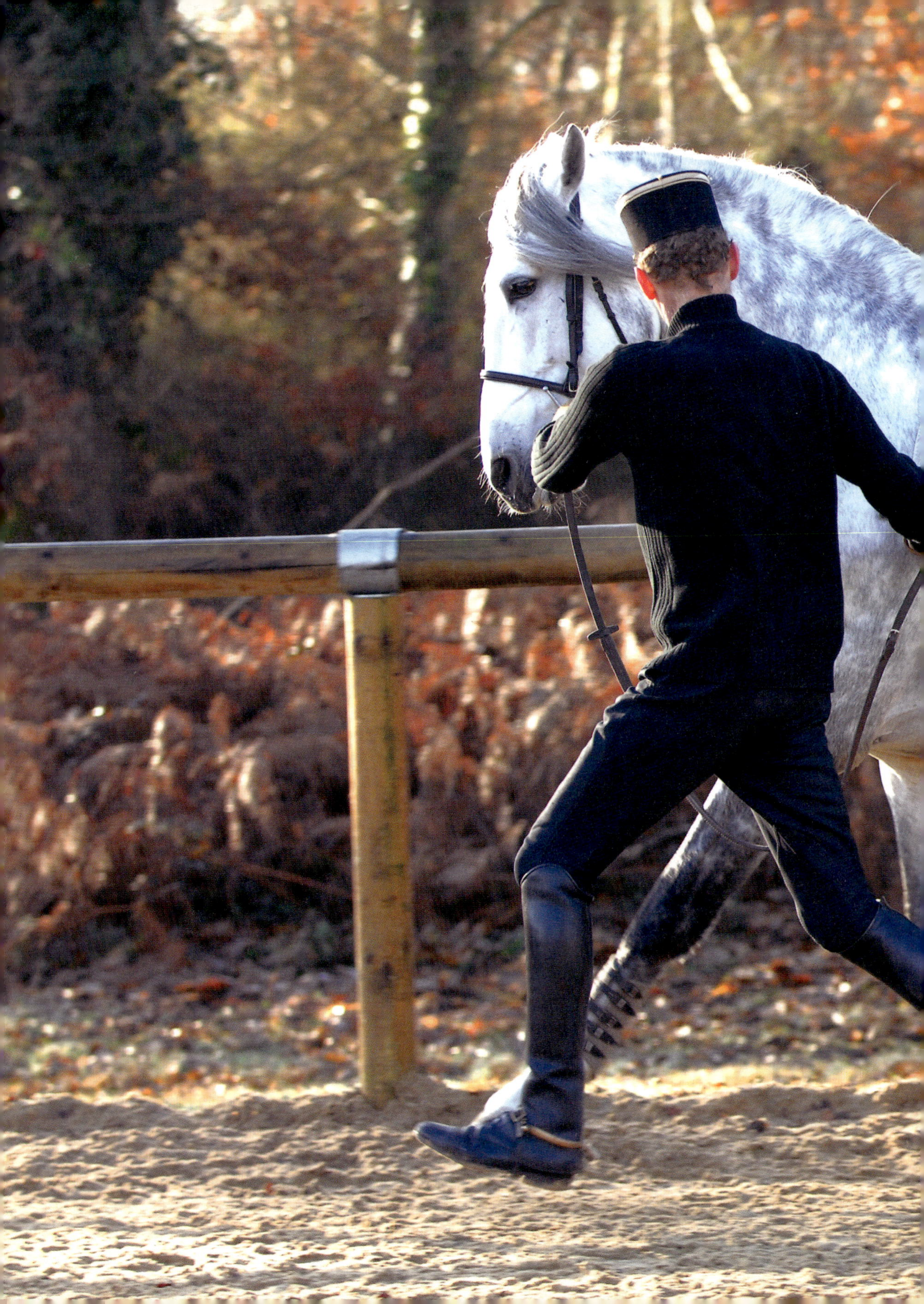

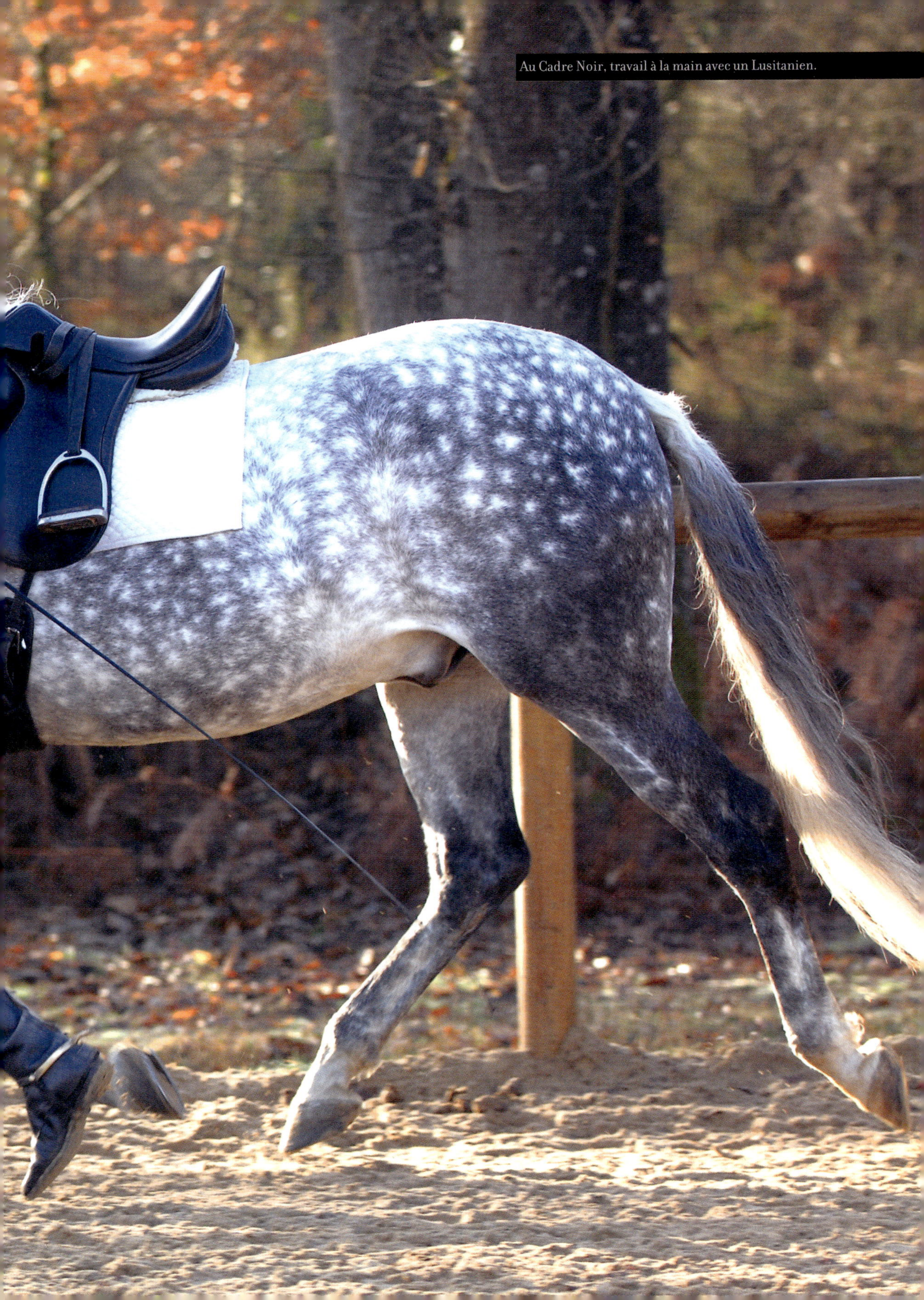

Au Cadre Noir, travail à la main avec un Lusitanien.

CADRE NOIR

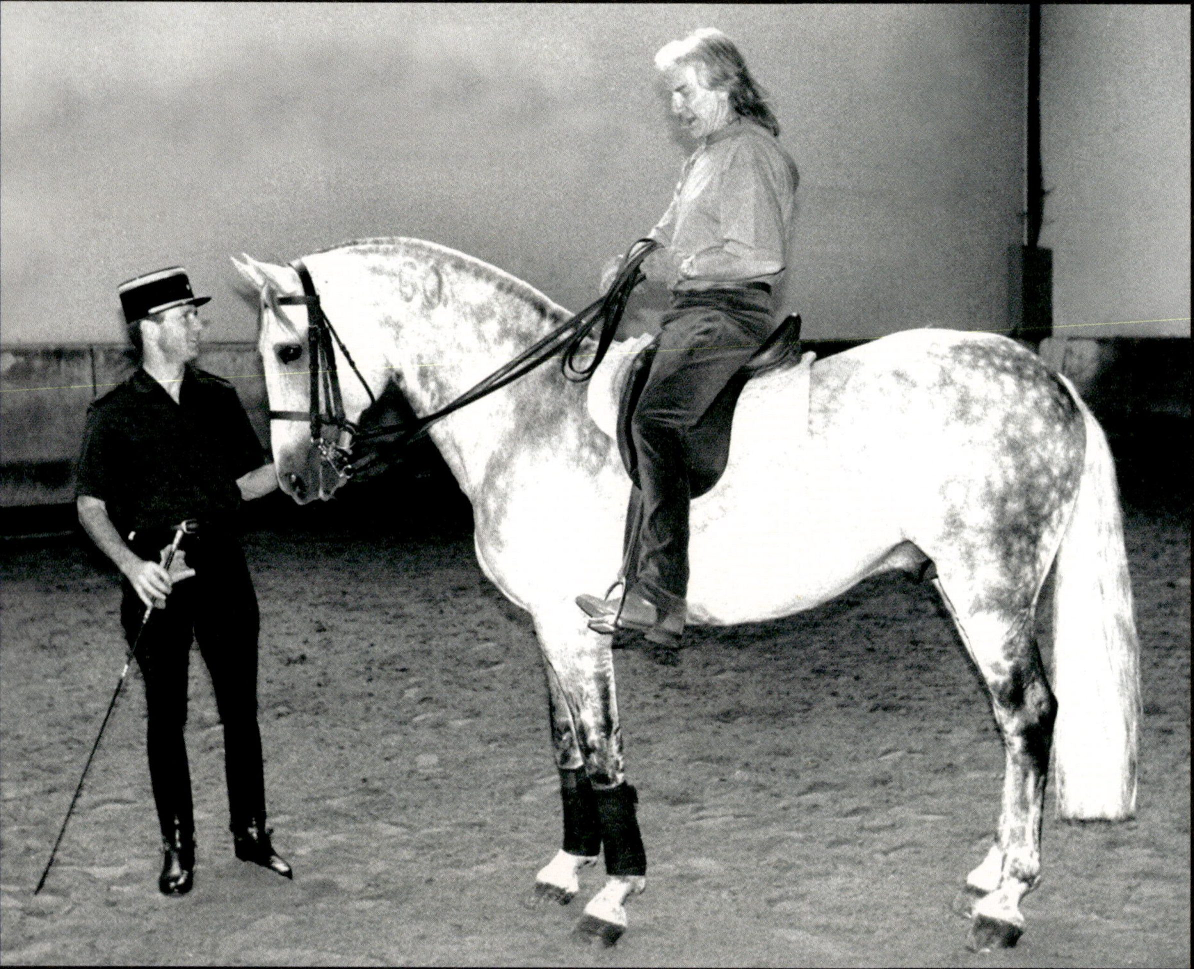

Avec Philippe Karl, au Cadre Noir. Hugues monte Odin, le cheval de Philippe (1992).

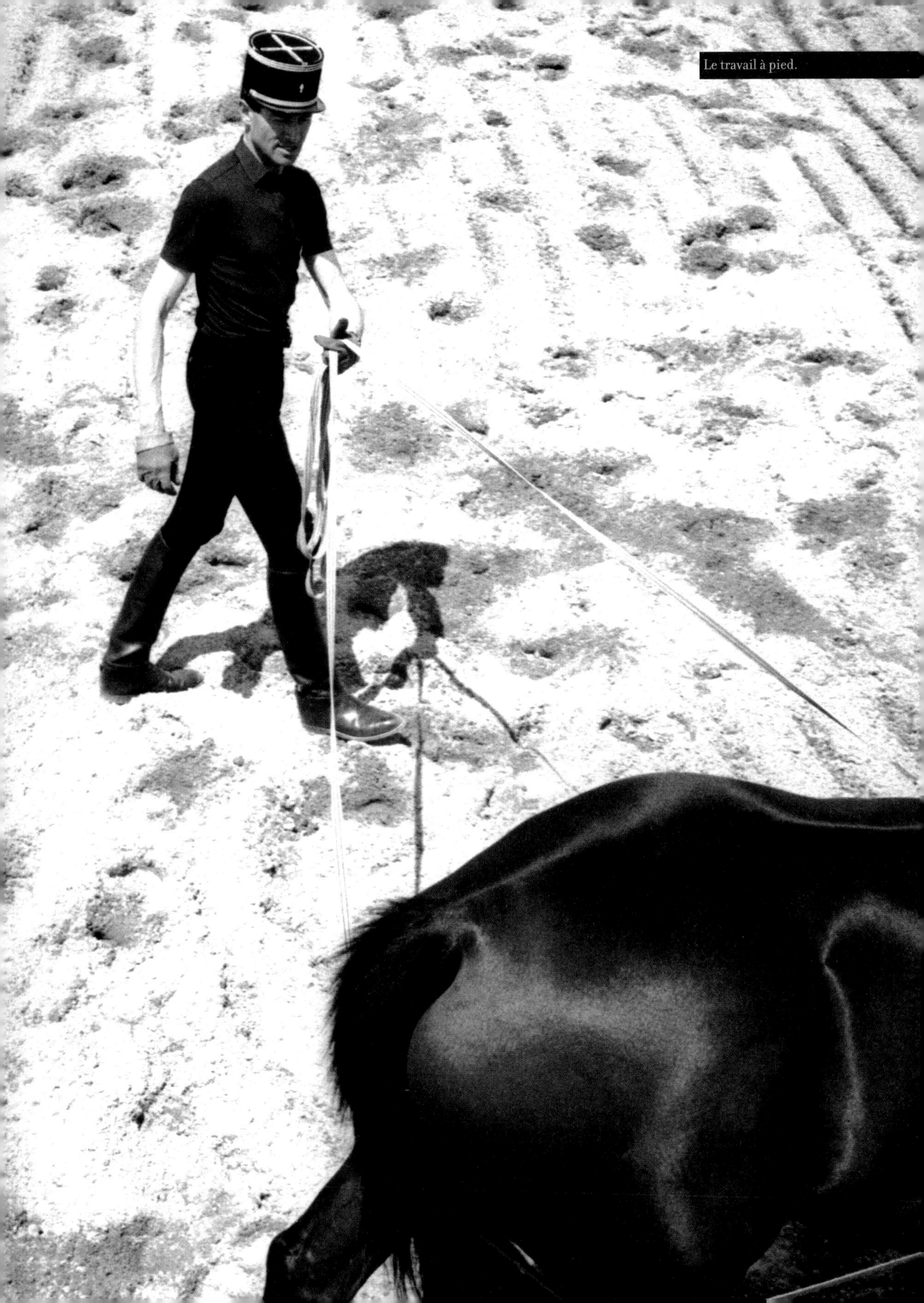

Le travail à pied.

À Sorèze, j'ai rêvé de porter un jour l'uniforme des écuyers du Cadre Noir, ce bel habit sombre, synonyme d'élégance et de prestance équestre.
Lorsque, bien plus tard, je fus reçu à Saumur par le général Pierre Durand, – à l'époque colonel et directeur de l'École –, malgré ma réussite et ma notoriété j'éprouvai une forte émotion, très intimidé comme un gamin devant son maître. Contre toute attente, à mon arrivée, le « Grand Écuyer » de la fameuse institution m'accueillit à bras ouverts sur le perron, en me lançant un tonitruant : « Salut, mon cousin, comment vas-tu ? » J'appris et découvris alors que nous étions « cousins » par ma grand-mère, Antonine de Margerie. Le soir même, nous nous retrouvions autour d'un dîner bien arrosé avec du vin d'Anjou, comme il se doit !

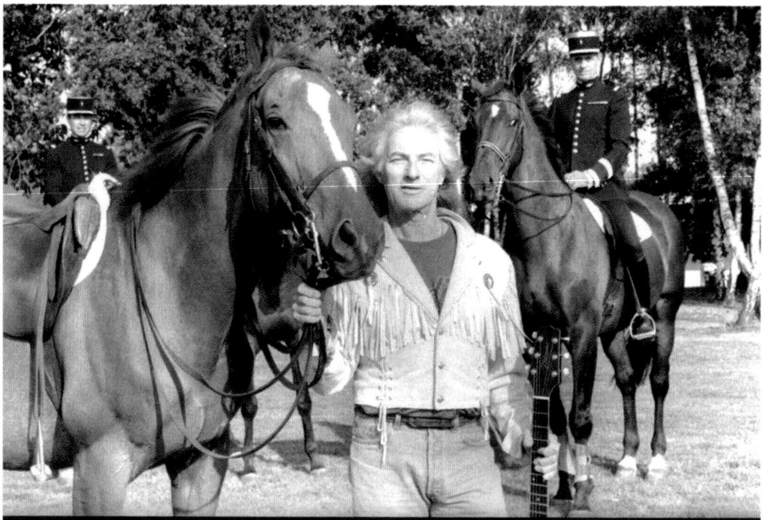
Au Cadre Noir, le jour du spectacle.

Peu de temps après, on me demanda d'animer la soirée de gala du Cadre Noir dans le Grand Manège, le « temple » de l'ENE. Je saisis l'occasion pour proposer un spectacle dont j'avais déjà l'idée.
En dehors des représentations du Cadre Noir, des démonstrations camarguaises ou encore de celles des cascadeurs de voltige cosaque de Mario Luraschi, le spectacle équestre n'existait pas encore véritablement. Avec Bartabas, nous fûmes les premiers à proposer quelque chose de nouveau et de différent dans ce domaine.
Mon spectacle était principalement constitué d'une série de tableaux vivants, illustrant parfois une de mes chansons. Mais le fil rouge du spectacle était l'histoire d'un petit garçon qui va accomplir l'ultime vœu d'un cheval du

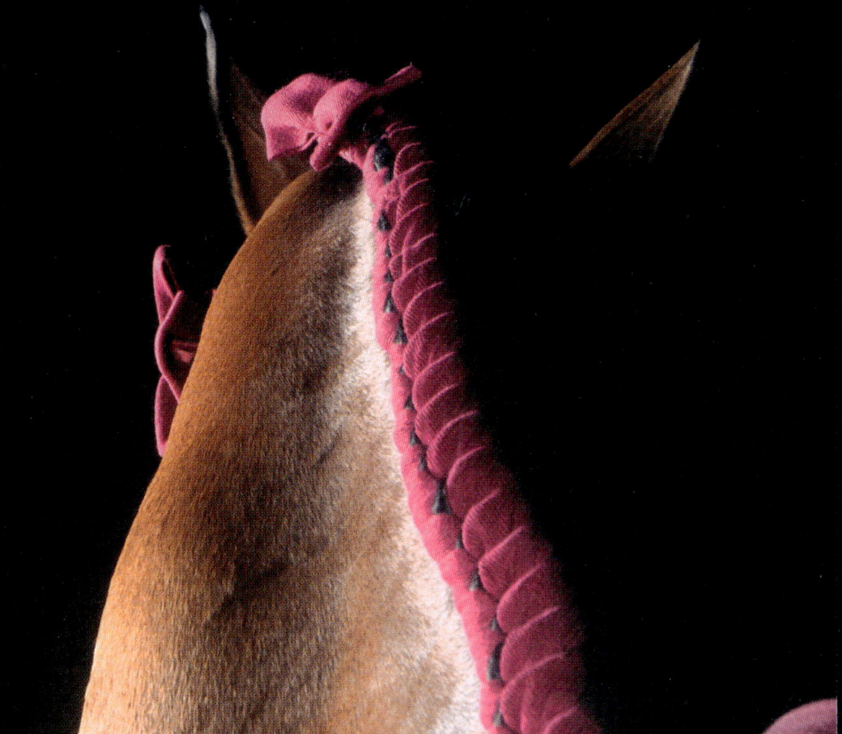

Natte à la française.

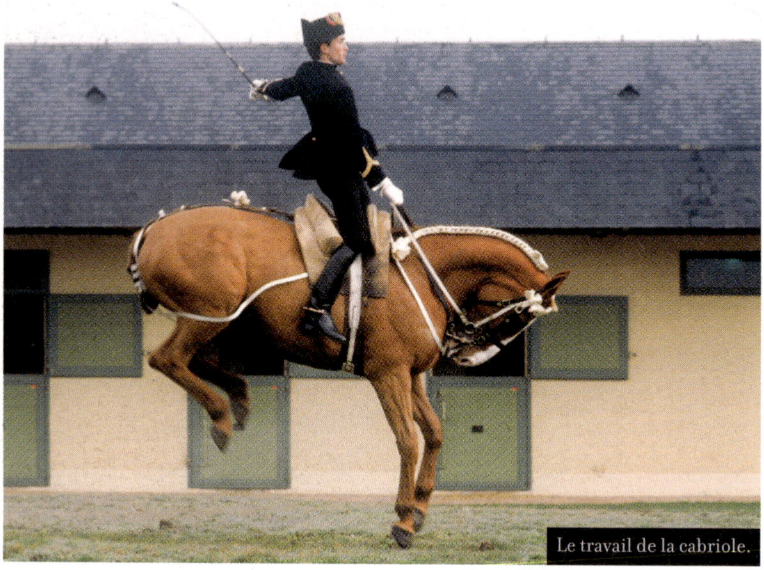
Le travail de la cabriole.

Cadre Noir à la retraite. Le cheval lui a murmuré à l'oreille « qu'il ne voulait pas mourir sans avoir vu une dernière fois le Grand Manège, où il connut pendant plus de dix ans la gloire et la lumière ! » Le petit garçon décide de mener son ami d'Ancenis à Saumur. Il arrive au Grand Manège mais, fatigué par le voyage, il s'endort à côté de... Fakir Duvivier, le fameux cheval. Commence alors son rêve... Dans un rideau de fumée et accompagné par une merveilleuse musique de Christian Chevallier, l'Écuyer en Chef, entouré de tous les écuyers du Cadre Noir, vient saluer le vieux cheval... le célèbre « sauteur retraité » qui jouait son propre rôle... C'était bouleversant.
Il faut dire que lors de sa dernière prestation, une fois le rideau tombé, Fakir Duvivier devait monter dans le camion et être conduit au couteau de l'abattoir. C'est l'intervention in extremis de mon ami Jean-Pierre Cosneau, alors examinateur à l'ENE, qui sauva le cheval, lui offrant une retraite paisible et digne dans un domaine qui deviendra rapidement le siège de l'association de Pied Bercy, ferme d'accueil pour les chevaux du Cadre Noir à la retraite. Mais, cela, c'est une autre histoire...
Au terme de cette aventure à Saumur, je me suis offert un cadeau : une paire de bottes en cuir havane clair que j'ai fait faire sur mesure par le bottier de l'ENE. À l'entendre dire, il n'en avait jamais fait dans un cuir de cette teinte. Mais ces bottes, exposées quelque temps dans la vitrine de son échoppe, eurent un grand succès...

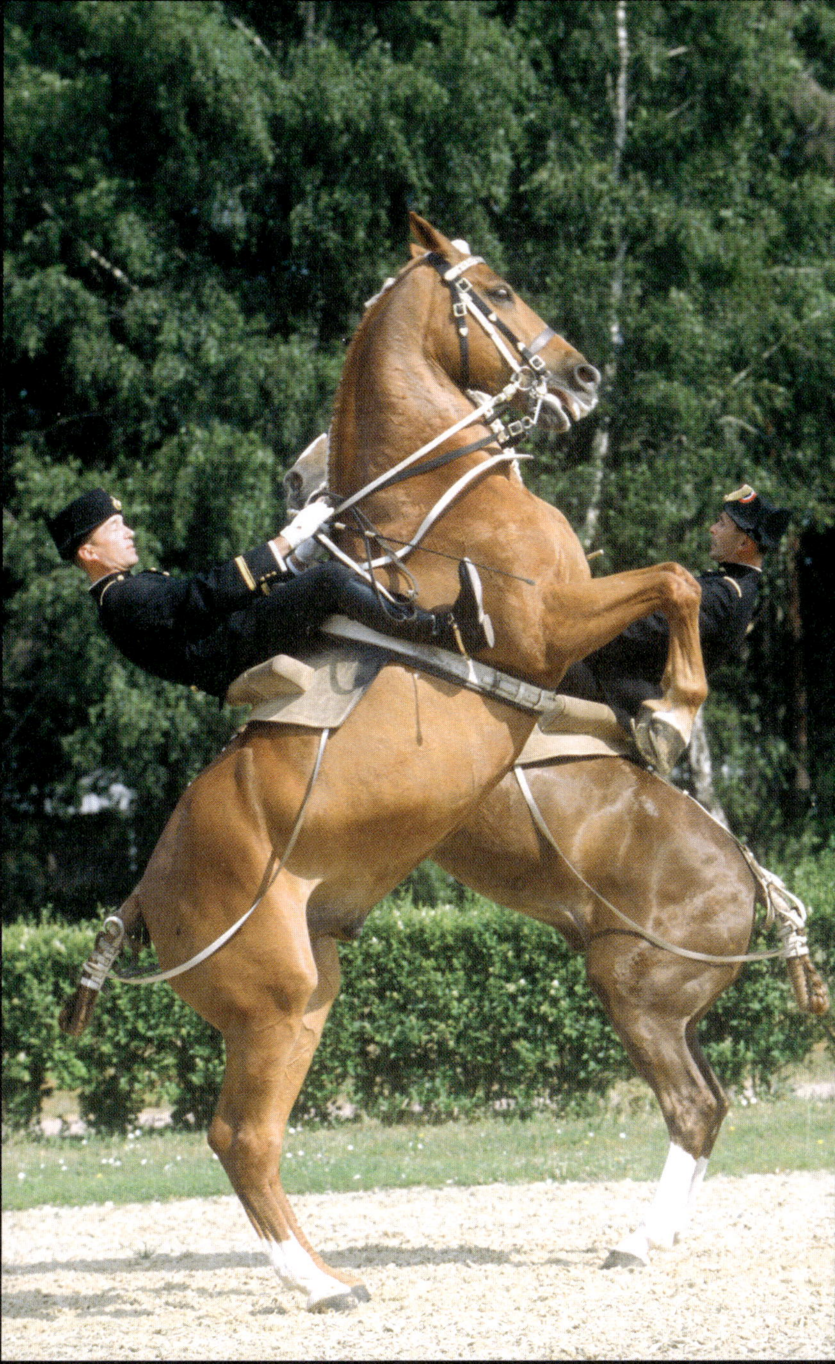

Les sauteurs en liberté.

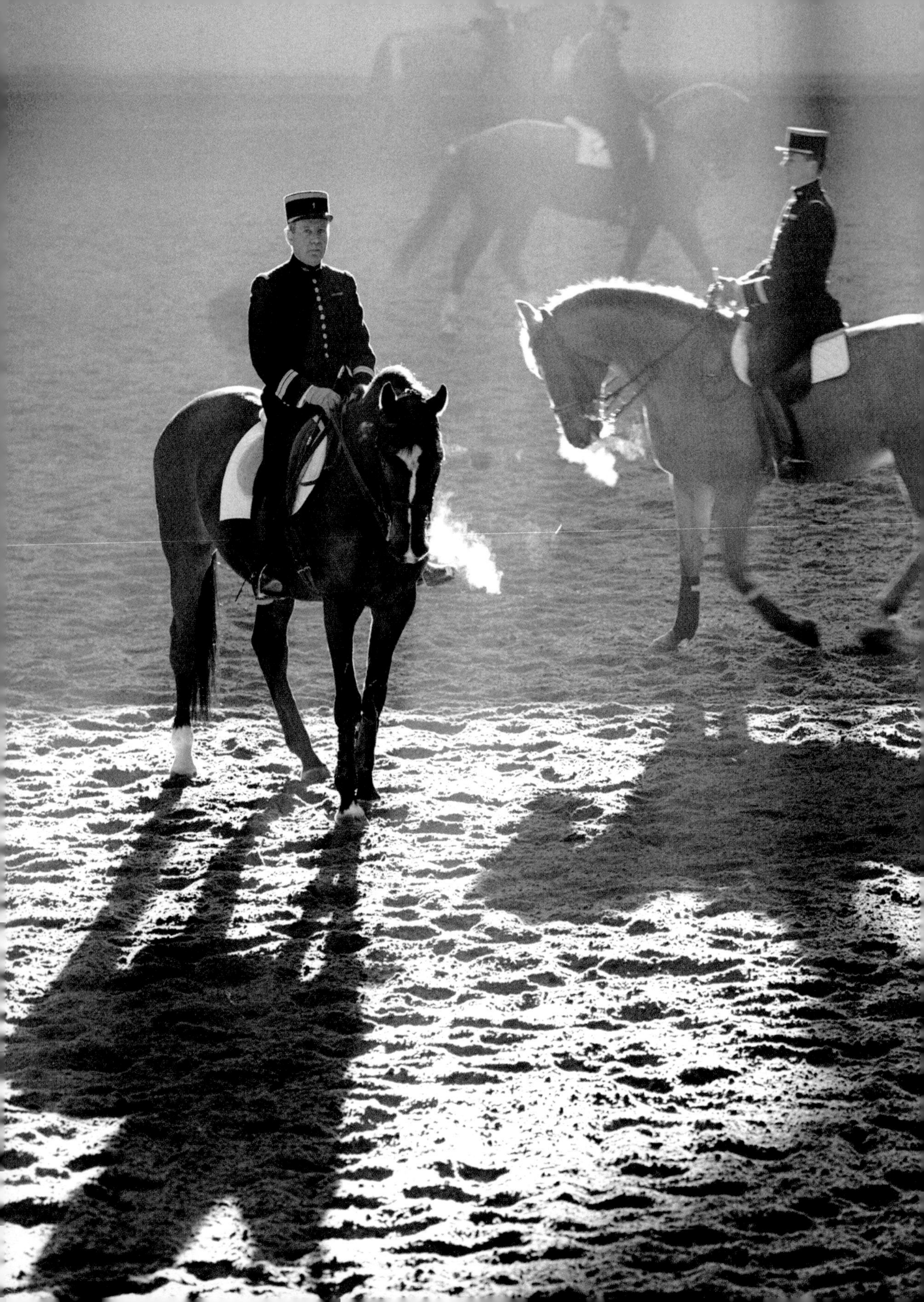

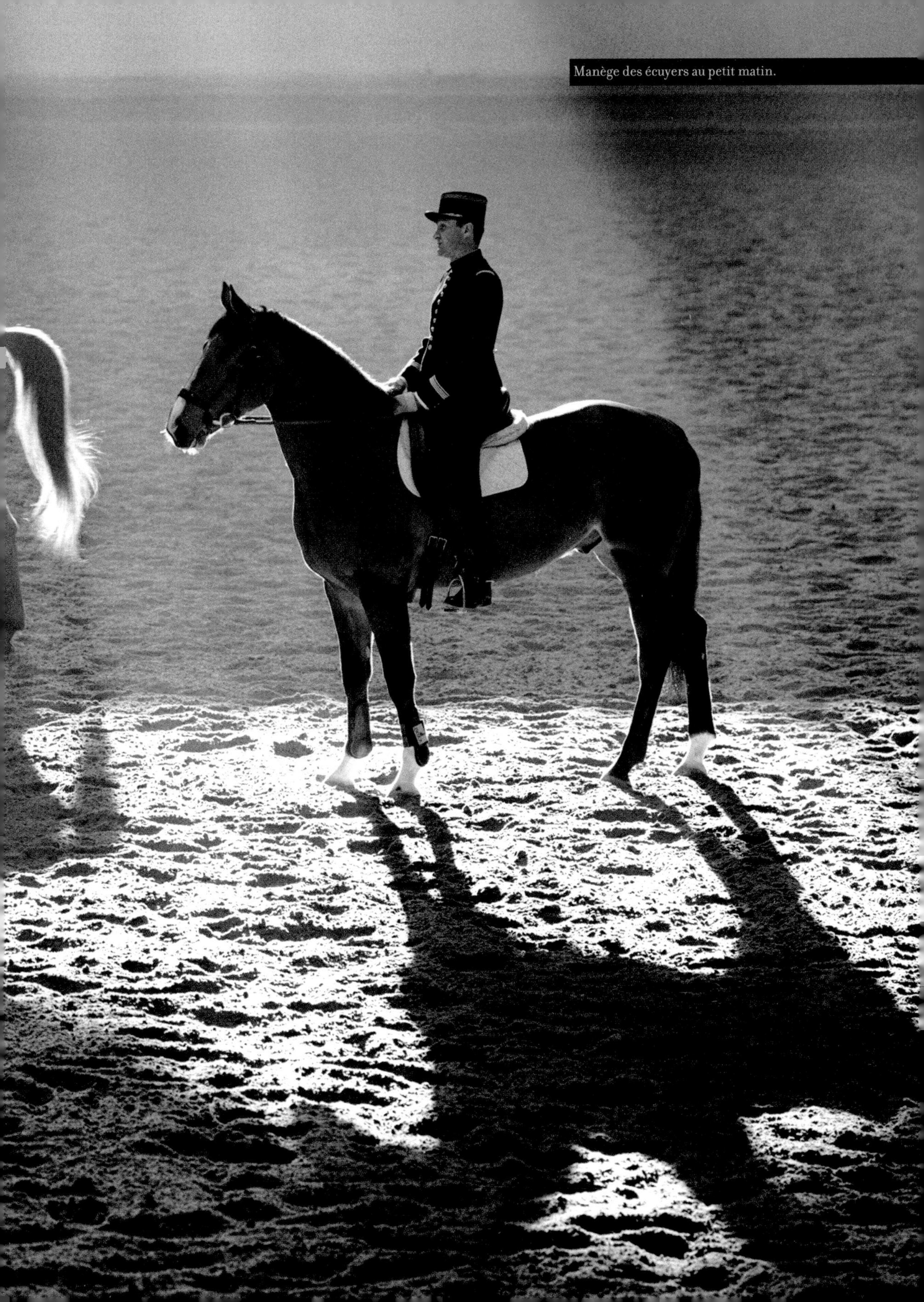

Manège des écuyers au petit matin.

CAMARGUAIS

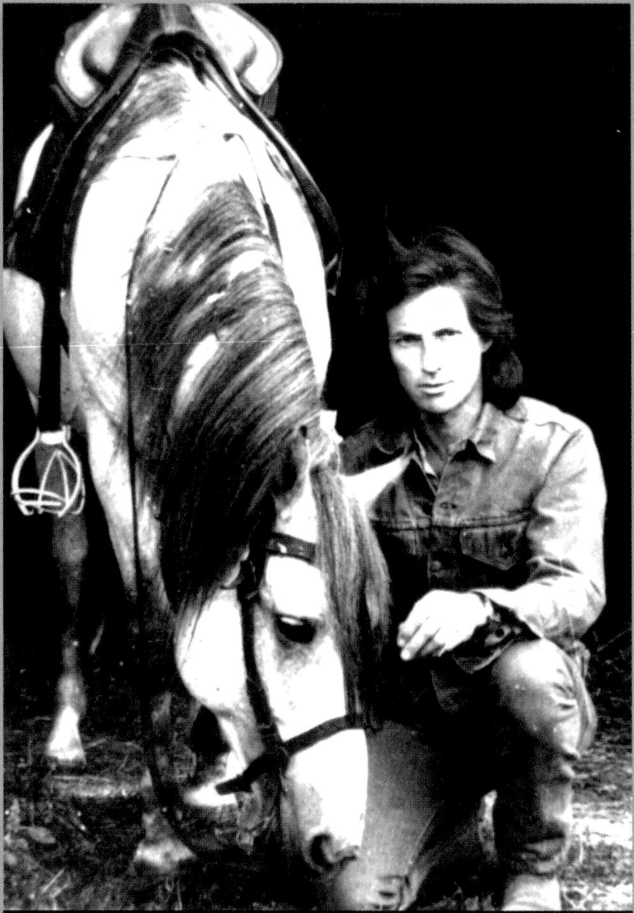

Avec Loustic.

CAMARGUAIS

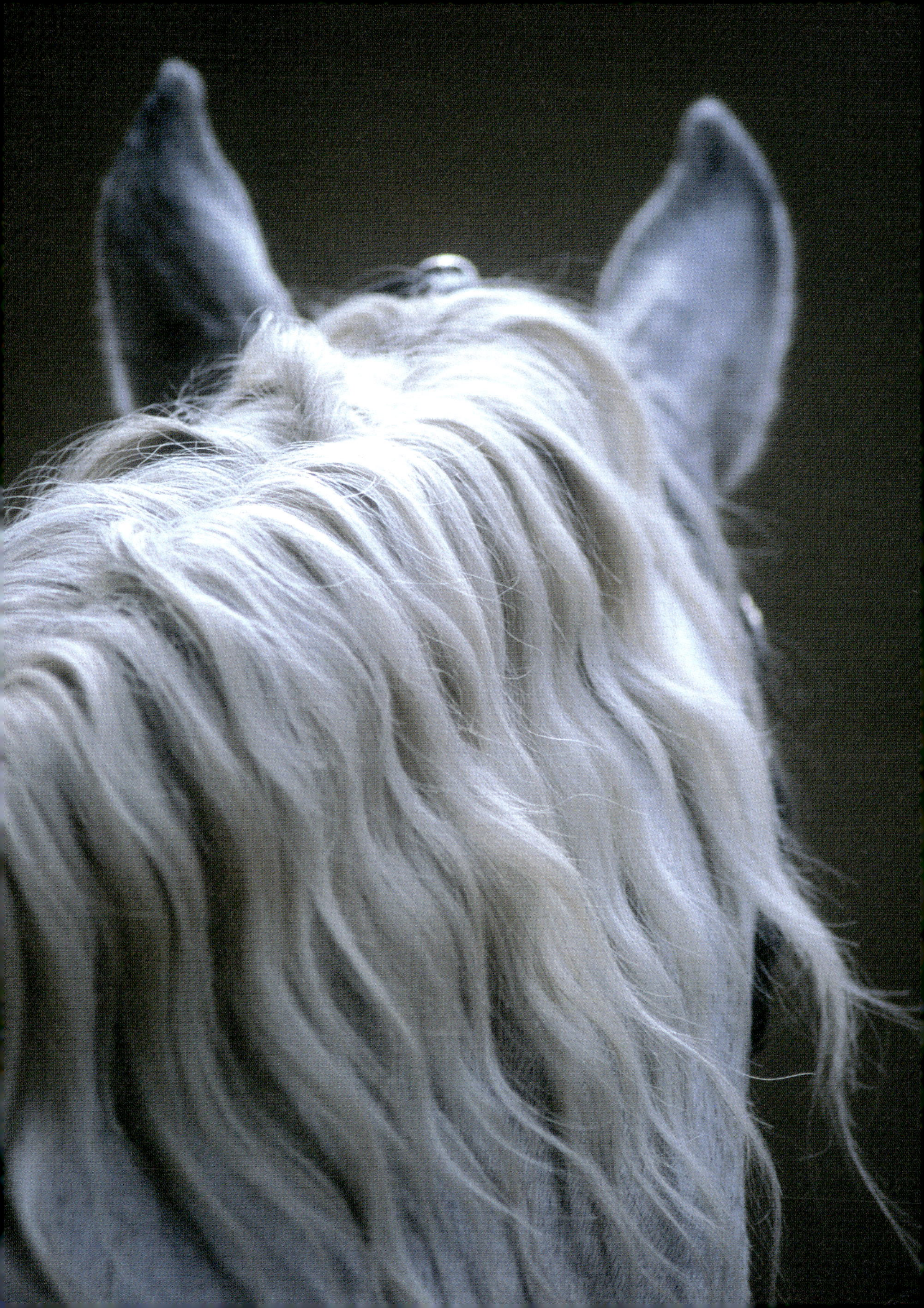

Mon premier cheval était un étalon camarguais de quatre ans. Il s'appelait Loustic. Je l'ai offert à ma fille Marie pour ses treize ans. C'était une vraie bombe. Je l'ai acheté en 1967 chez Guitou Lapeyre, éleveur à Raphèle-lès-Arles : « 350 000 francs », m'avait-il demandé à l'époque avé l'accent du Sud. J'ai découvert les Camargue au cours de mes tournées et de mes concerts dans le Sud. Je n'étais pas expert, et mes connaissances dans le domaine des chevaux limitées.
En quittant Sorèze , le collège où j'ai pris mes premières leçons d'équitation, j'ai perdu contact avec le monde des chevaux. Après le divorce de mes parents et la guerre, ma mère évidemment n'avait pas les moyens de m'offrir des leçons d'équitation.

Malheureusement, à Sorèze, les cours d'équitation n'étaient pas accompagnés d'un enseignement plus général, tel qu'on le connaît aujourd'hui dans les clubs. Je n'avais donc aucune connaissance ni de la morphologie du cheval ni des races, et pratiquement rien sur l'équipement général du cheval et du cavalier. Nous n'avions même pas la charge de préparer notre cheval. J'avais onze ans, le palefrenier m'appelait « monsieur » ! J'étais comme un petit prince… un « seigneur » ! Cette lacune dans ma culture équestre m'a handicapé par la suite…
Voilà donc Loustic installé dans ma ferme en Ardèche. Je lui offrirai très rapidement deux nouveaux compagnons : un hongre Barbe que je vais baptiser Carabas, et une jument Barbe gris pommelé que je baptise Cendrillon.
Un peu plus tard, Loustic et Carabas auront aussi le privilège de venir à Paris pour que mes filles Marie et Charlotte puissent les monter. Ils auront leur box au très chic et sélect Polo de Bagatelle. Le jeune directeur Jacques Macaire, l'un des plus brillants joueurs de polo au monde, à l'époque, était un de mes amis… Il a accueilli mes chevaux, ce qui fit scandale au club. En revanche les *petiseros* (palefreniers argentins) ont rapidement repéré Loustic… Ils l'ont tout de suite adopté, car il avait d'énormes qualités, précisément celles d'un cheval de polo. J'ai alors proposé à Jacques Macaire de

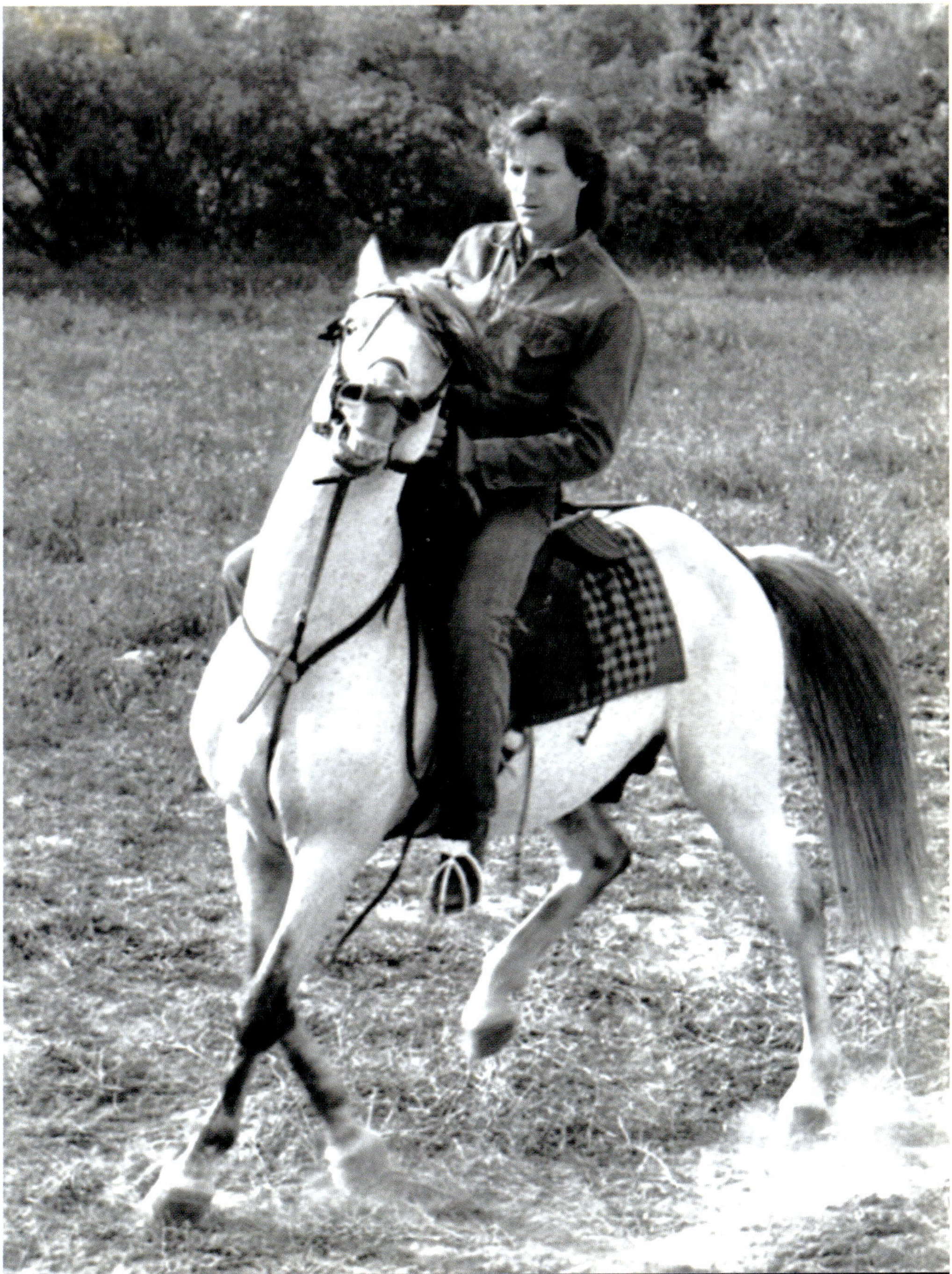

Sur Loustic.

créer un « polo populaire » avec une sélection de chevaux de Camargue. (Les chevaux de Camargue étaient, à l'époque, nettement moins chers que les chevaux de polo.) À nos jours, ce projet demeure tout à fait réaliste, mais… « vous n'y pensez pas, un polo low cost ! » C'était carrément faire injure à la haute société de Neuilly !
J'ai ramené Loustic, mon petit champion, à la ferme, laissant Bagatelle entre les mains de la « gentry snob ».
(À titre indicatif, je rappelle que le mot « snob », mot anglais, tiré du latin *sine nobilitate*, est toujours utilisé à contresens, car dans les grandes écoles anglaises il désigne en effet les élèves roturiers, c'est-à-dire sans titre de noblesse !)
Loustic finira sa vie en Camargue…
Il est mort en procréant : à la fin d'une saillie, le fougueux Camargue est tombé, à l'âge de vingt-trois ans. Quelle belle fin pour un étalon !

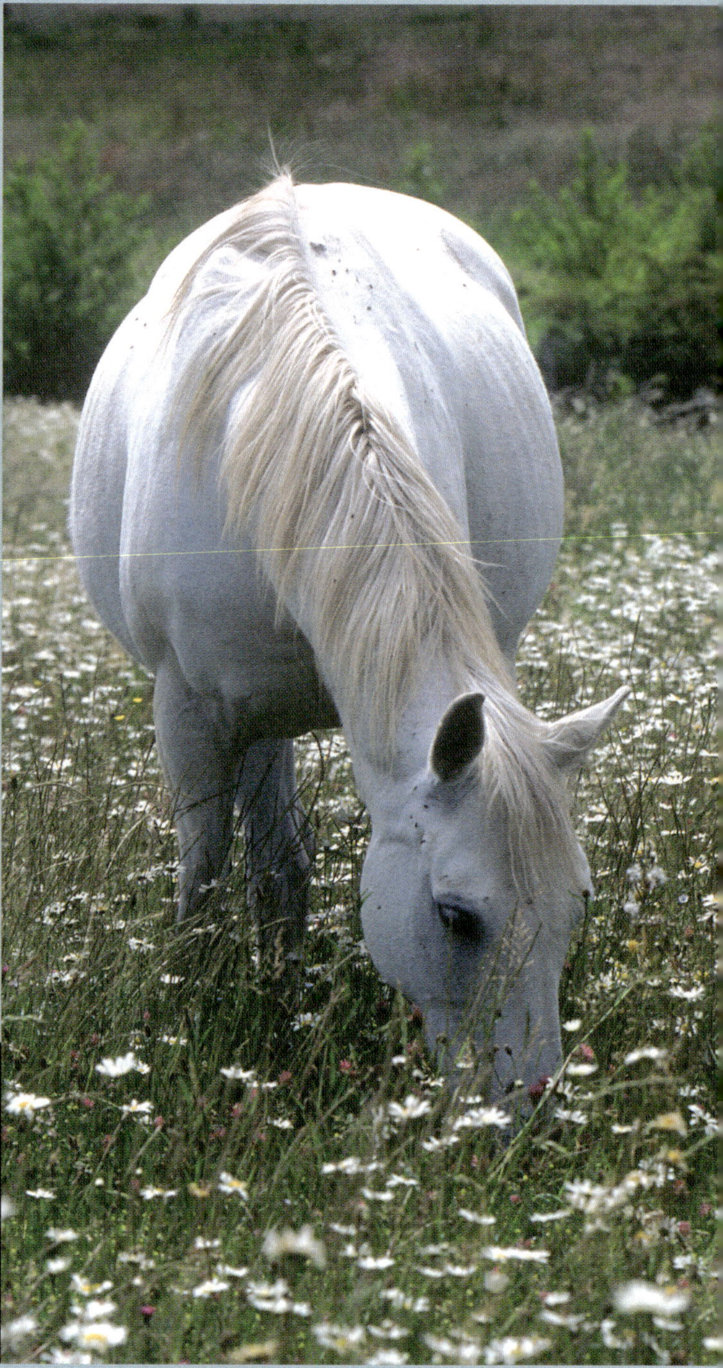

Camarguais.
À DROITE : un poulain.
La robe des Camarguais est grise, exceptionnellement baie. Le poulain, lui, naît bai ou rouan. La couleur de sa robe change à deux ans environ.

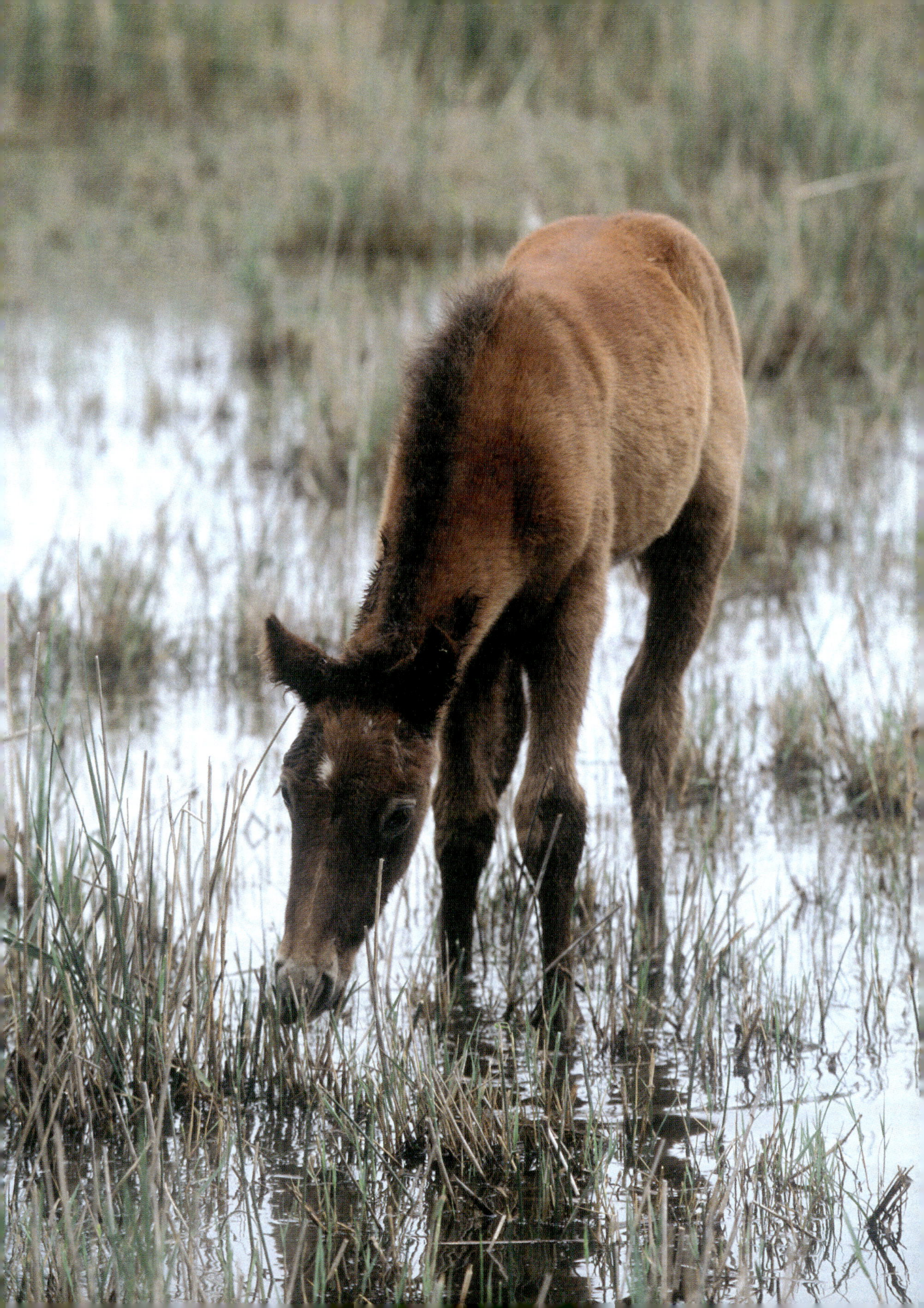

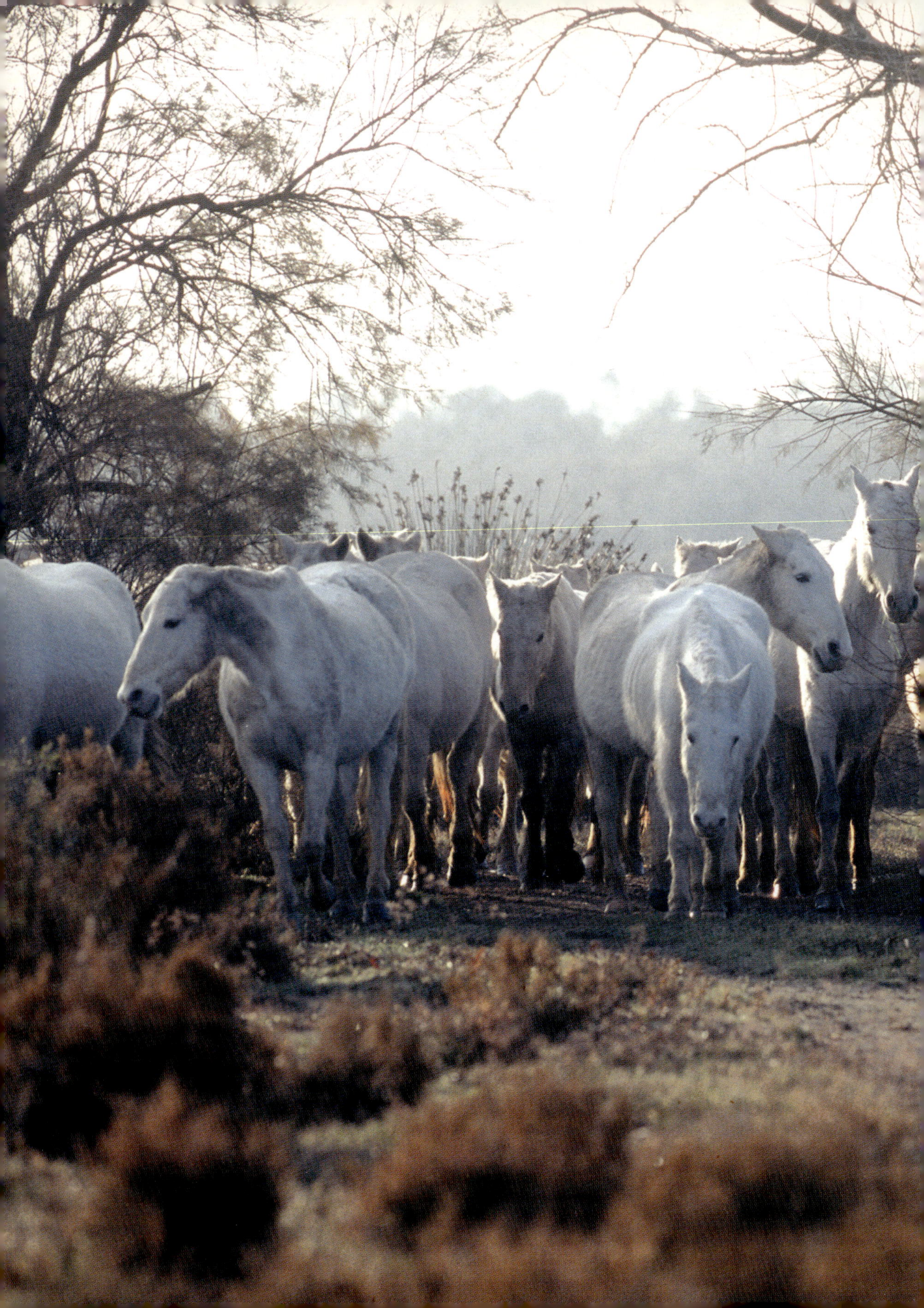

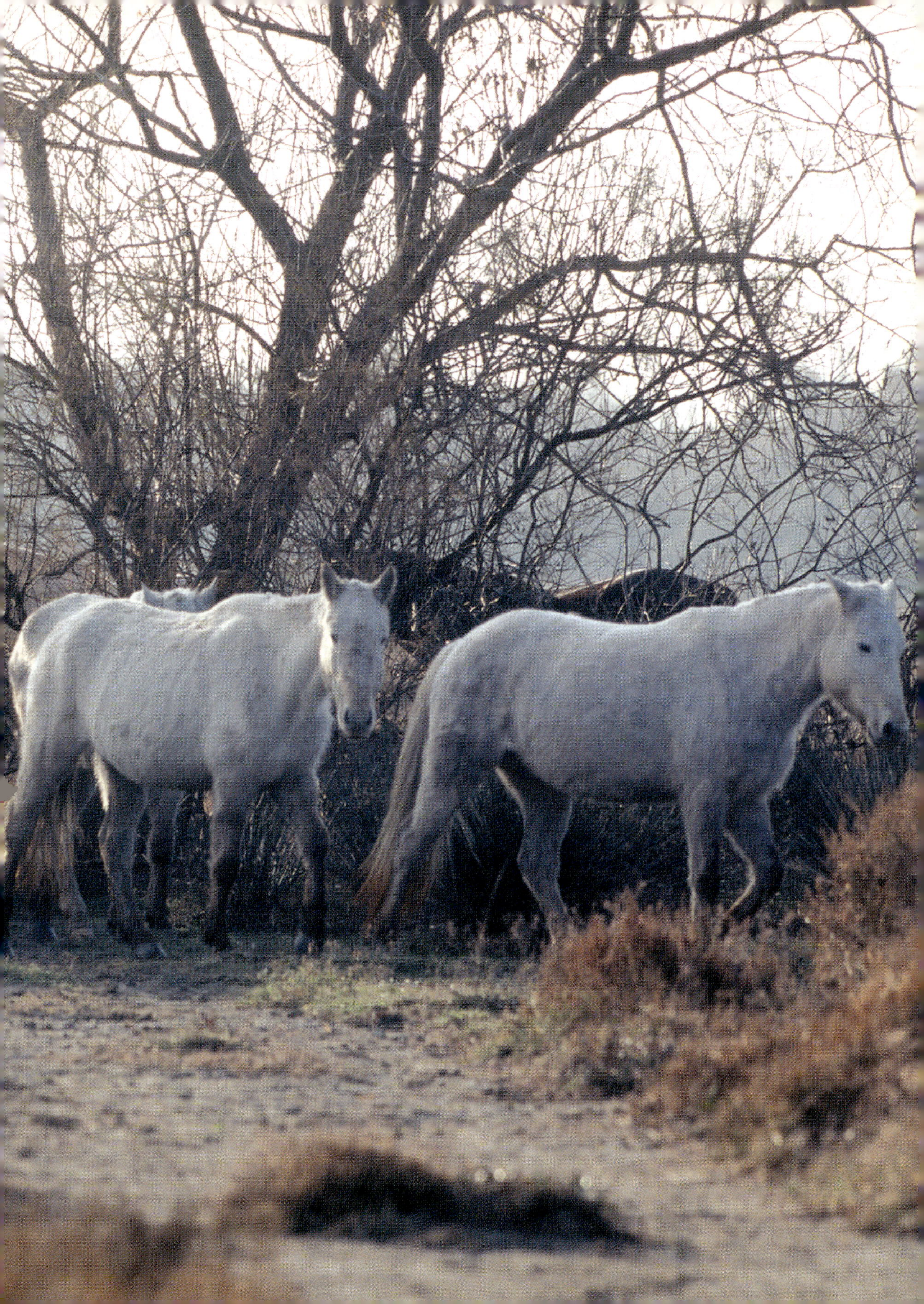

cAR

BA

A

CARABAS

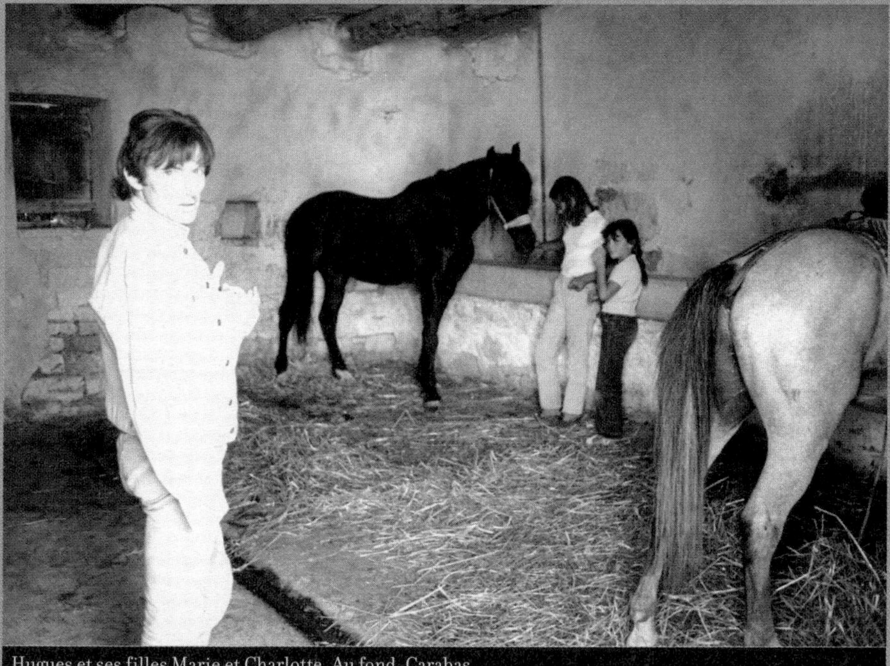

Hugues et ses filles Marie et Charlotte. Au fond, Carabas.

S

Dans ma vie de cavalier, j'ai monté toutes sortes de chevaux dans toutes sortes de circonstances, les plus imprévisibles qui soient.
L'une de mes plus incroyables expériences fut lors de l'achat de Carabas, mon Barbe noir.
J'avais convaincu un vétérinaire pour l'avoir. Il faisait partie d'un convoi de chevaux venus du Maroc, destiné aux abattoirs de Nîmes. Les maquignons m'ont proposé de l'essayer… j'ai répondu « oui », évidemment. Je descendais à peine de l'avion, je n'avais pas dormi de la nuit et, comme d'habitude, avec cette inconscience et cette innocence qui me caractérisent, j'ai chevauché mon fougueux destrier… S'en est suivi un véritable rodéo, à cru bien sûr, avec, en tout et pour tout, une corde de gros chanvre dans la bouche du cheval… Il s'est mis à ruer, c'était totalement fou de ma part… mais pourtant rapidement, déjà fumant et transpirant, blanchi par l'écume, mon cheval s'est calmé et je l'ai baptisé Carabas…
Curieusement, à part Jacques Macaire et moi, personne n'a jamais pu monter ce cheval trop difficile. Selon lui, Carabas souffrait peut-être d'une tumeur au cerveau. Trop dangereux, Macaire m'a conseillé de ne pas le garder. Il fut abattu, à mon grand désespoir…
Je n'ai jamais oublié Carabas.

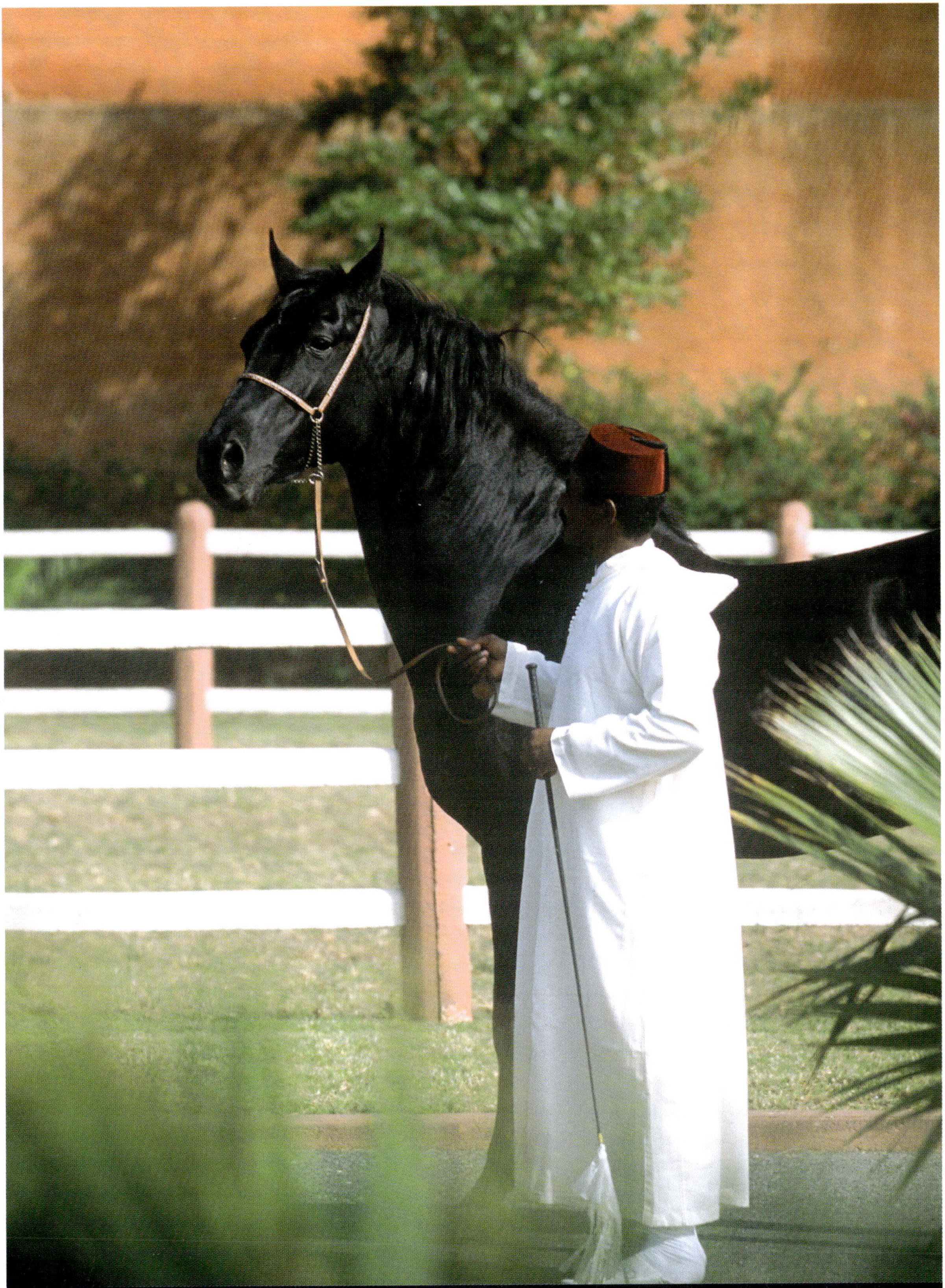

Étalon Barbe de l'écurie royale du Maroc.

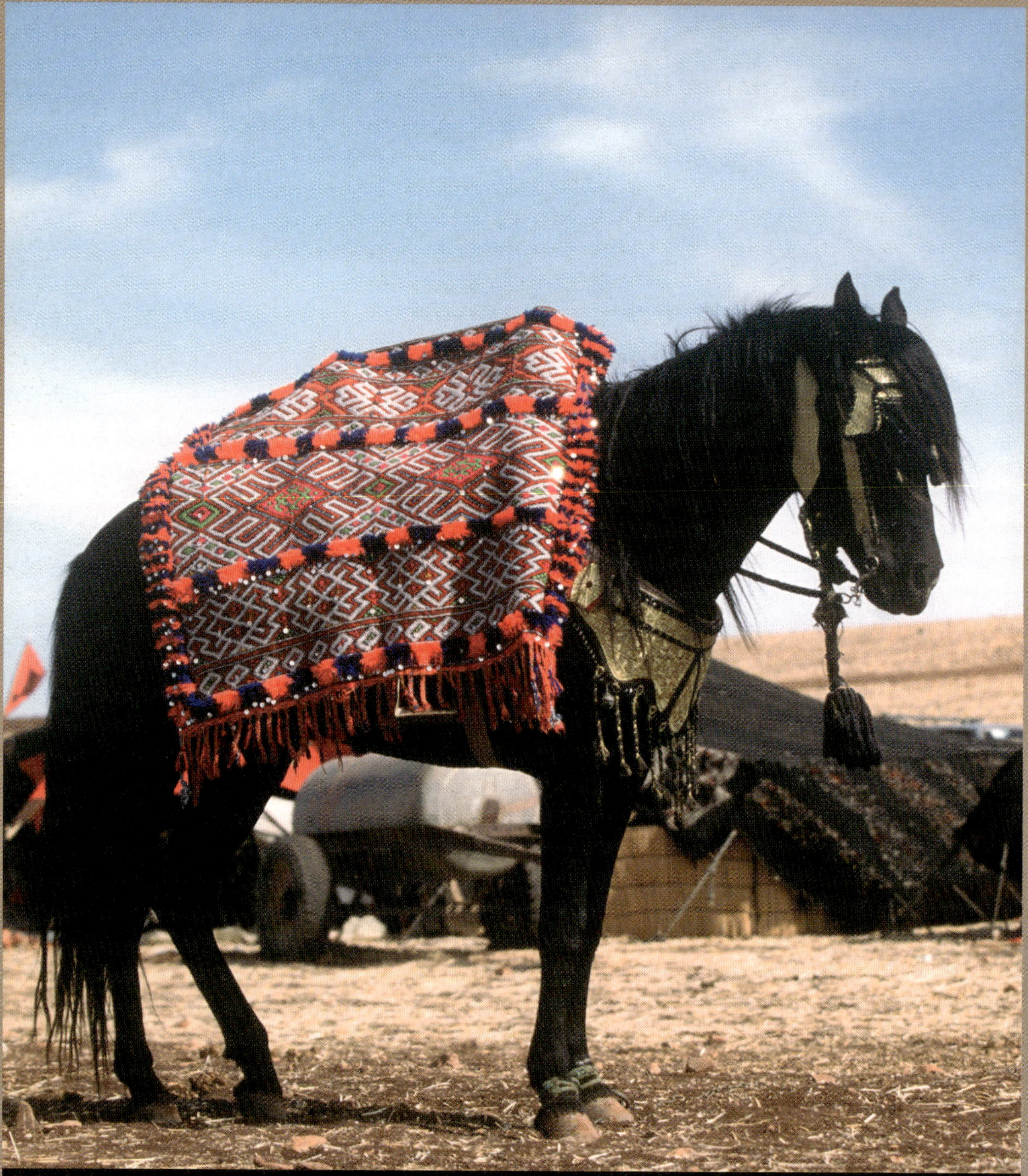

Barbe sellé pour la Fantasia.

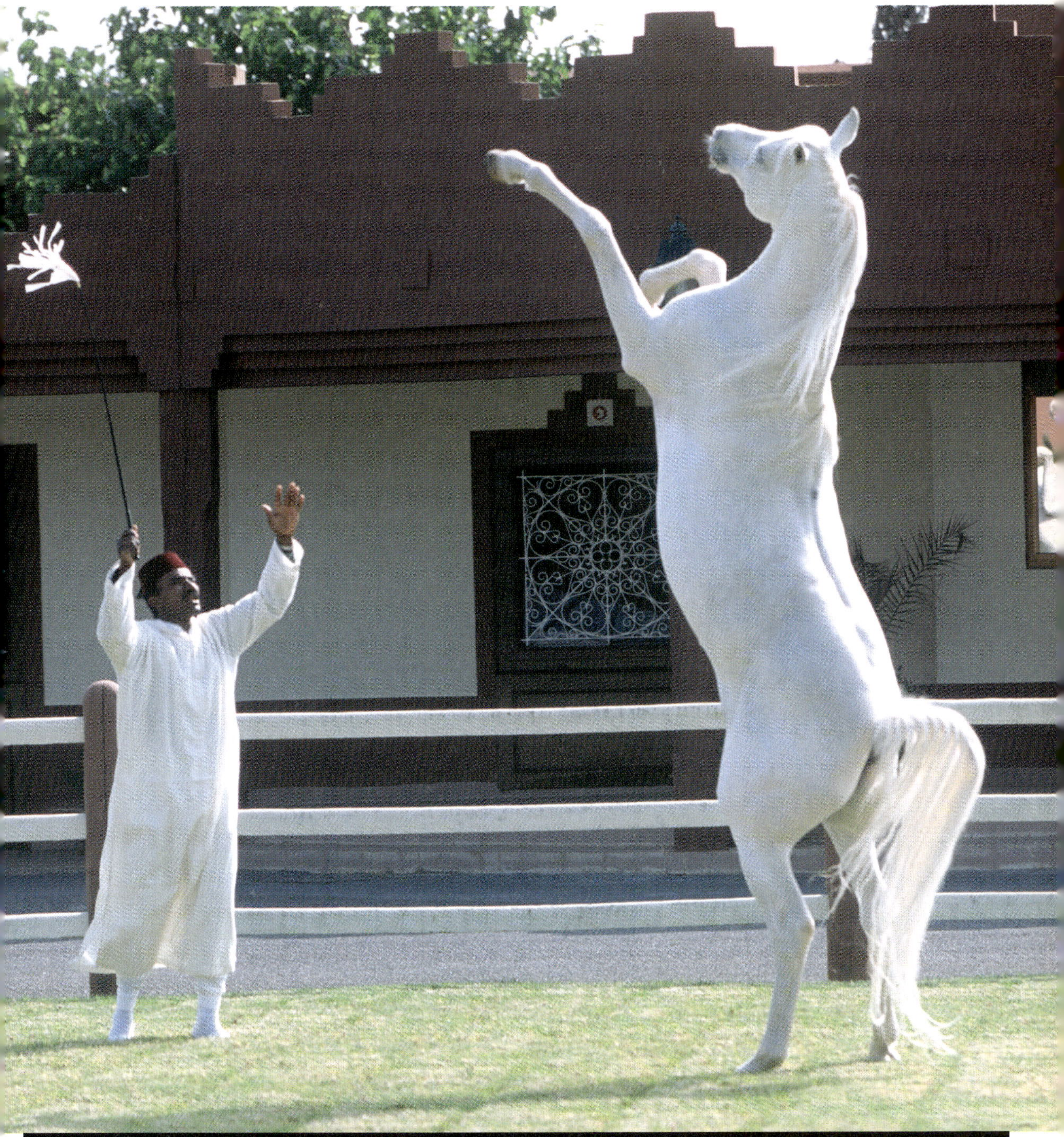

Pur-sang arabe avec son dresseur.

CAVALIER BOHÈME

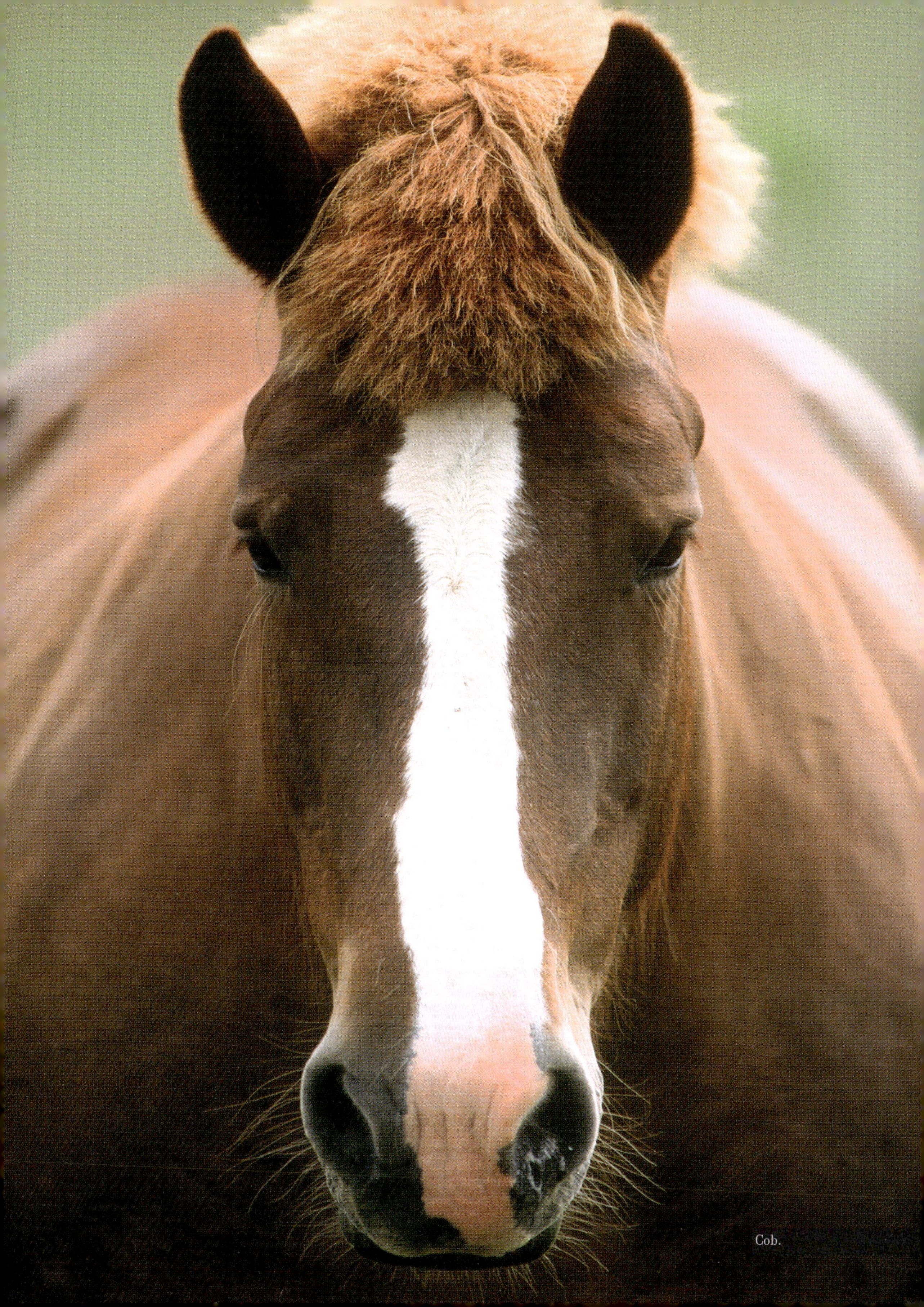

Cob.

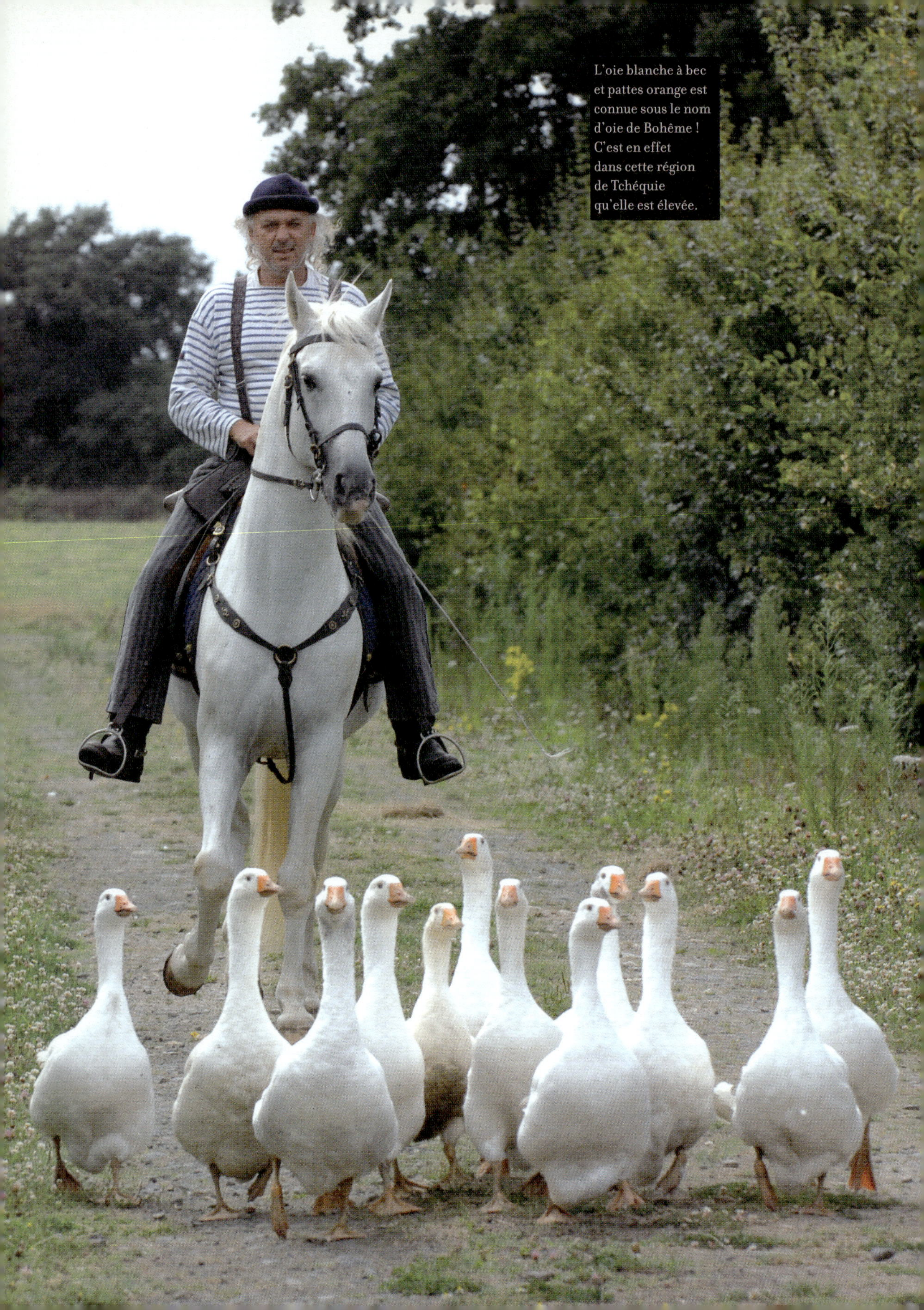

L'oie blanche à bec et pattes orange est connue sous le nom d'oie de Bohême ! C'est en effet dans cette région de Tchéquie qu'elle est élevée.

Je suis un cavalier instinctif, atypique et bohème. À mon grand regret, je n'ai jamais eu vraiment un enseignement complet et approfondi dans le domaine équestre, comme je l'ai déjà indiqué. Jeune cavalier très doué, à Sorèze, je bénéficiais des faveurs de mon maître d'équitation, Monsieur Holpey, qui, sans jamais rien dire à l'économe du collège, ne faisait pas payer les cours à ma maman.
Après ma scolarité, j'ai dû arrêter l'équitation pendant près de vingt ans. Je n'avais pas une situation qui me permettait de monter à cheval. Pendant ces années-là, je ne me suis plus occupé de cheval, pas plus d'ailleurs que de sculpture ni de peinture,

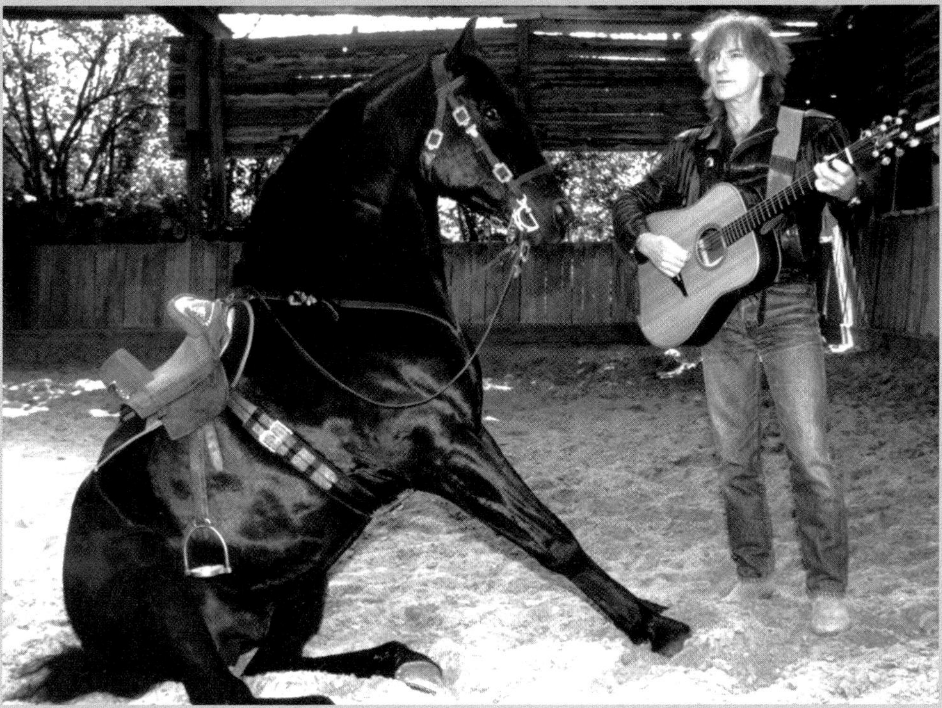

mes autres passions... J'étais pris par la vie. Ma seule préoccupation était de nourrir ma famille, mon épouse et mes deux filles, Marie et Charlotte.
C'est, en quelque sorte, ma popularité de chanteur qui m'a remis en selle. À la question des journalistes : « Qu'avez-vous comme hobby ou passion ? », je répondais naturellement « le cheval ».
À la moindre occasion, les photographes se débrouillaient alors pour me trouver une monture, afin de « faire la photo pour illustrer le papier » ! J'ai donc monté toute sorte d'équidés. Pur-sang arabes, Camarguais, Cob normand, Shire géant et autre lusitanien explosif... J'ai ainsi, peu à peu, repris contact avec le monde du cheval.

Montant sans aucune préparation, autodidacte une fois de plus, je m'administrais une formation accélérée, devenant ainsi un authentique cavalier 4 x 4 tout-terrain et tous modèles !
Lors d'une grande soirée russe chez Marcel Rozier, un dîner de plus de quatre cents personnes, dans le manège, il faisait un froid épouvantable. Nous sommes allés chercher les couvertures des chevaux aux écuries pour nous en recouvrir. Avec mon voisin de table, Jean Rochefort, pour oublier le froid, nous avons compensé avec de la vodka ! C'est sans doute le jour où j'ai bu le plus d'alcool de ma vie ! J'ai fini la soirée en chantant *Santiano* – le premier tube qui m'a révélé au public français en 1961, debout sur un cheval, accompagné par un groupe de Tziganes russes. Mémorable !
On a parfois tenté de me piéger en me mettant dans des situations de véritables épreuves. Les lads se disaient : « On va se marrer, on va voir ce qu'il sait faire… il va se casser la figure ! »
Un jour, je me trouvais chez Eddie Constantine dans sa sublime propriété d'Autouillet, près de Montfort l'Amaury, qui est aujourd'hui la propriété du grand Michel Henriquet. Il était avec quelques amis qui me demandent si cela me ferait plaisir de monter. Il avait de superbes installations avec une belle piste de galop… c'était difficile de résister… Il prépare alors un étalon de trois ans, qui était peu sorti de tout l'hiver. Au moment où je suis monté, j'ai vu qu'ils se faisaient des signes de connivence. Je suis parti en trombe. Là, Constantine s'est dit qu'ils avaient fait une belle bêtise… Je n'avais pas peur, mais cela restait impressionnant.

Au premier tour de piste, on me faisait signe d'arrêter le cheval et de revenir. J'ai poursuivi sur ma lancée. J'ai alors dit à mon cheval : « Mon fils, tu seras fatigué avant moi ! »… et j'ai finalement réussi à stopper le fougueux cheval en faisant des cercles de plus en plus petits.
C'est ça, un cavalier casse-cou qui n'avait peur de rien et qui faisait parfois n'importe quoi ! J'en suis conscient aujourd'hui.
Mais c'est ainsi qu'est née la légende du « cavalier spontané Aufray » !

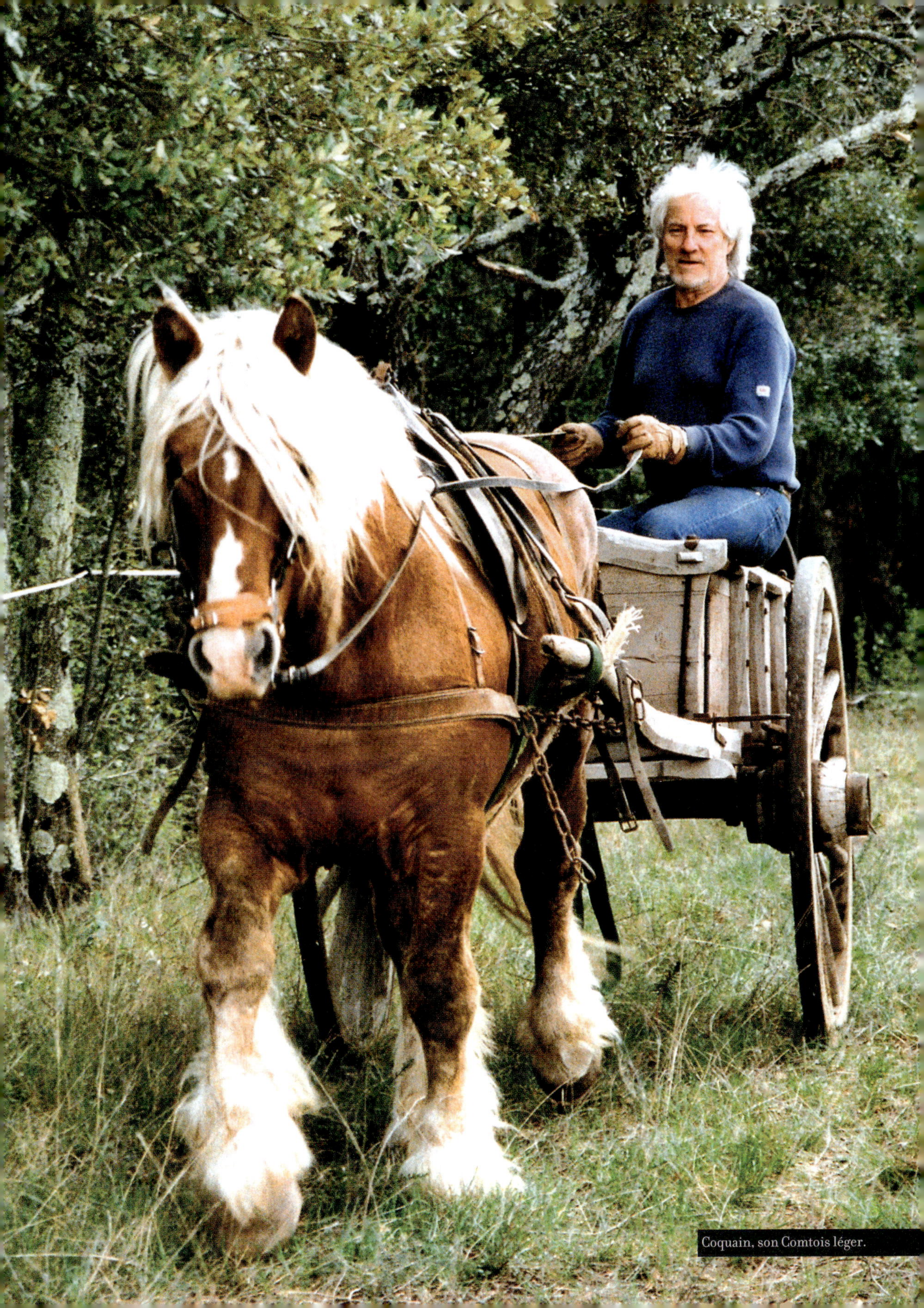

Coquain, son Comtois léger.

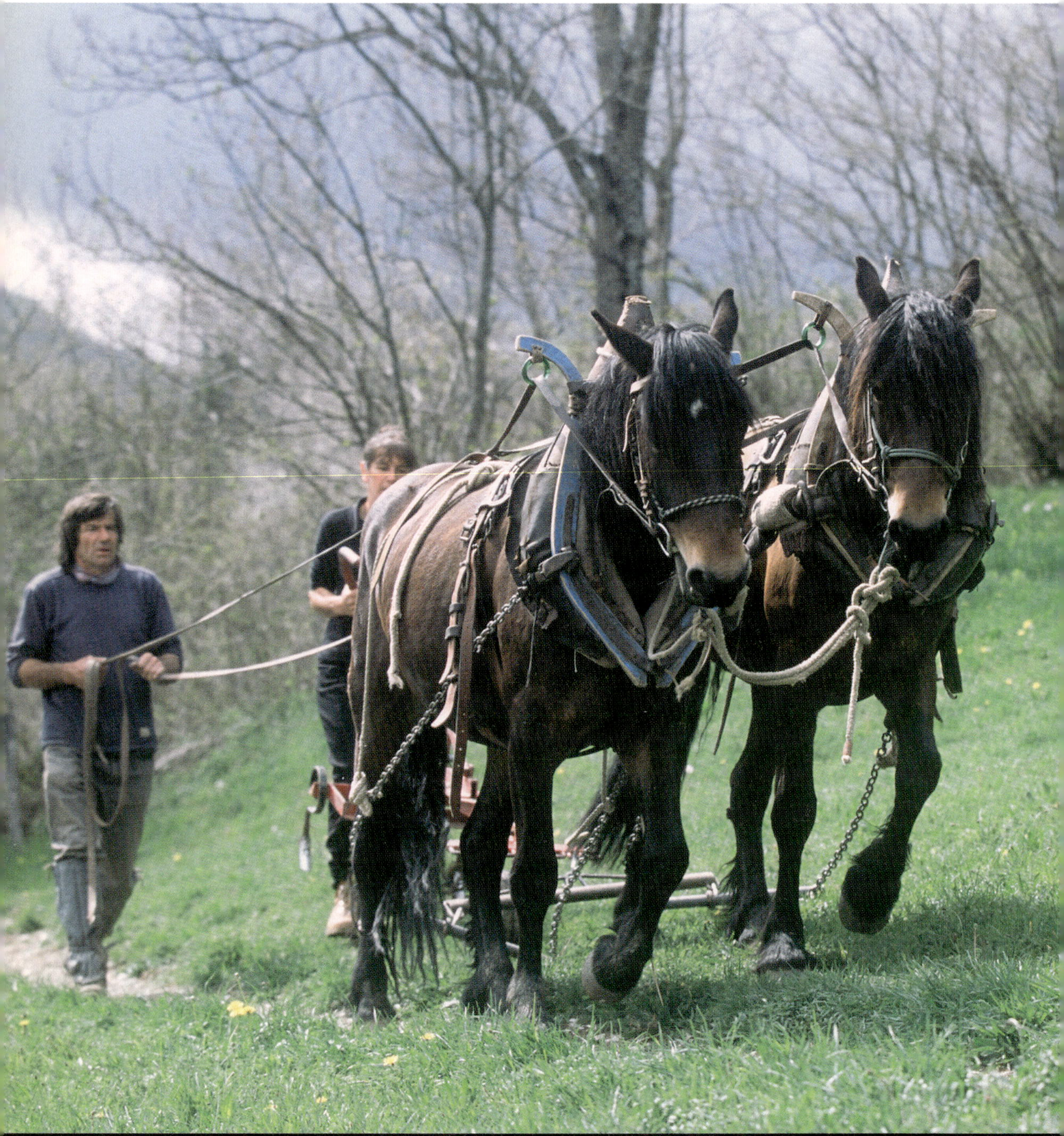

Attelage de Castillonnais.

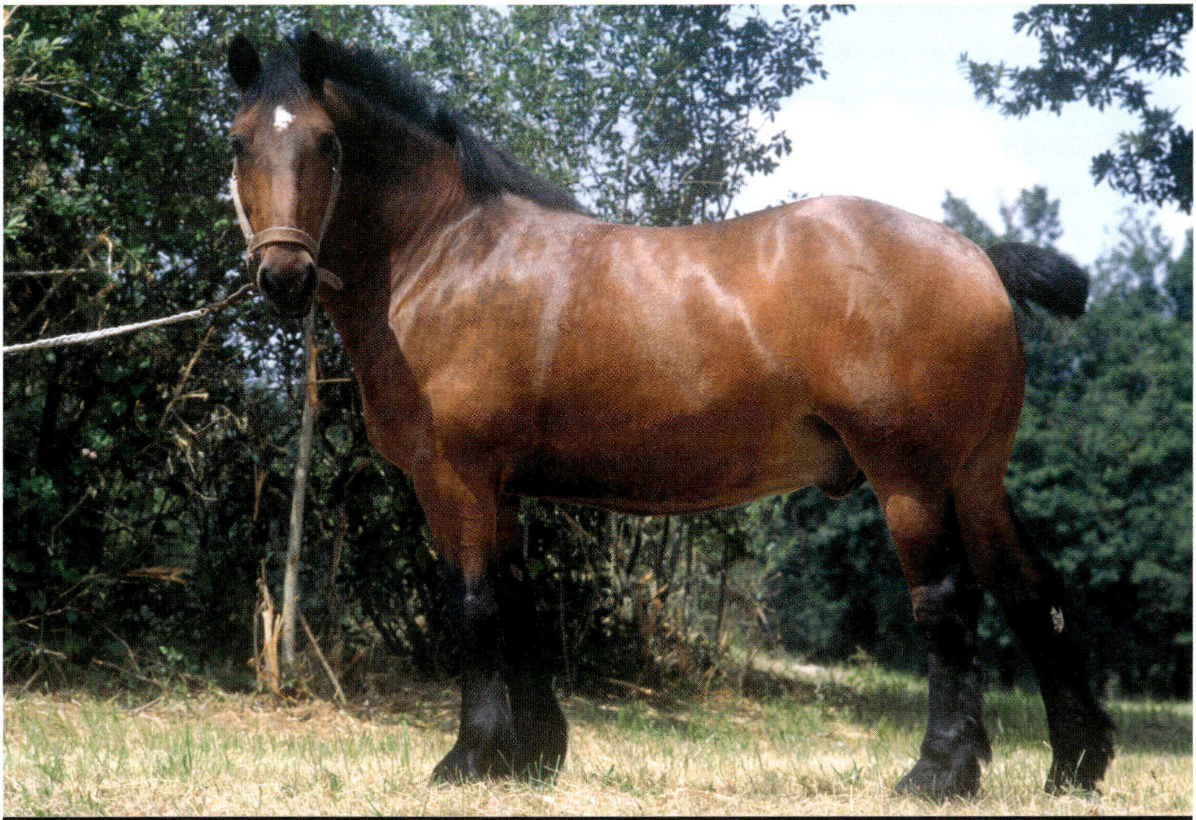

EN HAUT : Cob ; EN BAS : Shire.

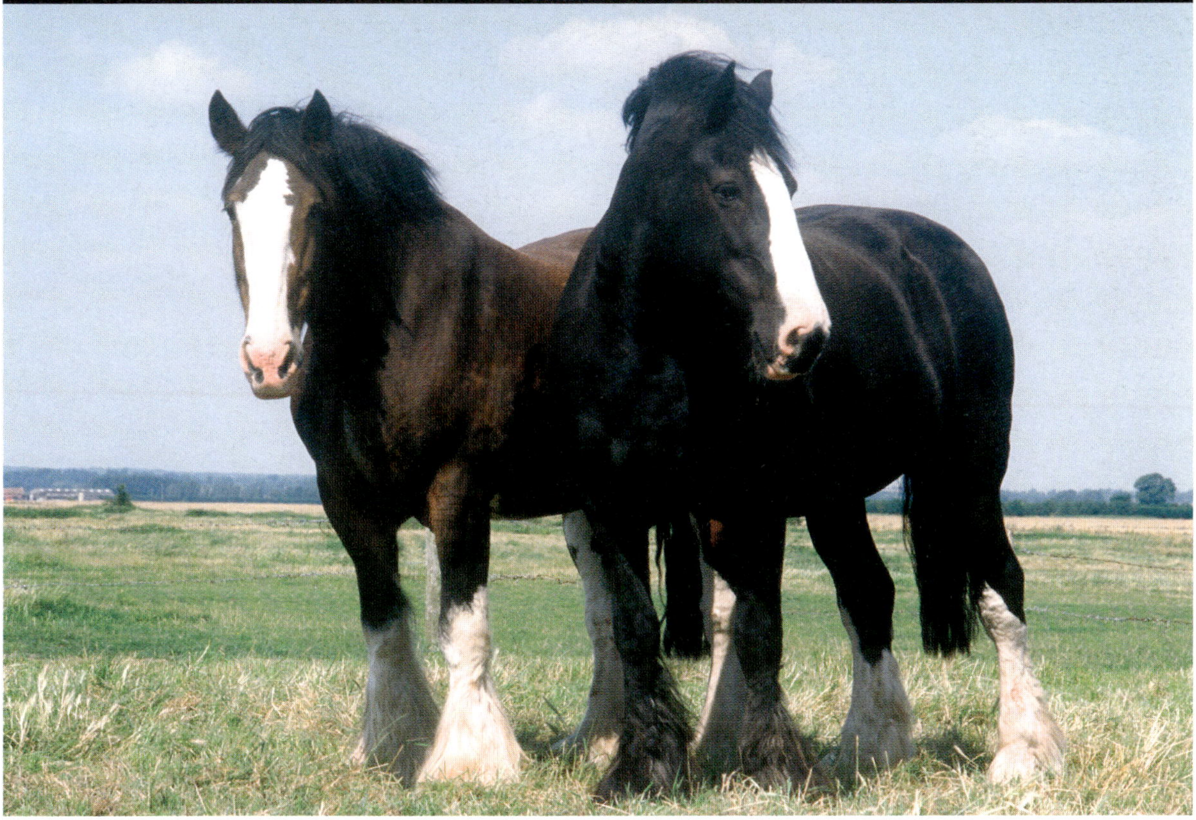

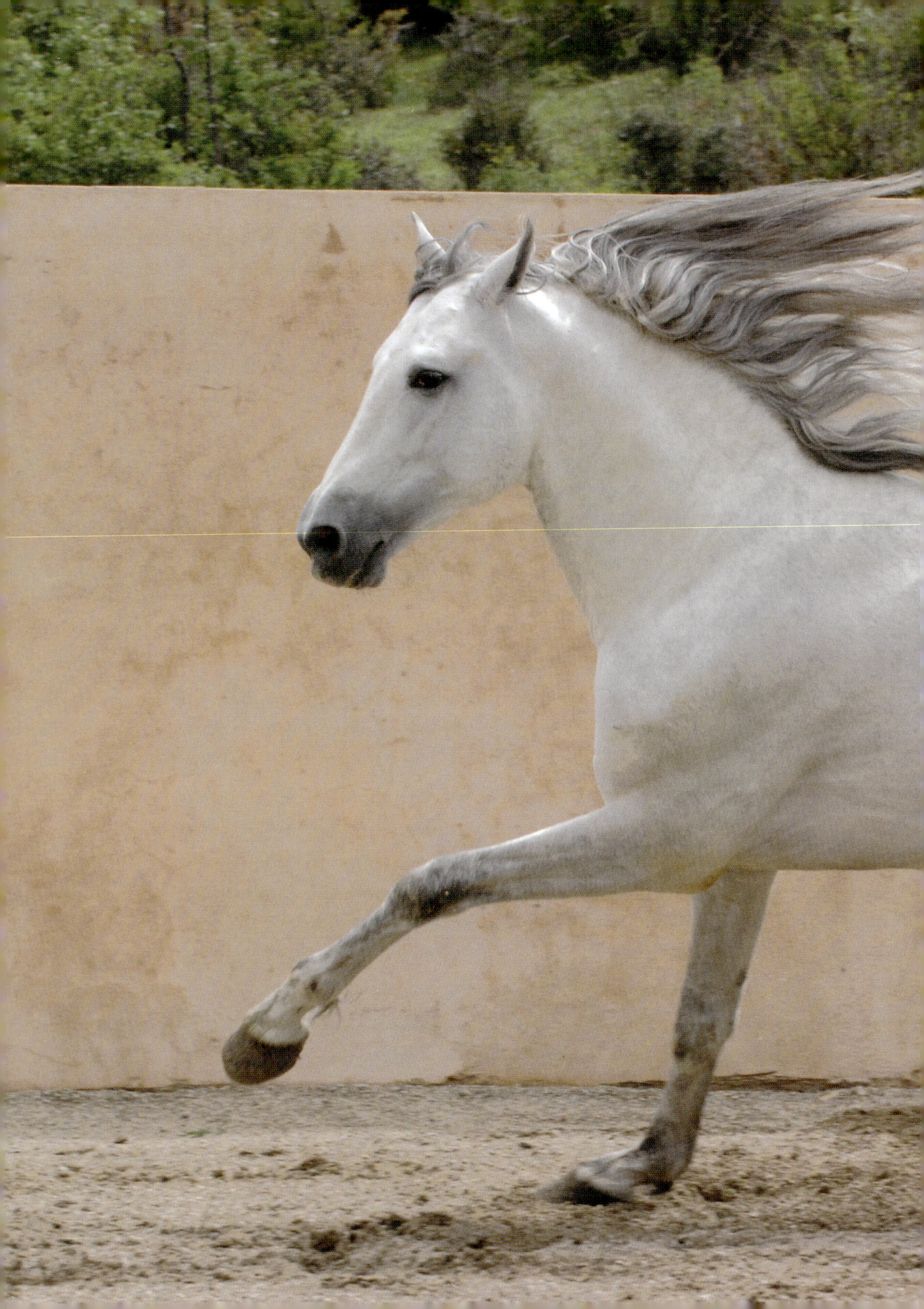

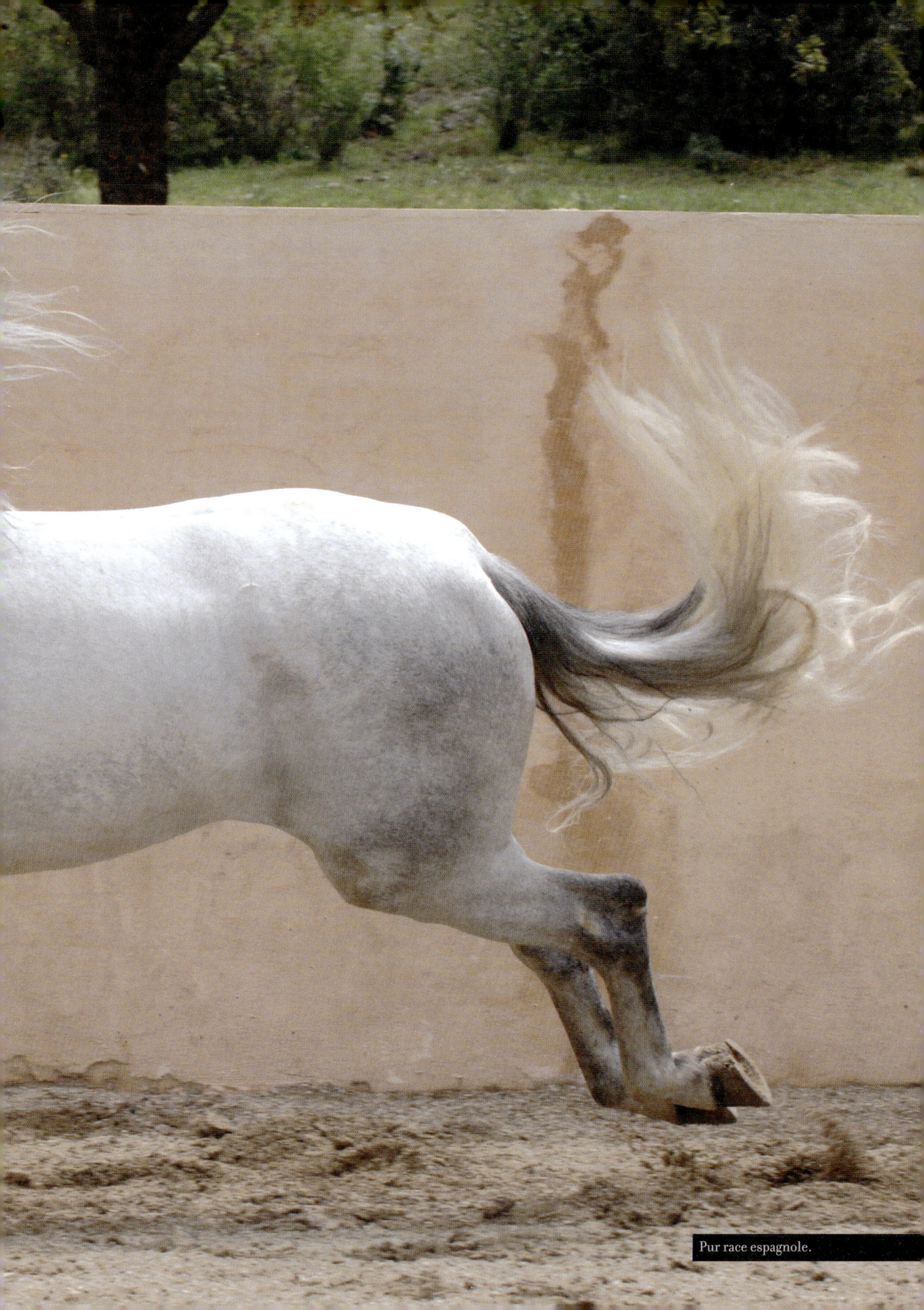

Pur race espagnole.

CHE
VAL

CHEVAL DE RÊVE

DE R
ÊVE

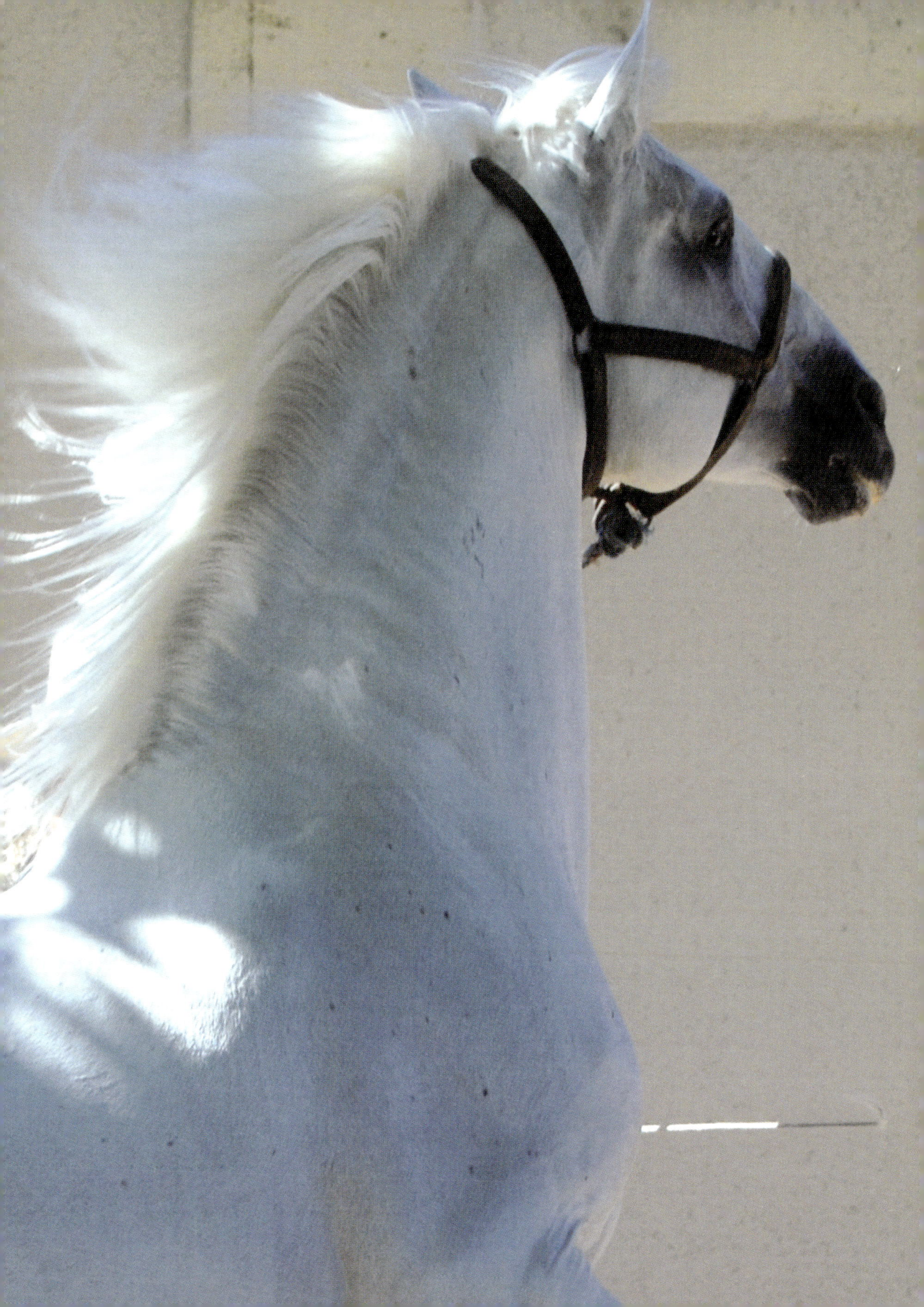

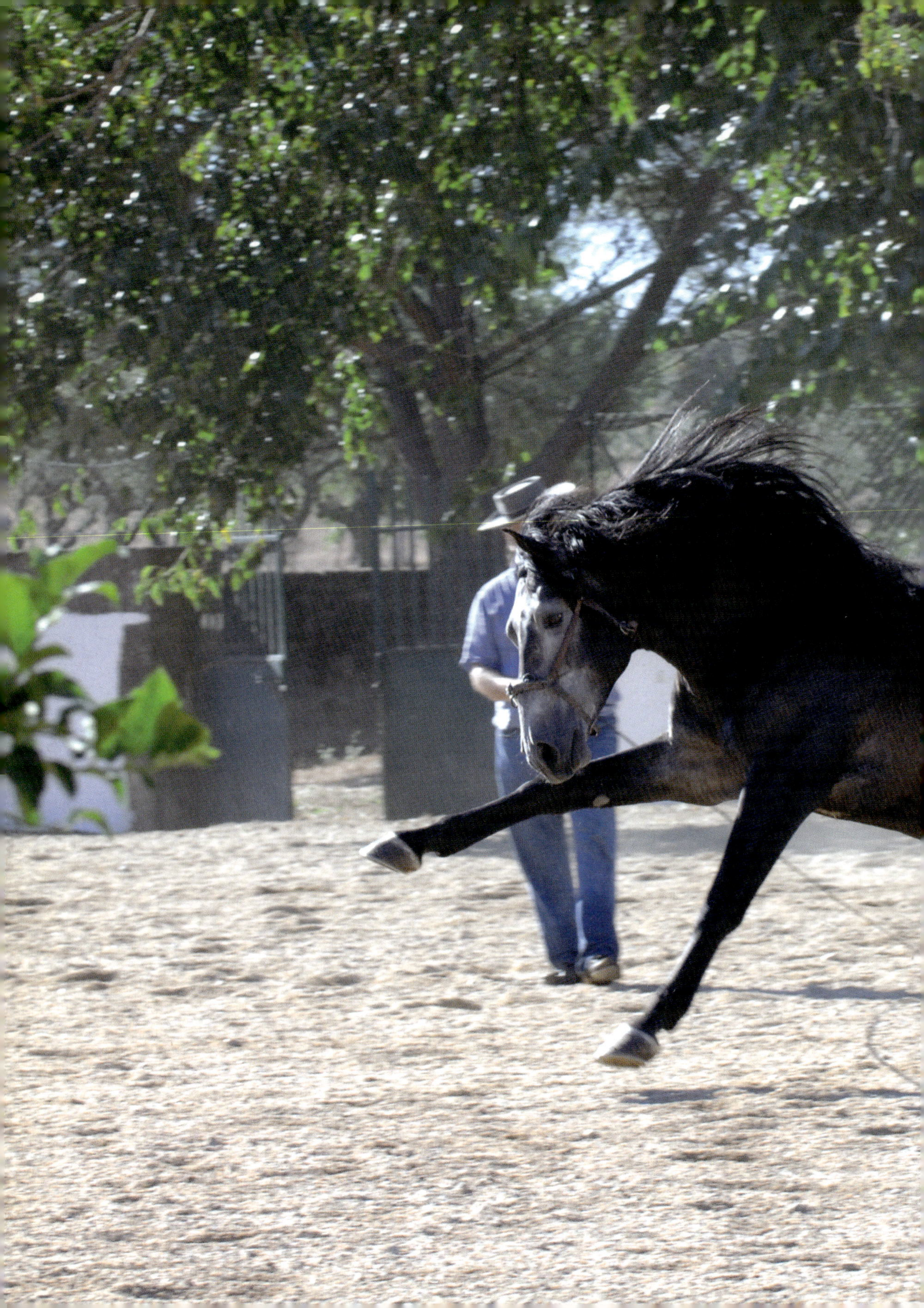

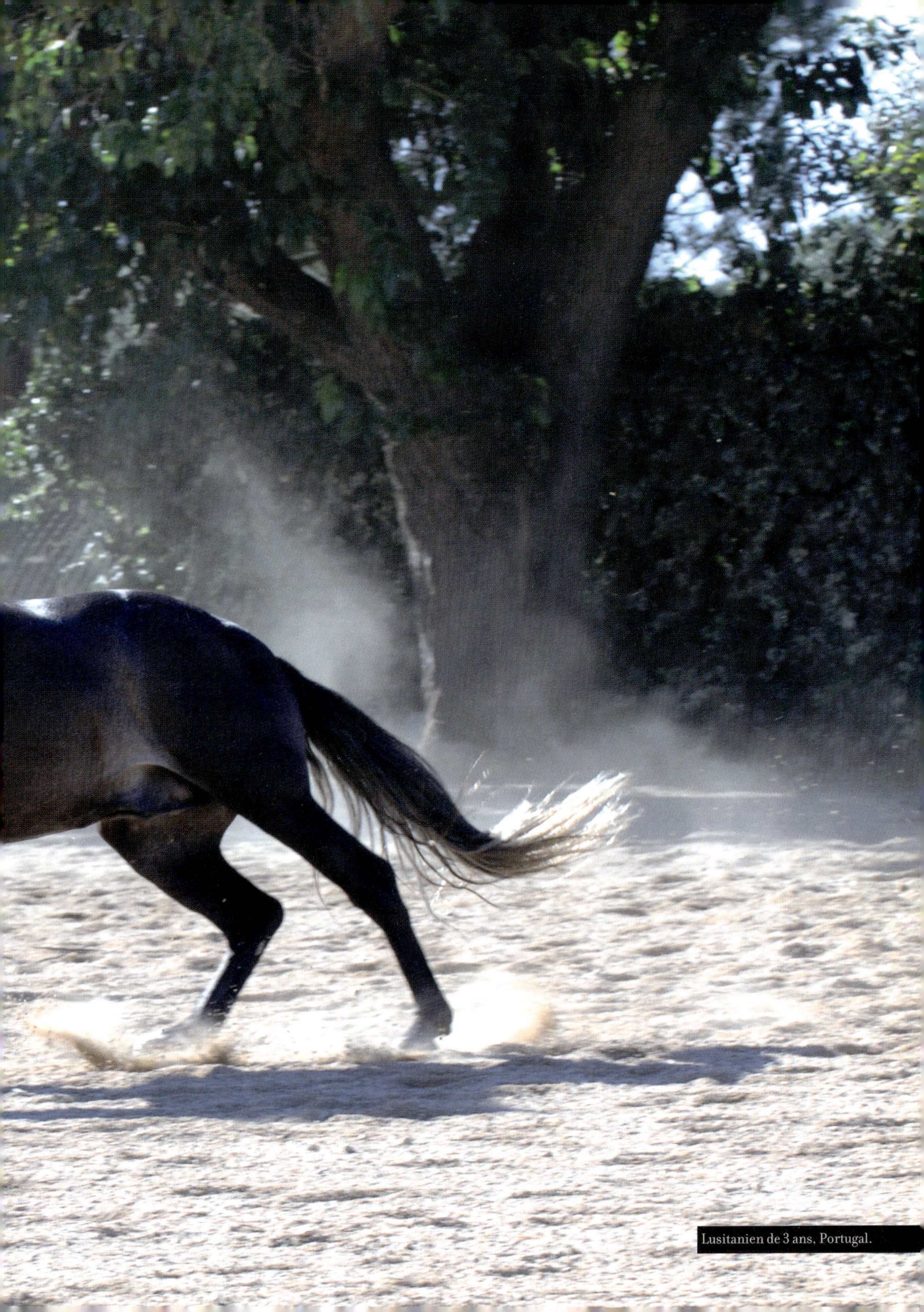

Lusitanien de 3 ans, Portugal.

Le cheval de mes rêves ? Vous l'avez compris… il serait, sans conteste, un étalon, andalou ou lusitanien. Si je choisis ce type de cheval ibérique, j'ai de l'affection et de la tendresse pour toutes les races… tout comme pour tous les hommes.
J'imagine mon étalon « vêtu » d'une belle robe noire, ce qui n'est pas très courant chez les chevaux ibériques. Il pourrait être aussi d'un beau gris pommelé, crinière d'au moins soixante centimètres de long, poivre et sel, harnaché à l'andalouse avec selle du même style.
En revanche, je ne me vois pas dans le costume traditionnel du cavalier andalou. Je ne suis pas un inconditionnel du sombrero à fond et à bords plats ; d'ailleurs, en règle générale, je n'aime pas porter les chapeaux, sauf étrangement les képis militaires. J'aime être cheveux au vent, même si c'est cavalièrement incorrect…
À la veste ou au boléro, je préfère quand même les chemises sans col que portent les cosaques d'Europe centrale ou les paysans dans les westerns… Jeans et *sajones* ou pantalon classique d'équitation, mais bien sûr toujours de belles bottes, Saumur, western ou Camperas.
Sur mon bel étalon, ainsi vêtu, je me vois galopant dans les plaines d'Andalousie ou les forêts de chênes de l'Extrémadure.

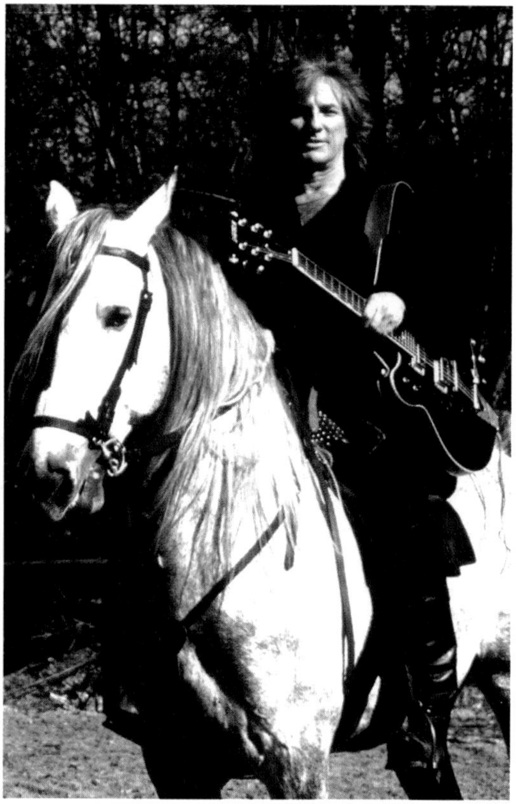

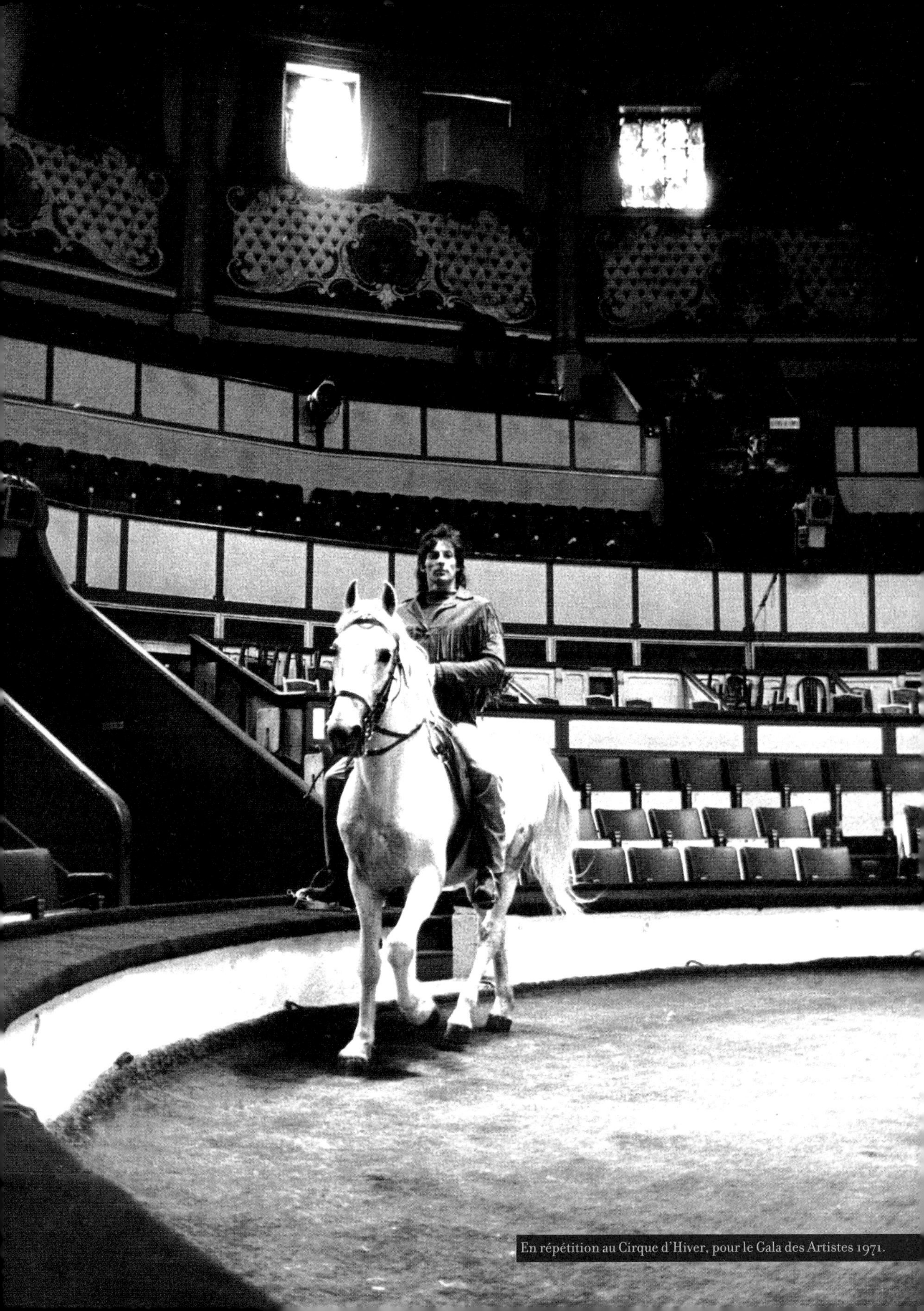

En répétition au Cirque d'Hiver, pour le Gala des Artistes 1971.

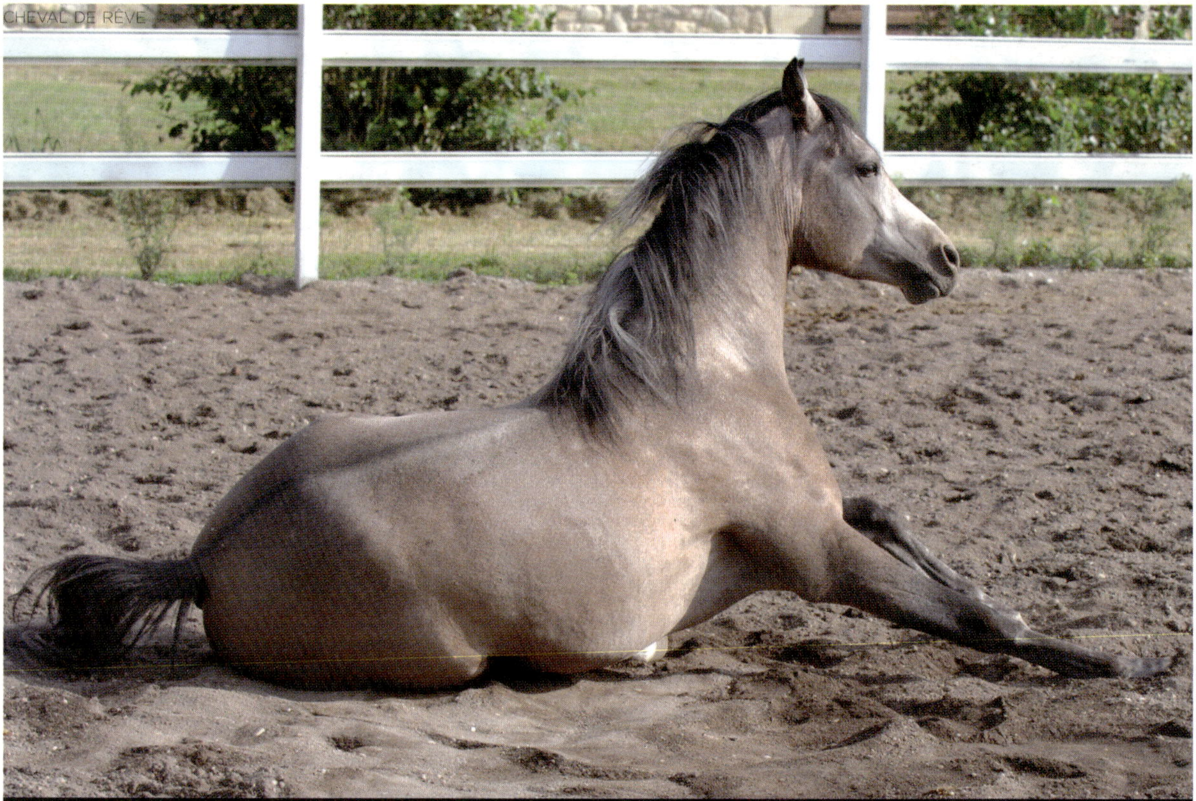

Pur-sang arabe.

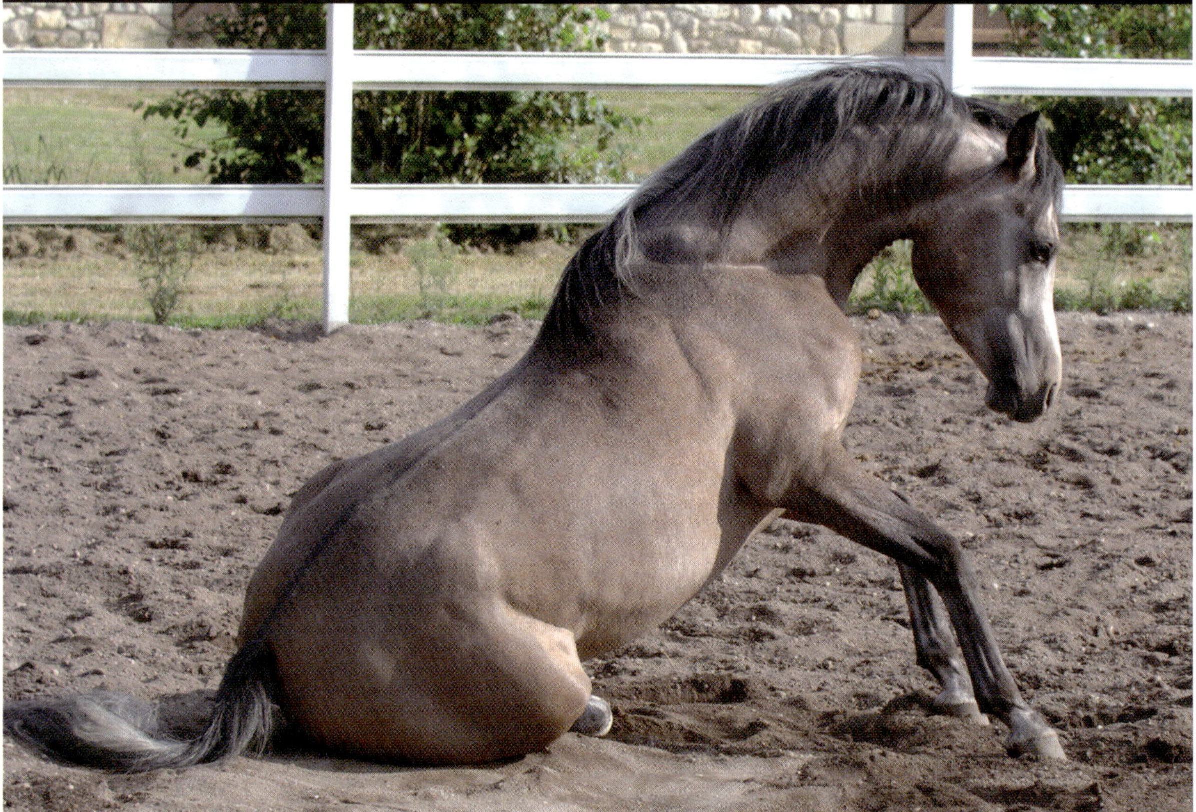

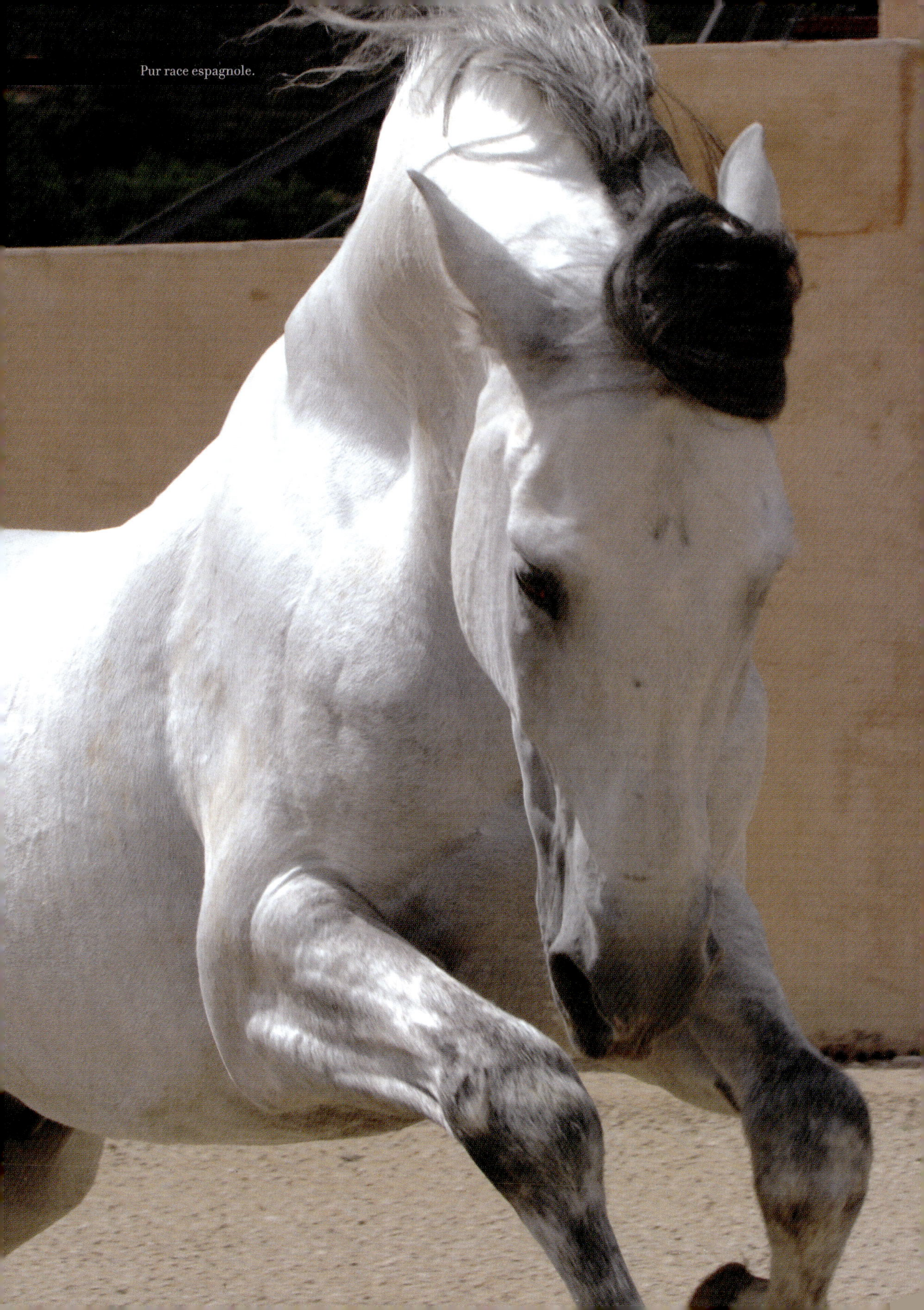

Pur race espagnole.

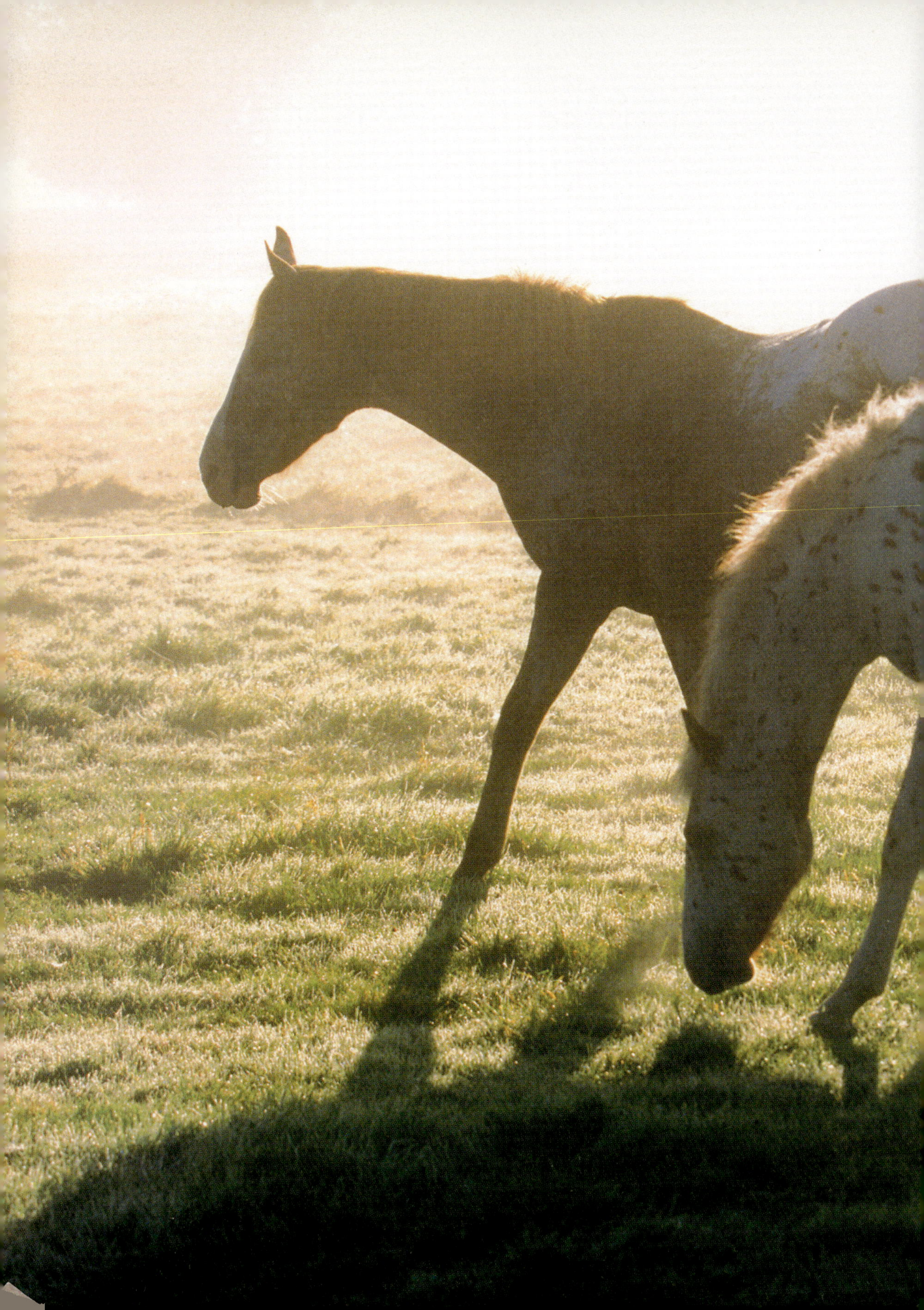

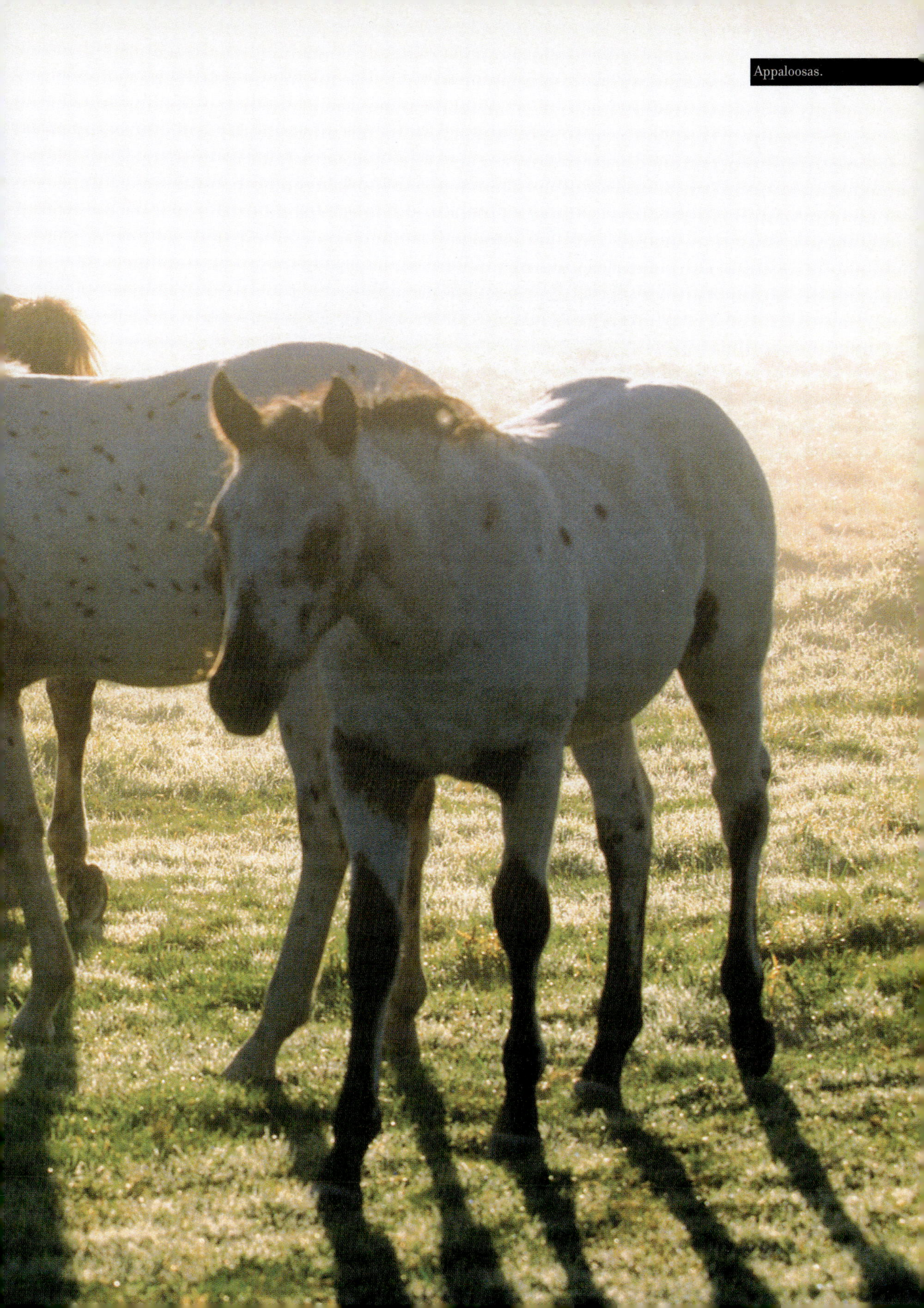

Appaloosas.

CHEVAUCHÉE…

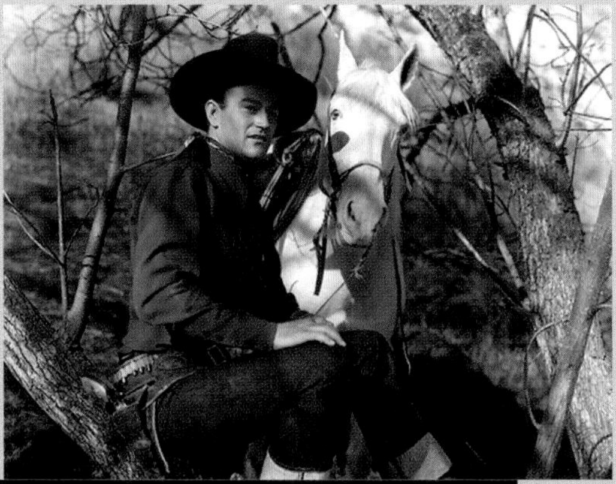

John Wayne dans le film de John Ford *La chevauchée fantastique*, 1939.

FANTASTIQUE

C'est tout d'abord le titre d'un merveilleux film de John Ford, *Stage Coach* (1939), qui nous fit connaître l'acteur John Wayne.

Pour moi, c'est aussi une course originale que j'ai imaginée et organisée à Flaine, en Haute-Savoie, en 1991 puis en 1992, avec l'aide et les conseils de Gaston Mercier, le grand spécialiste français des courses de « long distance riding » importées des USA, et champion d'Europe en titre dans cette discipline, l'endurance.
Chaque concurrent devait se présenter au départ avec deux chevaux, afin de réaliser une boucle de trente kilomètres, quatre fois de suite, en alternant ses montures. Cette alternance étant justifiée par l'important dénivelé du parcours puisqu'il cumulait 4000 mètres au total. C'était là une performance sportive énorme et totalement nouvelle bien que, par sa spécificité, apparentée aux courses d'endurance (100 miles, soit 160 km parcourus d'une traite, avec un seul cheval). À l'époque, ces courses d'endurance n'étaient pas reconnues par la Fédération Française d'Équitation… et, bien sûr, pas médiatisées. Cette course eut néanmoins beaucoup de succès, avec une centaine de participants inscrits dès la première année.

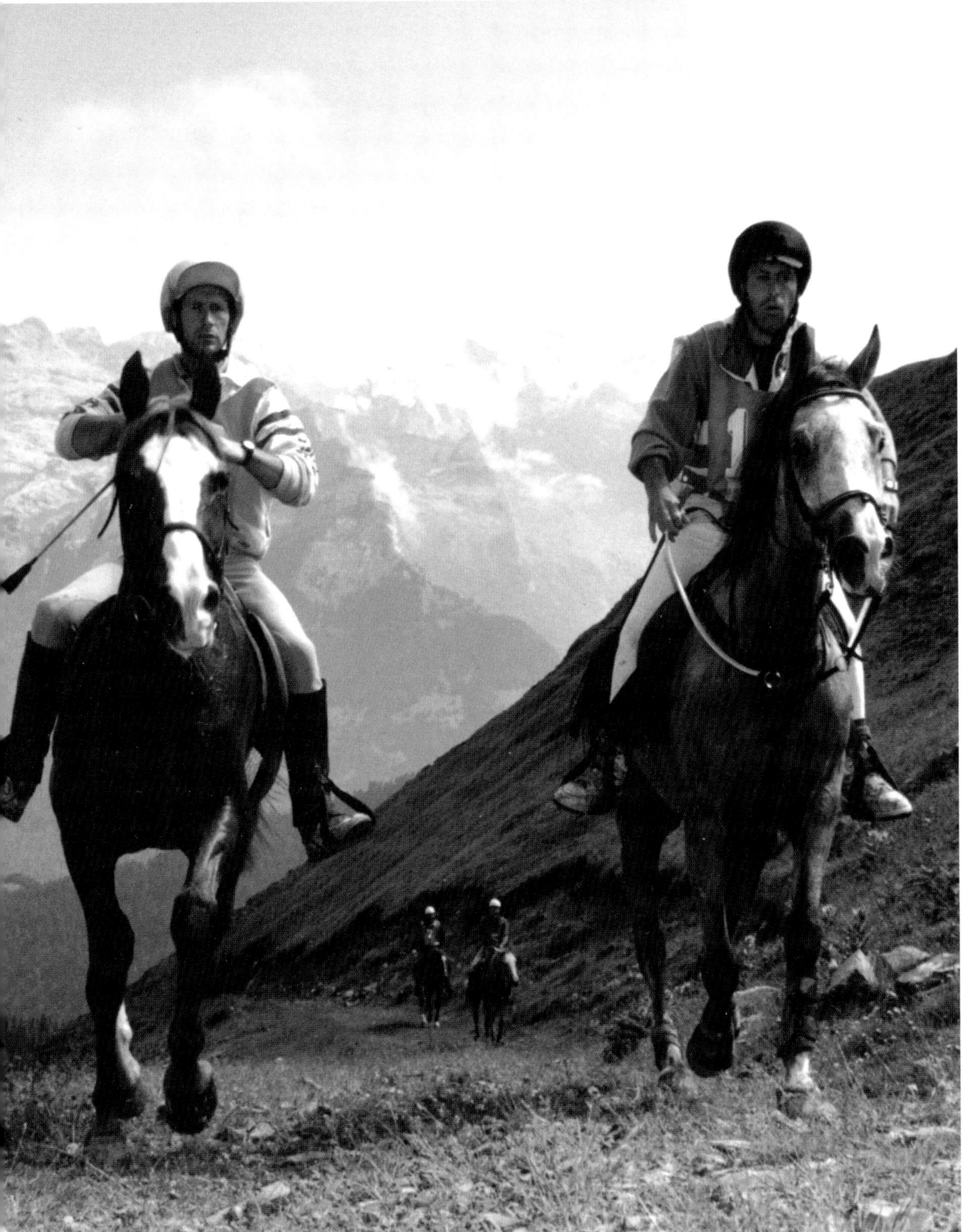

Les concurrents en plein effort à plus de 2200 mètres d'altitude, devant le Mont Blanc.

Parmi les concurrents, un membre de la famille Mulliez, passionné de chevaux arabes, qui participa avec des pur-sang capables d'escalader des rochers, puisqu'ils tentaient de franchir les murs des box... Je m'en souviens encore ! Jean-Paul Boudon a remporté l'une des épreuves et gagné la belle Jeep Wrangler neuve, prix du vainqueur. Cette victoire lui a ouvert les portes d'une nouvelle vie et donné un essor à son existence. Il est en effet devenu depuis l'un des meilleurs organisateurs de course de longue distance, et sa réputation va aujourd'hui de Florac à Dubaï, sachant qu'entre-temps l'endurance est devenue une discipline respectée et reconnue par la Fédération.

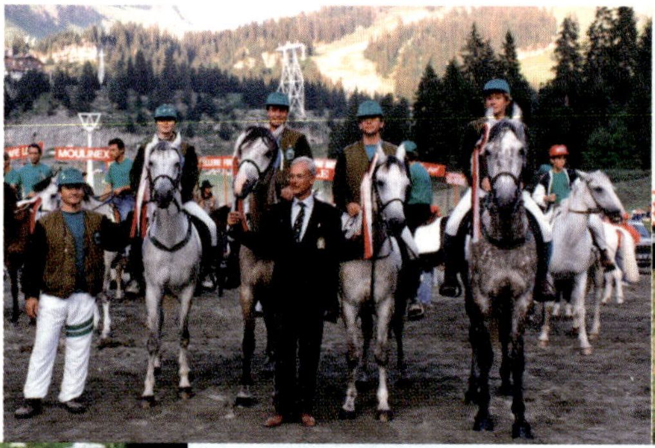

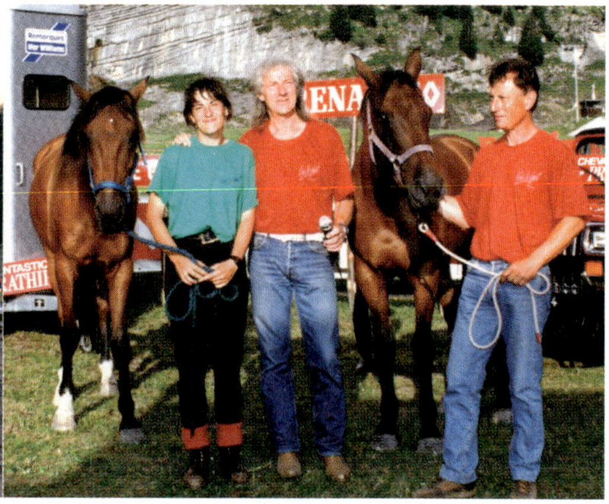

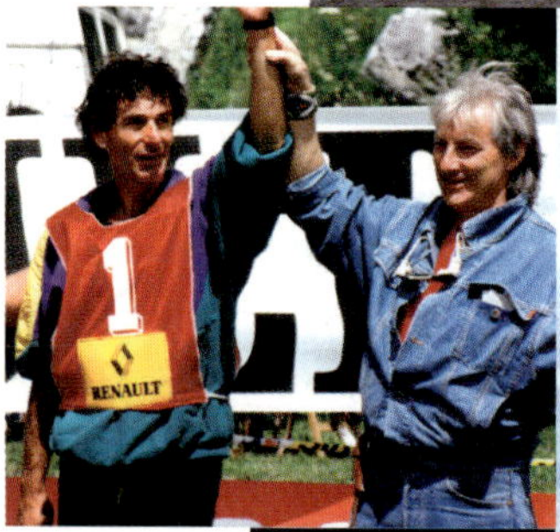

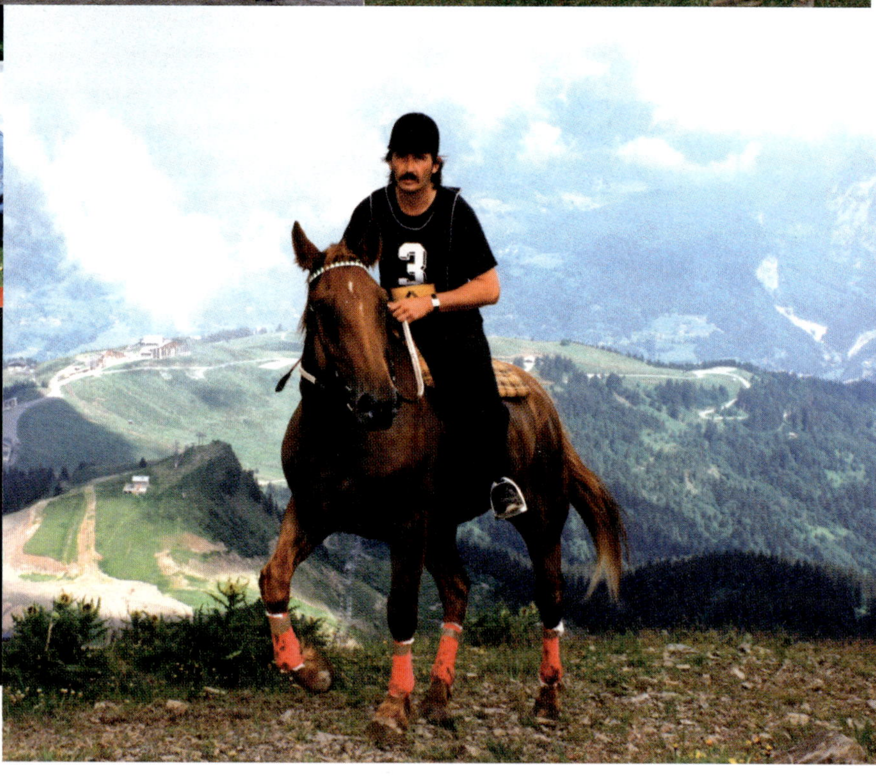

EN HAUT À GAUCHE : Remise des prix en présence de Loïc Lemasne de Chermont, alors président de la FFE.
À DROITE : Avec la gagnante catégorie dames et Gaston Mercier.
EN BAS : Le vainqueur Jean-Paul Boudon félicité par Hugues.

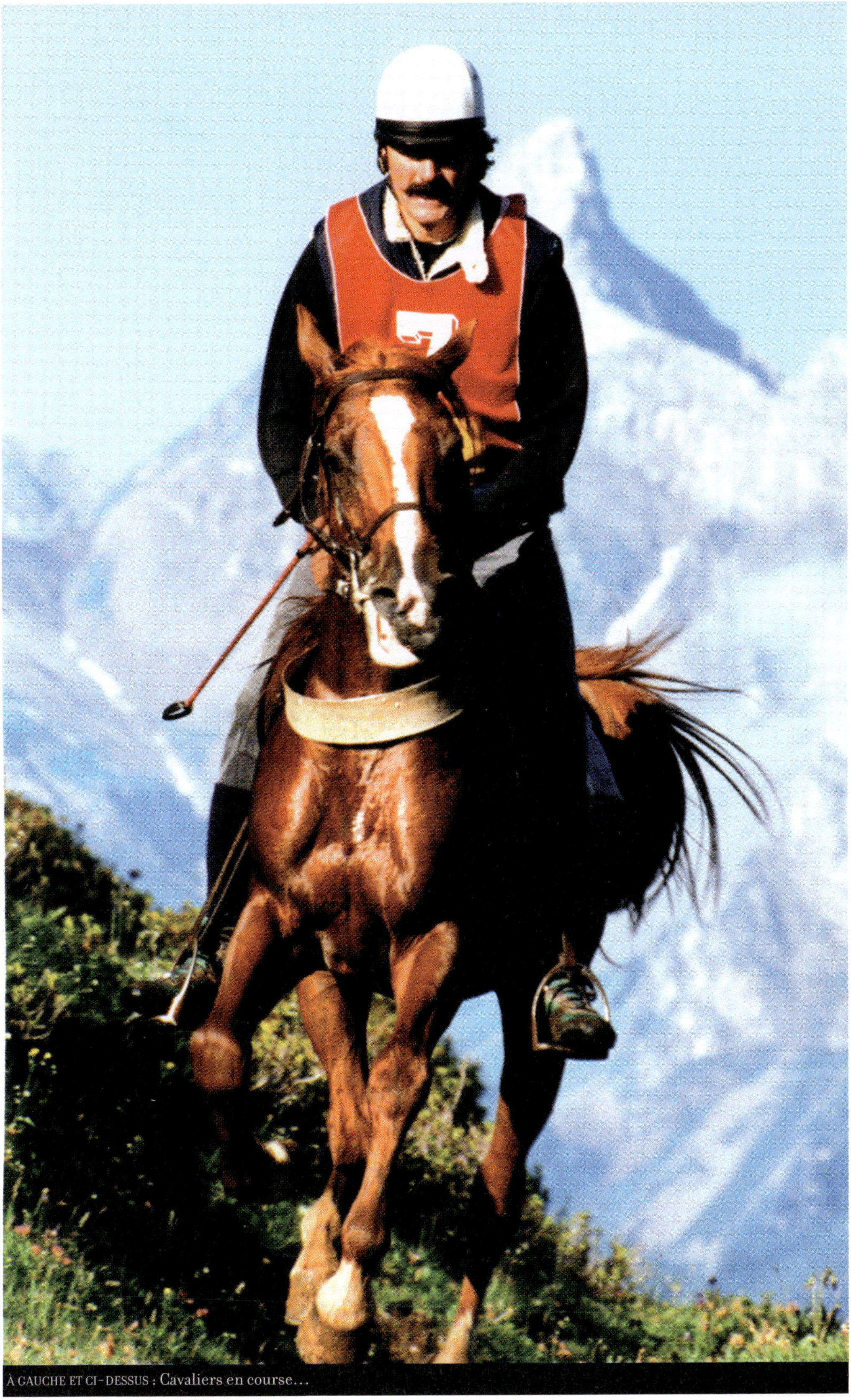

À GAUCHE ET CI-DESSUS : Cavaliers en course…

Course d'endurance, 160 km à Dubaï.

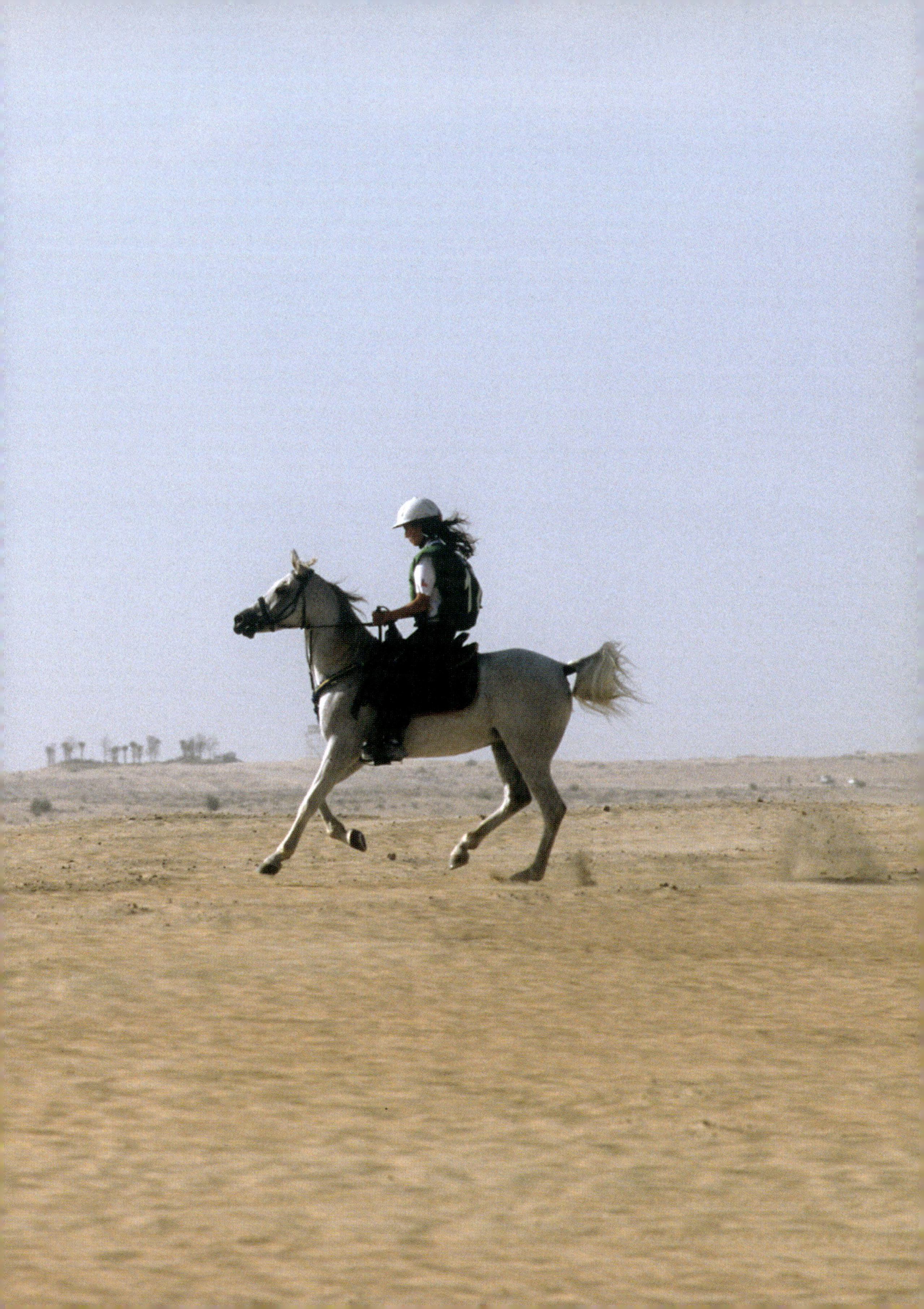

CHUTE

CHUTE

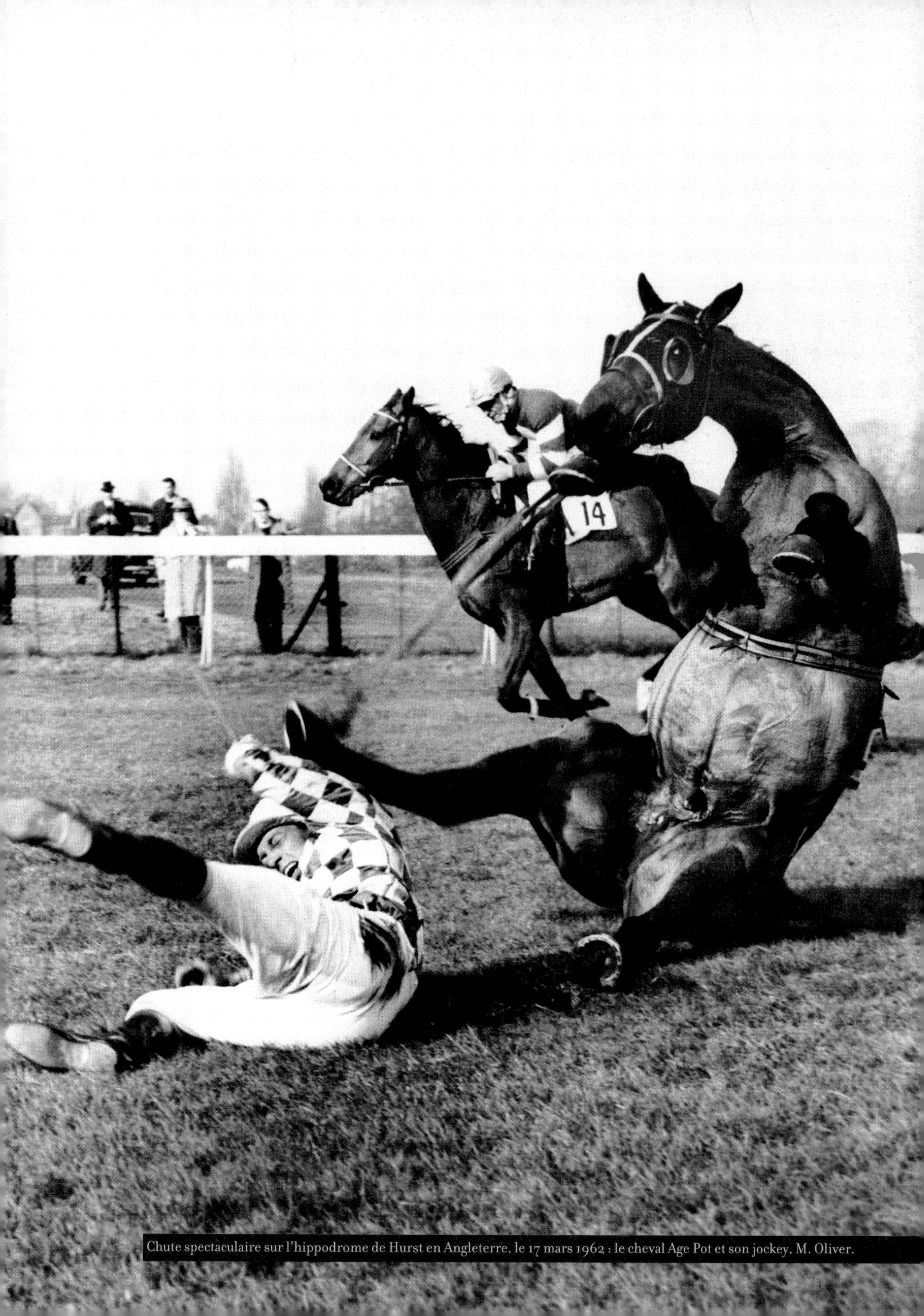

Chute spectaculaire sur l'hippodrome de Hurst en Angleterre, le 17 mars 1962 : le cheval Age Pot et son jockey, M. Oliver.

La plus belle chute de ma vie s'est produite sur la ligne droite de l'hippodrome de Longchamp alors que je montais un pur-sang. J'allais avoir soixante-huit ans !
En effet, je m'entraînais en vue d'une course de gentleman (cavalier autorisé à monter dans les courses d'amateur) pour une œuvre caritative. Un jockey m'avait préparé un cheval, fait quelques recommandations. Il me conseillait de parler à mon cheval durant le parcours de la course. Par ailleurs, à l'entraînement il m'avait aussi obligé à porter un casque, ce que je n'avais jamais fait de ma vie.
Sur la piste, j'étais seul. Tout se passait bien jusqu'au virage du moulin où le cheval fit un terrible écart, effrayé par les projecteurs d'une équipe de cinéastes qui se trouvait là. J'ai fait un vol plané au-dessus de sa tête. Je me retrouvai à terre et, curieusement, ma monture ne m'a pas abandonné. Le cheval s'étant arrêté à une vingtaine de mètres de moi au lieu de partir au triple galop, il me regardait l'air un peu coupable et déçu... C'était ma véritable première chute. J'avais tellement honte que je me suis rapidement remis sur pied et j'ai réussi à me remettre tout seul en selle !
À mon retour, le jockey me demande :
« Cela s'est bien passé, M. Aufray ?
– Très bien, merci », ai-je répondu sans plus de commentaire.
Au moment de partir, il ajoute :
« Mais que s'est-il passé ? Qu'avez-vous fait à votre casque ? »
Il avait un trou énorme... J'ai dû avouer et raconter ma chute.
J'ai été sauvé par ce casque que je ne voulais pas porter !
Quelques jours plus tard, je terminai second derrière Philippe Monnet, champion de ski acrobatique, navigateur fou et excellent cavalier de cross. Nous sommes devenus amis par la suite, bien qu'en vérité, je ne vous le cache pas, son cheval ait un peu volé le départ donné par Yves Saint-Martin... J'a suivi les conseils du jockey et je n'ai cessé d'encourager mon cheval pendant la course...
Une autre chute célèbre s'est produite dans ma carrière, lors d'une randonnée équestre à laquelle je participais aux cotés des deux filles du président Giscard d'Estaing, Jacynthe et Anémone. Il s'agissait de l'inauguration du Grand-Huit, une route qui traverse le Jura. Lors d'une pause photo pour *Paris Match*, mon cheval s'est cabré et il est tombé à la renverse sur moi... Cette chute aurait pu être mortelle. J'en suis sorti indemne, sans égratignure ni fracture, juste un léger coma et une perte de mémoire d'une heure.
Je ne m'explique toujours pas les raisons de cet accident...

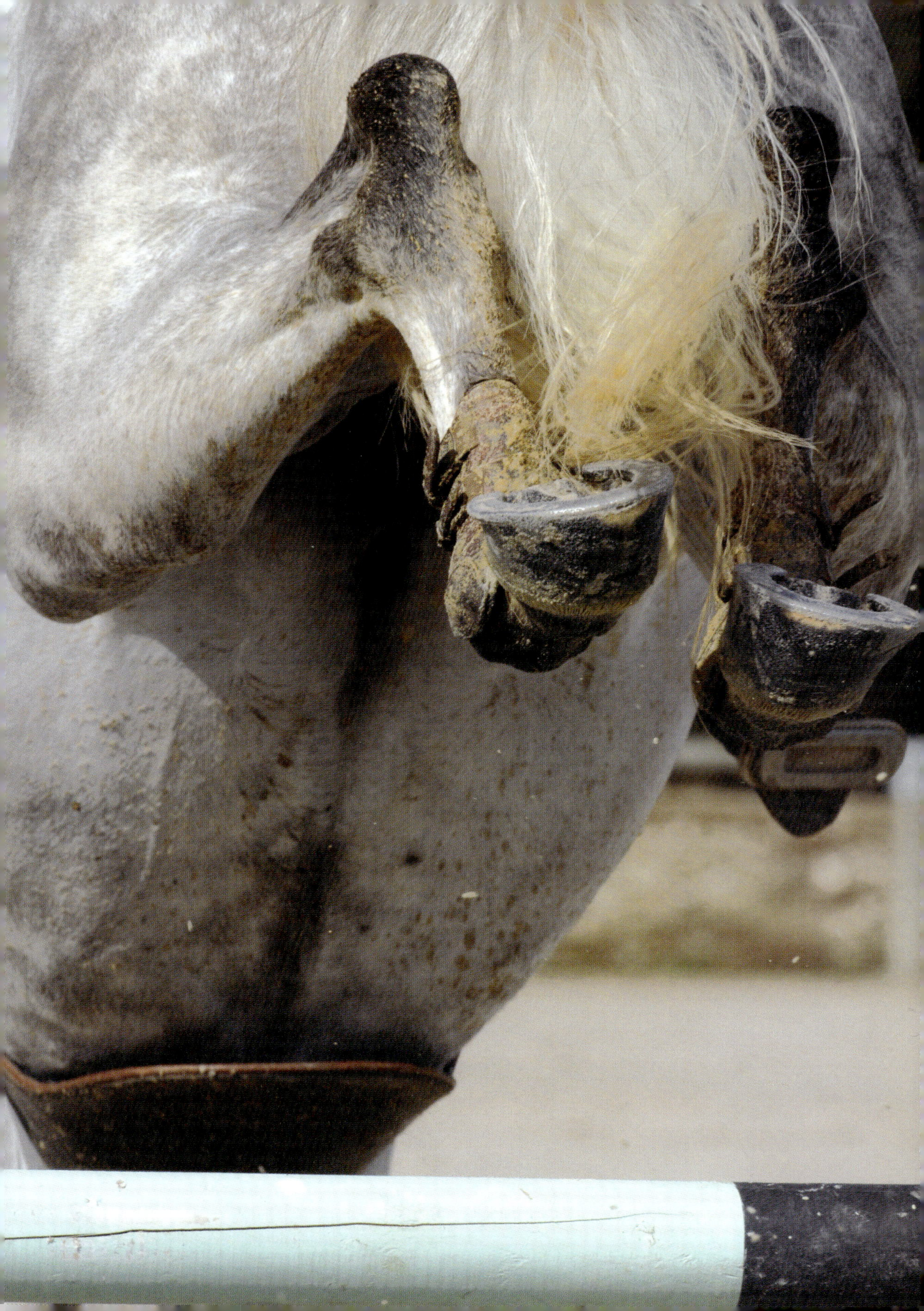

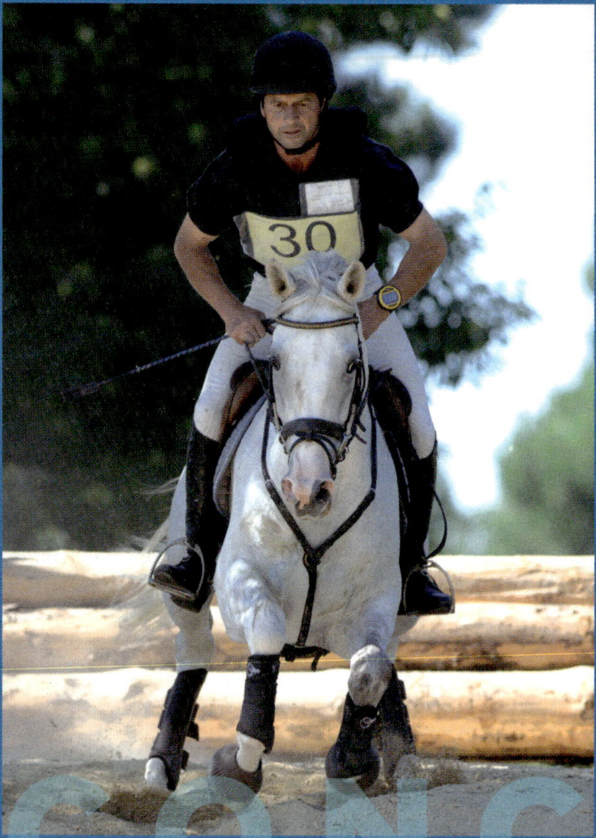

CONCOURS

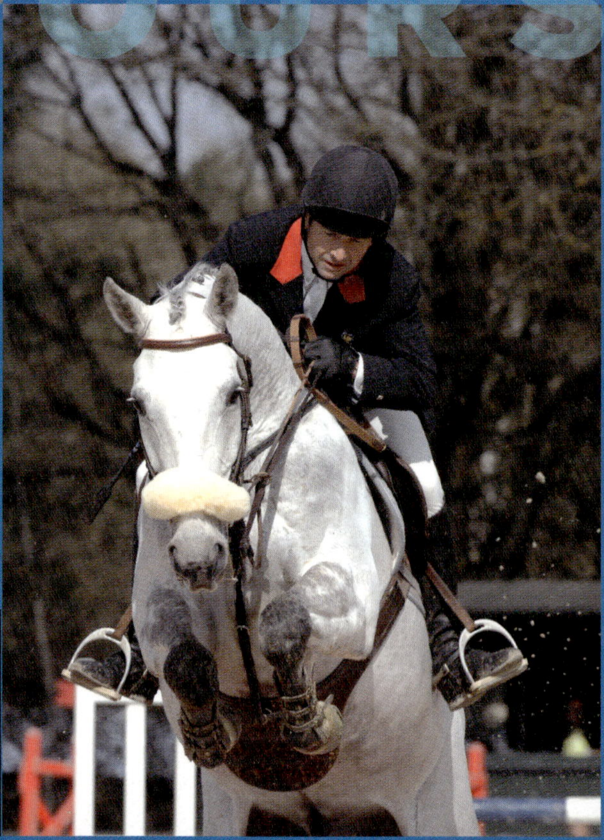

Jean Teulère, champion de France, champion du monde, champion olympique, ici en concours complet d'équitation.

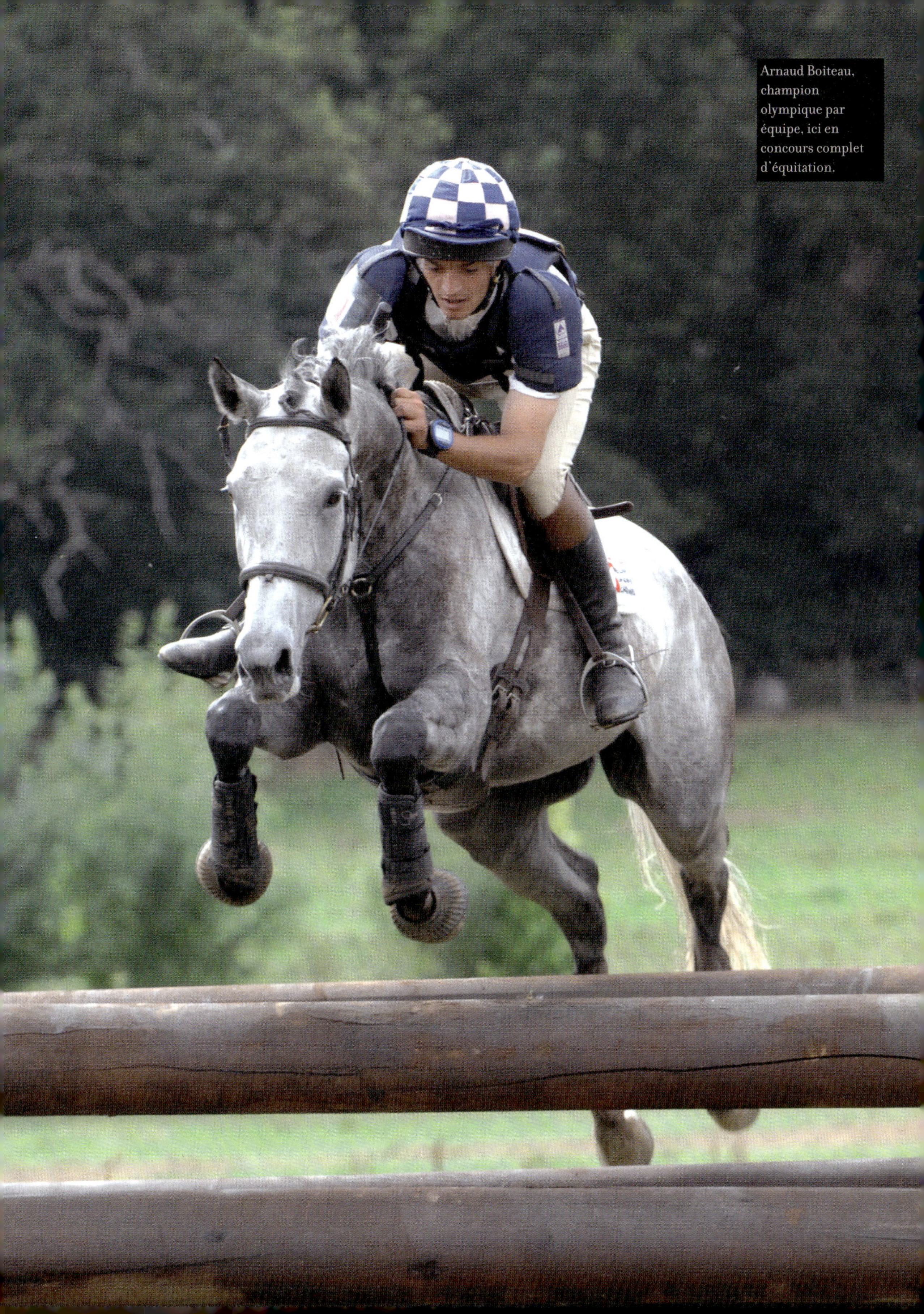

Arnaud Boiteau, champion olympique par équipe, ici en concours complet d'équitation.

Au collège de Sorèze, pendant ma scolarité, j'ai gagné chaque année le Prix d'Équitation.
Par la suite, je n'ai pas eu l'occasion d'assister à des concours hippiques. Il est vrai que, compte tenu de l'ambiance un peu guindée de ces manifestations, j'avais un a priori négatif… C'était à mon égard réciproque : les cavaliers de concours me considéraient comme un sympathique cow-boy, c'est-à-dire un type qui monte n'importe comment ! Il y avait certainement une méconnaissance mutuelle entre nous de ces deux styles d'équitation.
Puis j'ai rencontré de véritables connaisseurs, passionnés de chevaux, comme Marcel Rozier, devenu mon ami. Il était d'ailleurs là lors de mes deux seules participations à des concours hippiques, le premier, à l'occasion du grand CSO à Genève. À peine descendu de l'avion, une heure avant le concours, je me suis retrouvé en selle sur un cheval que je n'avais jamais vu de ma vie, comme d'habitude… jean, veste western à franges et santiags. Le cheval appartenait à Yves Piaget, le célèbre bijoutier suisse, un véritable ami de longue date, lui aussi passionné de chevaux. J'ai fait la détente avec Marcel Rozier, qui m'a initié au tracé du parcours. Puis mon tour est venu. Ironie du sort, j'ai fini premier ! Dans le journal *La Tribune de Genève*, le lendemain, on publiait ma photo du « cow-boy volant » à cause des franges de ma veste !
Ma seconde participation à un CSO s'est déroulée précisément chez Marcel Rozier, dans son domaine de Bois-le-Roi, en Seine-et-Marne. C'était une compétition réservée aux journalistes et aux personnalités du show-biz. À l'avant-dernier obstacle, Rozier me crie : « Super, tu es en tête ! » Cela me distrait, je prends le dernier obstacle à l'envers et je suis éliminé. Souvenez-vous, je suis dyslexique et il m'arrive de faire tout à l'envers… Il y eut un immense éclat de rire sympathique dans les tribunes !

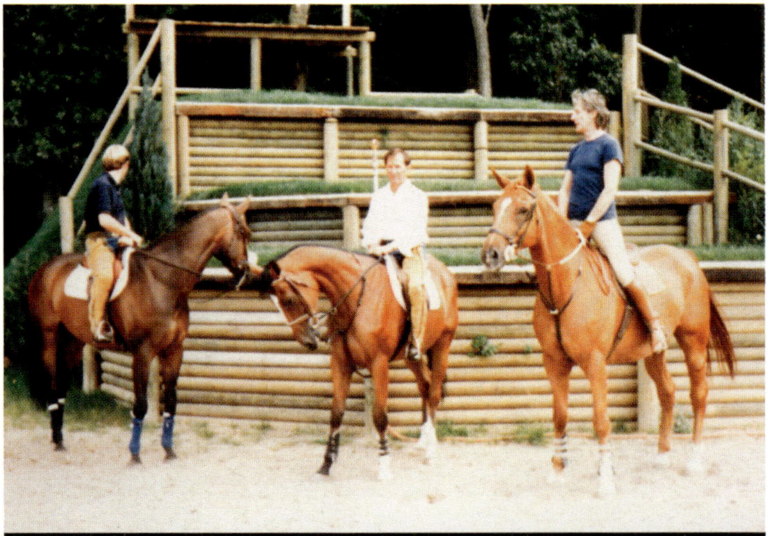
Hugues chez Marcel Rozier, devant un obstacle à contrebas.

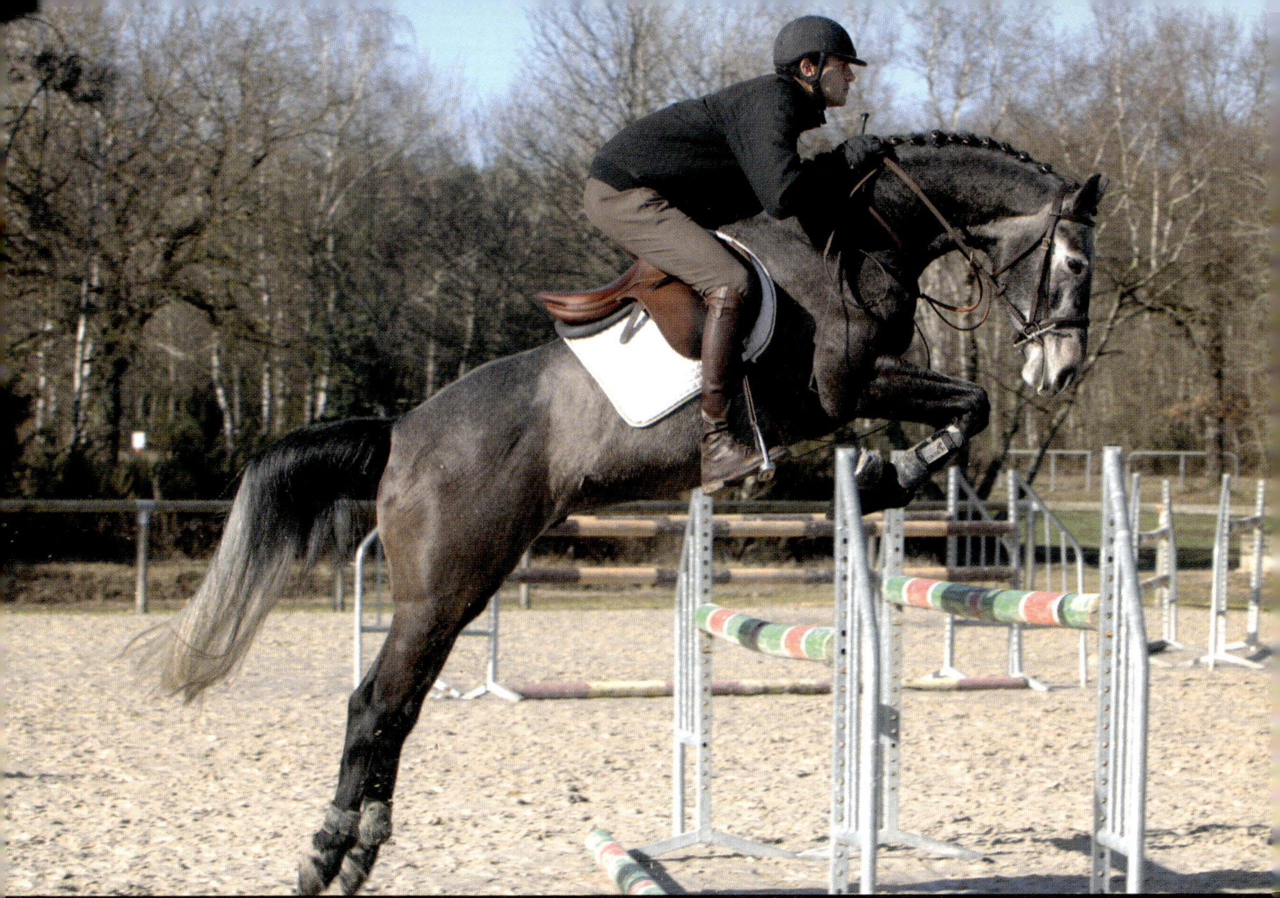

Entraînement.

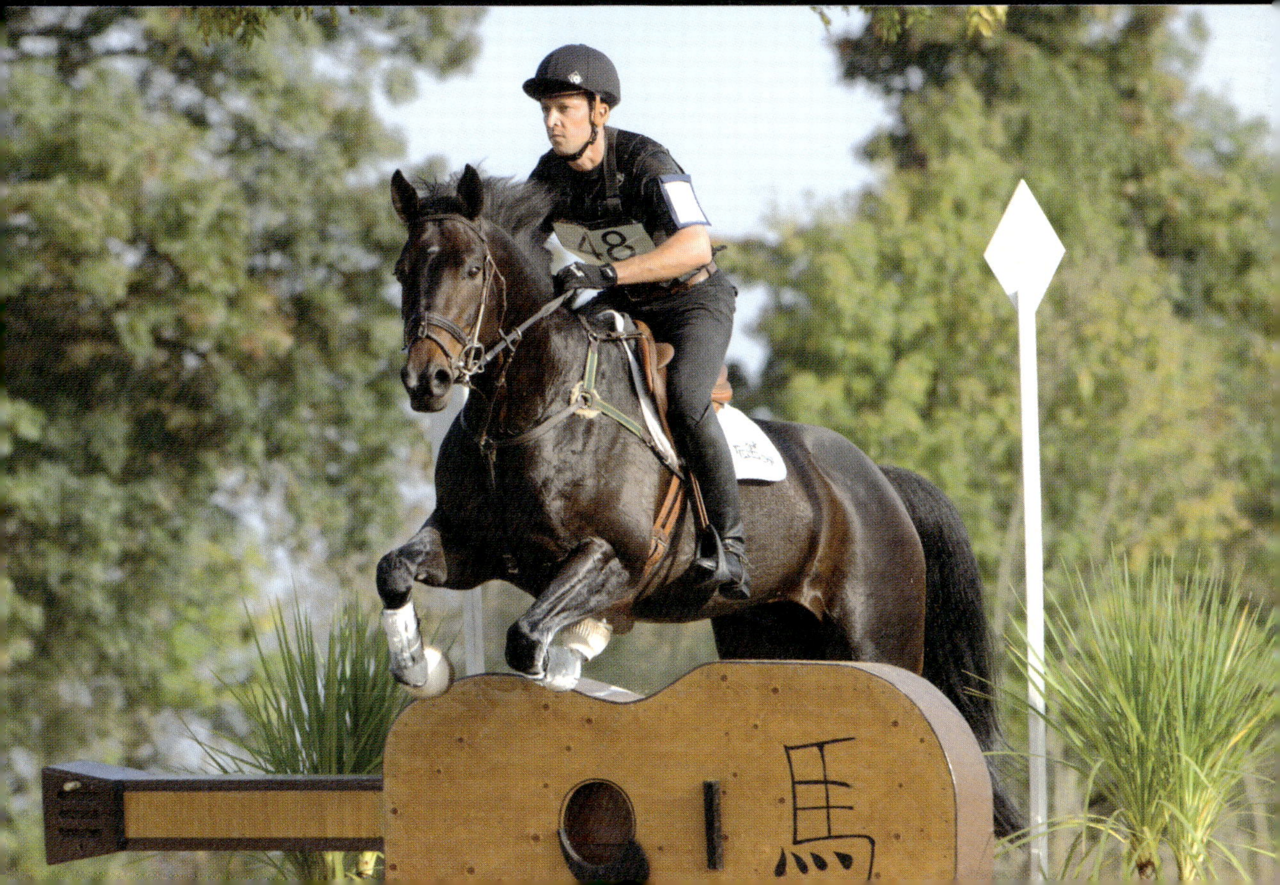

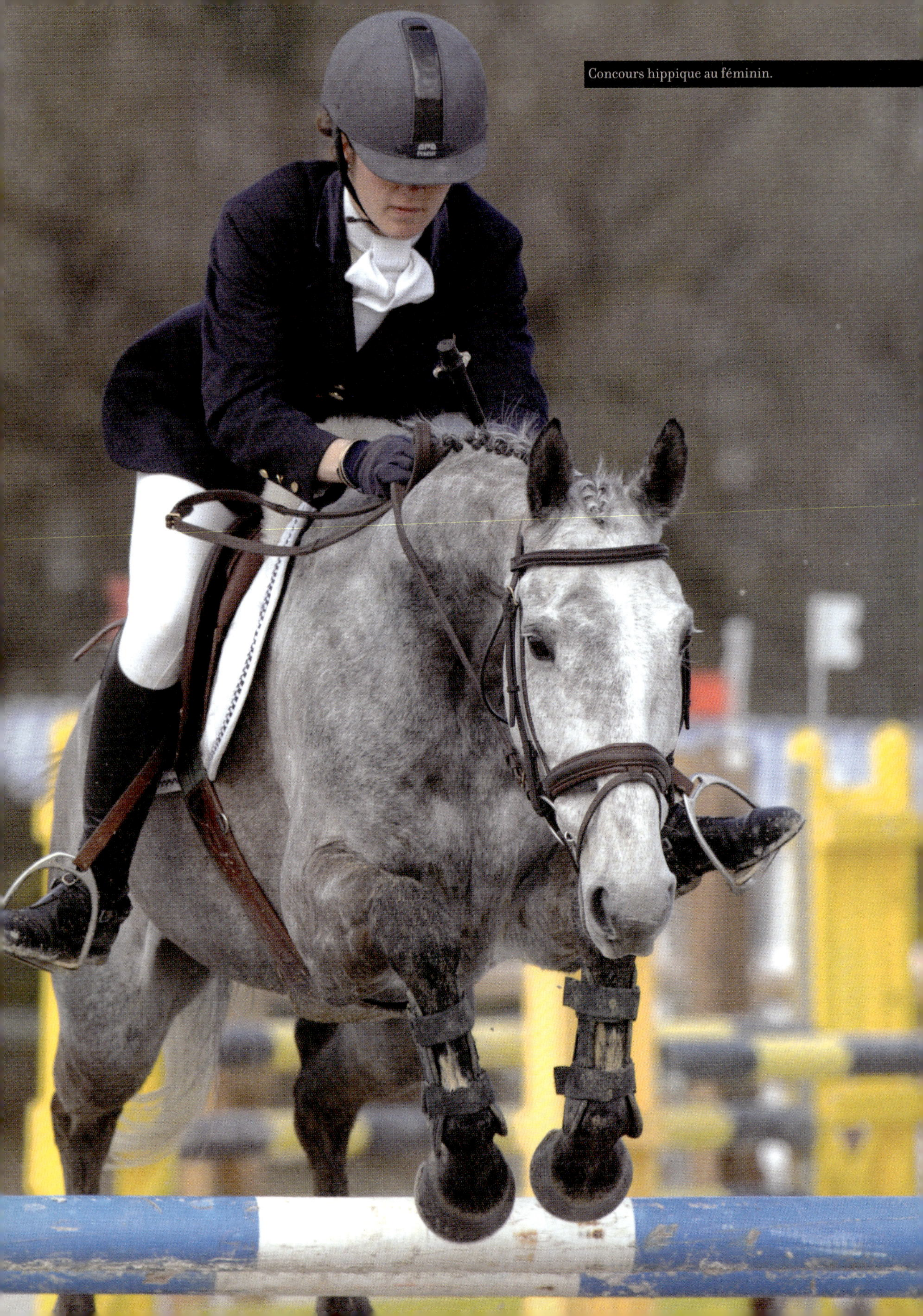

Concours hippique au féminin.

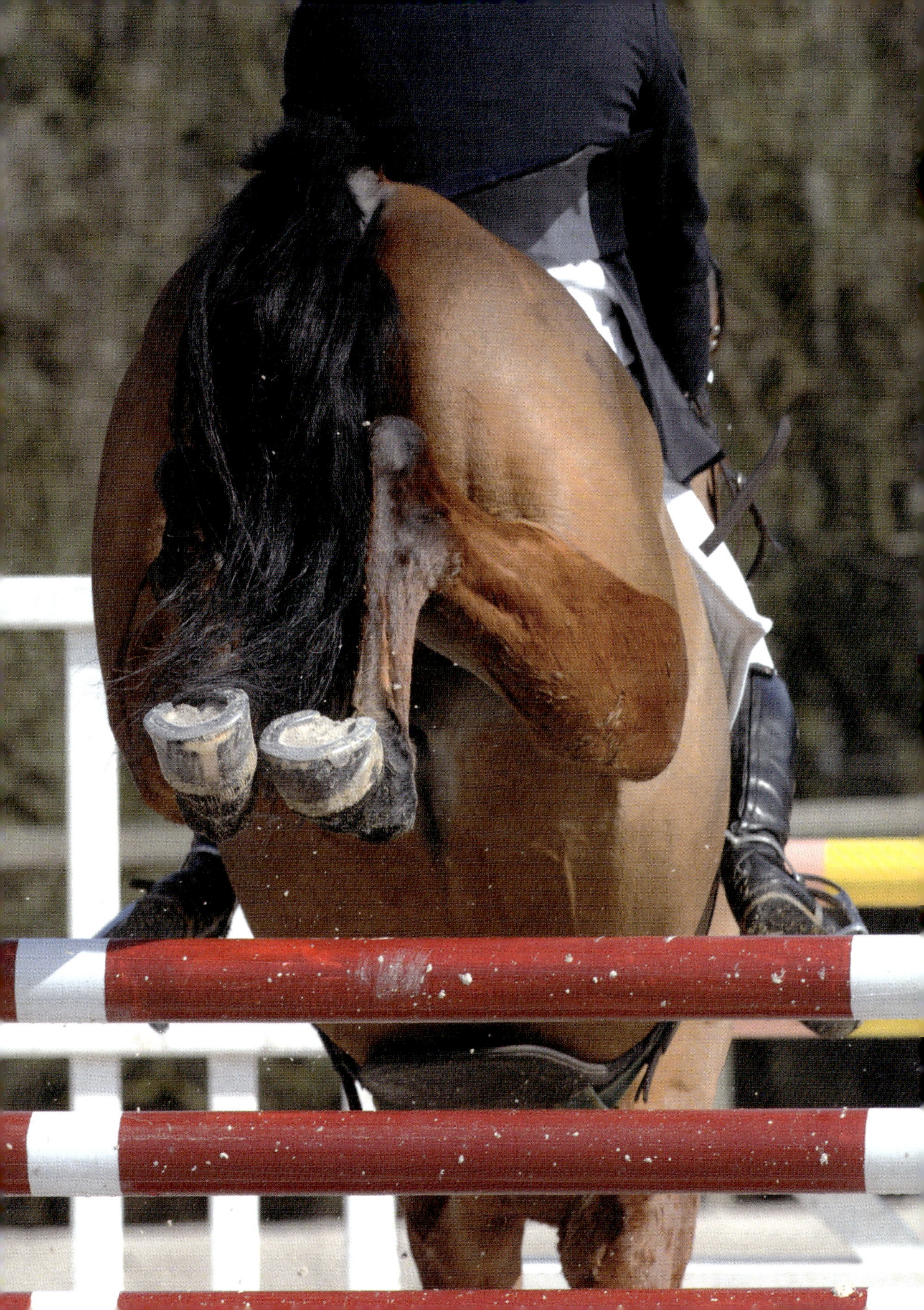

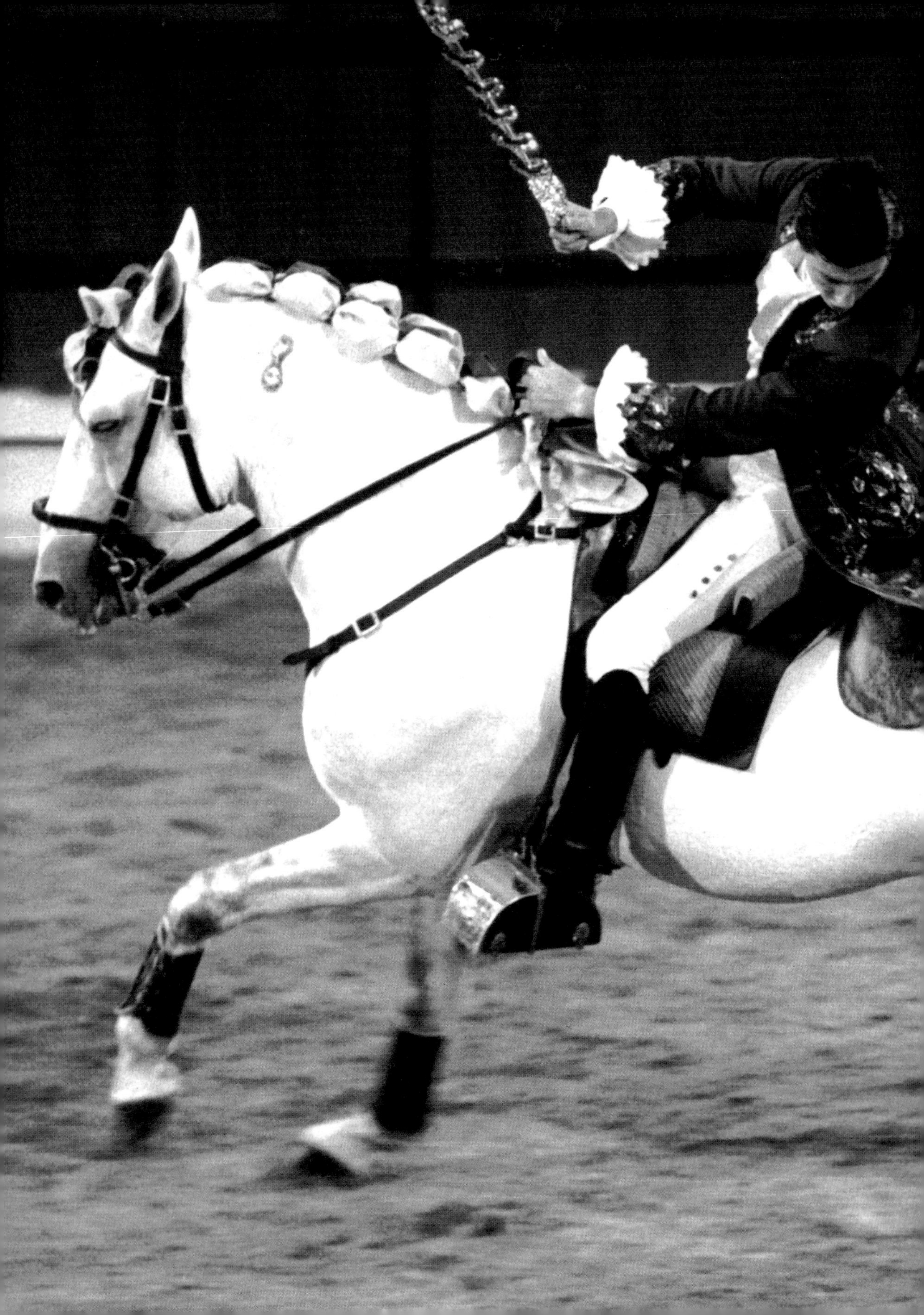

CORRIDA

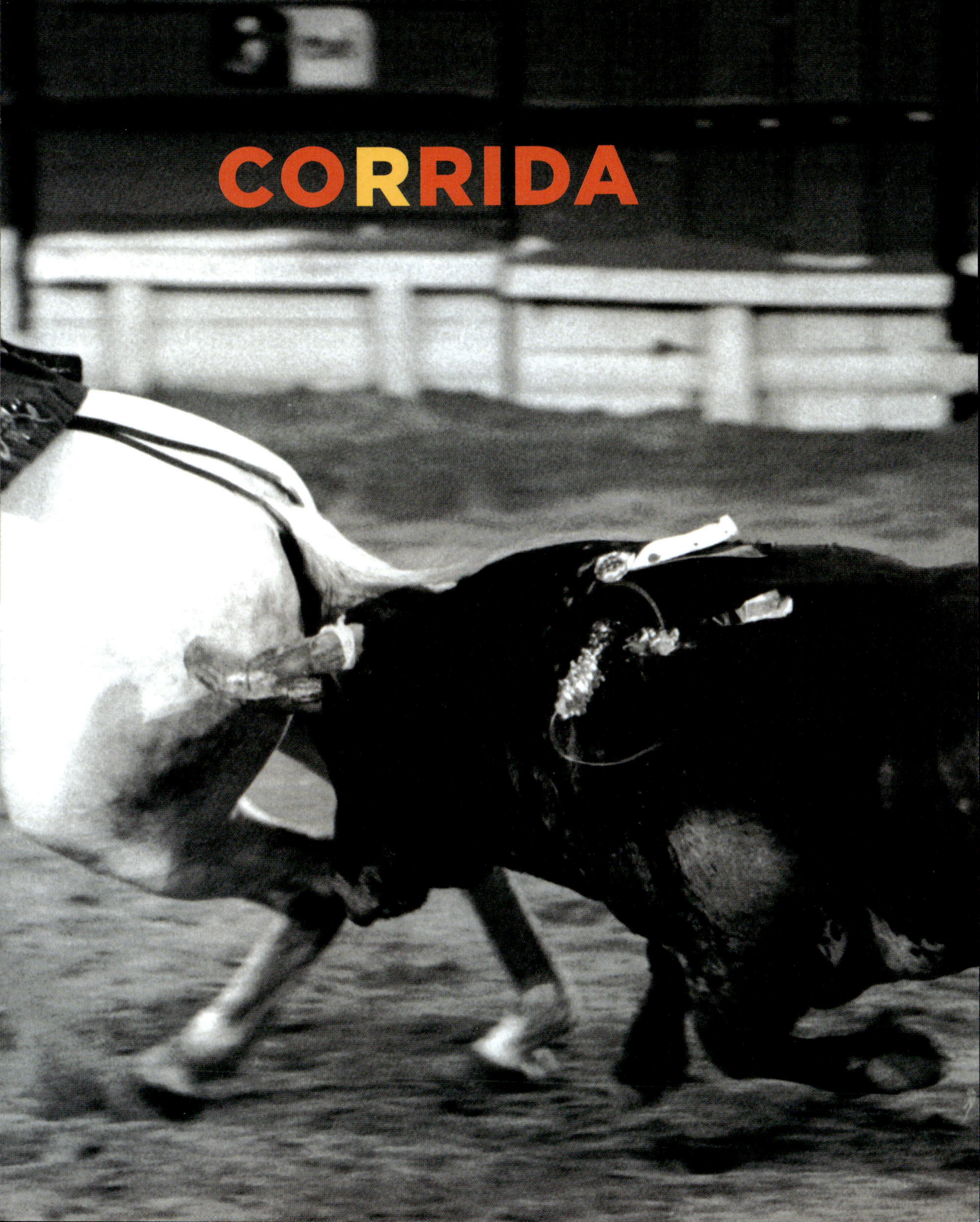

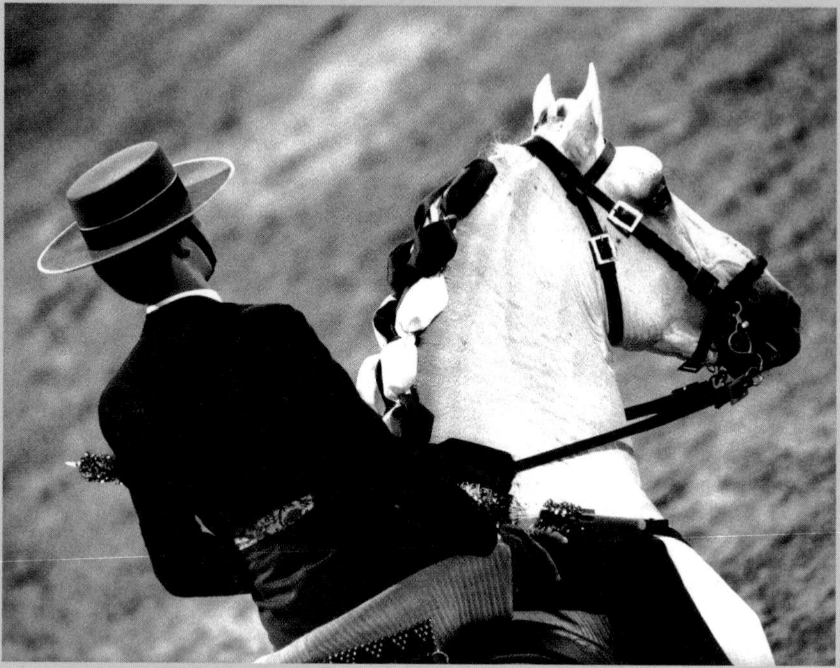

J'ai vécu une partie de mon adolescence en Espagne, à Madrid, avec mon père, français mais lui aussi en partie élevé dans l'Espagne traditionnelle, passionné de flamenco et aficionado de corridas. J'ai donc eu l'occasion de voir les plus grands toreros à la Plaza de toros de Madrid, Manolete, Dominguin, etc.. Il est impossible d'expliquer à quelqu'un qui ne veut pas en entendre parler, ce qu'est une course de taureaux. Je ne le ferai pas ici.

En revanche, si d'aventure et après ma mort, je devais revenir sur Terre sous la forme d'un bovidé (certains croient à la réincarnation), je demanderais au destin de me faire renaître dans le sud de l'Espagne, pour devenir un taureau de combat, vivant libre parmi ses sœurs et compagnes les vaches *bravas*, dans les merveilleux paysages d'Andalousie… sachant que je devrai mourir en combattant dans une arène, sous le regard des belles Espagnoles, dans les parfums mêlés d'œillets et de cigare de havane, au son des musiques de la *banda*, applaudi et respecté par le public pour ma bravoure !

Non, je n'échangerais pas cette mort violente, cette fin héroïque, contre celle d'un pauvre bœuf de boucherie émasculé dès sa jeunesse, souvent engraissé aux hormones et finissant sa vie sur les carrelages aseptisés d'un abattoir anonyme sans avoir jamais connu ni le vertige de la procréation, ni l'amour de la liberté, ni enfin la chance de prouver son courage et sa bravoure… Et tout cela pour se retrouver steack au poivre dans l'assiette d'un Hippopotamus !

Corrida portugaise.

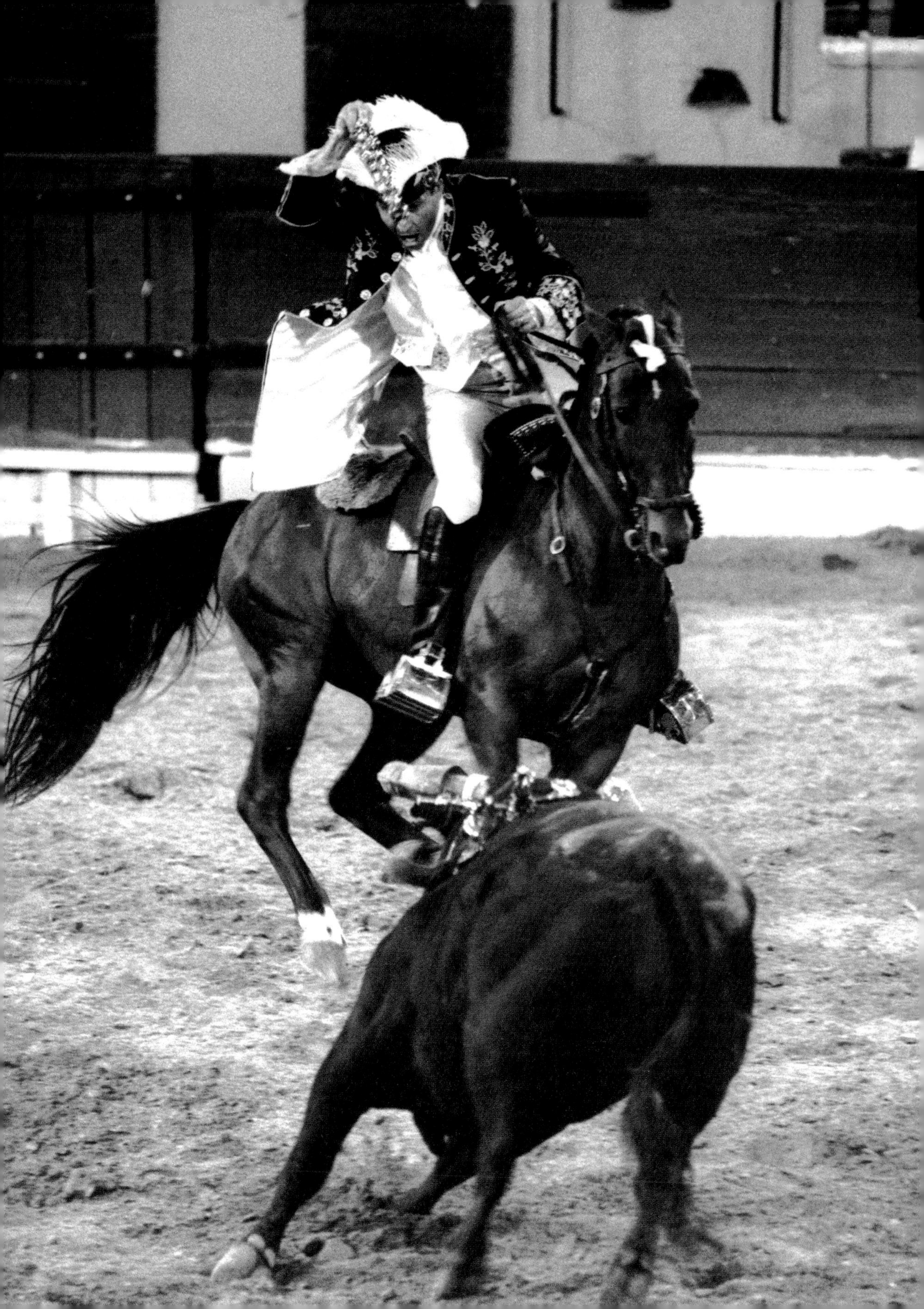

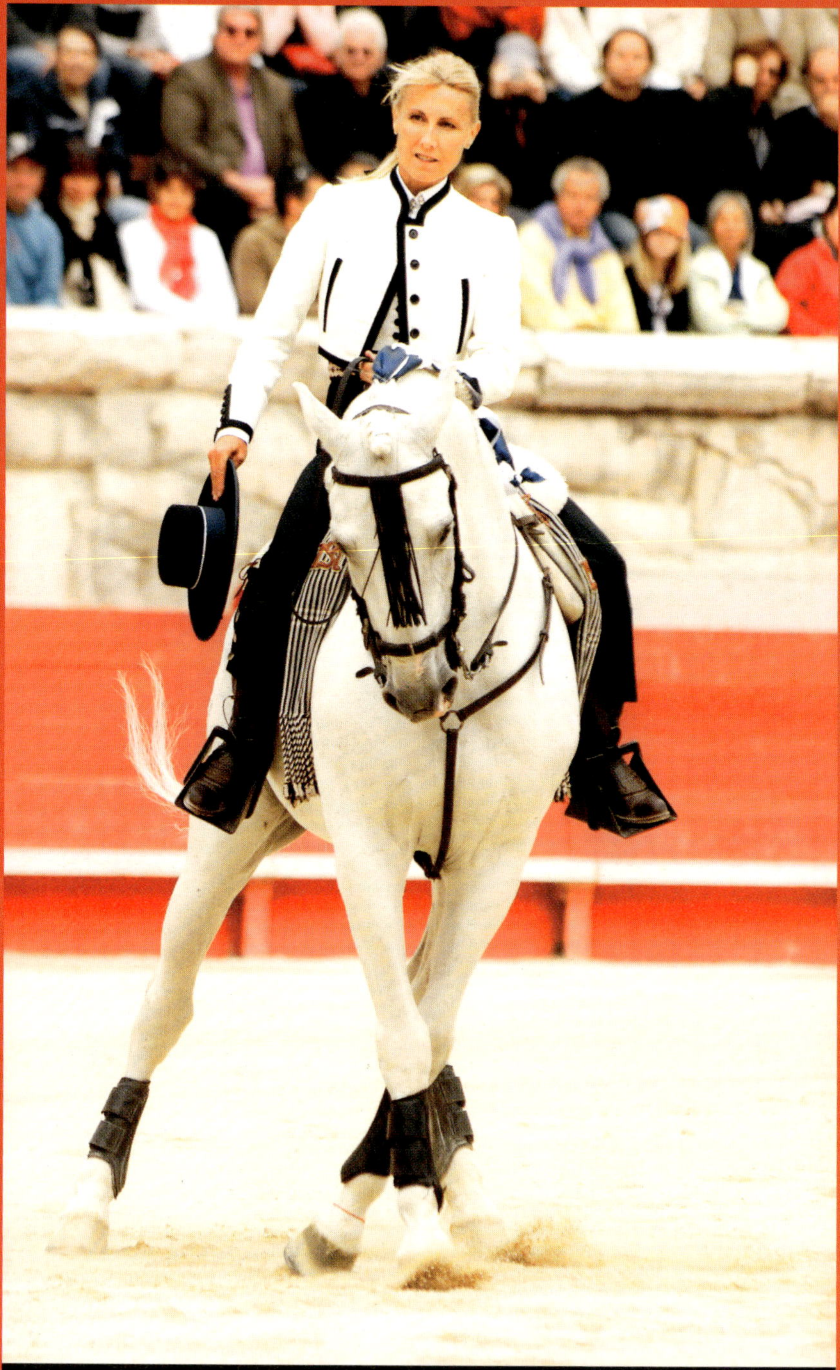

Marie Sara à la Feria de Pentecôte, Nîmes 2007.

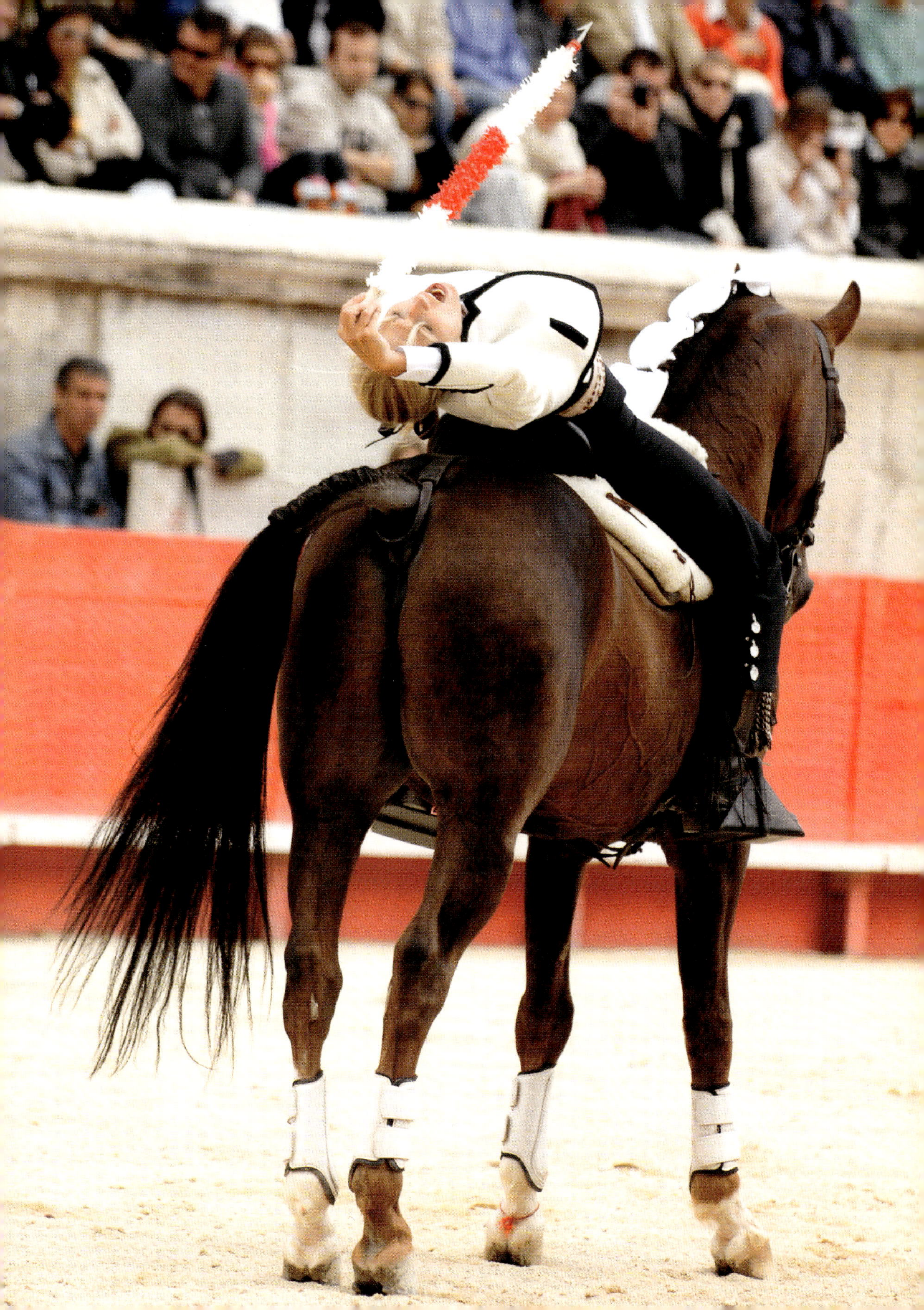

COURSE

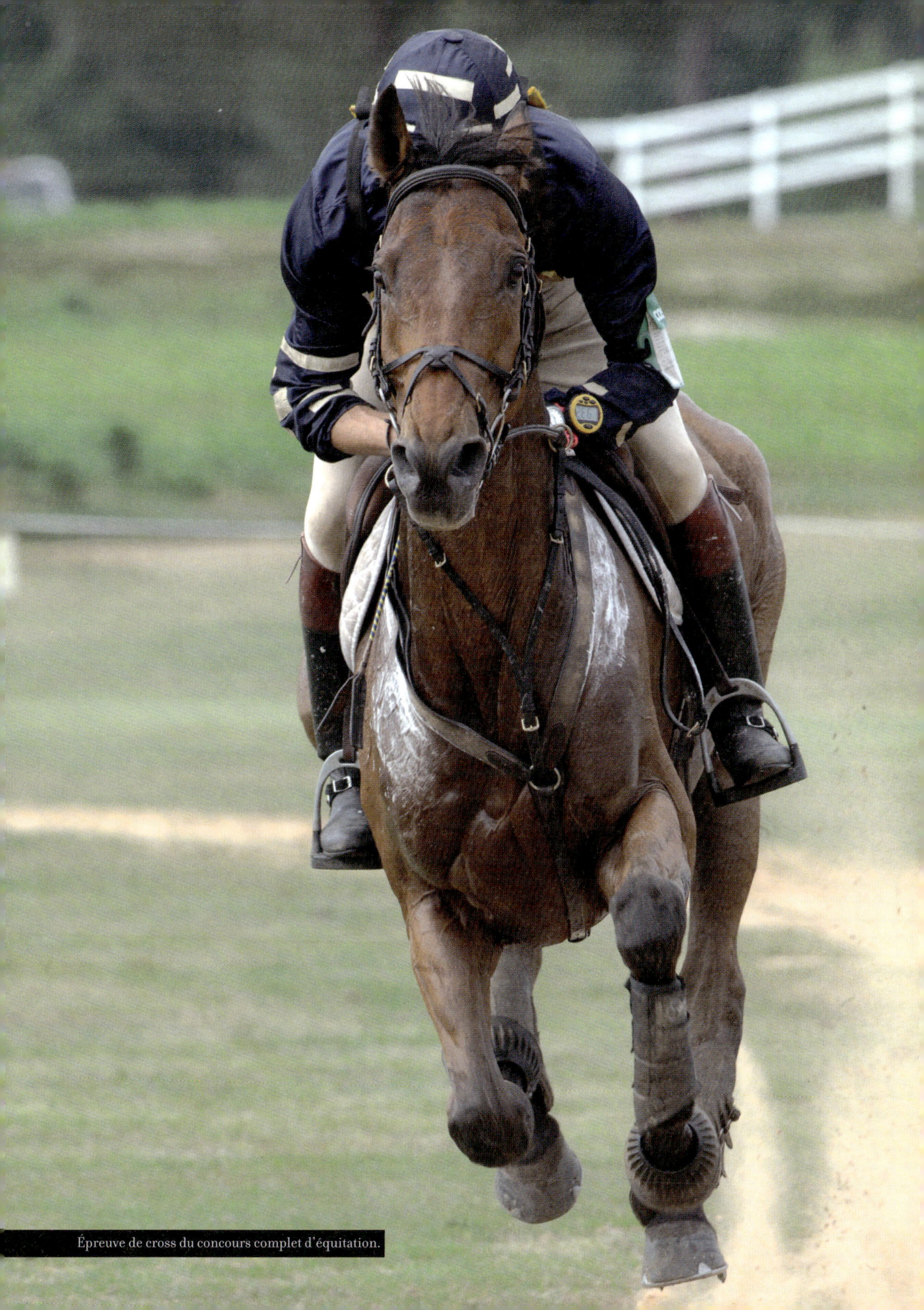

Épreuve de cross du concours complet d'équitation.

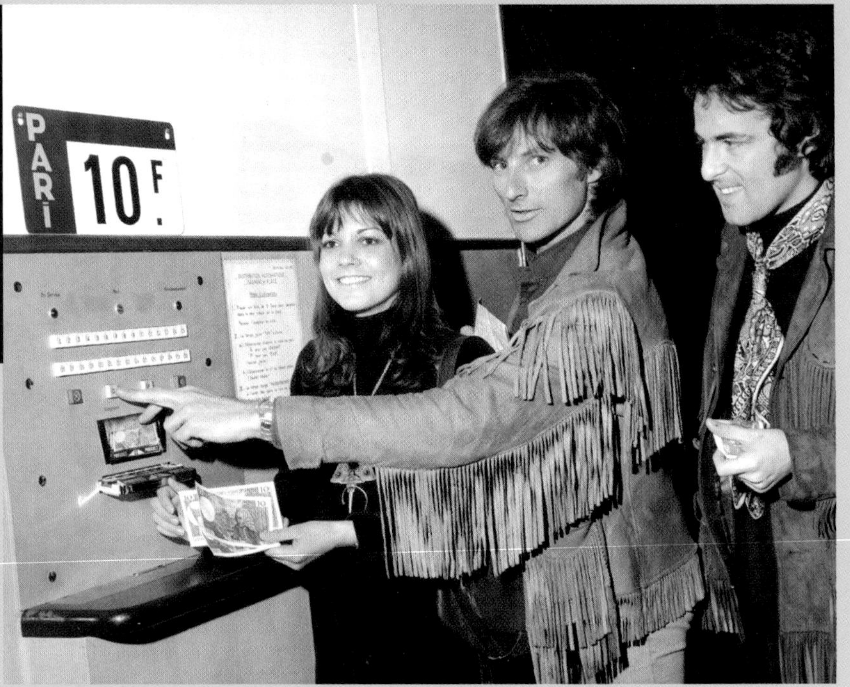

4 avril 1970 : Hugues inaugure le premier prototype mondial de distributeur automatique de pari mutuel (hippodrome d'Auteuil). À ses côtés, Chantal Goya et David-Alexandre Winter.

Je ne suis pas un spécialiste, loin de là. De temps en temps, il m'arrive d'être invité à l'hippodrome ou encore de suivre un Grand Prix à la télévision.

Bien sûr les courses de plat sont très excitantes, mais je dois dire qu'elles sont beaucoup plus spectaculaires à la télévision américaine que chez nous !

Les courses d'obstacles angoissent, comme vous pouvez l'imaginer, l'auteur de la chanson *Stewball* !

À Vincennes, le trot attelé m'impressionne beaucoup. Pourtant, le trot est une allure que je n'aime guère. Il faut dire que, pour un cavalier, le trot n'est pas des plus confortables ! Bien que le trot ne soit pas naturel chez le cheval à vive allure, le résultat des entraîneurs et des jockeys est tout à fait fantastique. Que ce soit attelé ou monté, les trotteurs sont, dans l'effort, d'une beauté éblouissante.

Je me souviens de l'époque mythique du grand et célèbre Ourazi… Impossible d'oublier ce cheval formidable, ce crac surnommé le « roi fainéant ». Je m'étais levé la nuit pour voir la retransmission de sa course en direct aux États-Unis ! Je reste persuadé que, sans les effets d'un décalage horaire négatif, notre Ourazi aurait gagné.

Il y a bien sûr beaucoup de courses célèbres, le Derby d'Epson, les courses à Saratoga ou au Kentucky et dans les Émirats !… et que penser encore du célèbre Palio de Sienne ! C'est un vaste sujet pour une autre occasion…

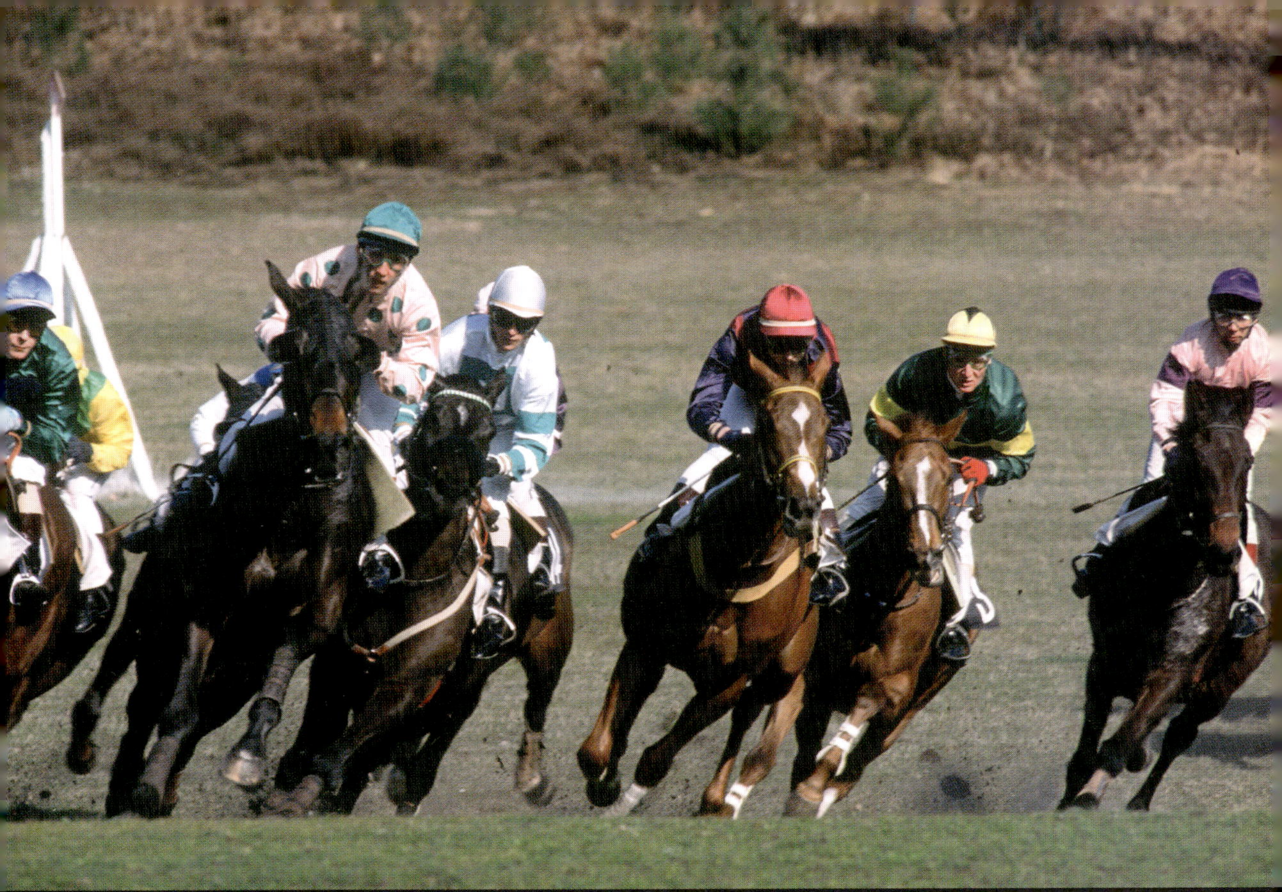

EN HAUT : Course à Verrie, France ; EN BAS : Course à Rabat, Maroc.

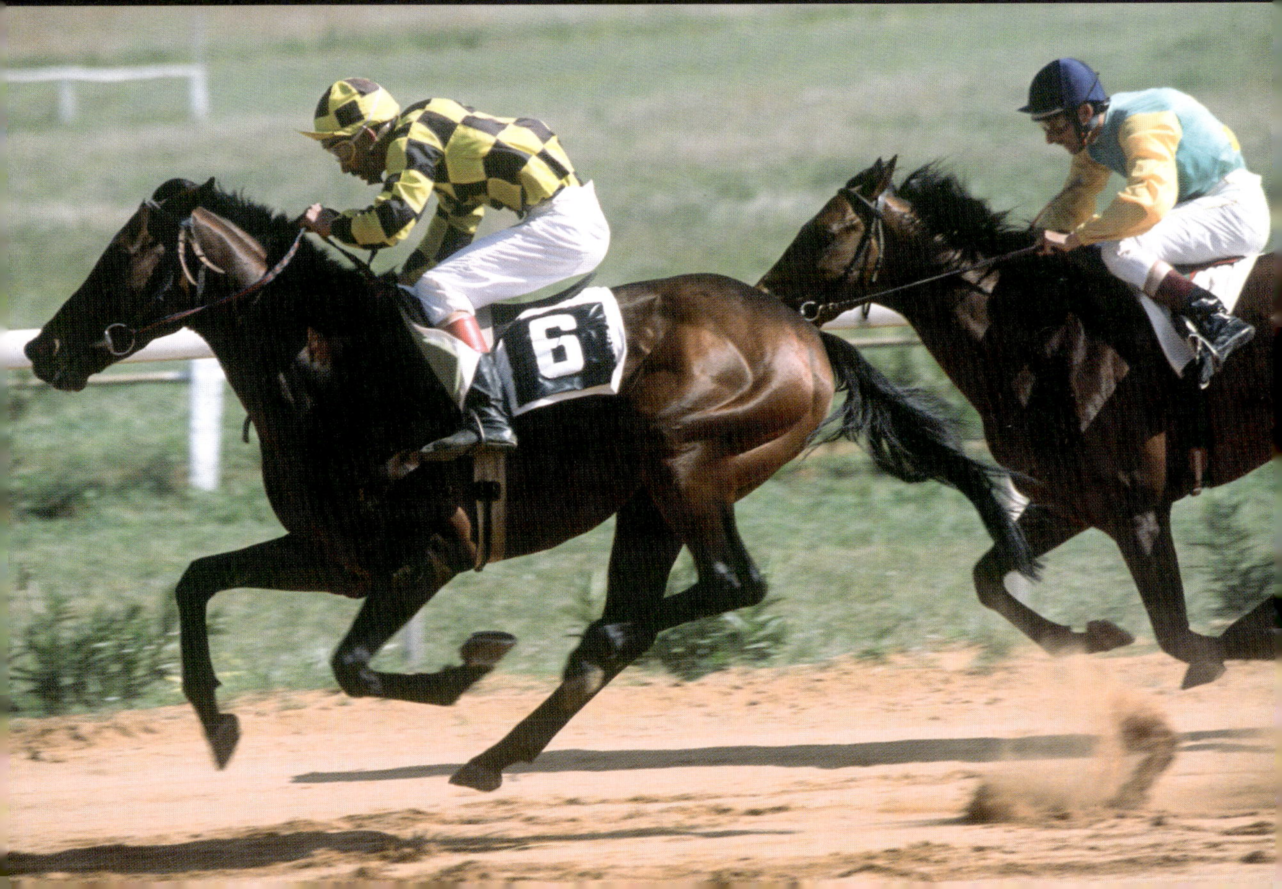

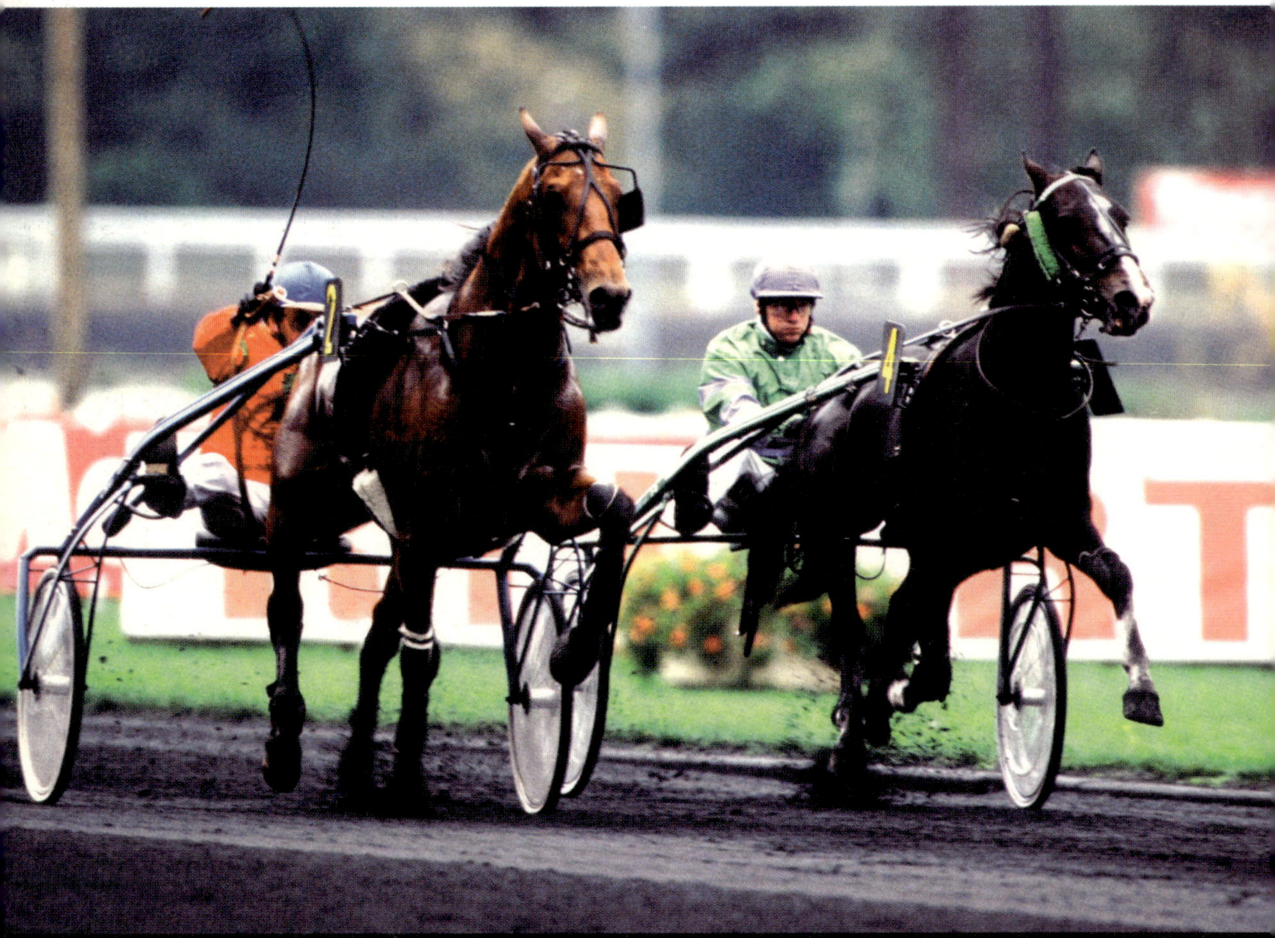

Course de trot attelé sur l'hippodrome de Vincennes.

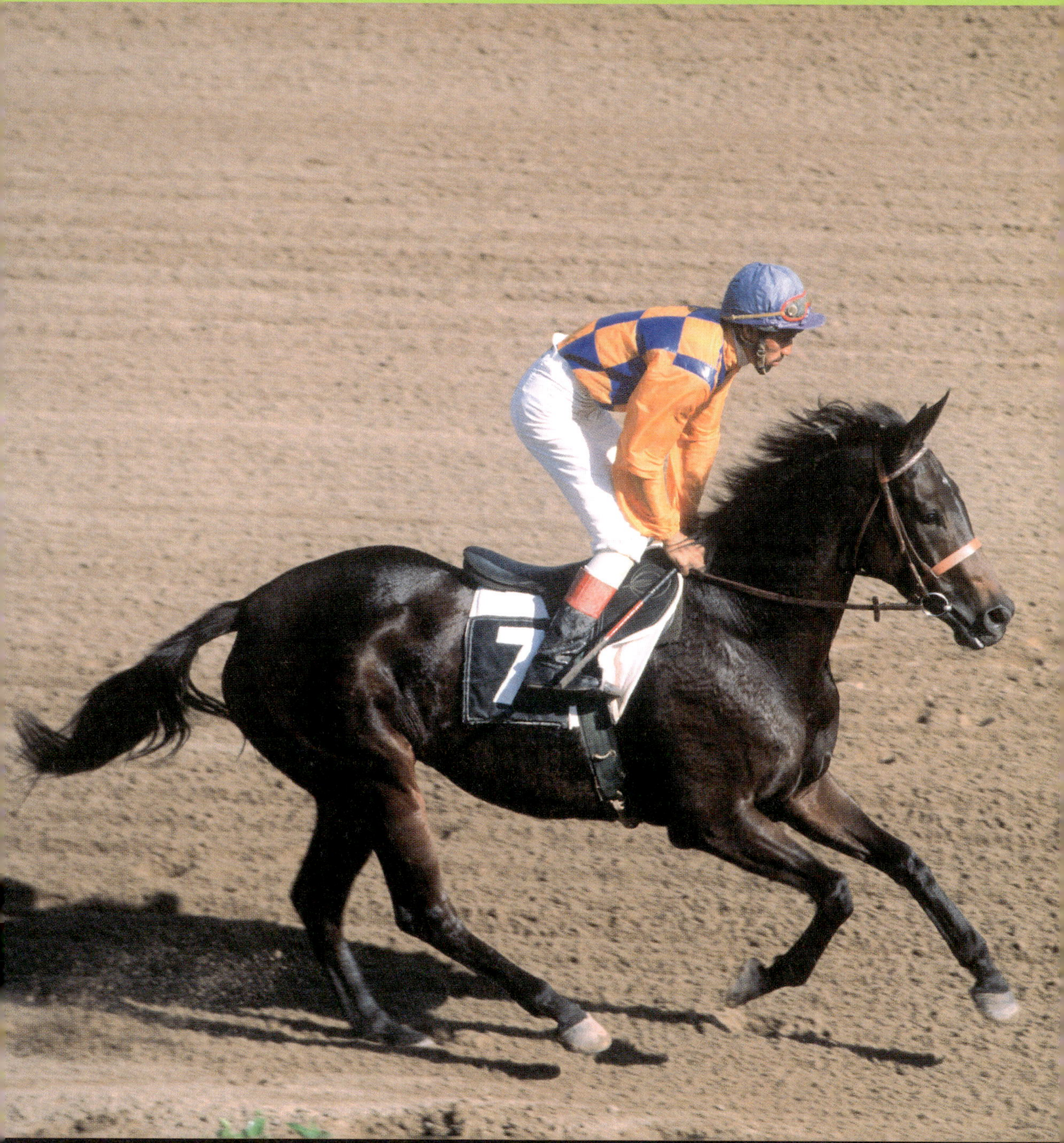

Course à Rabat, Maroc.

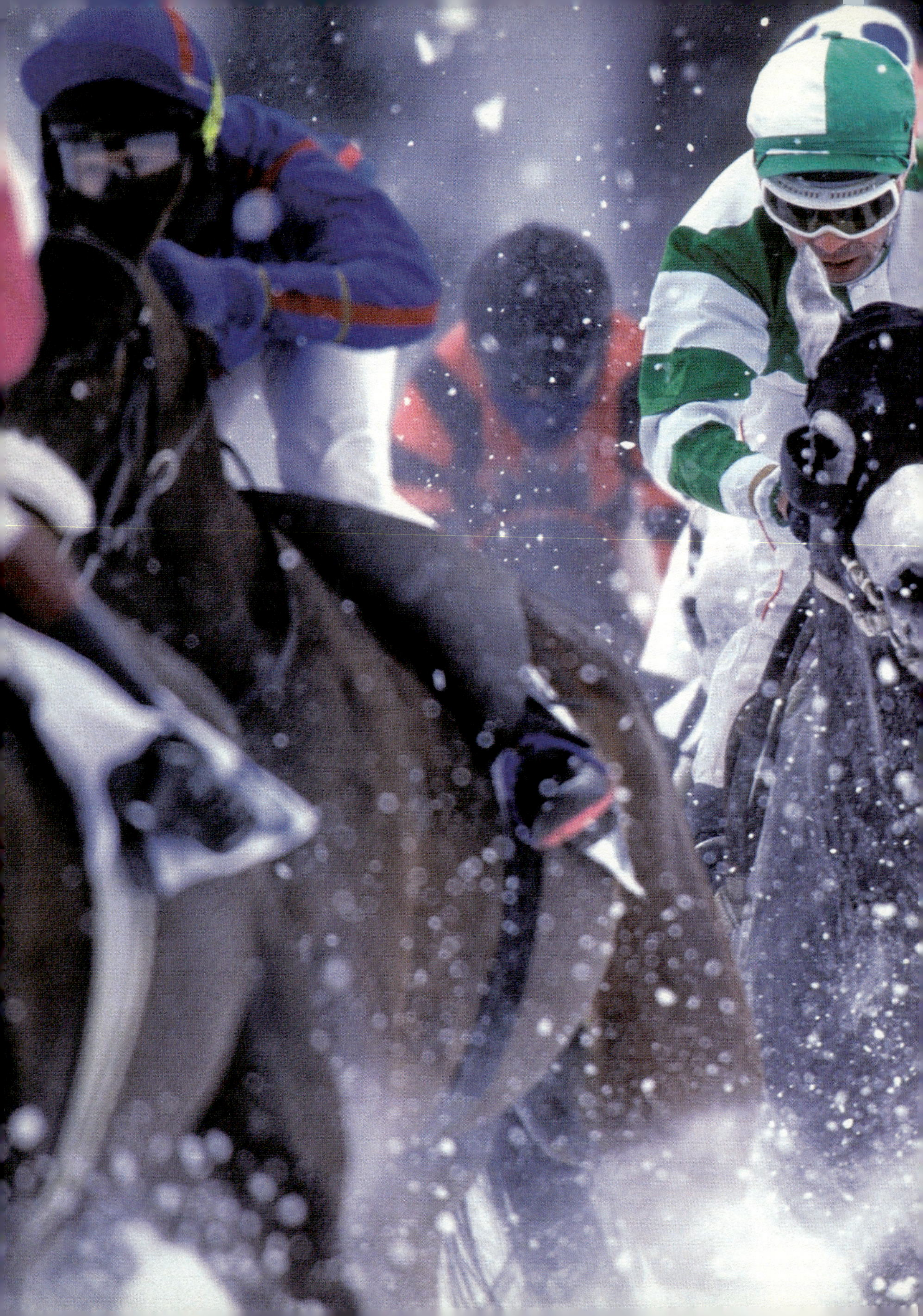

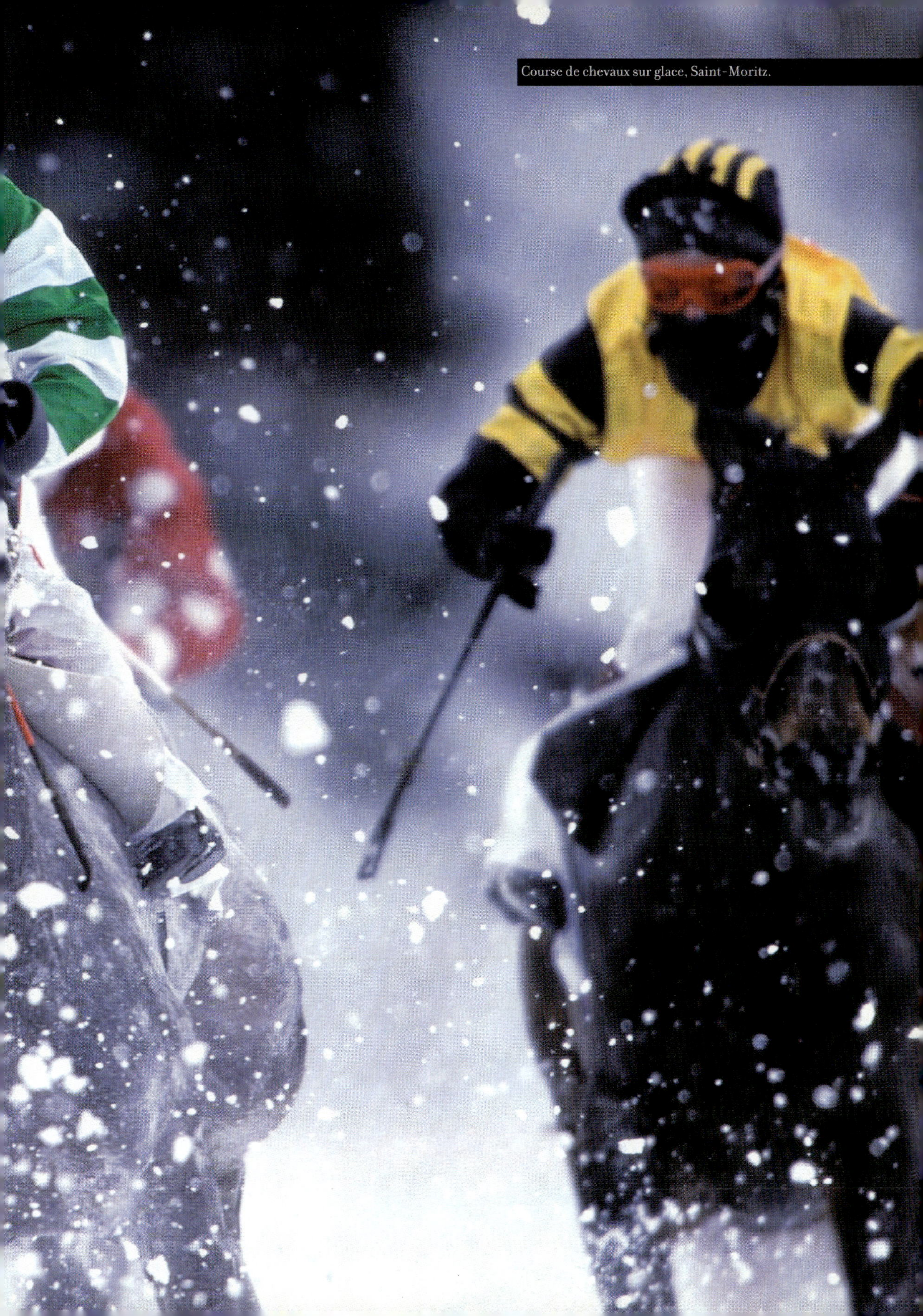

Course de chevaux sur glace, Saint-Moritz.

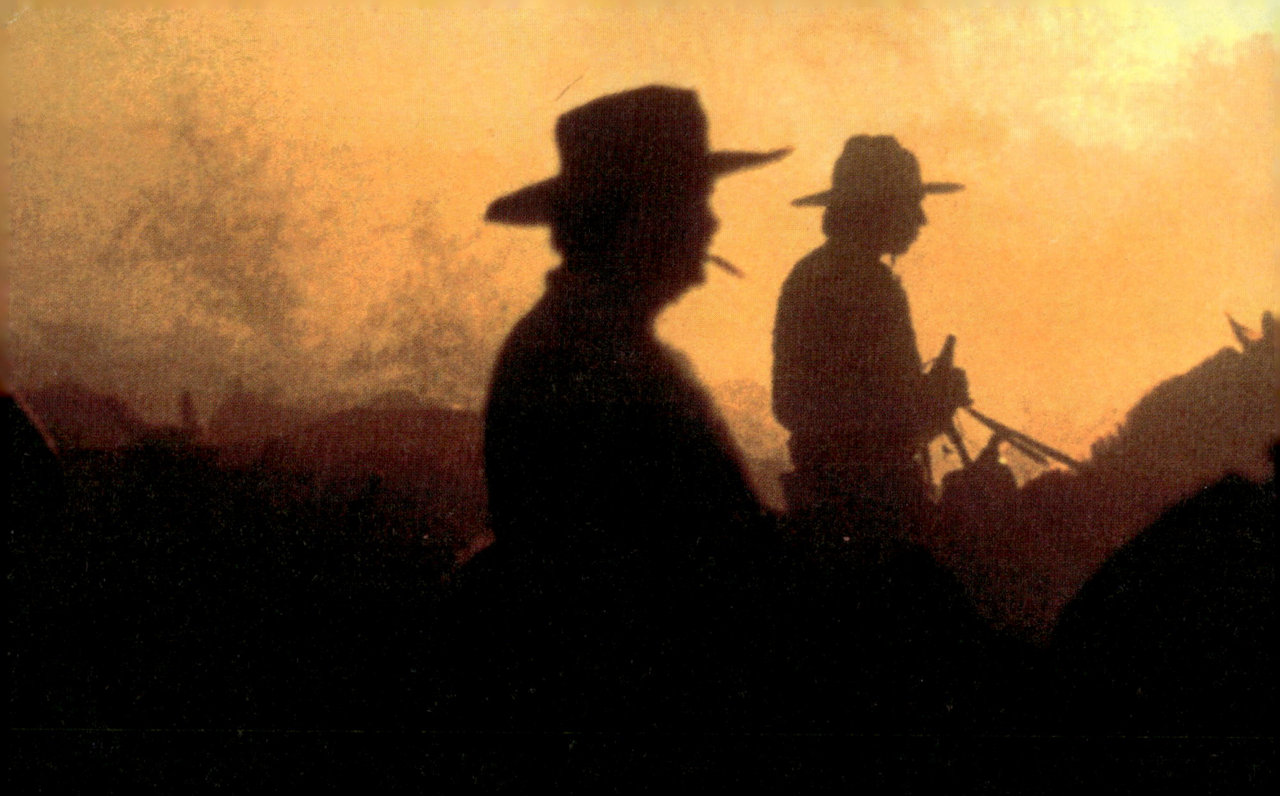

COW-

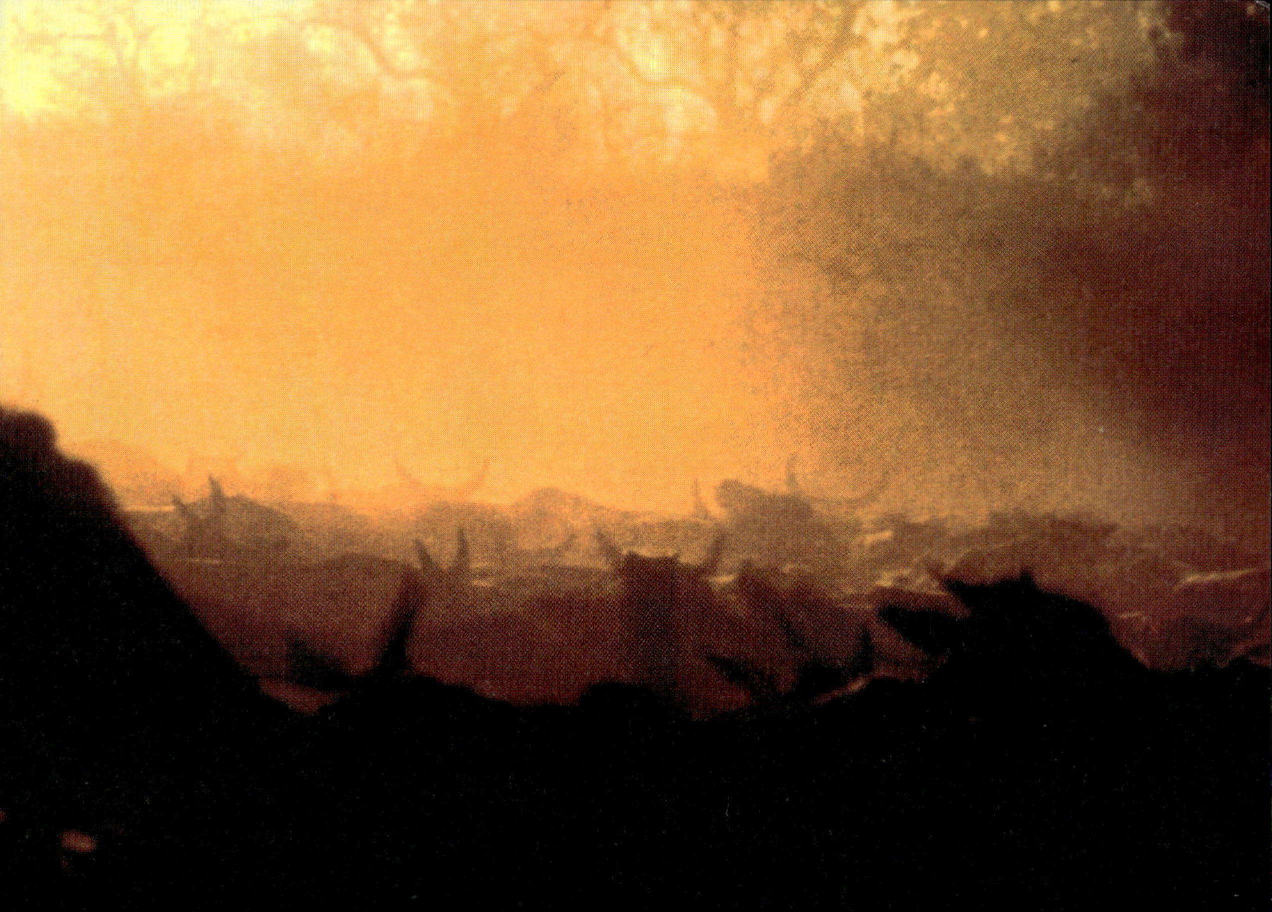

BOY

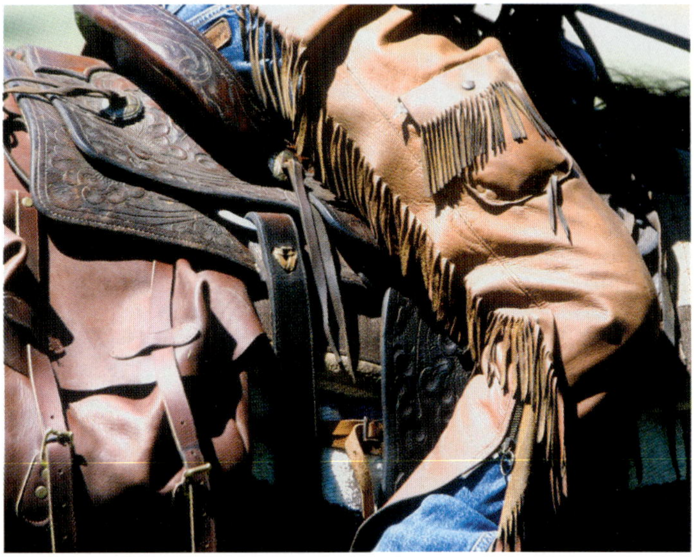

On m'a demandé un jour d'être président d'un concours d'équitation western, à l'occasion d'un festival du même nom. Je m'y suis rendu, vêtu comme d'habitude d'un blouson, d'un jean Levi's et de santiags. Dans les vestiaires, on me présente alors le champion du monde de la discipline, un Canadien qui me lance avec son accent typique:
« Tu ne vas pas rester ainsi vêtu ?
– Eh bien, pourquoi donc ?
– Ce n'est pas possible, tu as vu ton jean ? C'est un Levi's. C'est un pantalon d'efféminé… Dans l'équitation western on se doit de porter un Wrangler, je vais t'en passer un. Un cow-boy ne porte jamais de Levi's… »

C'est ainsi que j'ai appris la différence entre ces deux marques, le Levi's a la couture du pantalon à l'intérieur de la jambe, alors que le Wrangler a la couture à l'extérieur, ce qui évite à la fin de la journée de se blesser l'intérieur de la cuisse.

Il y a tant et tant à dire sur l'équitation western que je vous engage vivement à vous reporter aux ouvrages spécialisés qui traitent de cette discipline. Malheureusement, comme pour bien des choses qui viennent des USA, les Français sont facilement prêts à la critique, au dénigrement, alors qu'ils sont simplement ignorants du sujet.

L'équitation western ou américaine est issue d'une connaissance très profonde du cheval dans son travail avec les troupeaux de bovidés ou d'ovidés. Cette technique est également très intéressante pour la pratique du cheval de randonnée et de loisir. Aujourd'hui, c'est le cheval Quarter Horse qui est le résultat de ce long travail issu de la grande épopée des cow-boys de l'Ouest. N'hésitez pas et partez à la découverte de cette équitation western, vous découvrirez peut-être « les hommes qui parlent à l'oreille des chevaux » et vous serez étonnés !

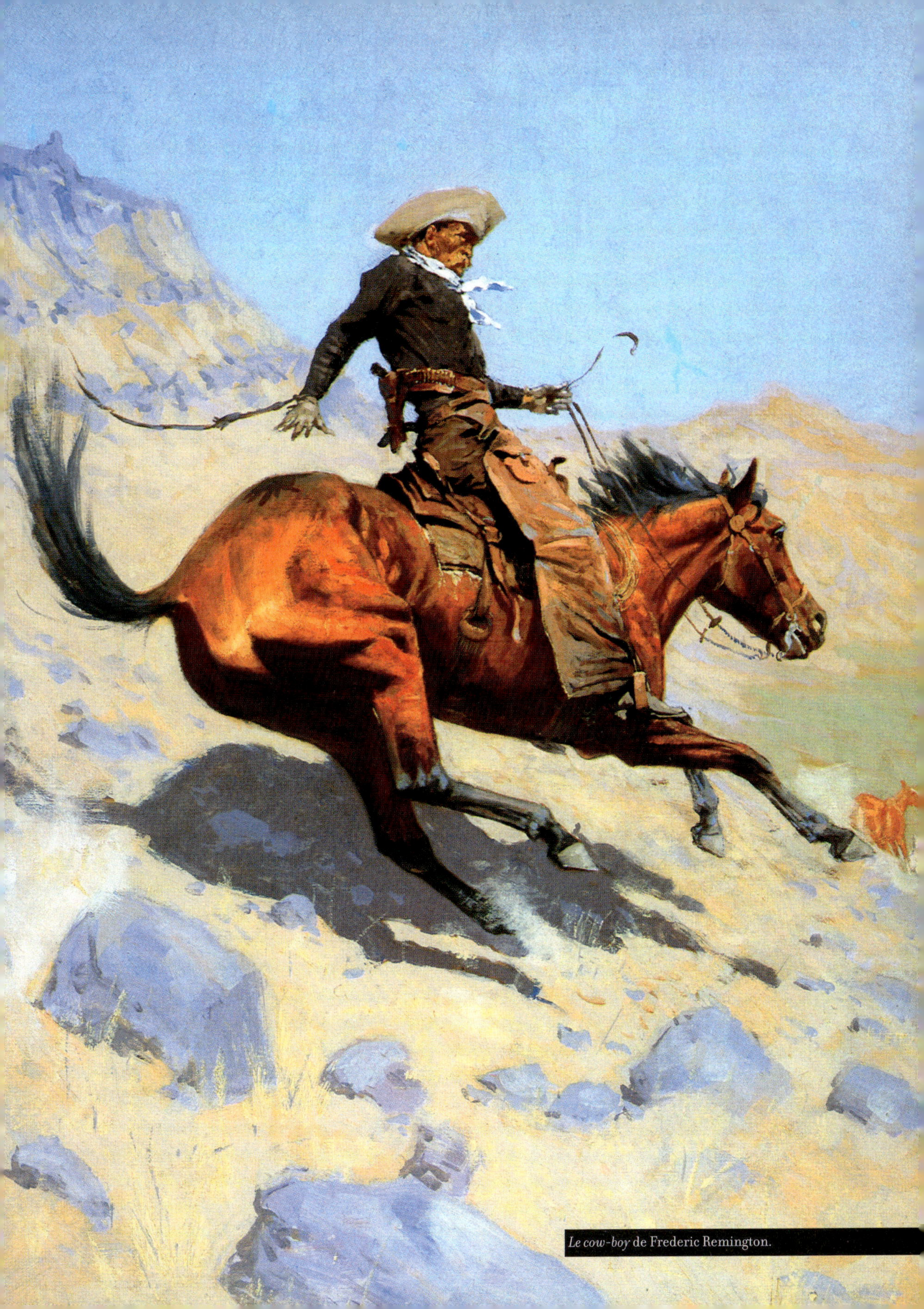

Le cow-boy de Frederic Remington.

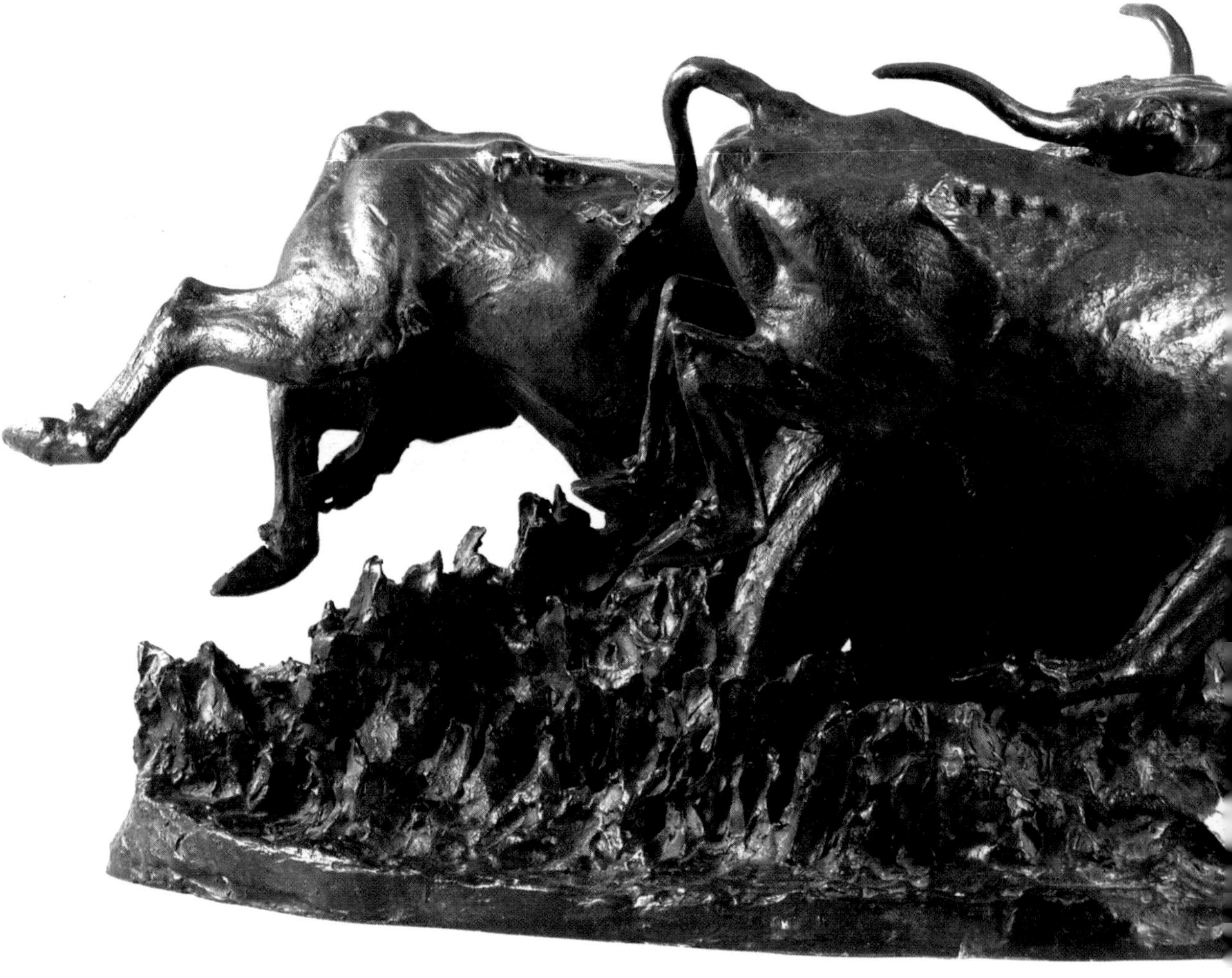

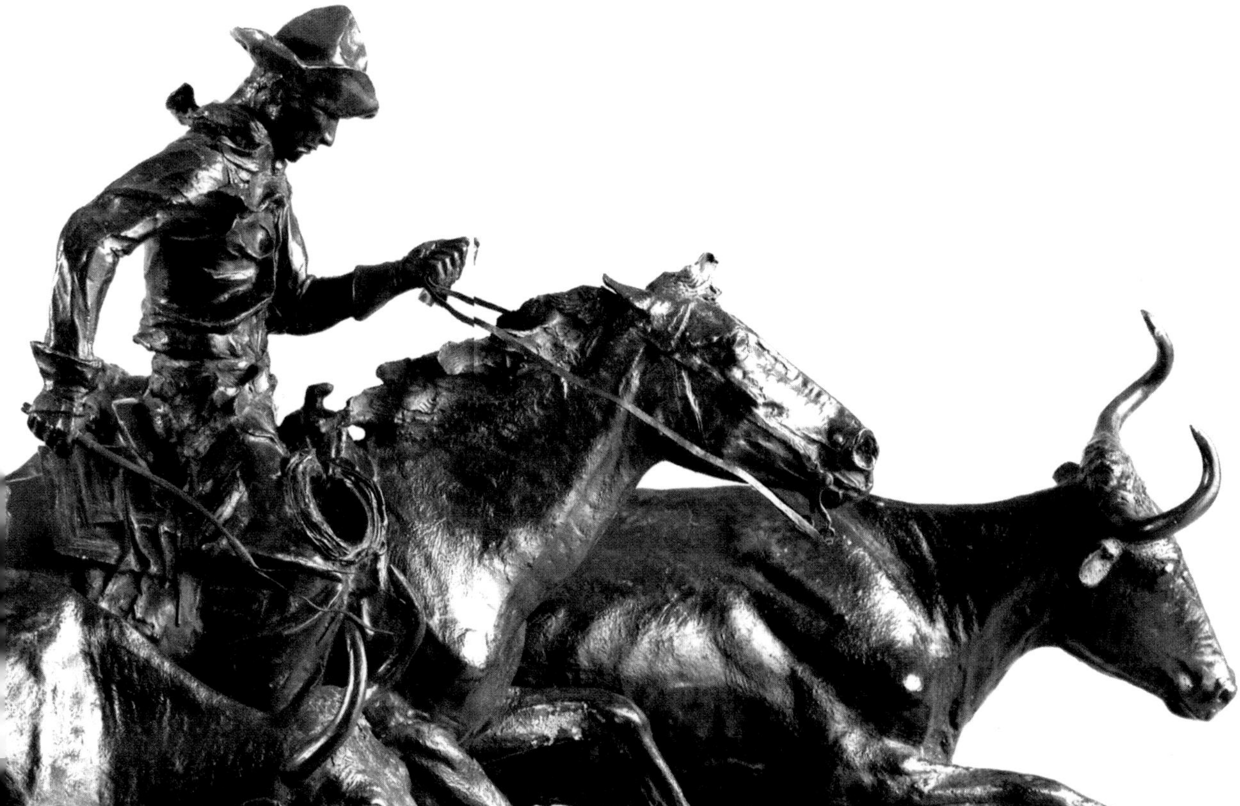

La débandade, sculpture de Frederic Remington.

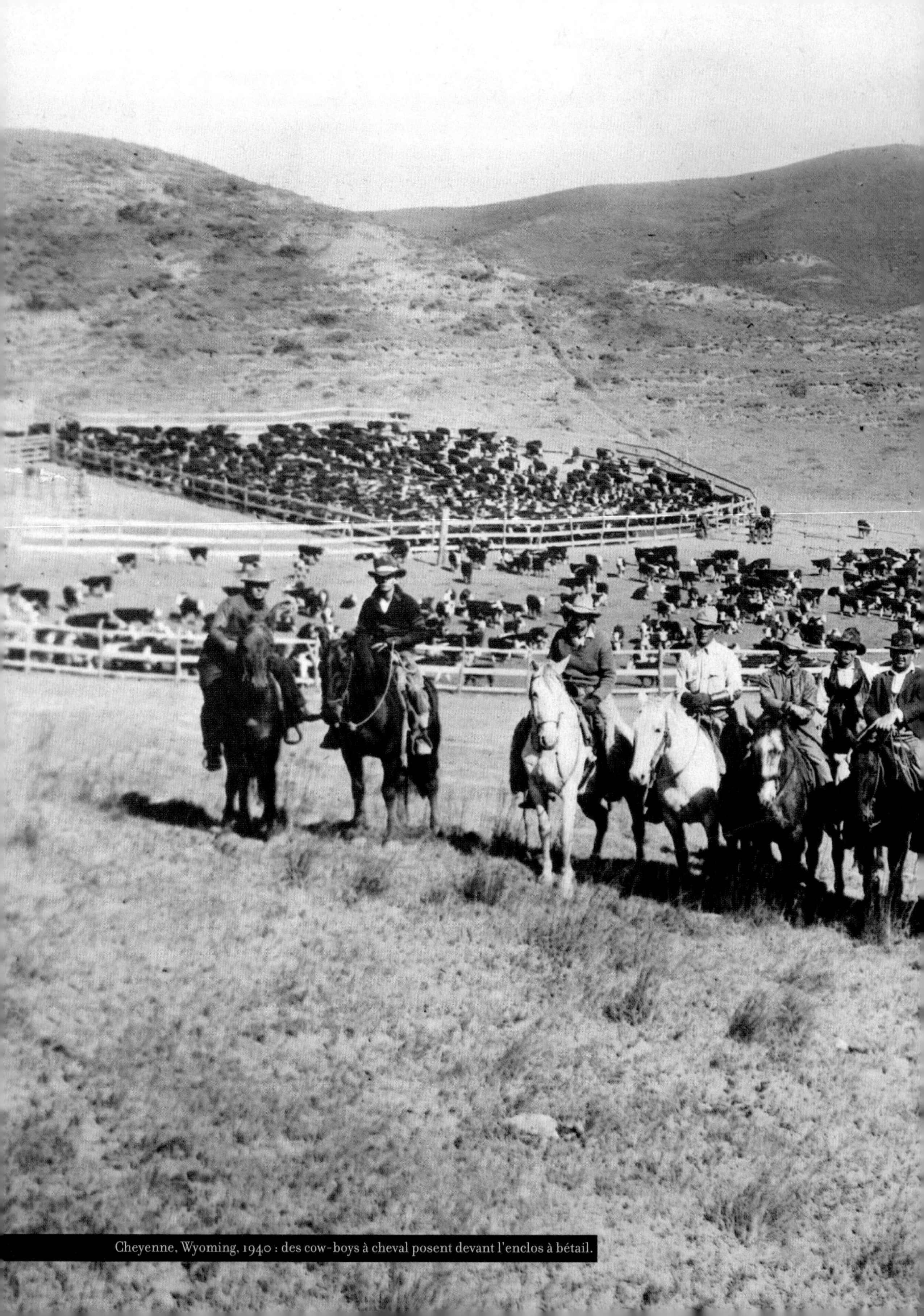

Cheyenne, Wyoming, 1940 : des cow-boys à cheval posent devant l'enclos à bétail.

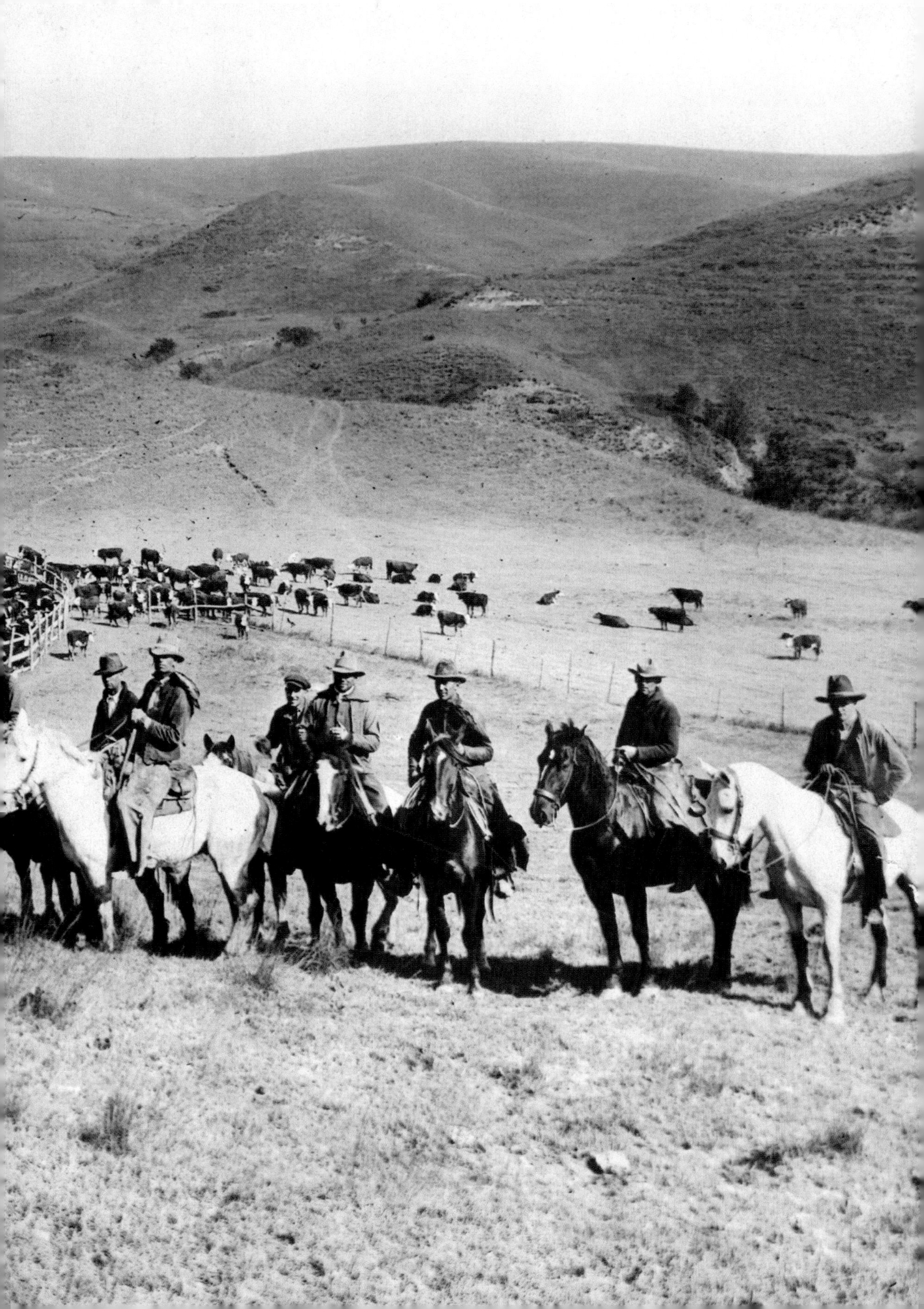

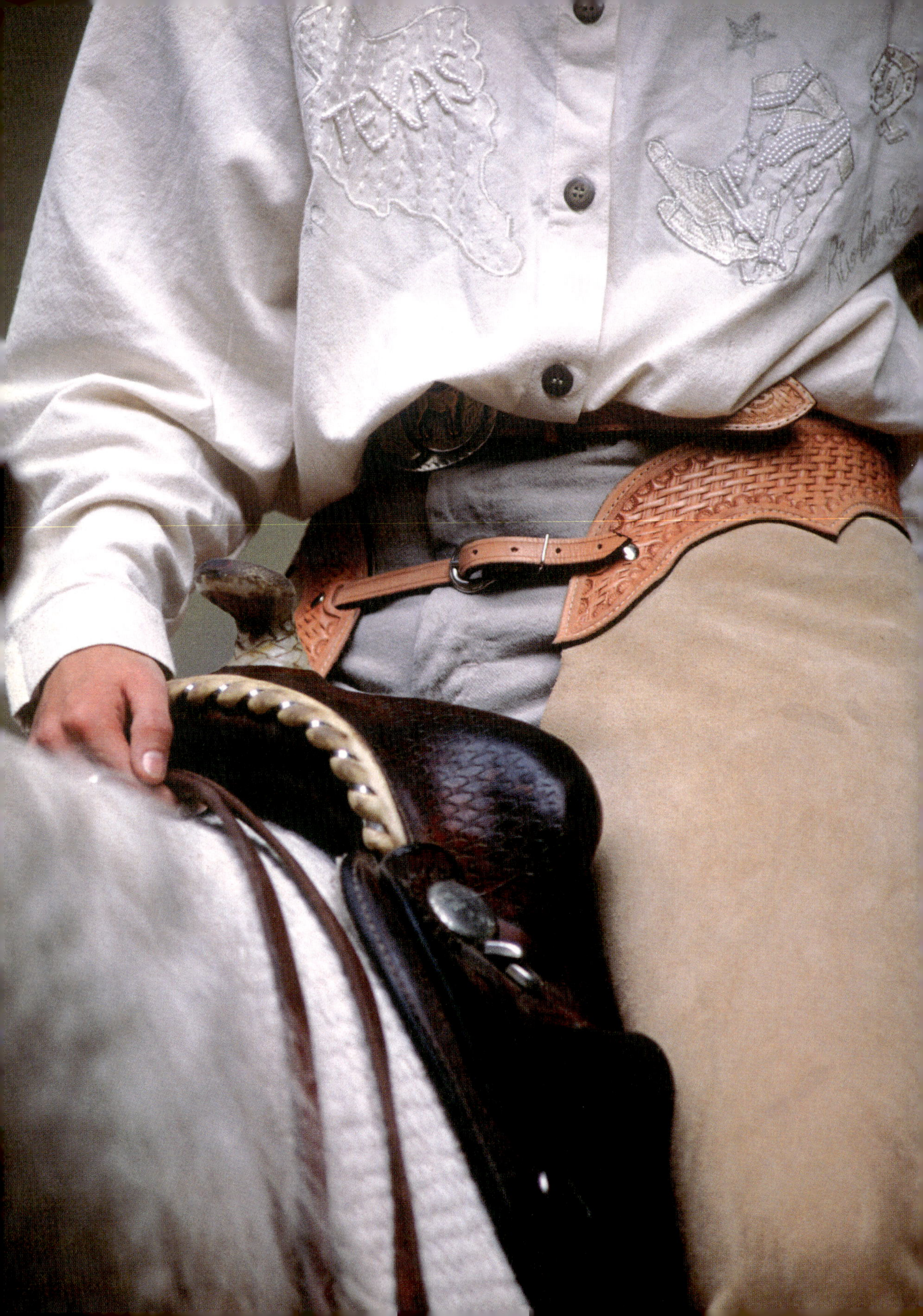
TEXAS

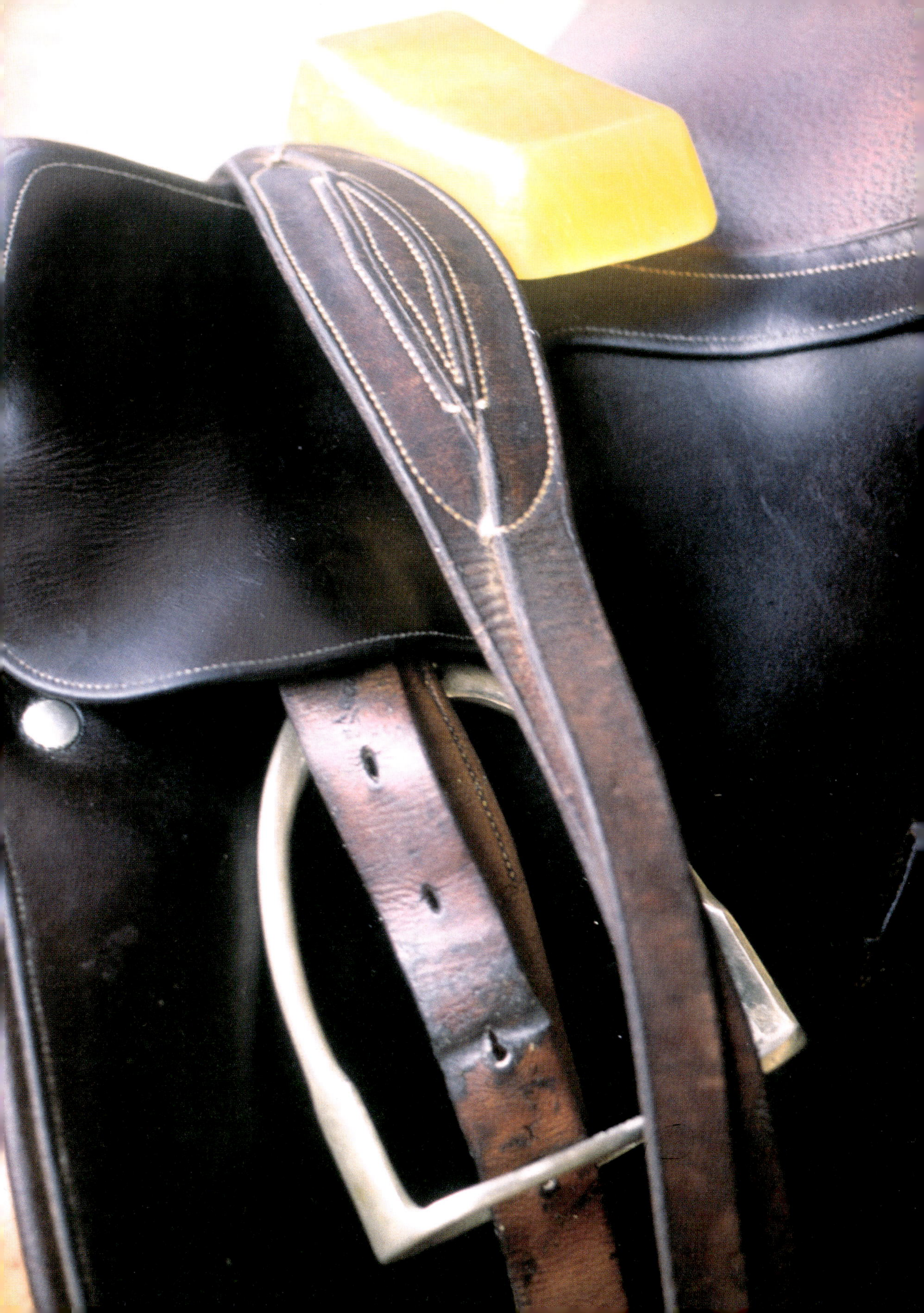

CUIR

CUIR

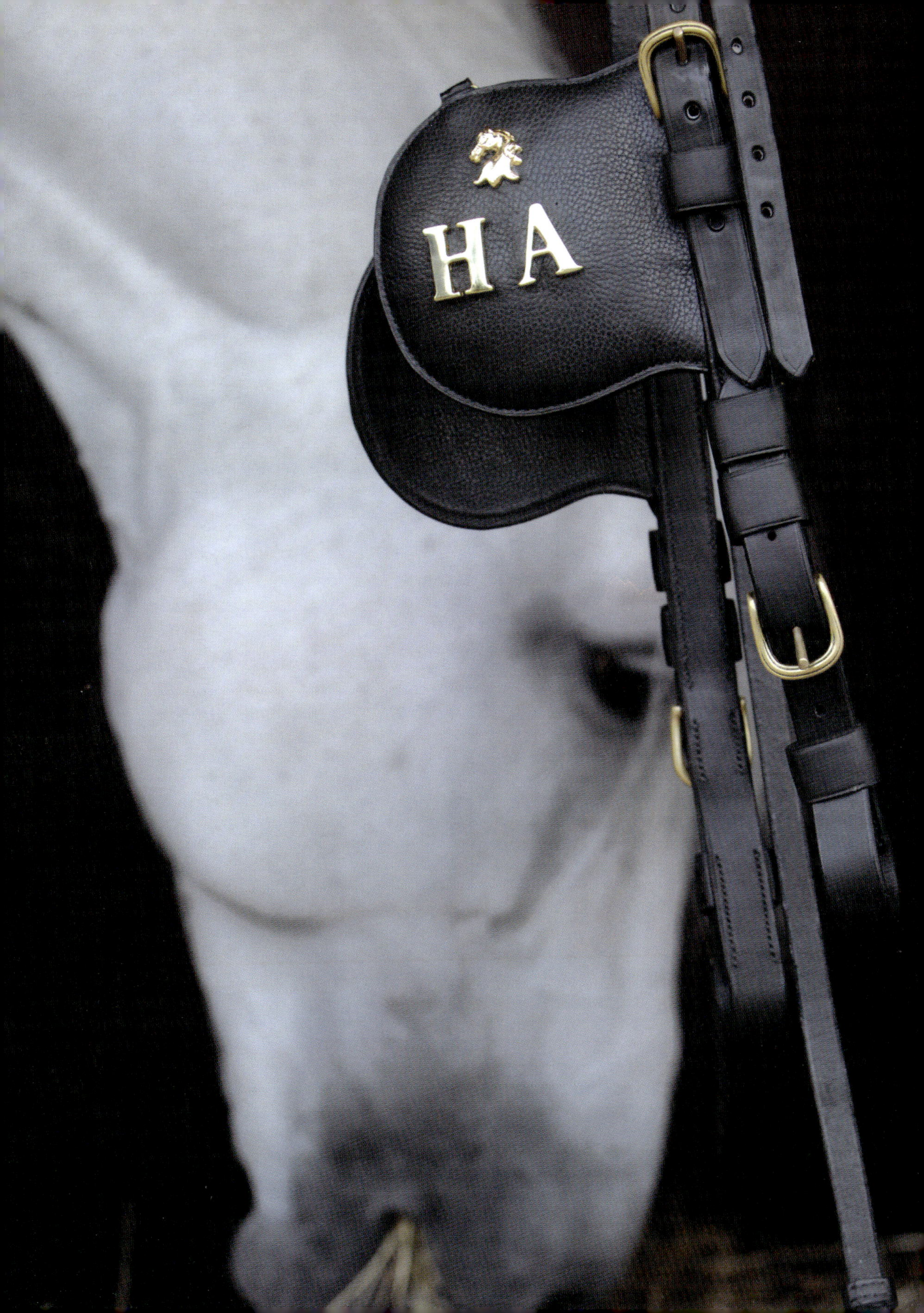
HA

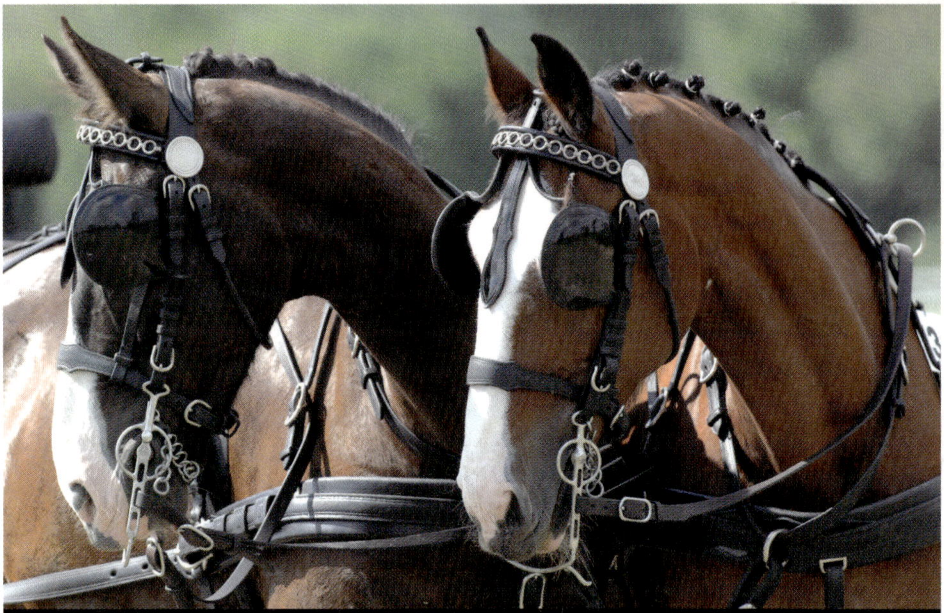

Harnais d'attelage.

Pas de chevaux sans cuir, sans selle ni harnais en cuir… et pas de cuir sans les tanneurs.

Mes ancêtres (Auffray avec deux « f ») étaient tanneurs. Le premier de la lignée, un Breton prénommé Jean, s'installa à Paris, dans la rue devenue aujourd'hui rue Censier. Les Tanneurs, au XVIe siècle, lavaient leurs peaux dans la Bièvre, une rivière aujourd'hui souterraine, au pied de la rue Mouffetard la bien nommée… à cause des odeurs !

Curieusement, plusieurs siècles après, je me suis installé à mon tour exactement à cet endroit pour débuter ma vie à Paris avec ma jeune femme, dans un petit appartement face à l'église Saint-Médard, église où Jean Auffray s'est marié et a baptisé ses enfants. Une découverte très troublante.

Mon père, Henri Auffray, n'était pas un tanneur mais dirigeait avant-guerre une société américano-argentine, la Forestal, qui importait un produit issu du bois quebracho utilisé pour le tannage des cuirs. Le quebracho est un arbre d'Amérique du Sud, de la famille des Anacardiaceae.

J'ai toujours eu beaucoup de plaisir à porter des blousons de cuir… le cuir ne se froisse pas dans les voyages du troubadour. J'ai toujours aimé les vêtements de travail. Le jean est un pantalon de paysan ou d'ouvrier… et le blouson n'était certainement pas un vêtement de bourgeois. Le cuir et le bois, deux matériaux nobles pour les âmes nobles !

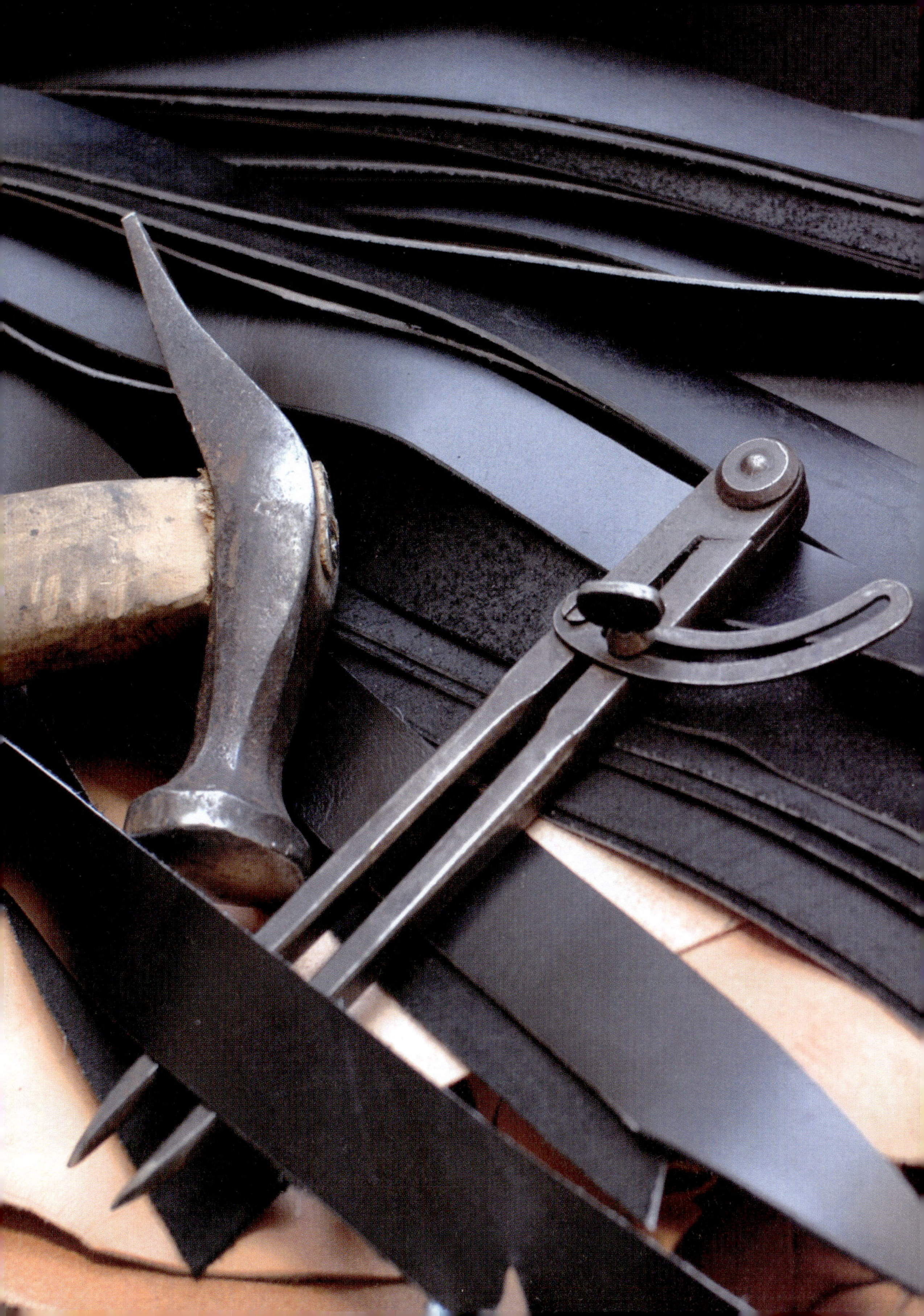

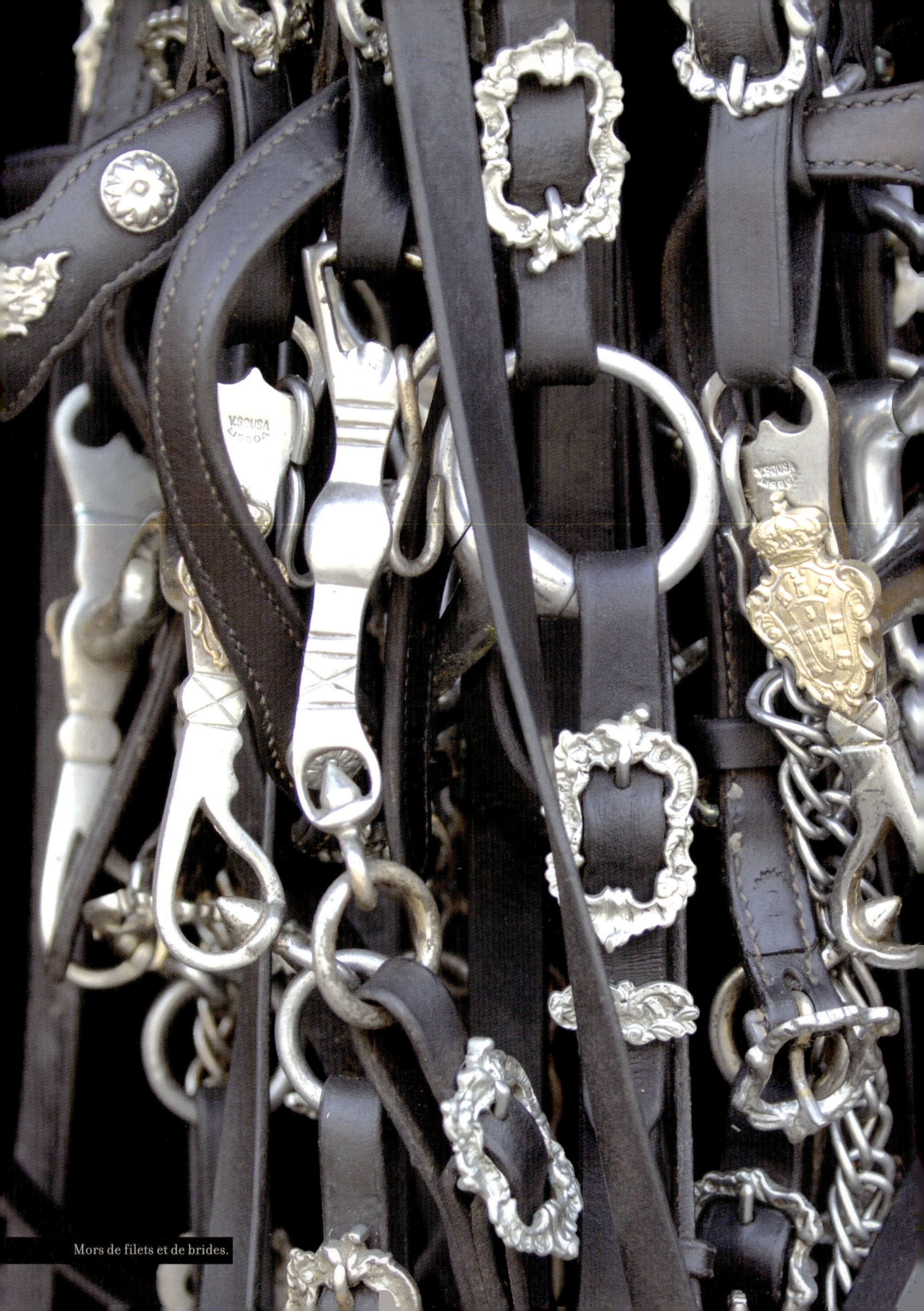

Mors de filets et de brides.

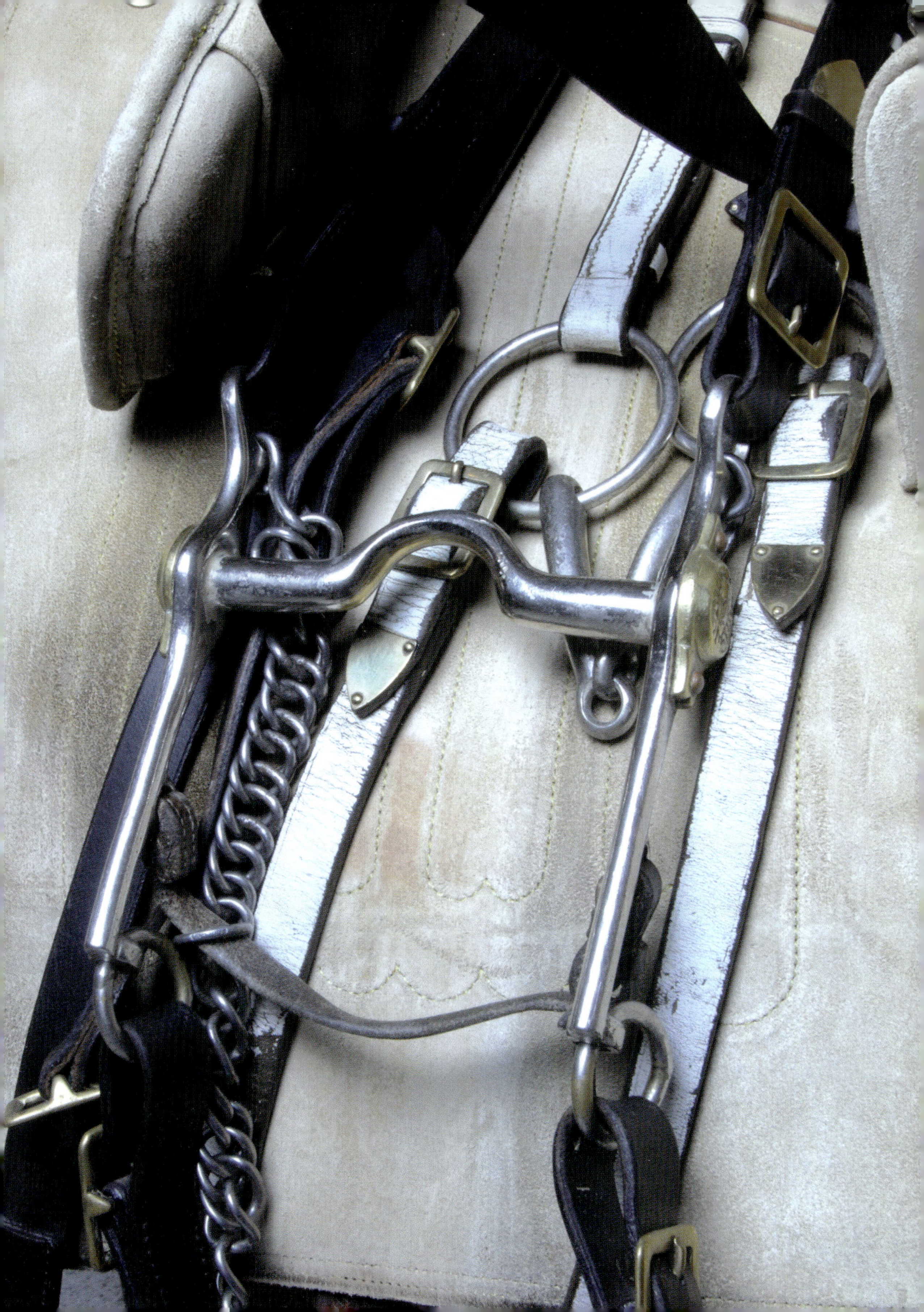

ÉCURIE

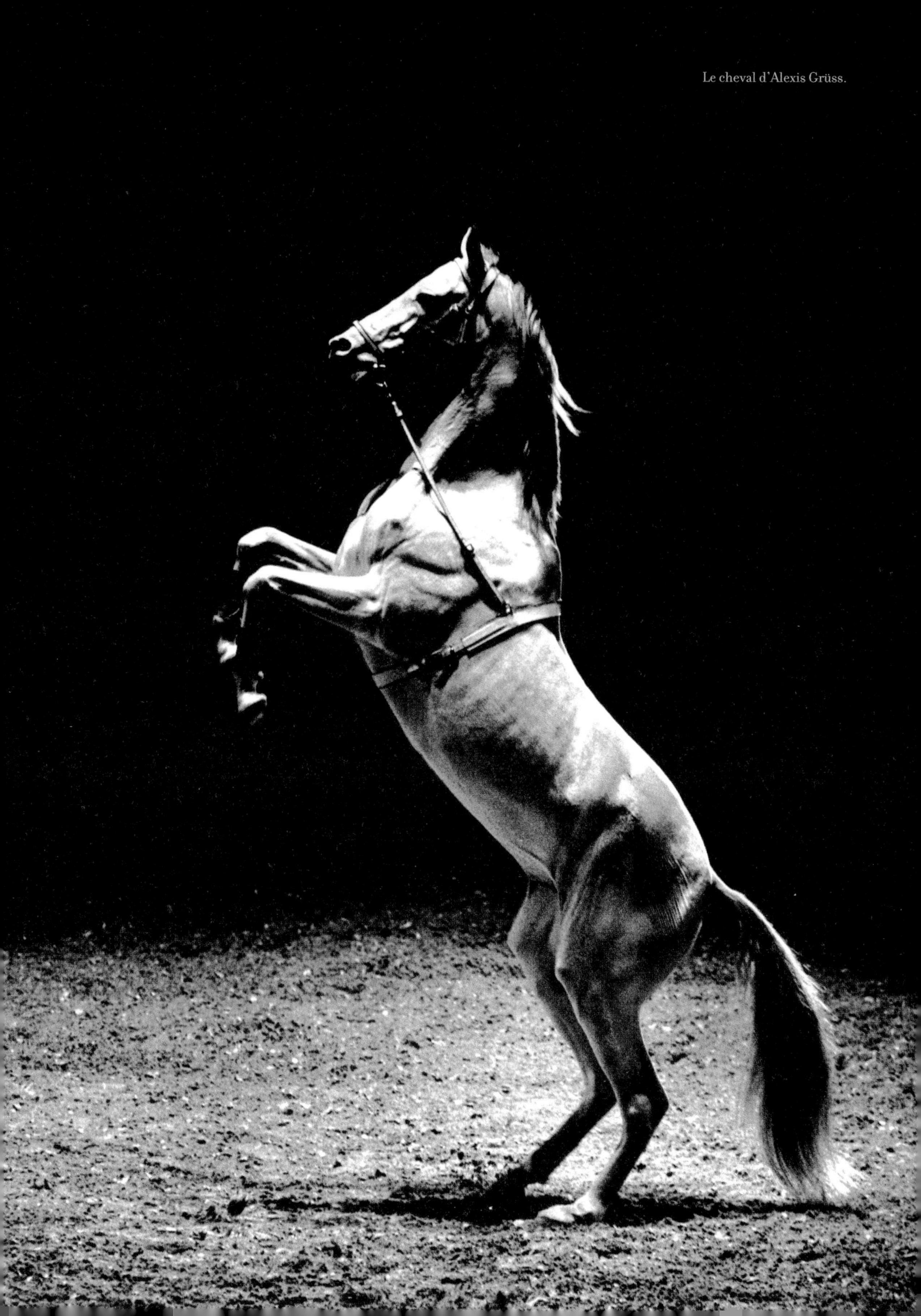

Le cheval d'Alexis Grüss.

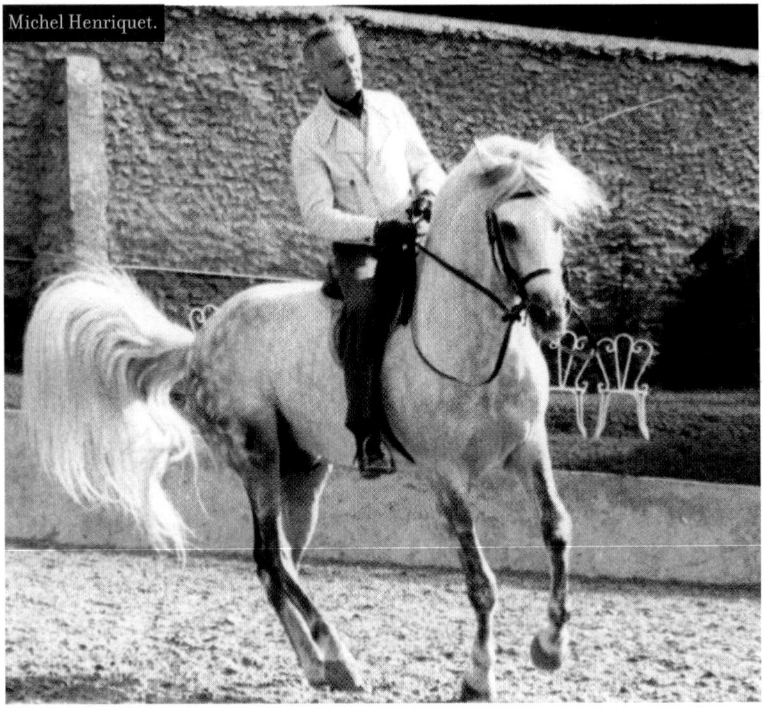

Michel Henriquet.

Parmi les maîtres écuyers que j'ai rencontrés, il y a Michel Henriquet, disciple du grand Nuno Oliveira, le grand maître de l'École portugaise d'équitation. Il avait un grand projet de réhabilitation pour les Grandes Écuries de Versailles.
Le premier, il a imaginé de les remettre en état et de les rouvrir au public. La spécificité de son projet était un autofinancement à 100 %... Dans un pays où l'on attend toujours tout de l'État et notamment des subventions, cette particularité était remarquable... C'était exceptionnel ! Michel Henriquet était soutenu par de grands mécènes, dont l'Académie de Jerez et la Haute École de Vienne. Pendant plusieurs années, il a mené une lutte sans merci. Je l'ai aidé et soutenu tant que j'ai pu. Mais, face à lui, il y avait l'homme à la mode, le fameux Bartabas, connu pour les spectacles de son théâtre équestre Zingaro. On connaît la suite, Bartabas remporta la bataille.
Les spectacles de Bartabas sont tout à fait remarquables par leur nouveauté et leur efficacité commerciale. L'État a une

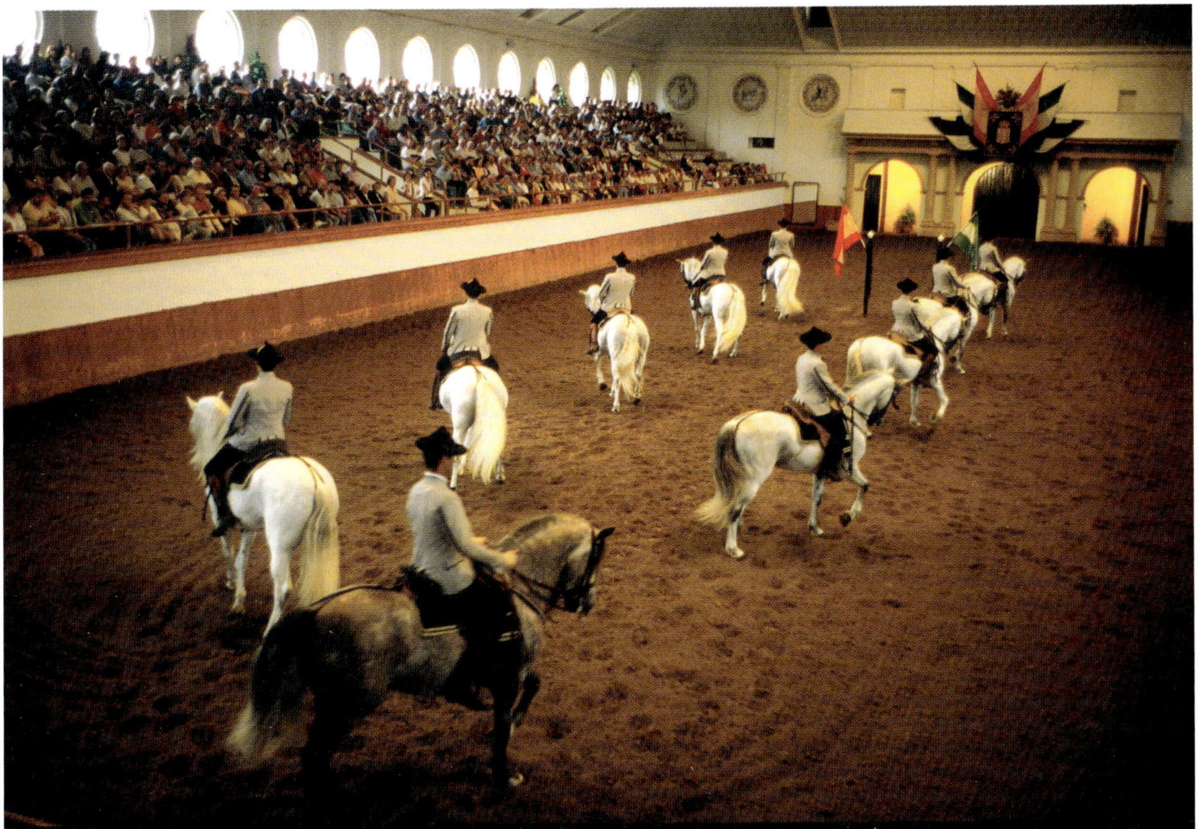

EN HAUT : École royale andalouse d'art équestre de Jerez, 1998 ; EN BAS : École d'équitation espagnole de Vienne.

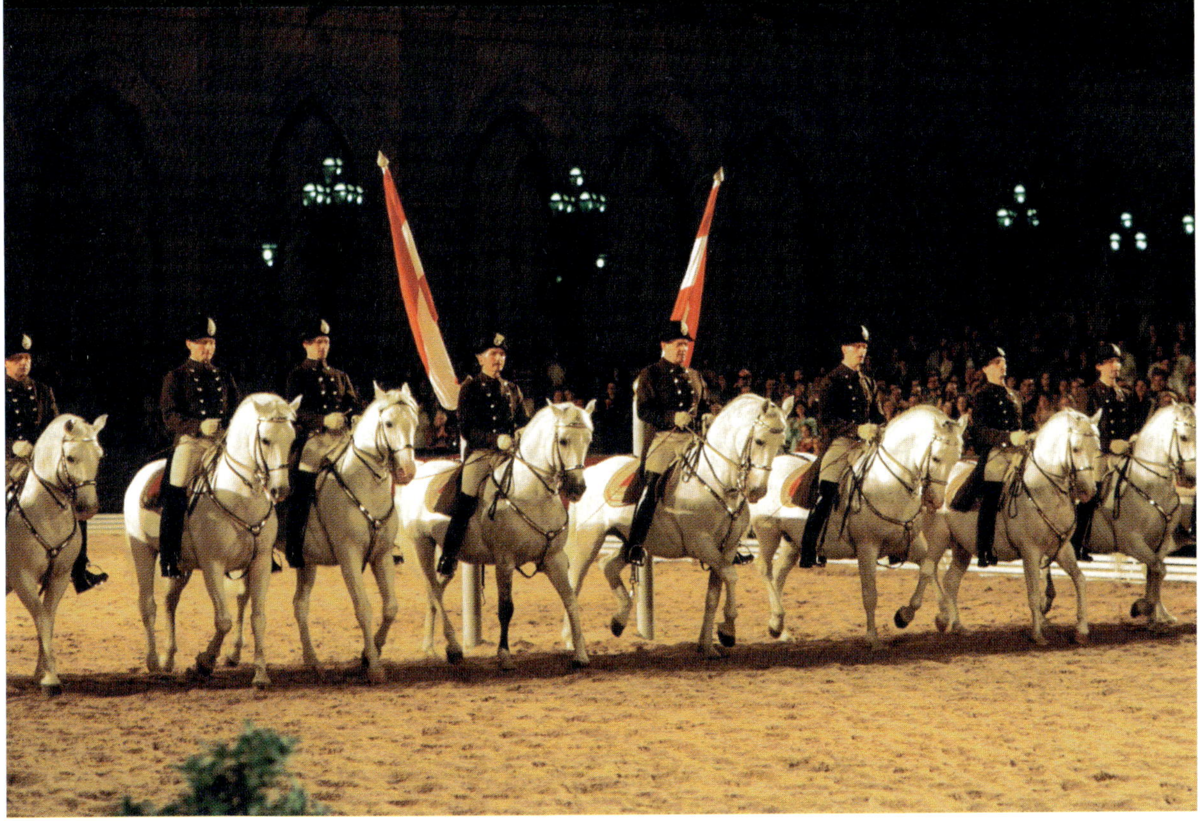

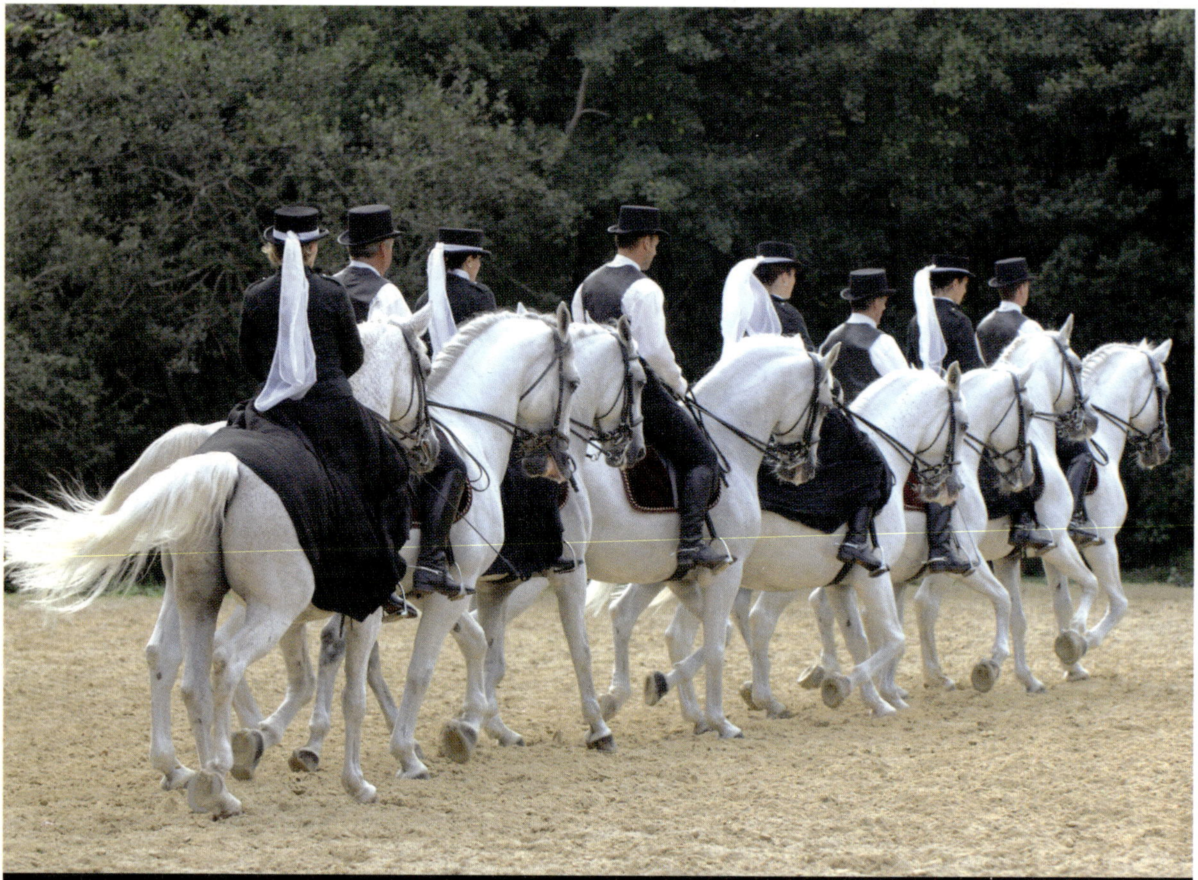

Carrousel de Lipizzans.

conception particulière de ce qu'il appelle la Culture. On ne rigole pas avec çà ! D'un coté, Henriquet le « classique », avec des fonds privés, voulait faire revivre intégralement la tradition équestre de l'Académie de Versailles. De l'autre, Bartabas le « moderne », avec des fonds publics, réalisait une expérience artistique et originale... Pour moi, ces deux conceptions devaient coexister, le premier à Versailles, le second à Aubervilliers.
Le projet d'Henriquet, considéré comme une entreprise privée, n'était pas du goût du gouvernement socialiste de l'époque. À la différence du projet du Maître d'Aubervilliers, il n'aurait rien coûté à l'État, et même rapportait une somme importante au domaine de Versailles. Si je respecte le talent incontestable de Bartabas, j'ai toujours regretté que les qualités de Michel Henriquet n'aient pas pu être mises en valeur, dans ce domaine où il excelle.

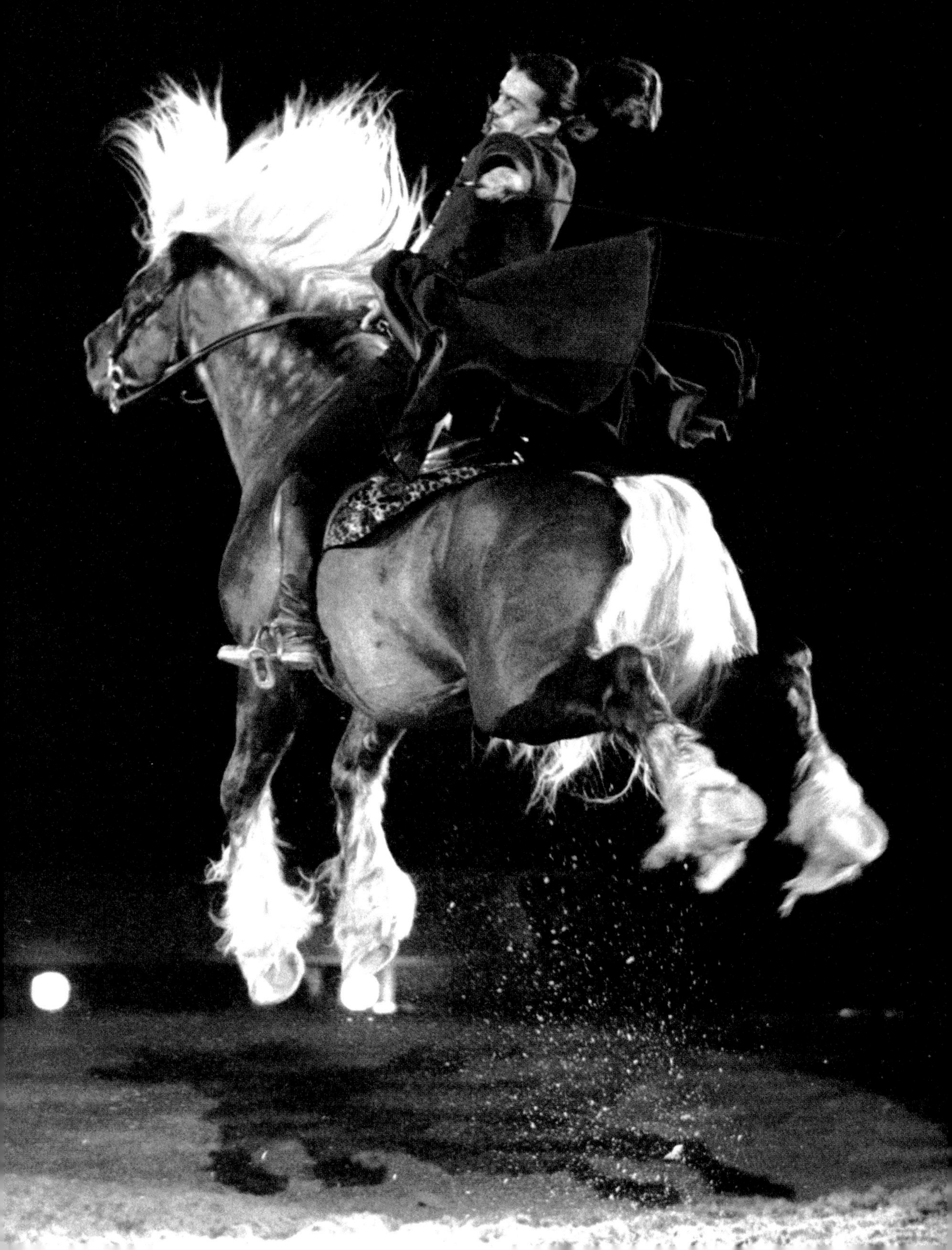

Arnaud Gillette et son Comtois.

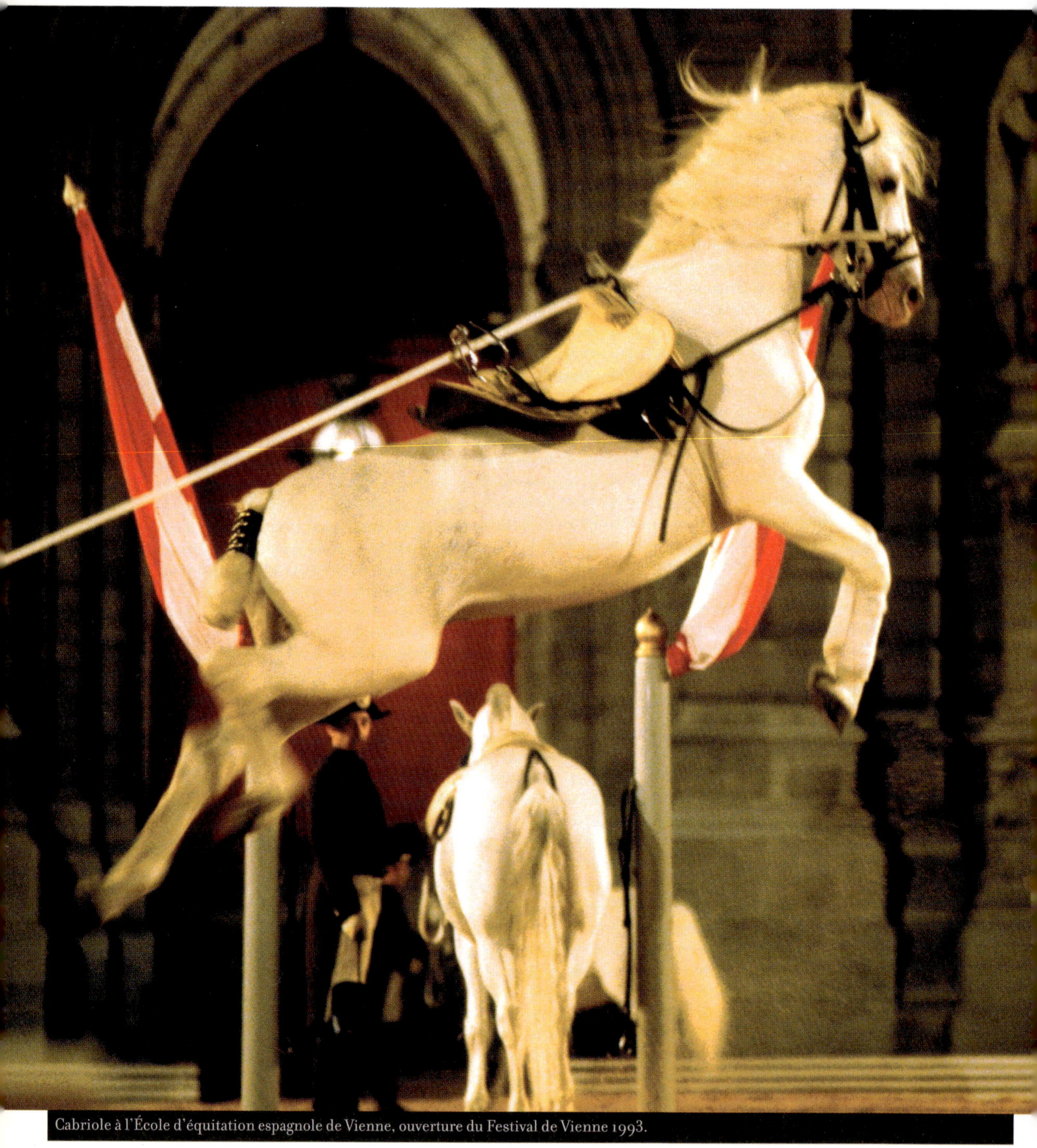

Cabriole à l'École d'équitation espagnole de Vienne, ouverture du Festival de Vienne 1993.

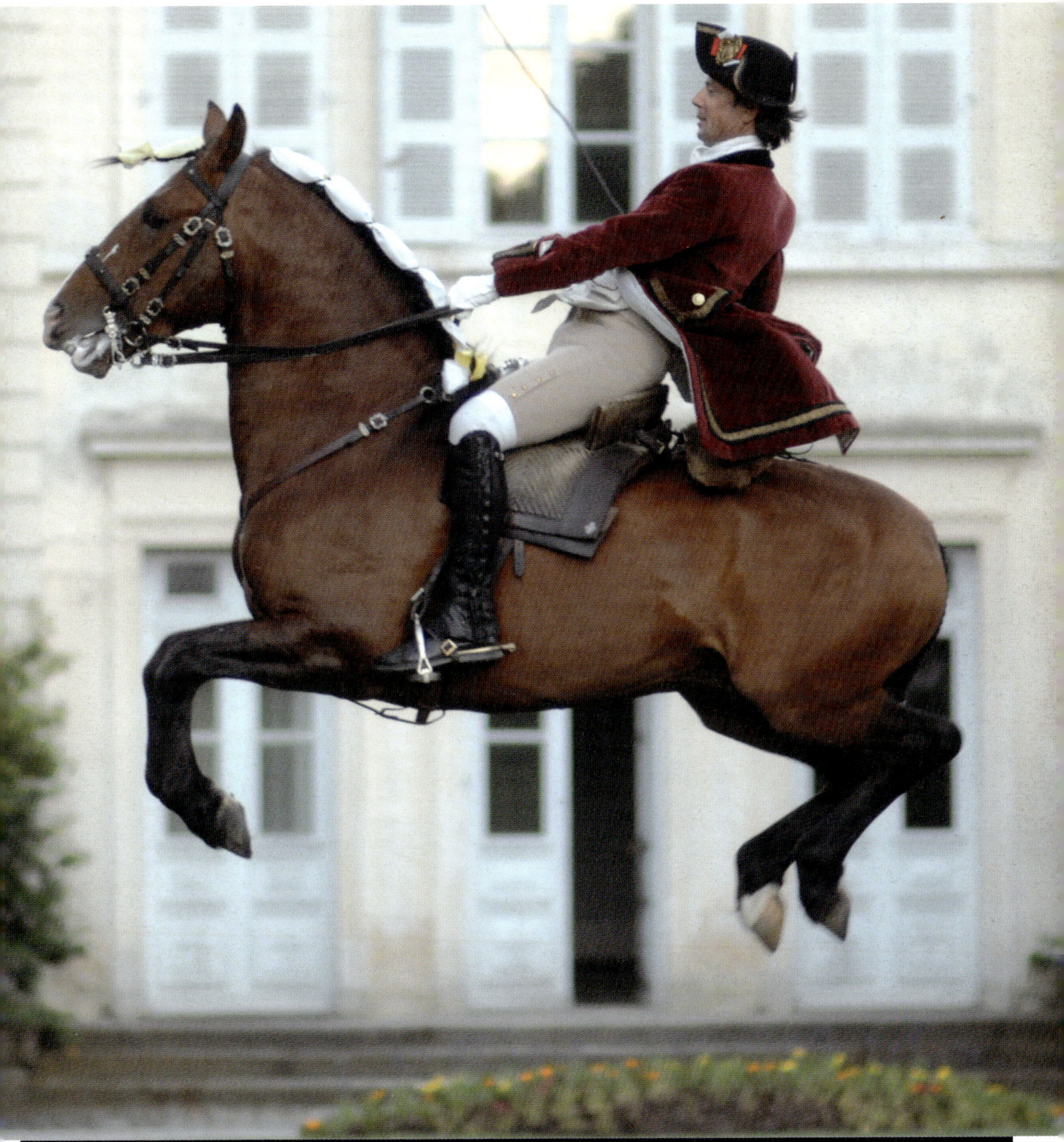

Ballottade à Queluz, Portugal.

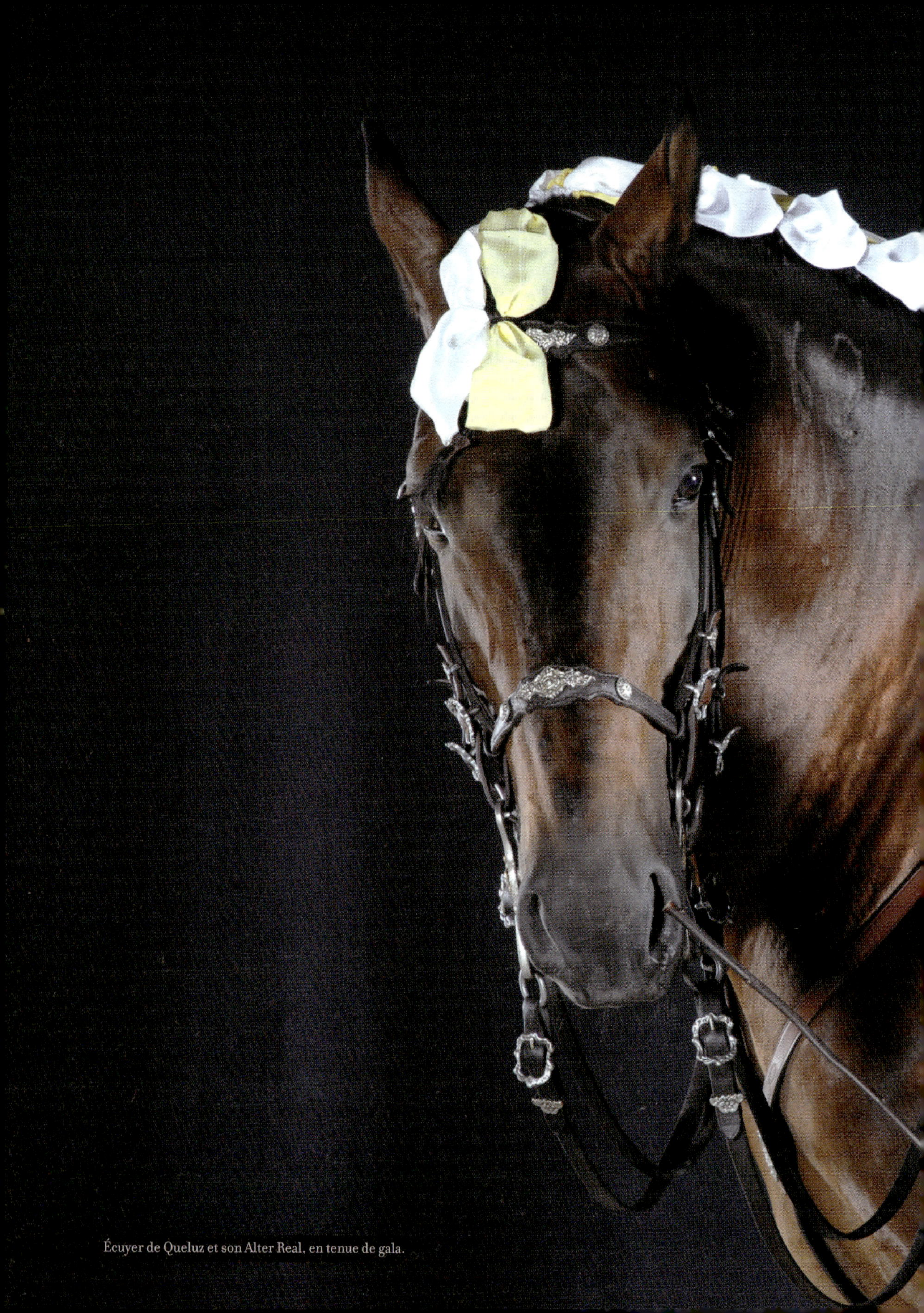

Écuyer de Queluz et son Alter Real, en tenue de gala.

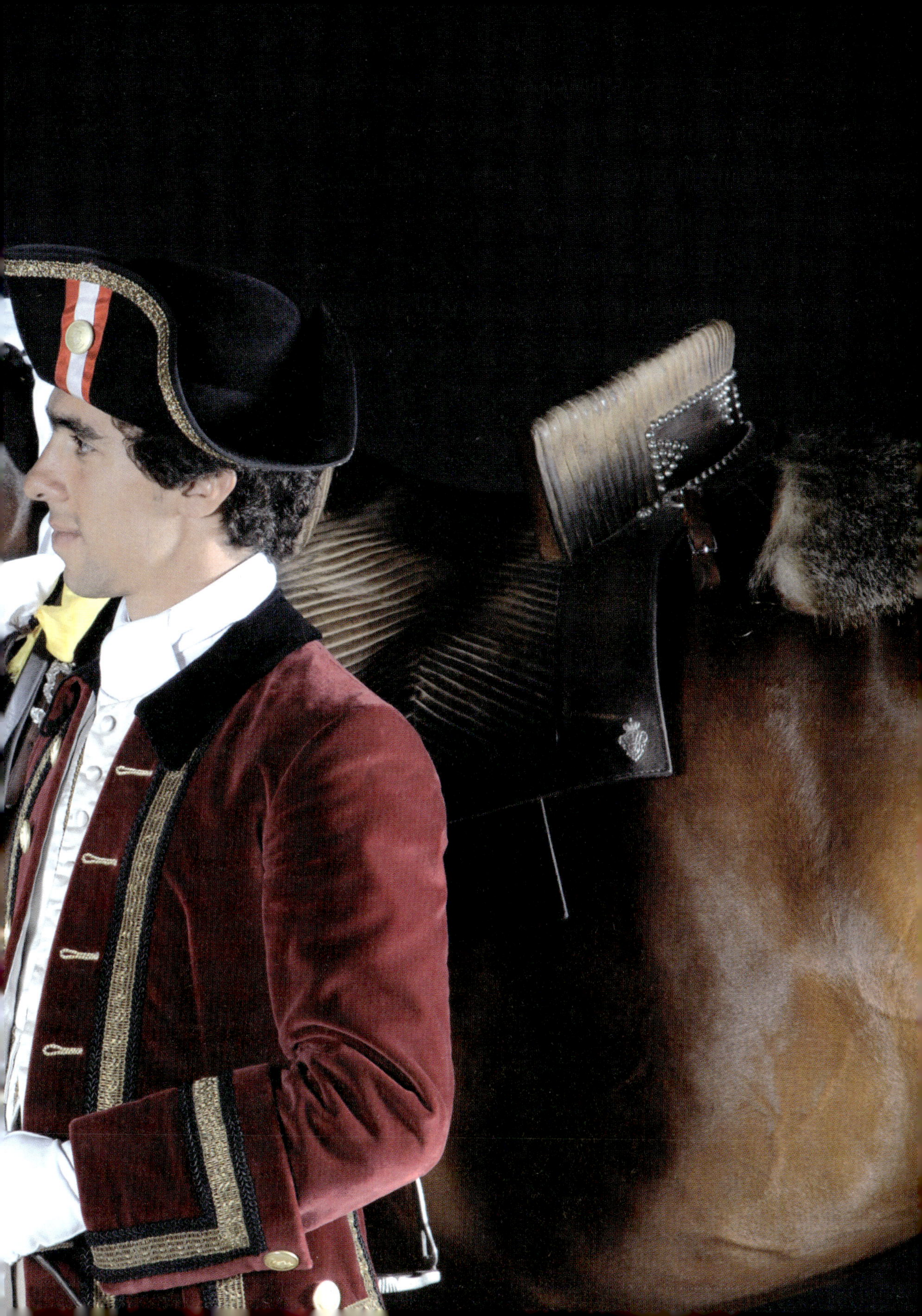

ÉCUYÈRE

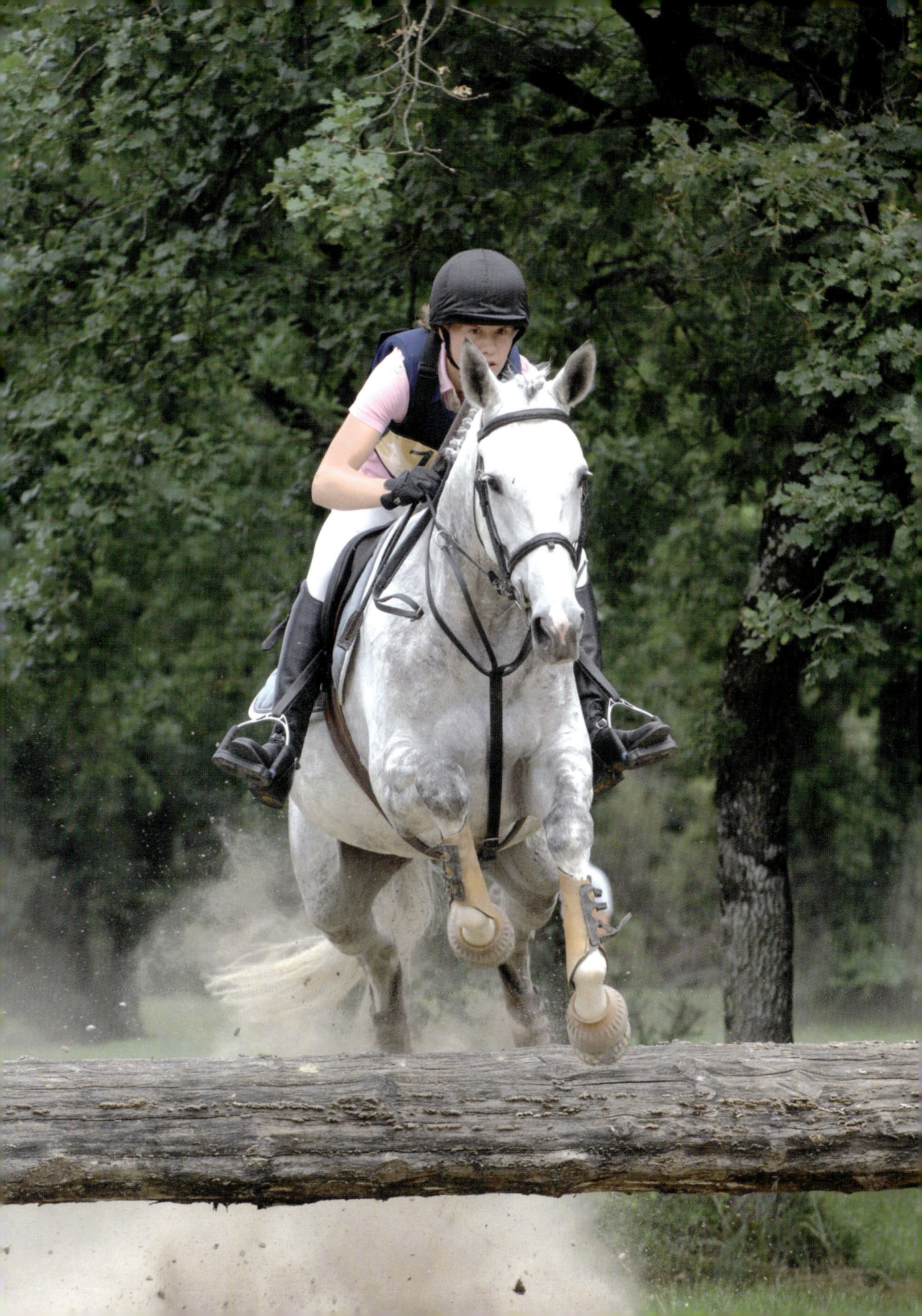

Je suis heureux de constater que j'ai réussi à transmettre ma passion pour le cheval à ma fille et ma petite-fille.
Ma fille aînée, Marie, a déjà reçu en héritage mes dons et mon instinct naturel avec les chevaux. Elle est comme moi, n'a jamais peur et a toujours monté toutes sortes de chevaux. C'est aussi une écolo pur jus qui se passionne pour l'équitation éthologique.
Sa fille Mélanie (quatorze ans) est une vraie graine de cavalière. Une jeune amazone qui participe chaque année aux championnats de ponys-games avec son club de Jardy. Contrairement à moi, Mélanie pratique l'équitation depuis sa plus tendre enfance et de manière très suivie. Elle a un fonds de connaissances très sérieux que je n'ai pas eu quant aux soins du cheval et à l'entretien du matériel. J'espère qu'elle continuera encore longtemps dans cette voie…
Encore un mot à propos d'écuyère. Je rappelle que c'est Catherine de Médicis qui fut à l'origine de la méthode dite « à califourchon », c'est-à-dire « jambes écartées, comme une fourche ». Elle fut la première femme à chevaucher en culotte alors que, dans le style « amazone » les femmes étaient en robe. Catherine a bien fait. Quoi de plus charmant qu'une belle cavalière ?
Je dois l'avouer, je ne connais absolument rien à la monte « amazone »… En revanche, j'apprécie beaucoup la jupe-culotte des Camarguaises.

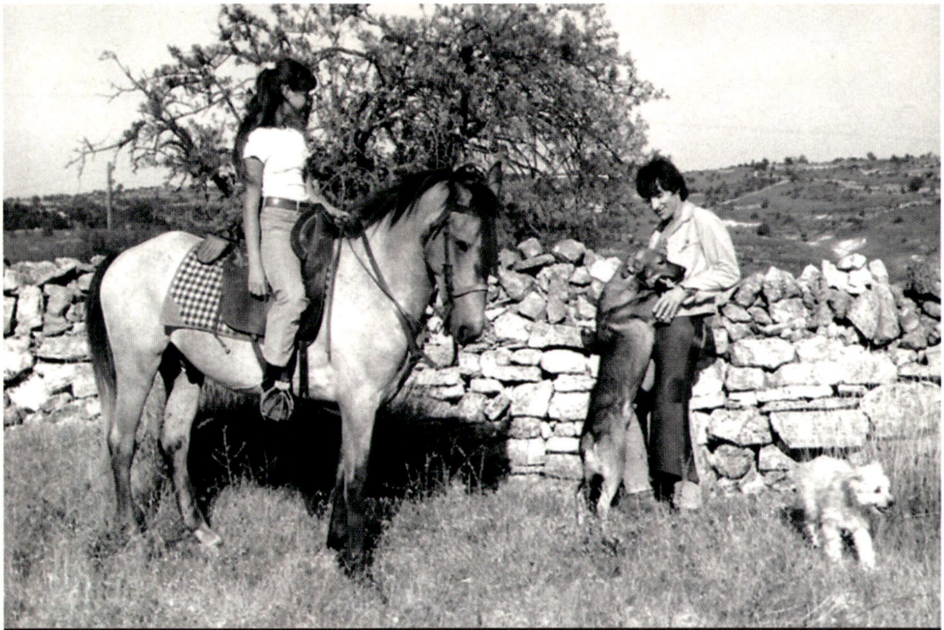

Hugues, un bras dans le plâtre, et sa fille Marie sur Loustic.

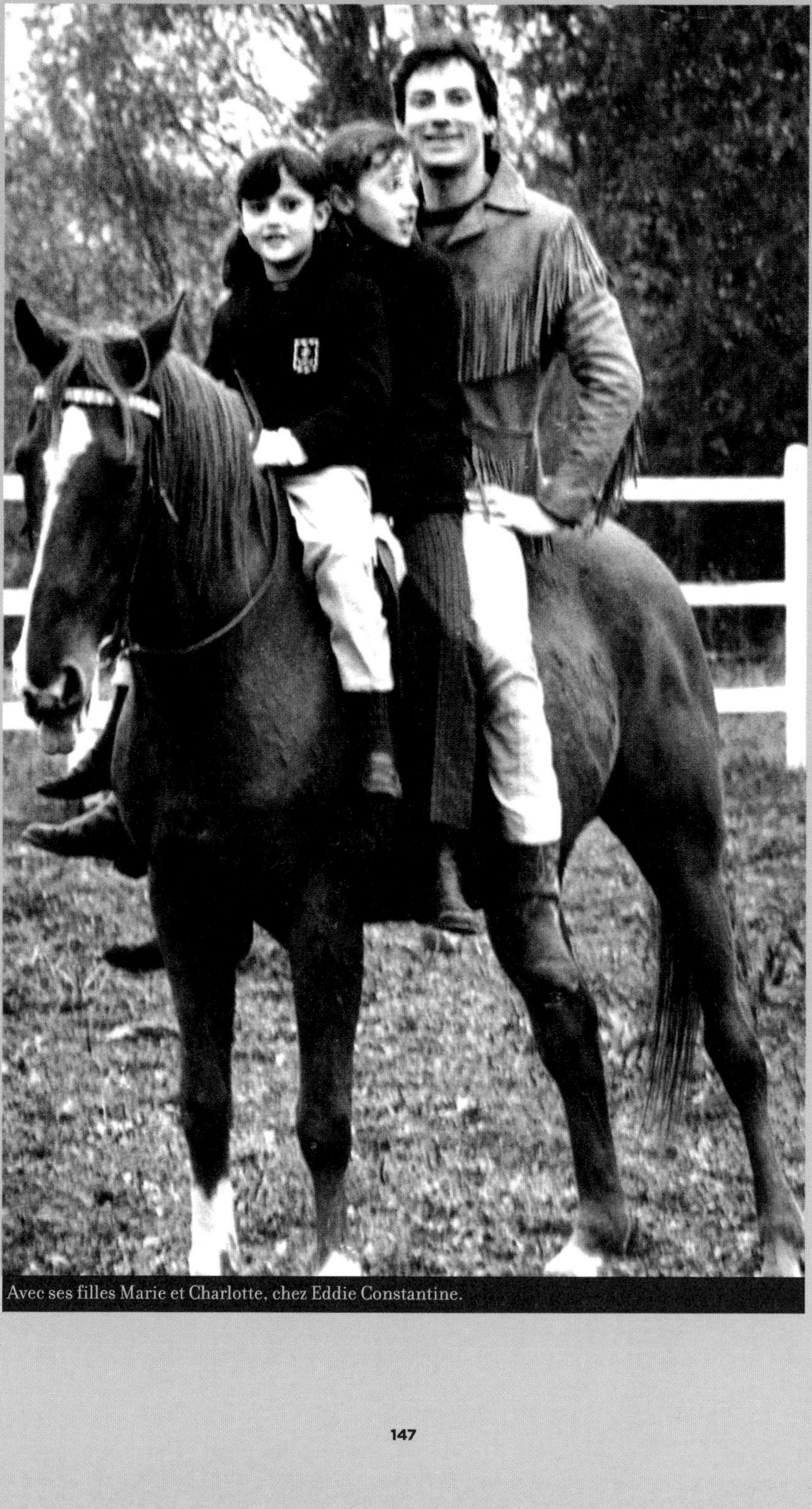

Avec ses filles Marie et Charlotte, chez Eddie Constantine.

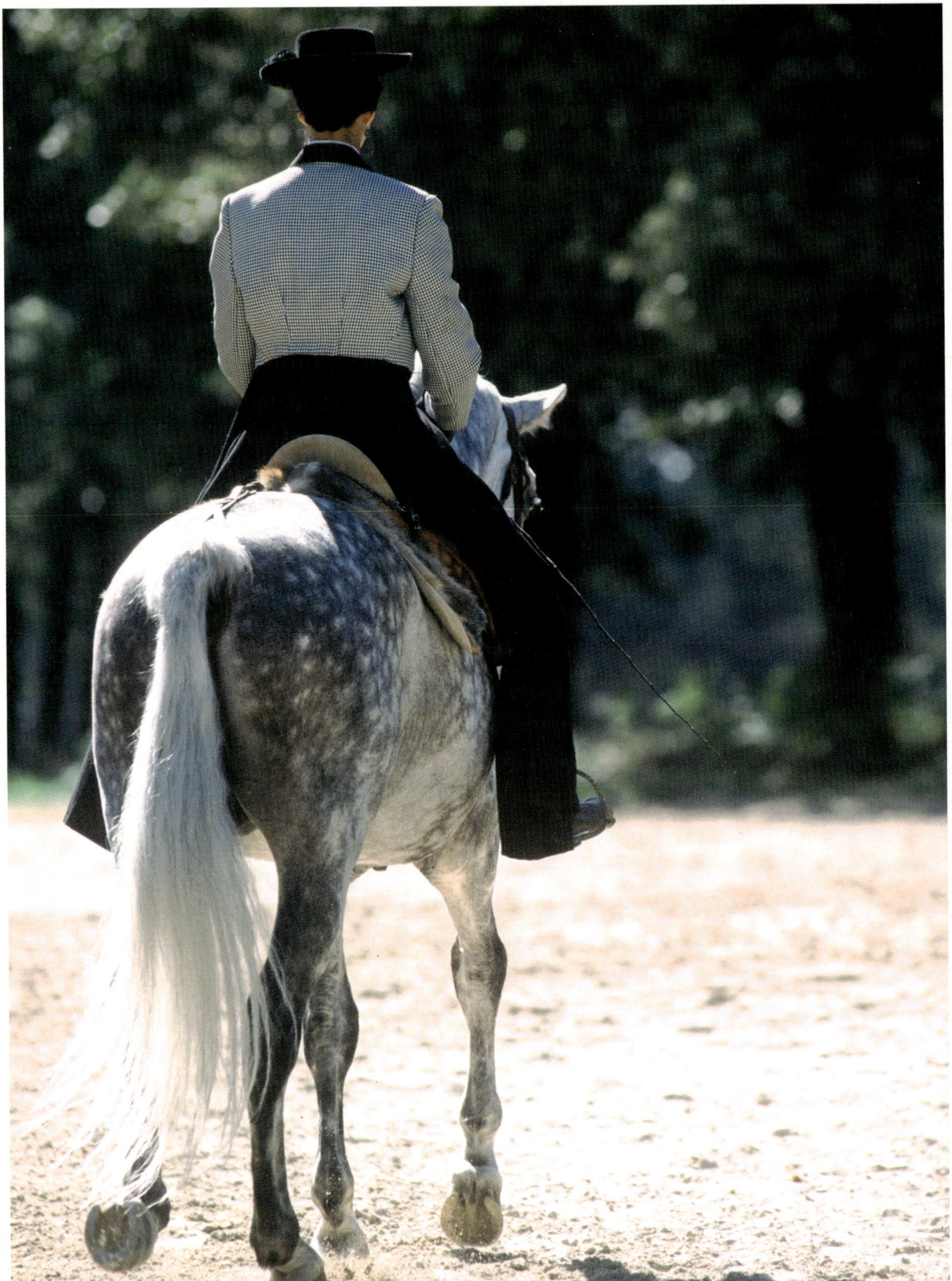

Écuyère et son Lusitanien.

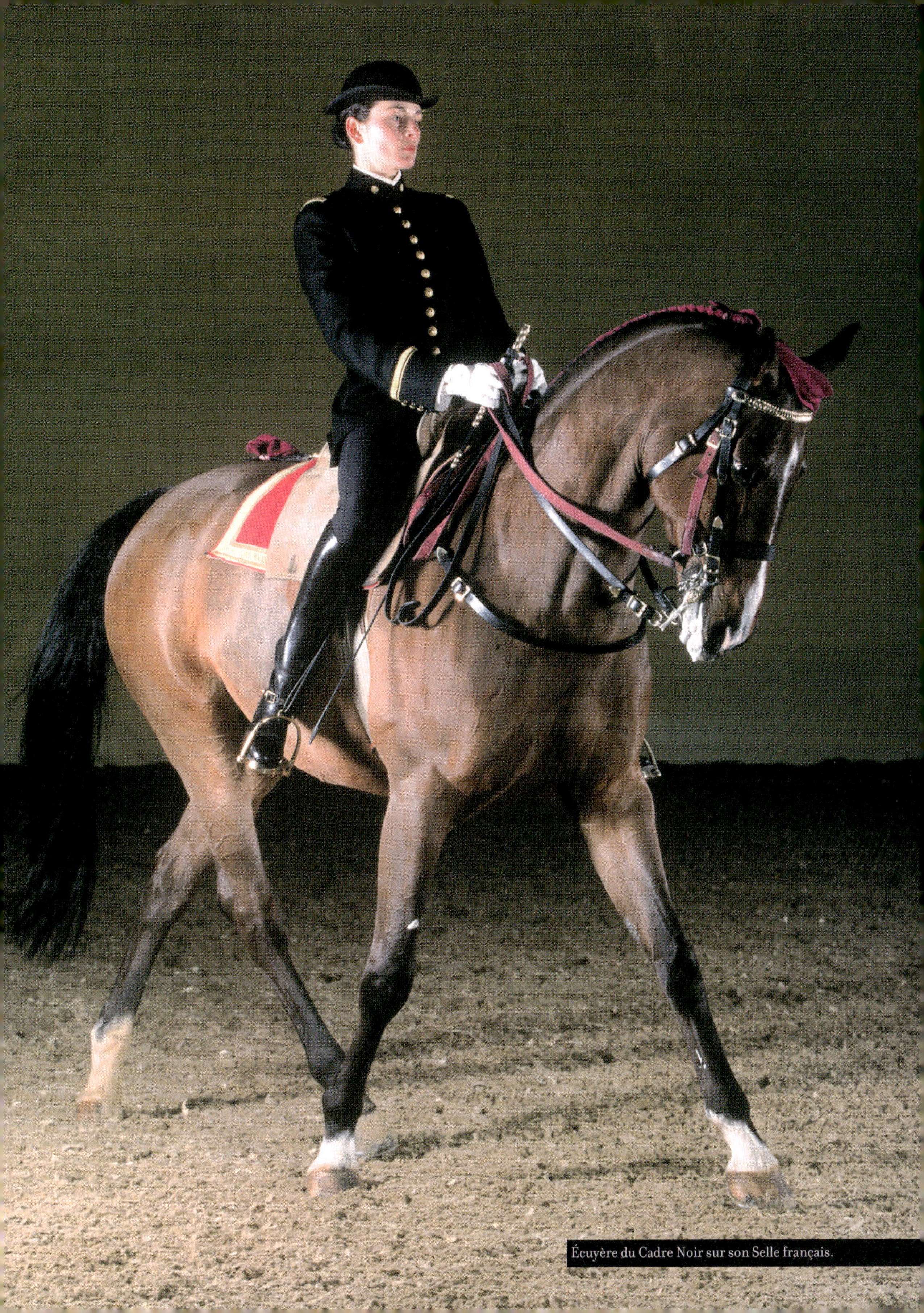

Écuyère du Cadre Noir sur son Selle français.

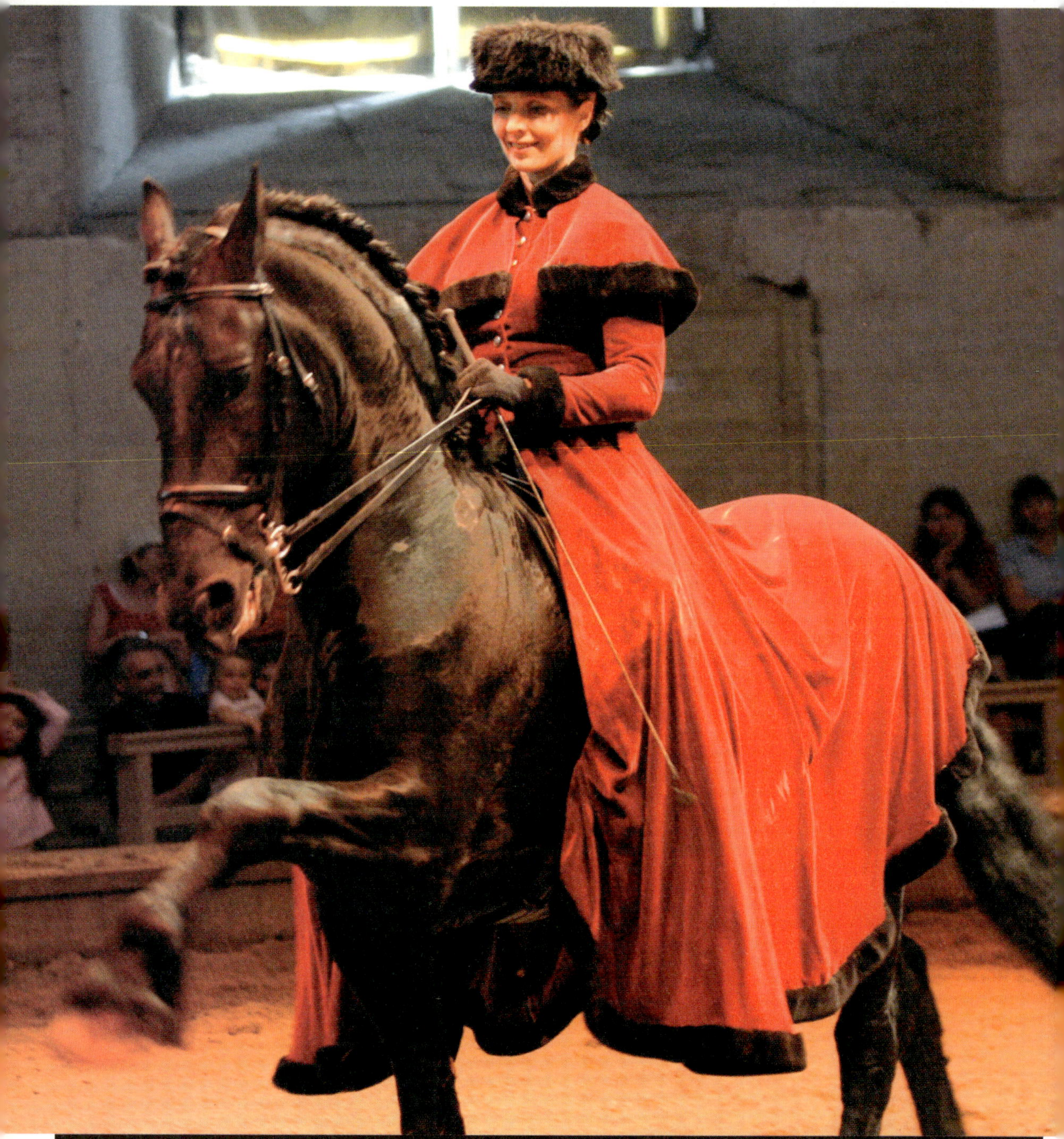

Sophie Renauldon-Bienaimé en Hermès.

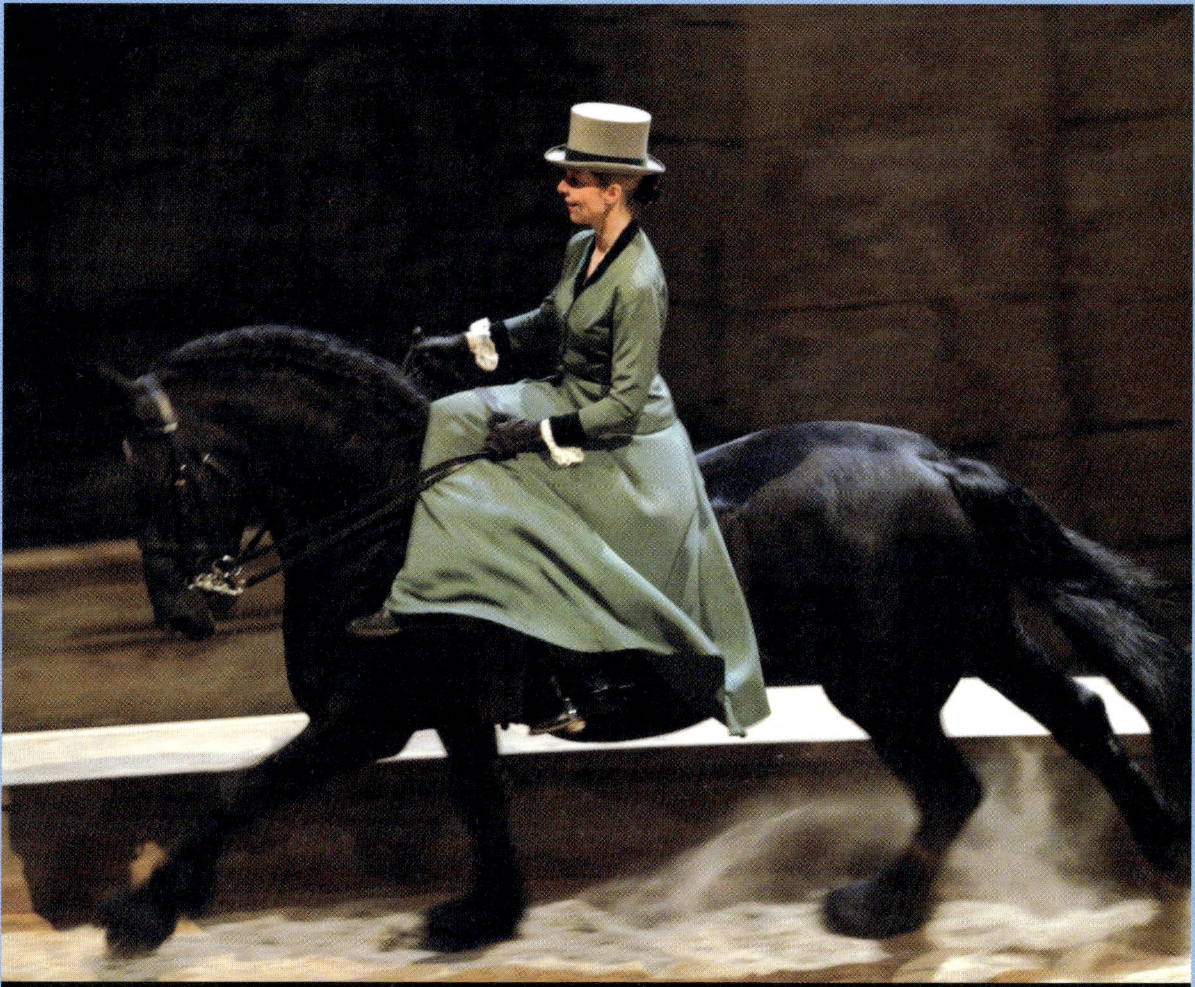

EN HAUT : Sophie Renauldon-Bienaimé en amazone ; EN BAS : Écuyère sur Lipizzan.

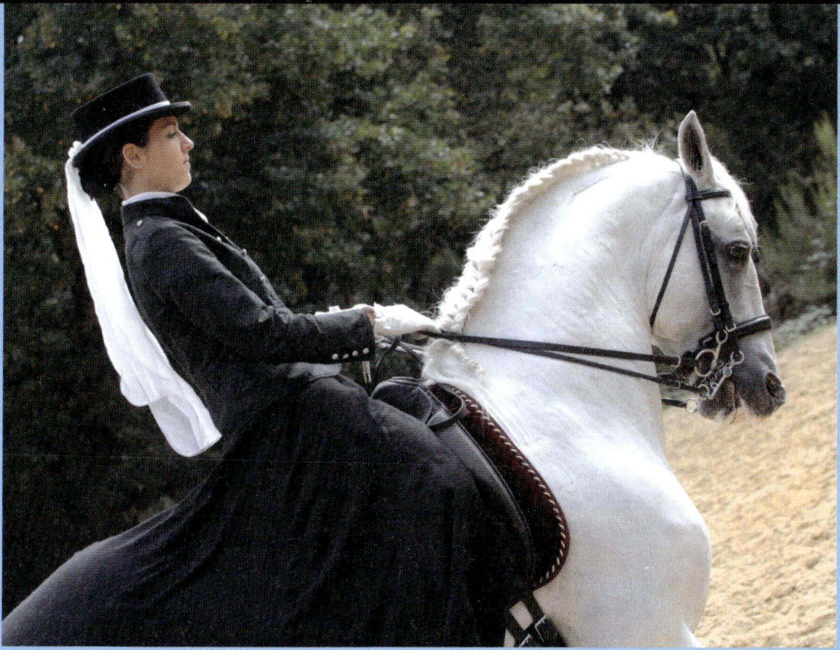

END
U
R

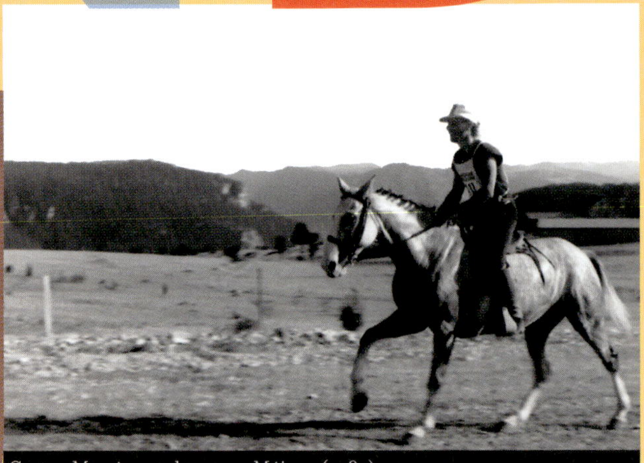
Gaston Mercier sur le causse Méjean (1985).

ENDURANCE

AN C E

J'ai découvert cette discipline lors de La Route du Sel, organisée par mon ami Jean-Yves Bonnet. J'en ai été le parrain en 1985 et 1994. Au cours de ces années, j'ai fait la connaissance d'un fameux cavalier, Gaston Mercier, double champion d'Europe d'endurance 1987 et 1989 avec Mao IV, un cheval exceptionnel. L'ancien champion Mao est toujours en grande forme... à trente ans, il coule aujourd'hui des jours heureux dans un pré aveyronnais. Et Gaston est resté un ami fidèle.

L'endurance équestre a été tardivement reconnue en France. Pendant longtemps, ce ne fut qu'une activité minime, pratiquée localement sans enjeu majeur, avec des budgets réduits. Elle était alors gérée par une association, le Comité national des raids équestres d'endurance. À sa tête, des incompétents ambitieux, dont l'un ne savait que parader dans son blazer d'officiel, face à des cavaliers compétents trop modestes, comme Gaston que j'ai essayé d'aider et soutenir dans son combat. Nous avons même voulu créer l'événement autour de ce sport en proposant des spectacles nouveaux sur le thème de l'endurance et dans des hippodromes : les « marathippos ». Avec l'argent récolté, nous espérions faire face à l'organisation des courses et au déplacement des cavaliers pour les grands événements. Trois « marathippos » ont eu lieu à Lyon et dans les Yvelines, près de Rambouillet.

Malheureusement, mon aide a suscité beaucoup de jalousies autour de Gaston. Au moment des Championnats du monde aux États-Unis, il y eut une véritable guerre dont Gaston fut la victime. Je me suis beaucoup investi, j'ai engagé et perdu beaucoup d'argent. Quant aux « incompétents ambitieux », ils ont été punis, sombrant dans l'oubli... Et l'endurance, reconnue par la Fédération, nous a rapporté les seules médailles d'or des Championnats du monde de Barcelone.

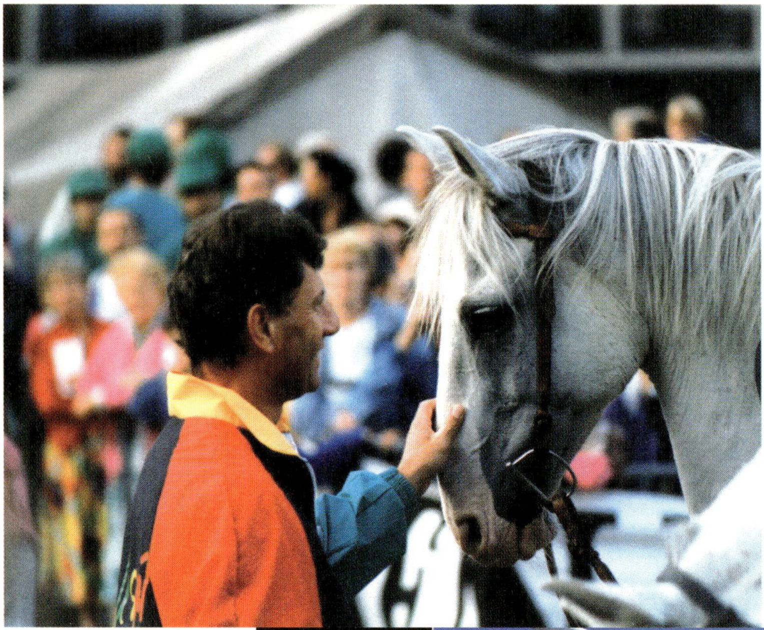

CI-DESSUS :
Gaston Mercier et son cheval Mao IV pendant L'Été indien, Flaine 1991.
EN BAS :
Toujours avec Mao IV, sur le viaduc de Millau. C'est avec ce cheval qu' il a gagné 2 fois le Championnat d'Europe.

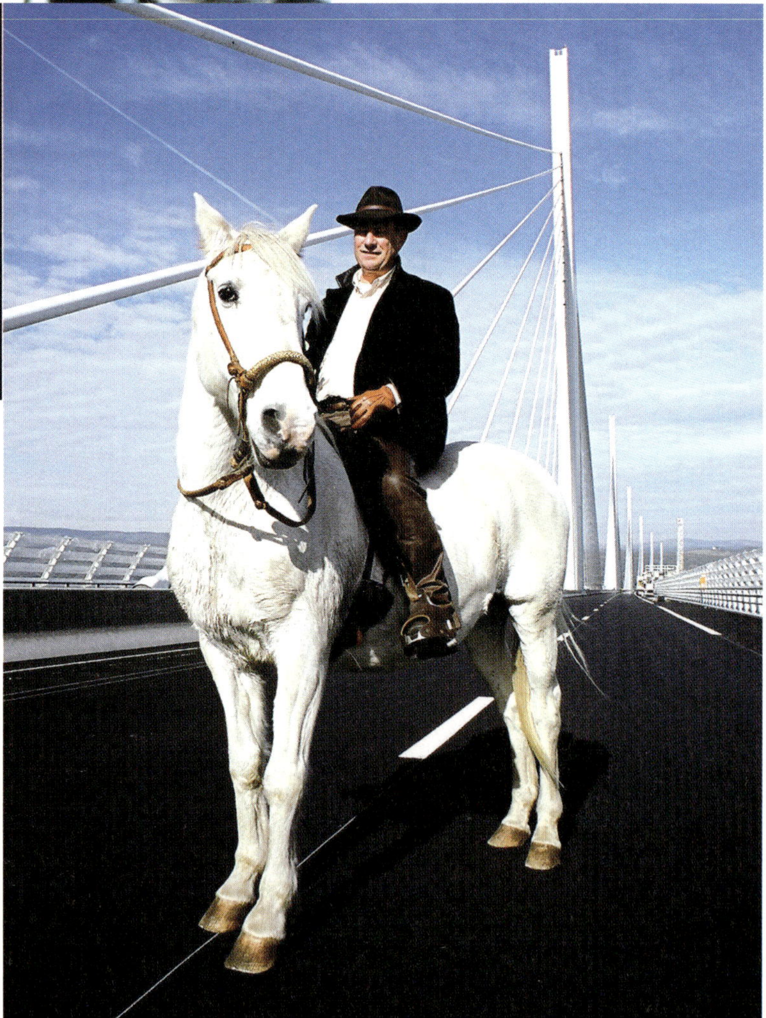

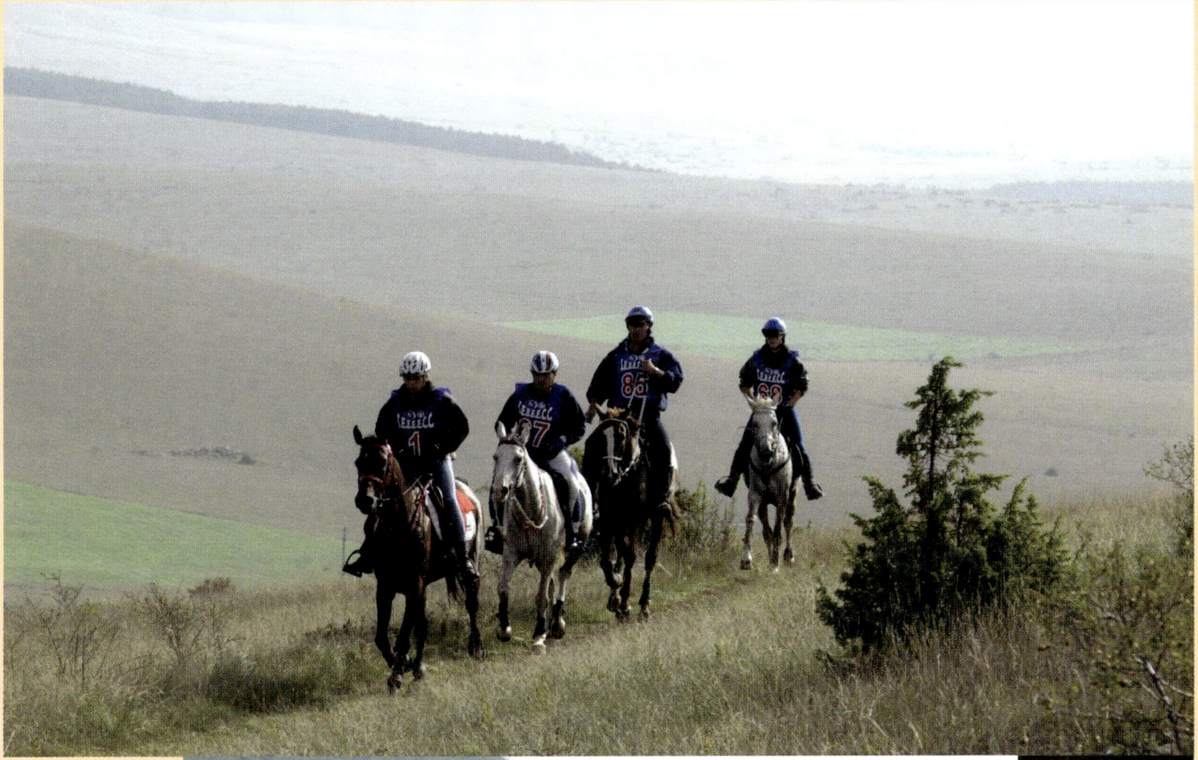

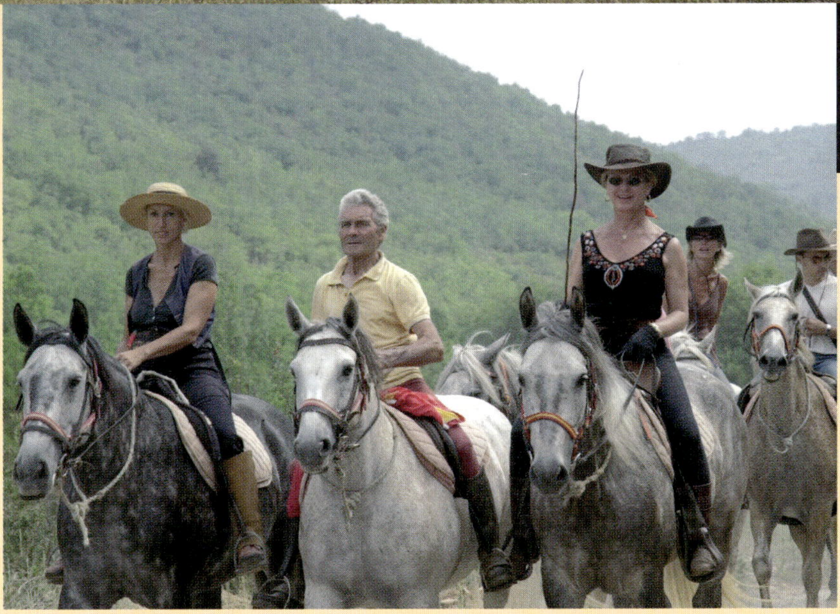

EN HAUT : 160 km de Florac : traversée du causse Méjean ; EN BAS : Jean-Pierre Bonnet sur la Route du Sel.

ÉPERONS

ÉPERONS

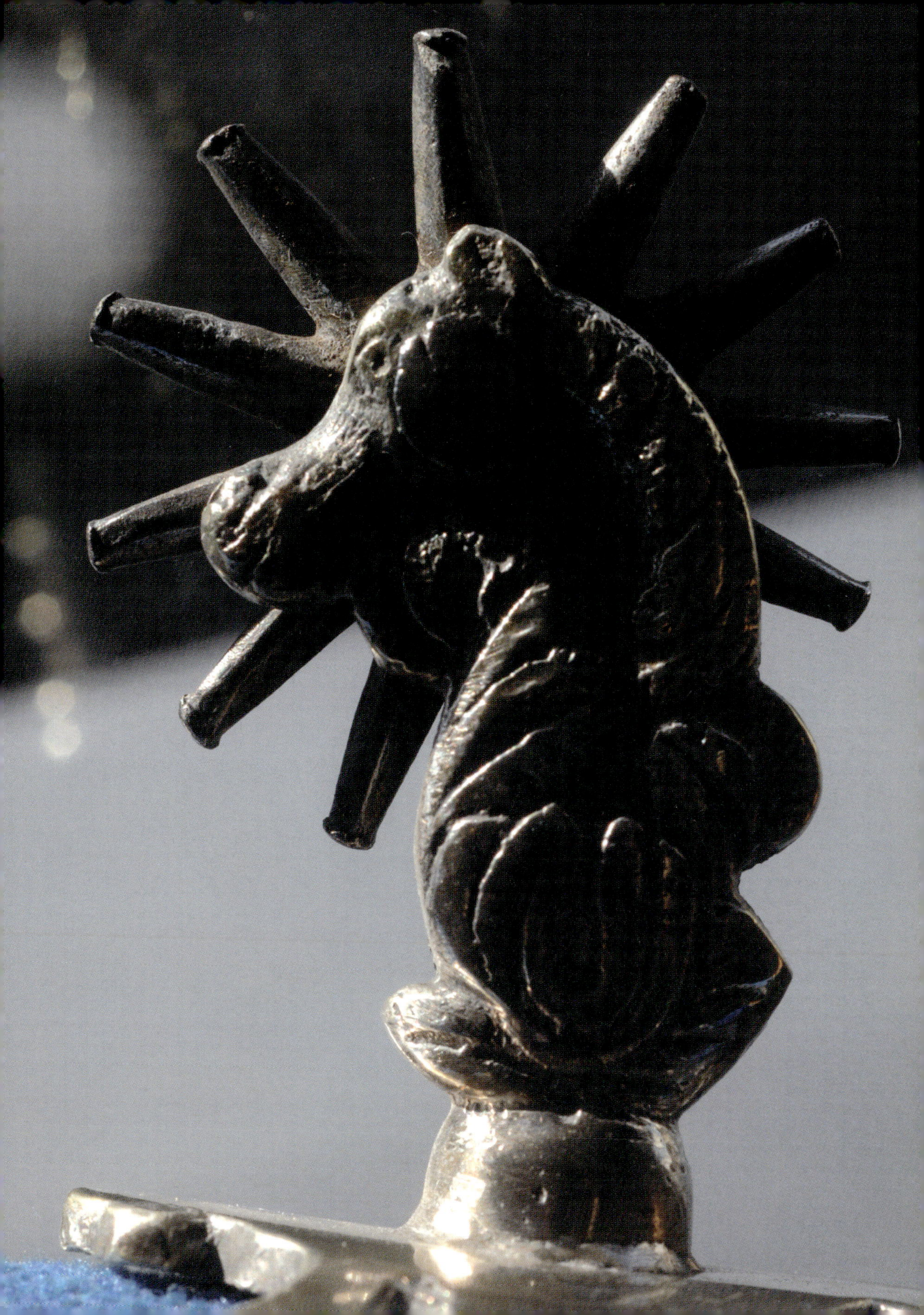

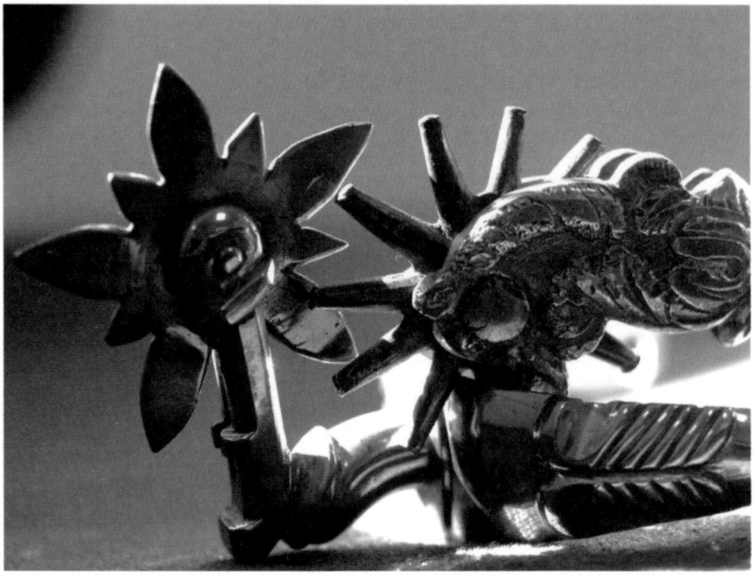

« Cling, cling »... J'adore écouter la musique des éperons qui s'entrechoquent. C'est une mélodie noble, le son du caballero qui reste fier à cheval, comme à terre.

J'aime toutes sortes d'éperons, des plus classiques, comme les Prince de Galles, aux plus folkloriques, voire sophistiqués. Mes préférés sont bien sûr les éperons de type espagnol à mollette, argentins, chiliens ou texans... ceux qui tintent et chantent.

À mes yeux, ce ne sont pas de simples aides, ce sont surtout des ornementations, des bijoux. Je dirais même que les éperons sont la signature d'une botte. Sans ces petits morceaux d'acier, les bottes ne seraient pas finies, elles seraient comme nues.

Comme la cravache qui souligne la silhouette cavalière, ces deux aides sont indispensables. Mais il n'est pas indispensable de s'en servir, excepté peut-être à l'encontre d'un cavalier qui vous insupporte !

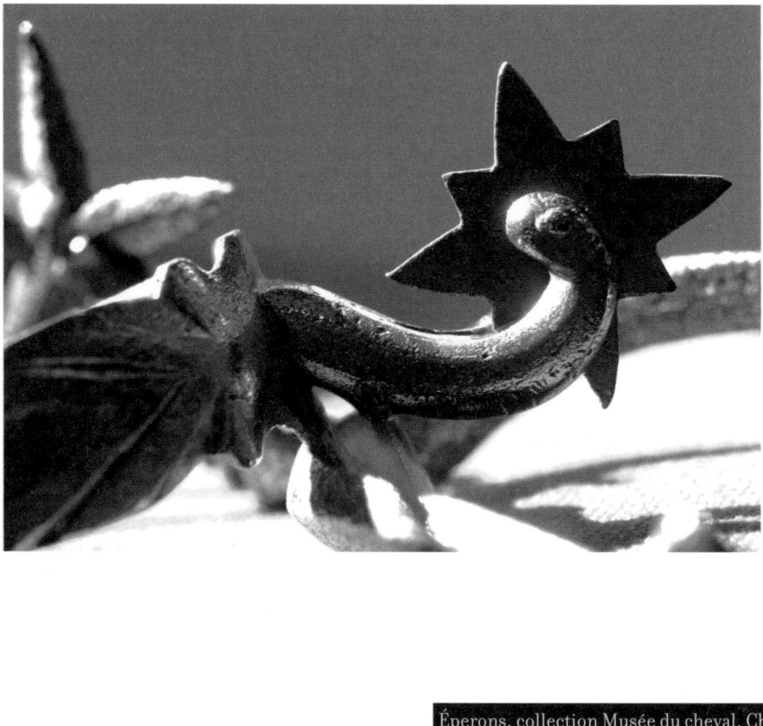

Éperons, collection Musée du cheval, Château de Saumur.

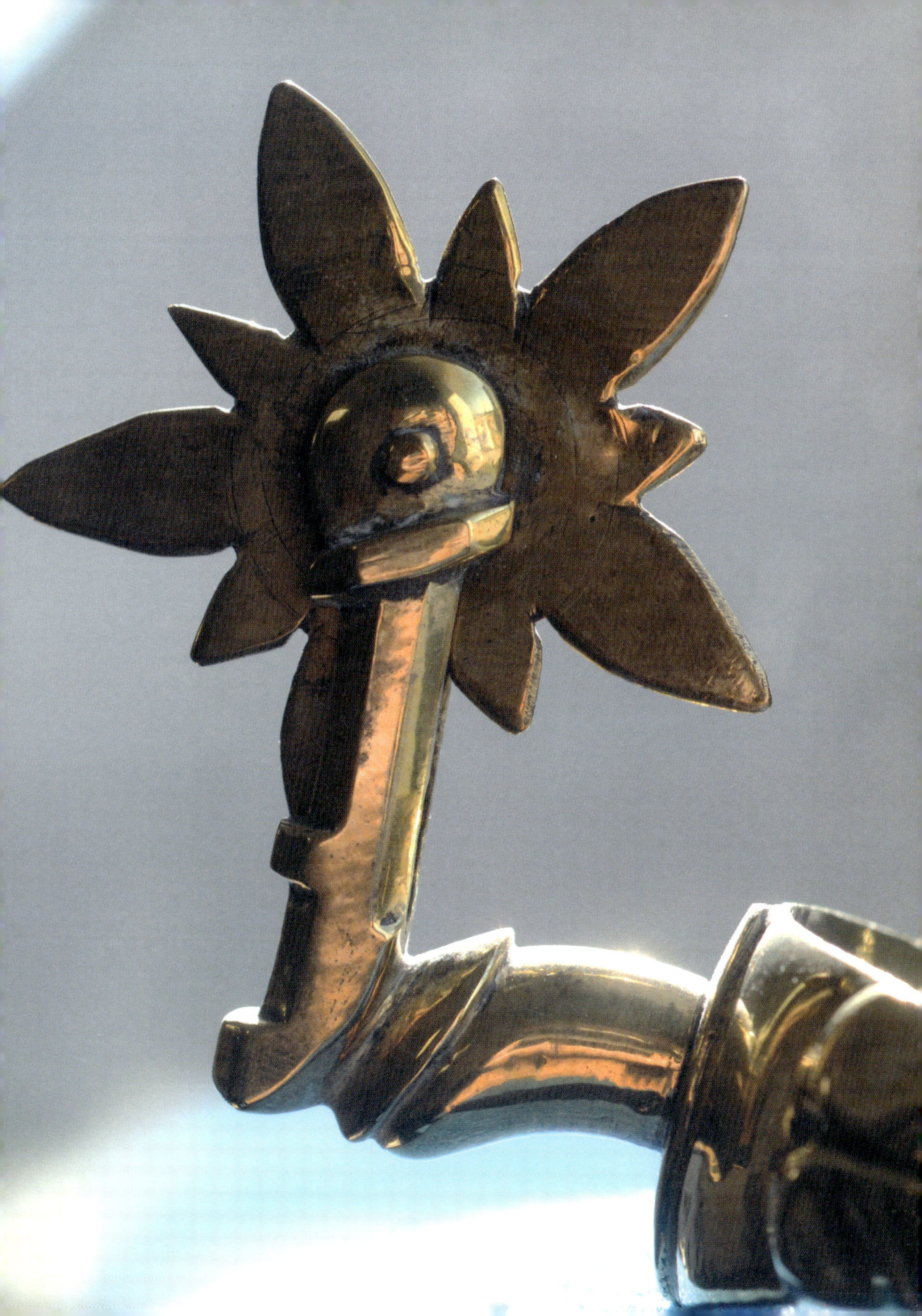

ÉQUI

ÉQUIRANDO

RANDO

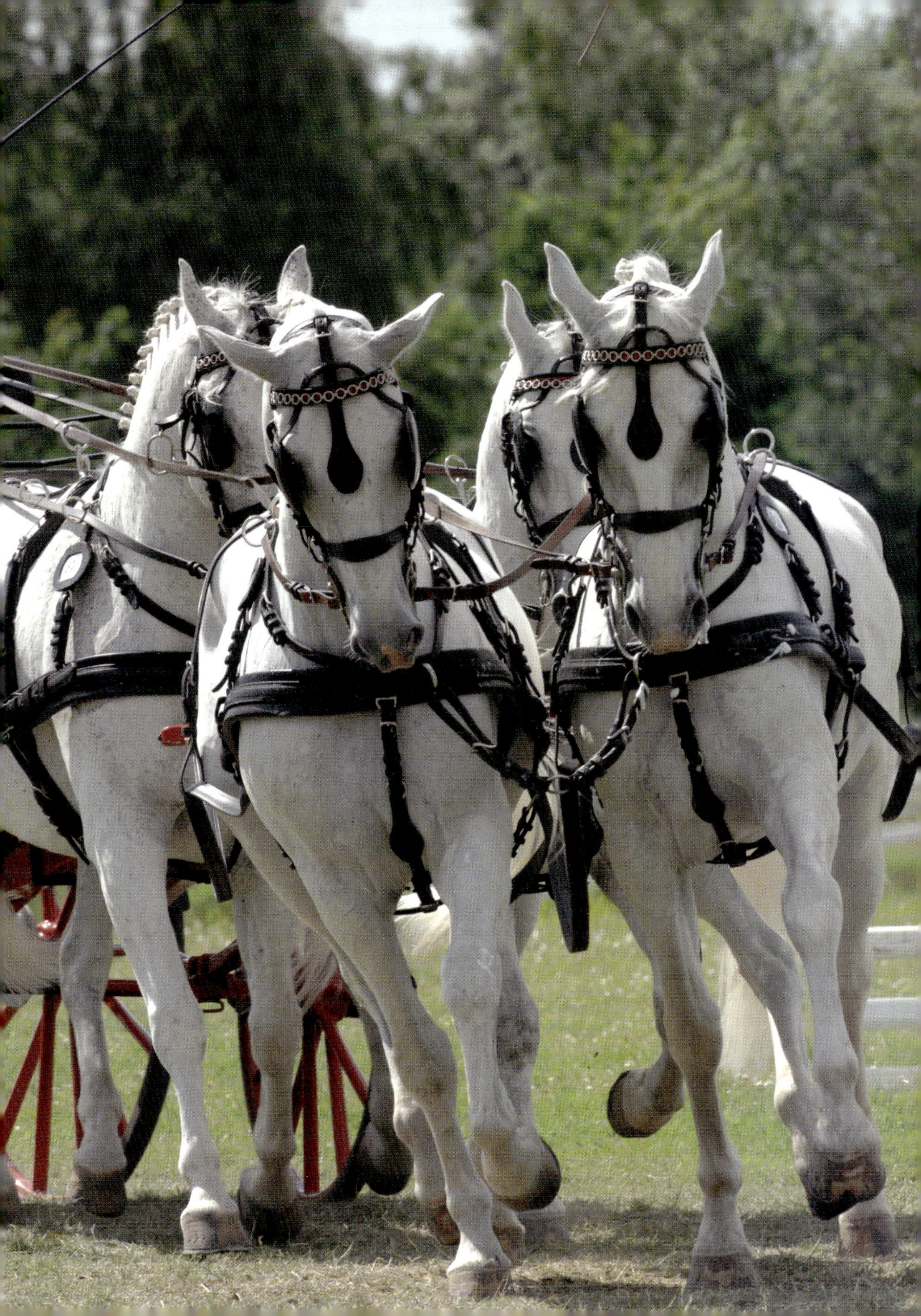

J'ai certainement été un des tout premiers à tenir un micro à cheval, peut-être même le premier à galoper et à chanter en selle !
En effet, durant l'été 1968, à Collioure, mon ami Guitou Lapeyre qui donnait des spectacles équestres camarguais dans les arènes m'avait invité à participer à son défilé-parade dans les rues de la ville. C'est là que m'est venue l'idée de m'adresser au public qui nous applaudissait en prenant le micro du présentateur et, malgré le câble qui m'empêchait de m'éloigner, j'ai pu haranguer la foule, obtenant un grand succès... J'ai retenu la leçon.
Lors d'une édition d'Équirando en 1990, à Guingamp, on m'a demandé de jouer le rôle de présentateur-animateur de la journée. J'ai accepté à condition de le faire à cheval.
Pour ceux qui ne le savent pas, l'Équirando est l'un des plus grands rassemblements européens de cavaliers et de meneurs pratiquant l'équitation de pleine nature et, à l'occasion de cette manifestation, divers spectacles y sont proposés.
Ma prestation a eu un grand succès et a même impressionné la foule... En tout cas, elle est restée gravée dans la mémoire d'une petite fille de neuf ans aux yeux de porcelaine qui se trouvait dans le public. J'ai croisé cette « petite fille » quelques années plus tard. Elle était devenue une belle jeune fille et, en chantant, avait remporté le concours de la Star Academy 2. Son nom, Nolwenn Leroy. Elle m'a confié qu'elle avait été émerveillée en voyant pour la première fois un cavalier chantant à cheval. J'ai appris également que je conjuguais deux de ses passions, le cheval et la chanson...

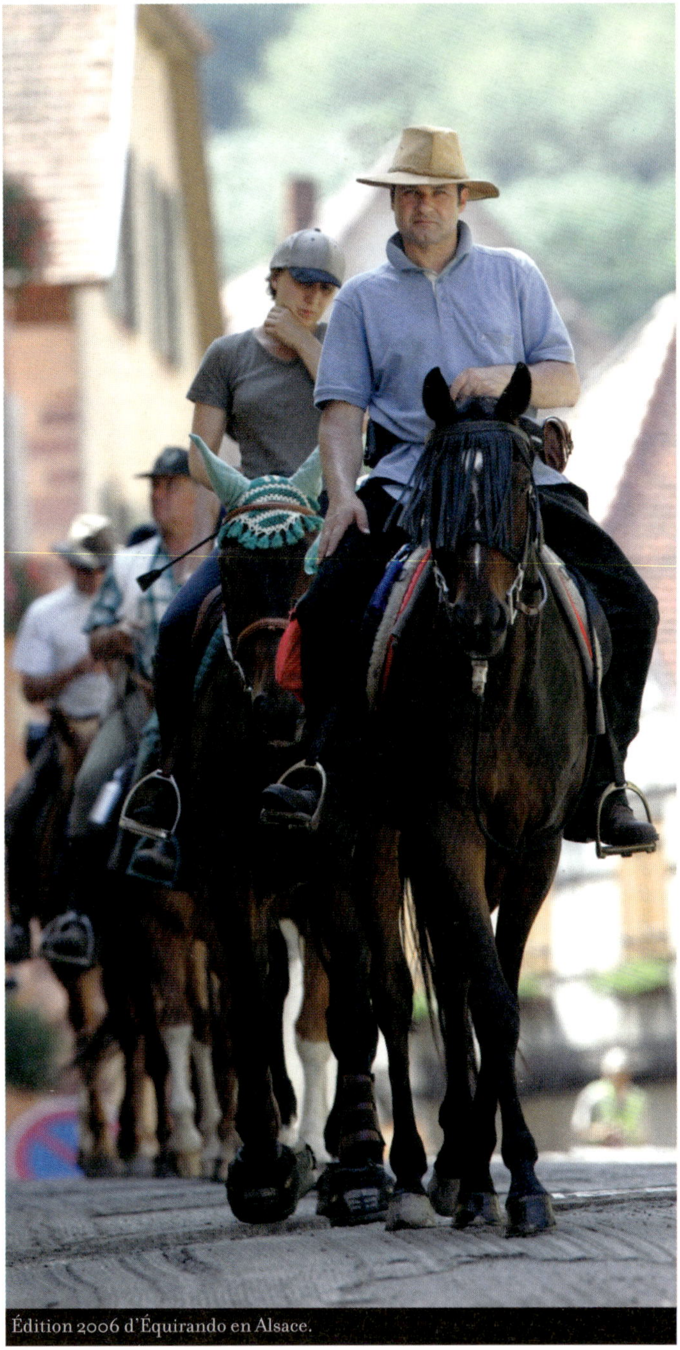
Édition 2006 d'Équirando en Alsace.

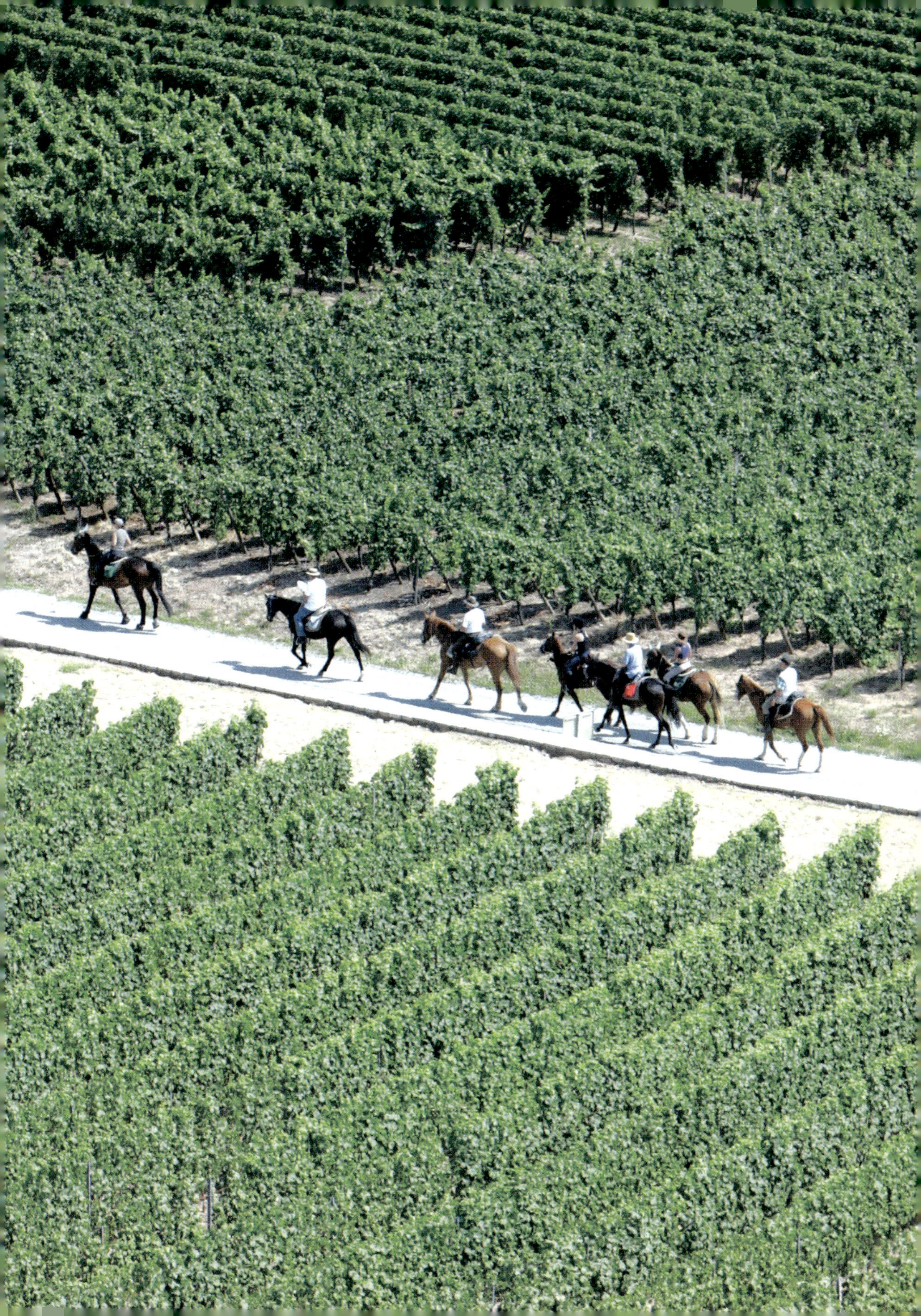

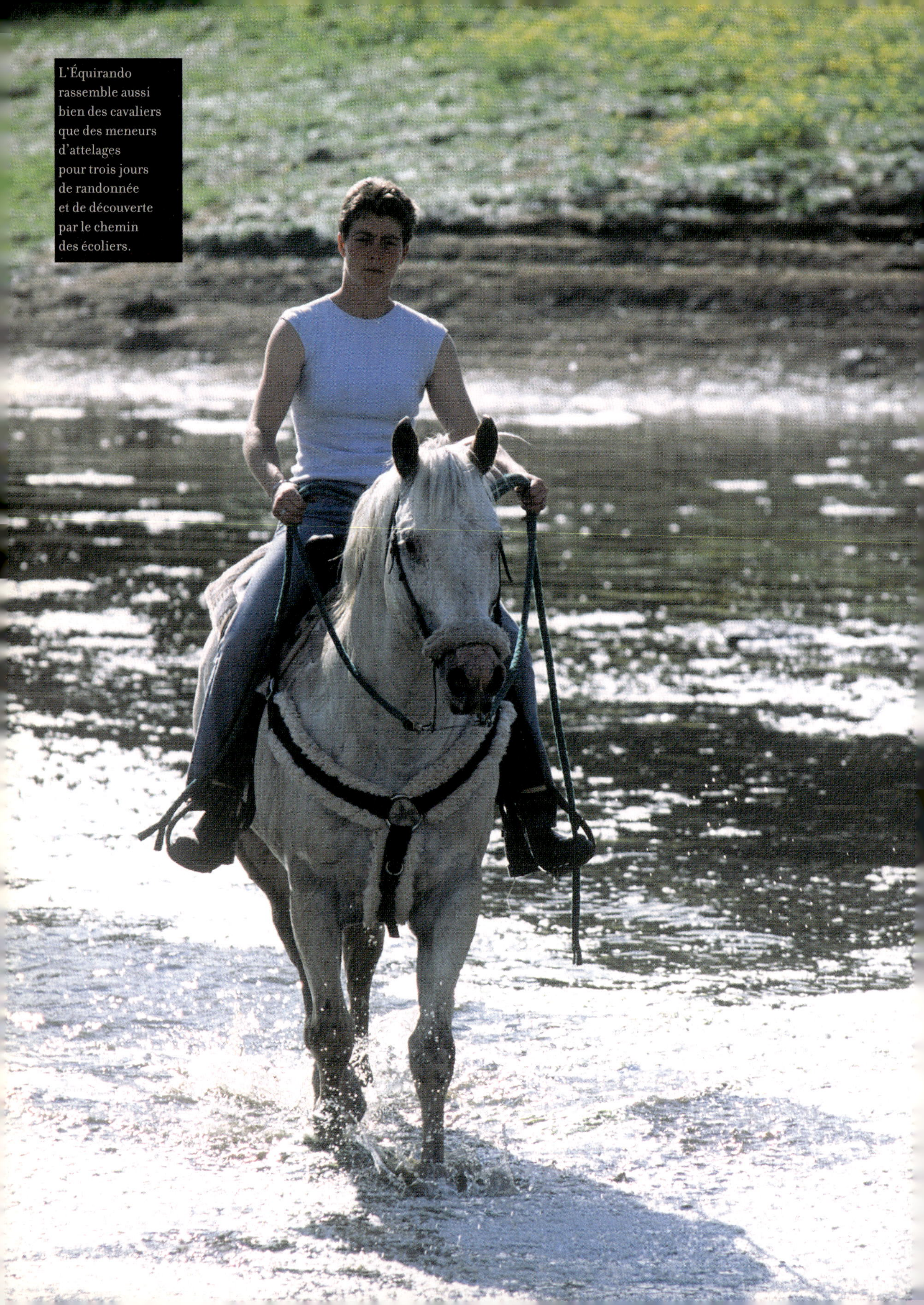

L'Équirando rassemble aussi bien des cavaliers que des meneurs d'attelages pour trois jours de randonnée et de découverte par le chemin des écoliers.

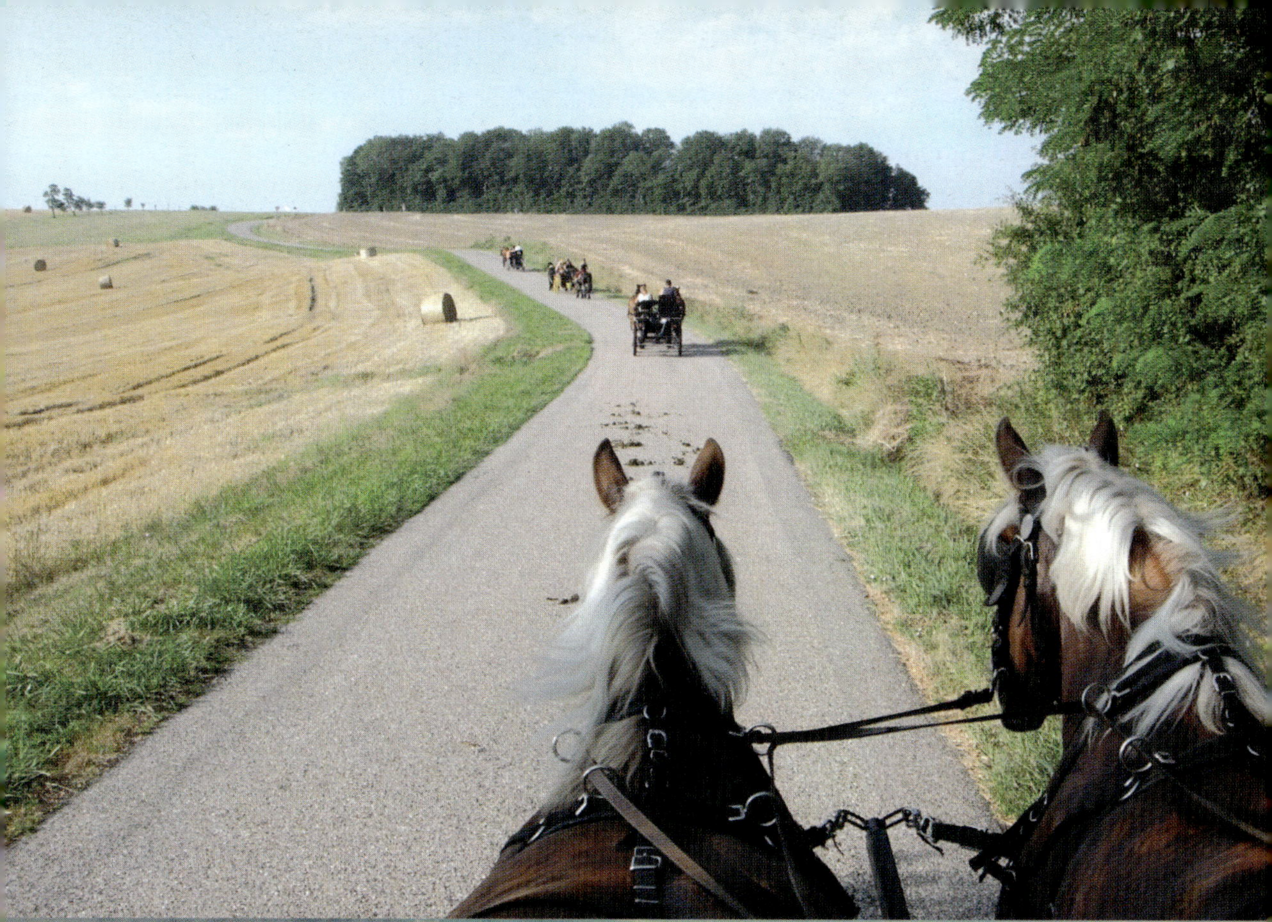
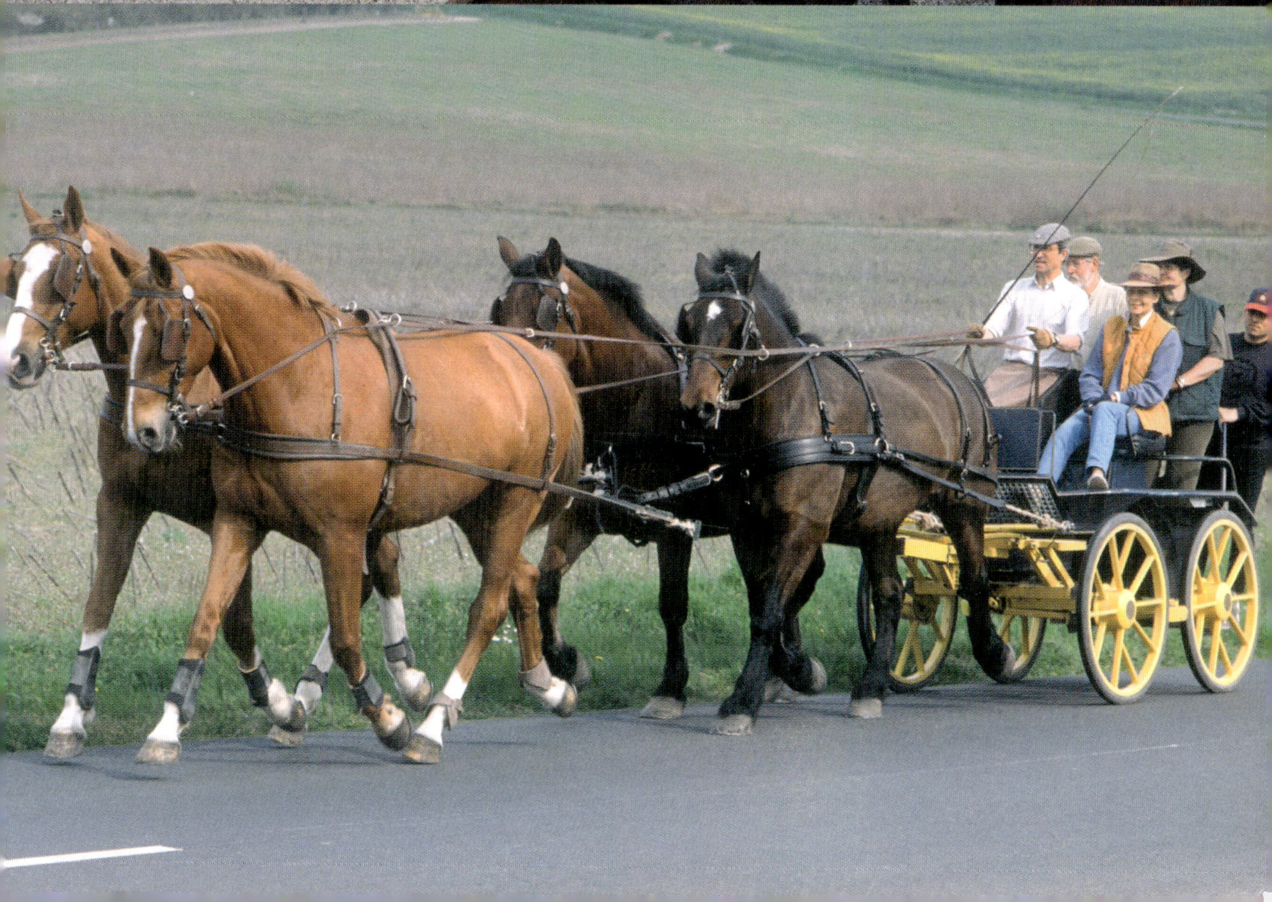

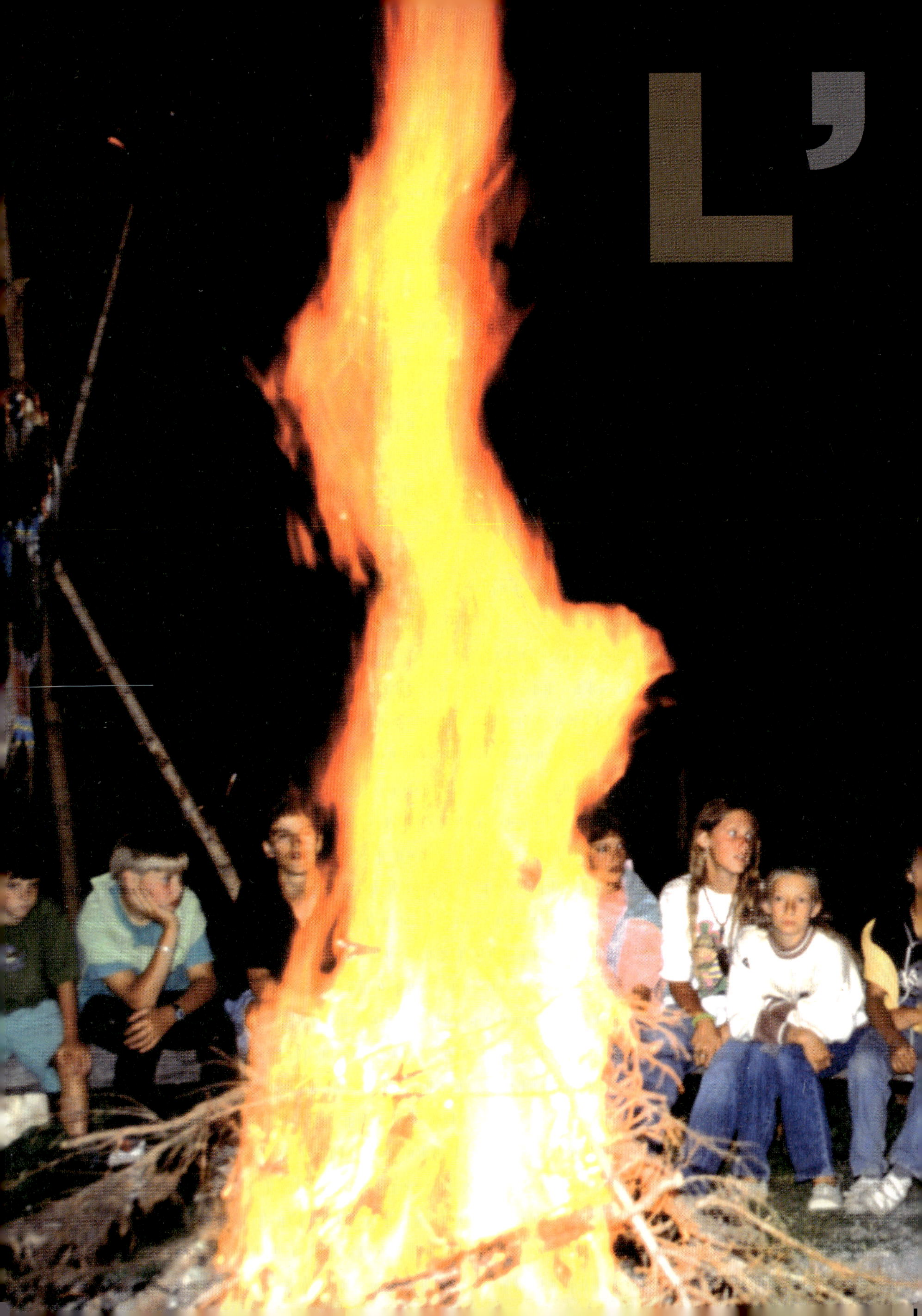

L'

ÉTÉ INDIEN

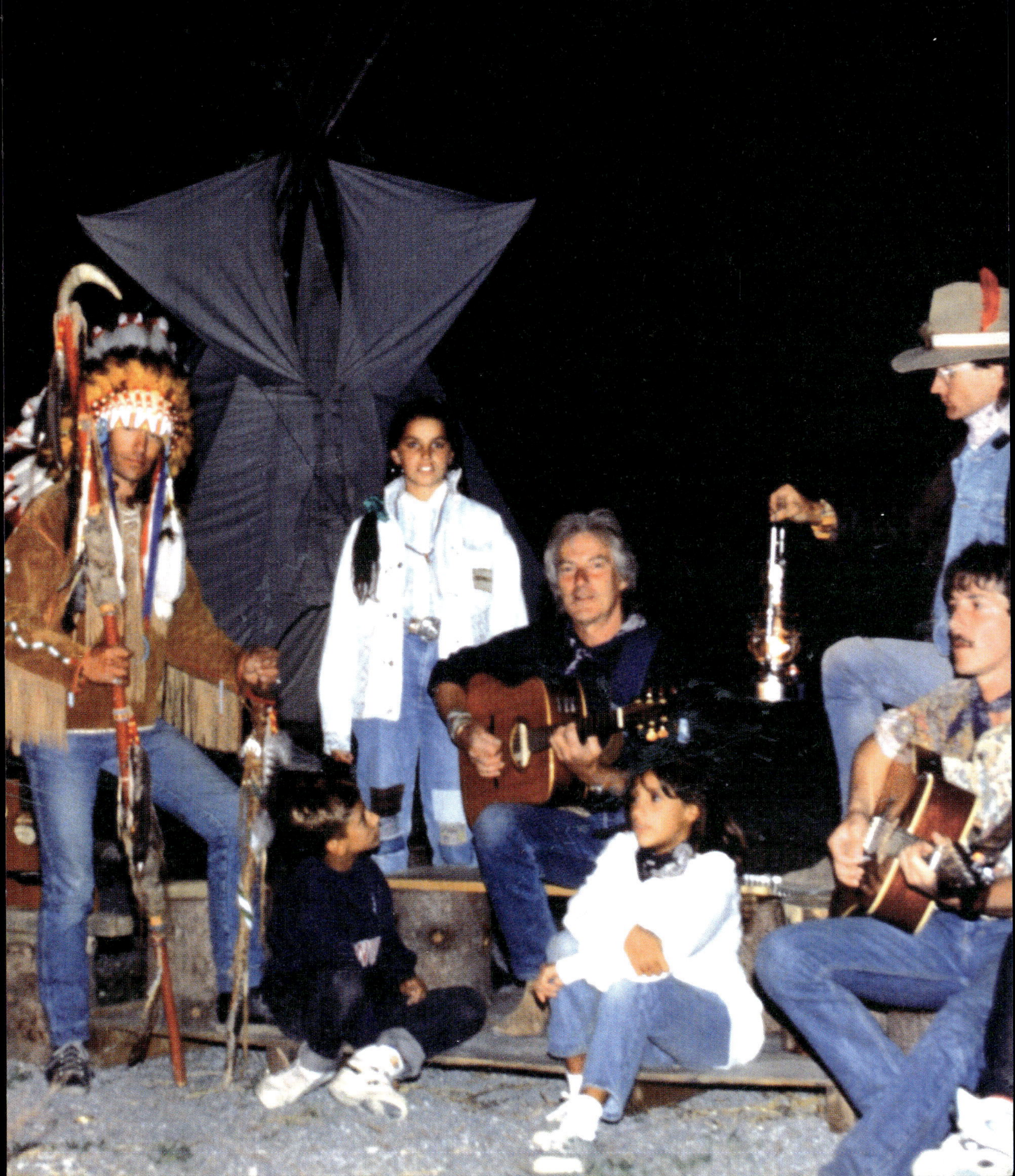

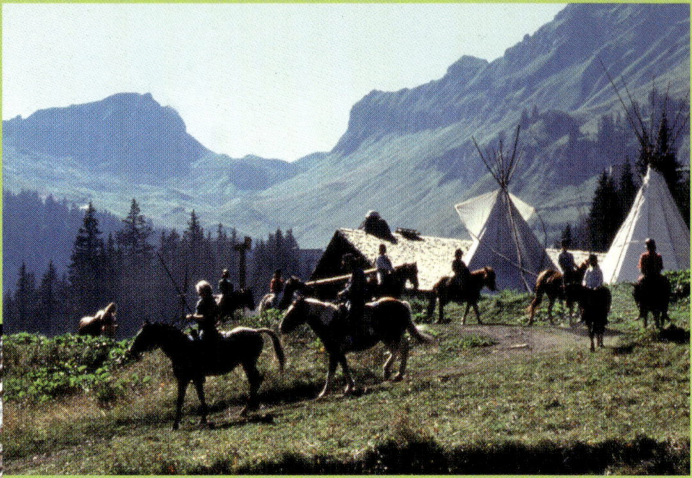

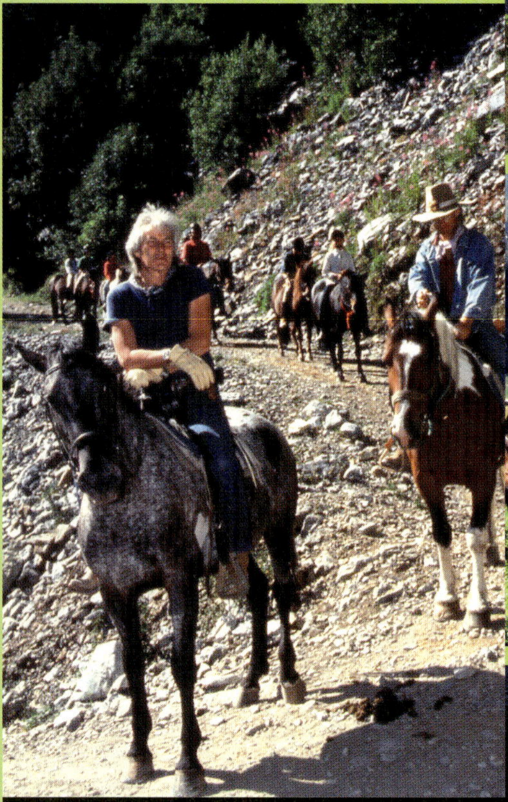

L'été indien en balade.

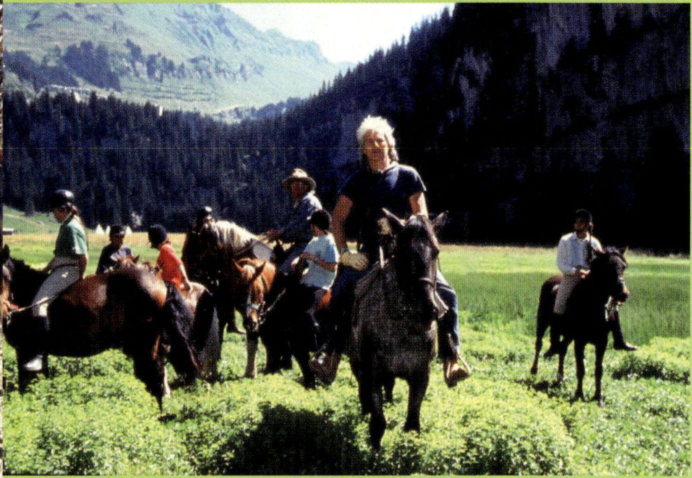

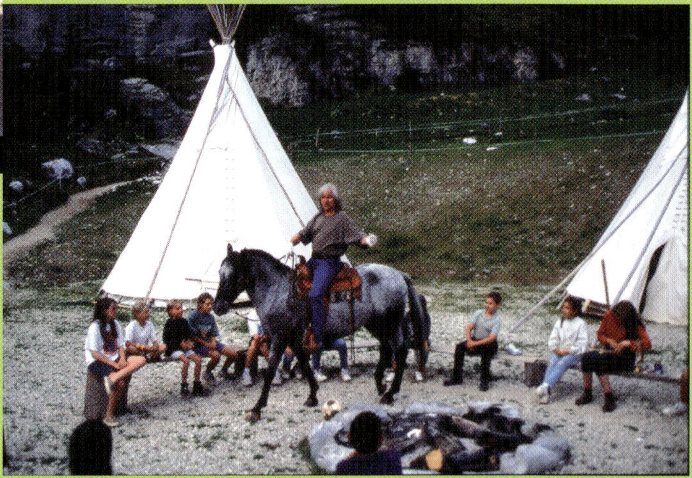

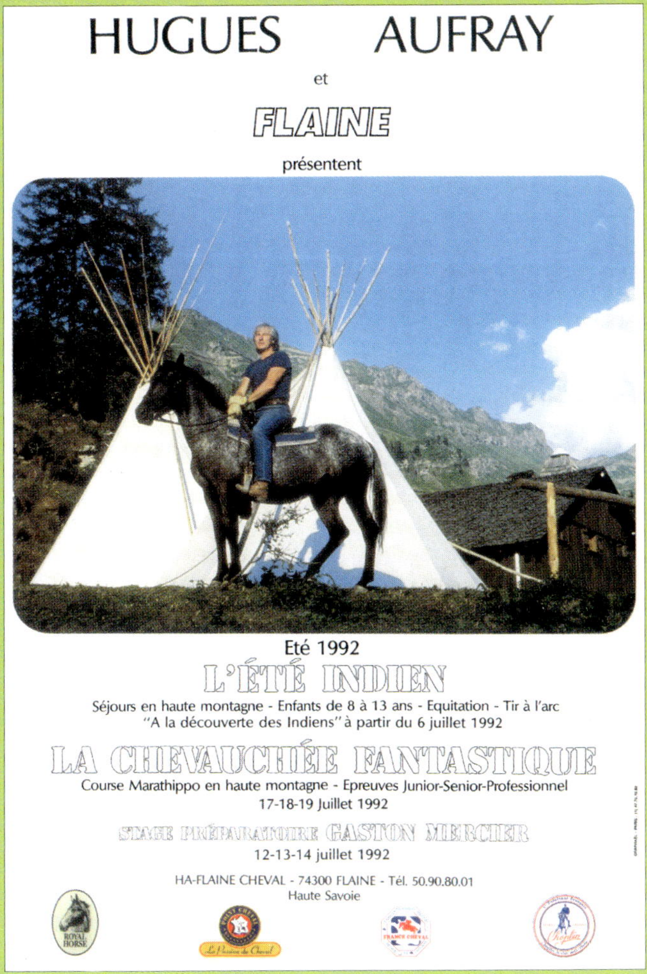

En 1991, j'ai créé un camp de vacances pour enfants de sept à quatorze ans à Flaine, en Haute-Savoie.
Les responsables de la station cherchaient une idée d'animation originale en période estivale. C'est ainsi que j'ai imaginé « L'été Indien ». Il s'agissait d'un camp de vacances « à l'indienne » inspiré du scoutisme traditionnel : équitation d'extérieur à poney, vie sous tipis, apprentissage de la vie en plein air et en groupe, découverte de la nature, etc… À la tombée de la nuit, grand cercle autour du feu, histoires et chansons, « Grand loup blanc » et sa grande coiffe de chef indien… rien ne manquait. J'initiai même quelques « petits Indiens » à la guitare.
Pour que ces enfants gardent un souvenir de leurs vacances équestres, j'avais conçu et fait fabriquer divers objets labellisés « Été Indien » et « by Hugues Aufray », tee-shirts, guitares, selles et… tipis, des marques créées pour l'occasion… que j'ai cessé d'exploiter lorsque le camp a cessé d'exister en 1995 !
J'ai pu toutefois sauver de l'oubli quelques très belles images de L'Eté Indien en les utilisant pour le générique final de l'enregistrement de mon spectacle au Casino de Paris, en 1996.

FÊTE DU CHEVAL

FÊTE DU CHEVAL

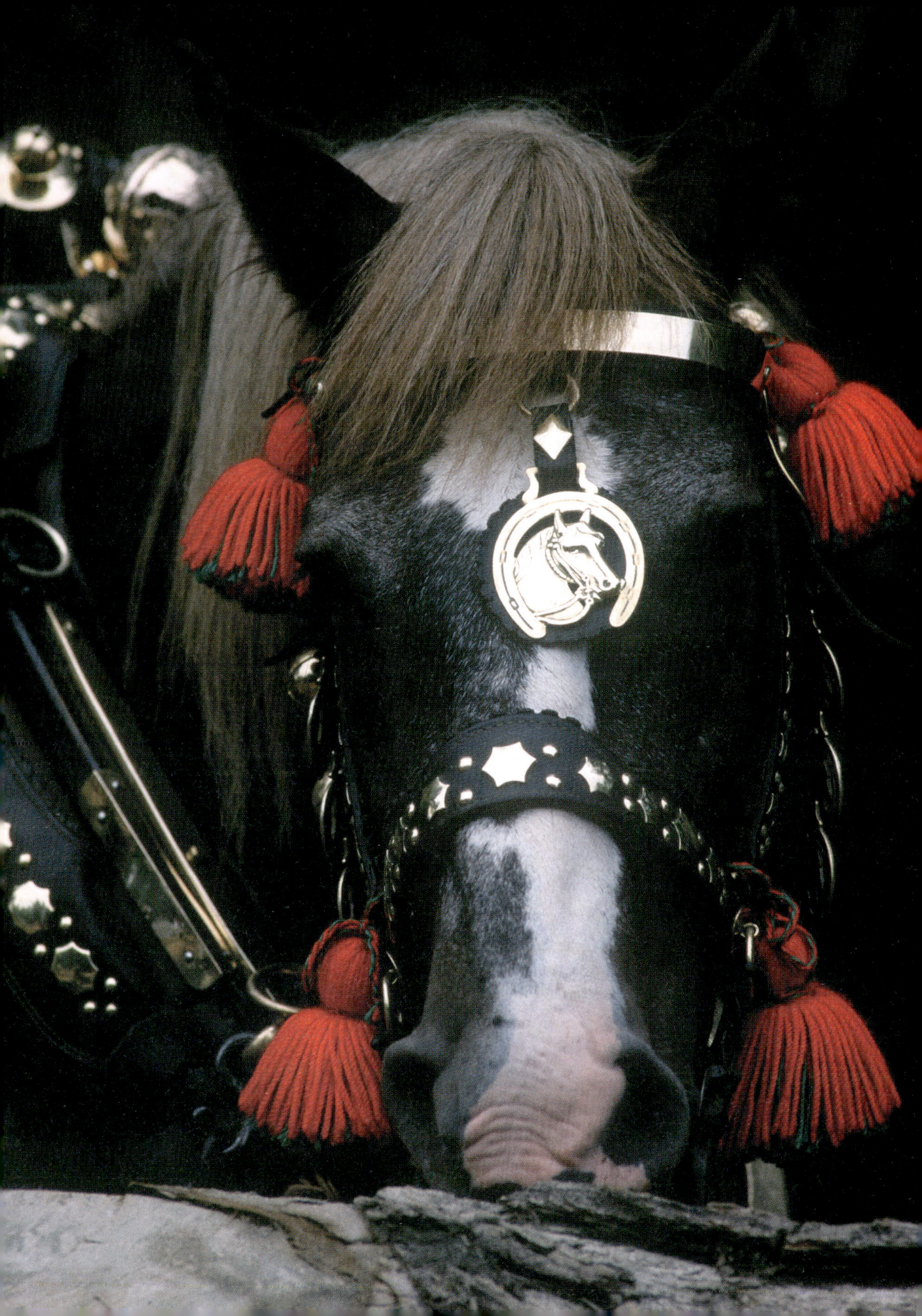

Ce jour-là, dans les villes, les bourgs, les villages, les chevaux seraient les rois. Bien toilettés, le poil brillant et brossé, crinière et queue nattées, on sortirait de leurs écuries les équidés, des centres hippiques, des haras et des fermes d'élevage, revêtus de leurs plus beaux atours, pour parader sur les places, les avenues, les rues... Ce serait une grande fête... du crottin à récupérer pour les fleurs des squares, des jardins et des parcs.
C'est ainsi que j'avais imaginé la Fête du cheval, une manifestation bucolique et bon enfant.
Je n'inventais rien d'ailleurs. En France, déjà de nombreuses fêtes locales remettaient le cheval à l'honneur. Cette fois-ci, l'ambition était d'en faire une « kermesse » nationale. J'ai proposé cette idée à un ami bien placé à l'Élysée. Le concept a été jugé intéressant. Il s'est réalisé... mais sans moi, on m'avait gentiment écarté du projet !
Il y eut deux premières éditions, catastrophiques sur le plan financier, notamment à cause d'un spectacle équestre onéreux donné place de la Concorde.
On était loin de mes fêtes de village !
Avec une certaine modestie, je dois quand même revendiquer d'avoir été l'initiateur de ce projet... mais dans sa réalisation, en dérivant, cette opération a perdu le sens premier auquel j'étais attaché. Aujourd'hui, la Fête du cheval ne signifie plus grand-chose (tout comme la Fête de la musique d'ailleurs). Seul le Salon du cheval a la dimension d'un événement national, événement que je n'ai pas manqué une seule fois depuis sa création en 1971 ! Même si les marchands du temple, parmi lesquels je compte de nombreux amis et qui ont parfaitement leur place au Salon, nous cachent un peu les croupes nobles et généreuses de nos amis les chevaux, on est heureux de voir tout ce mouvement de passion autour des chevaux.

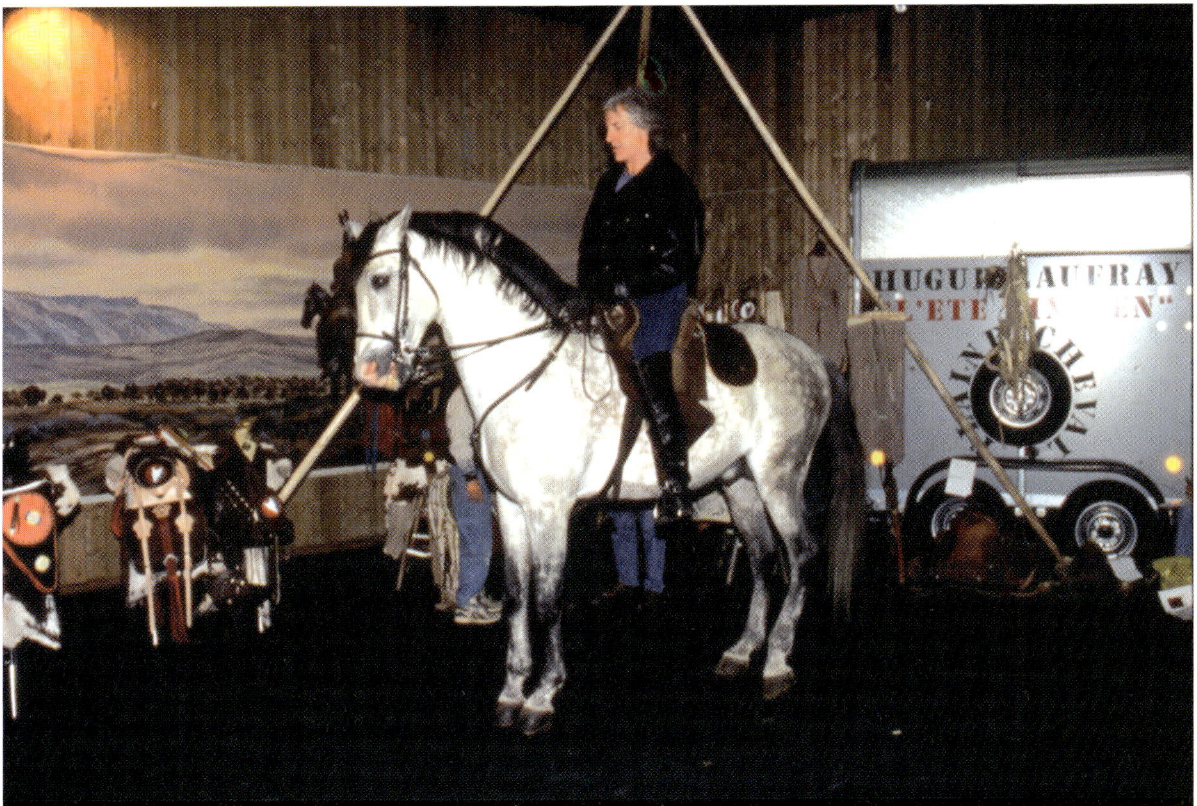

EN HAUT : Sur le stand de L'Été indien, au Salon du cheval ; EN BAS : Défilé de chevaux de trait au Salon du cheval.

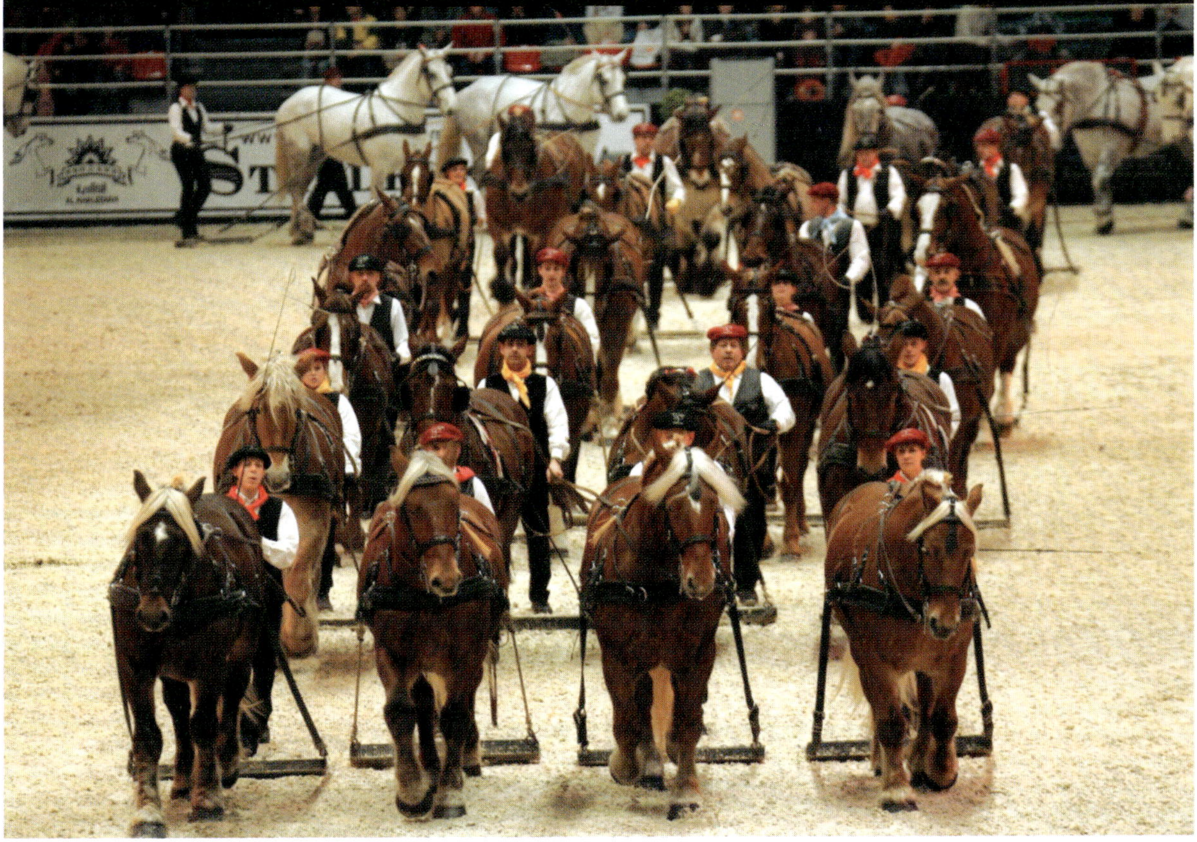

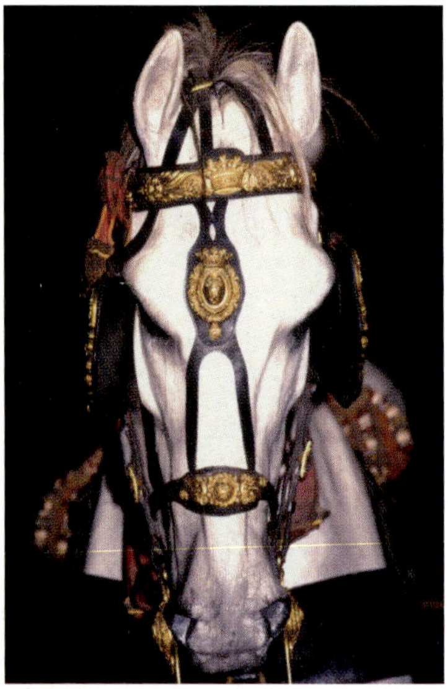

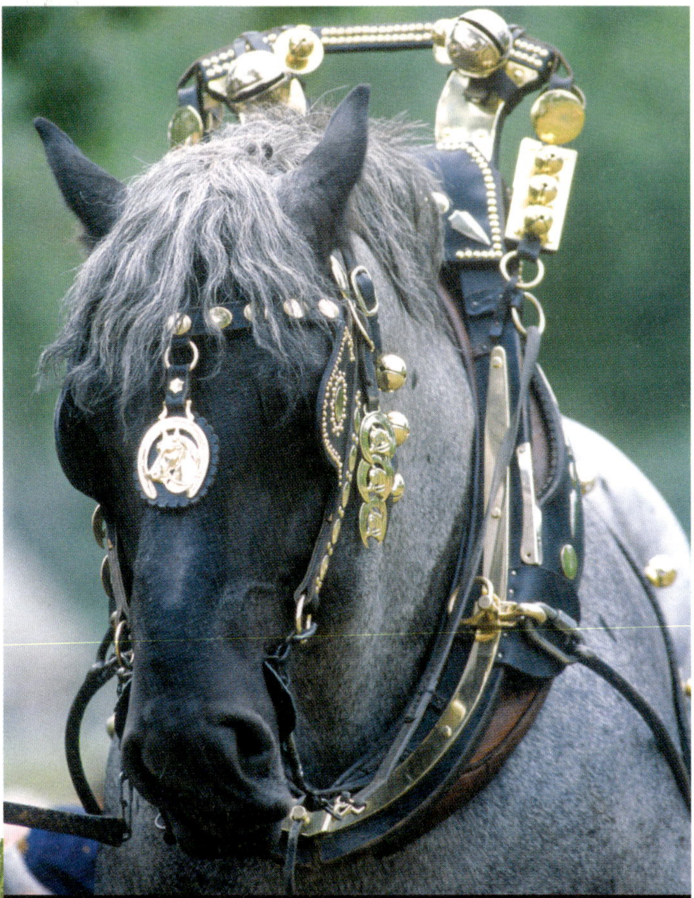

Chevaux en fête en France et au Rajasthan (page de droite).

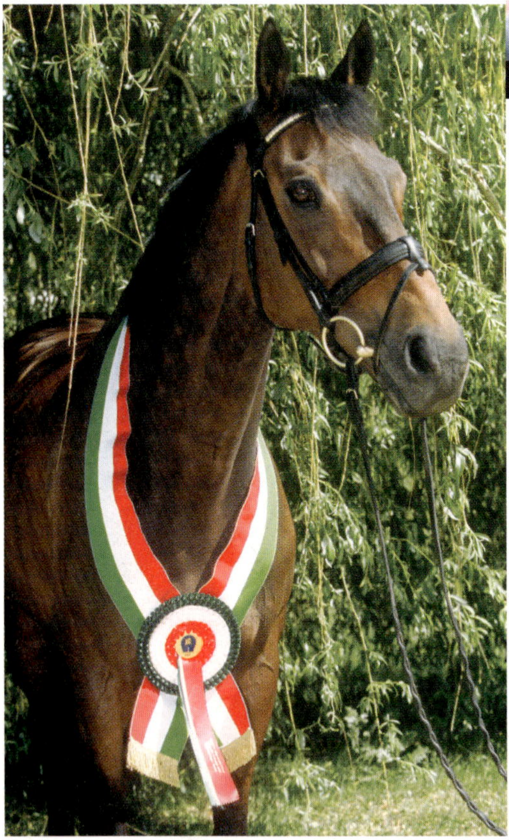

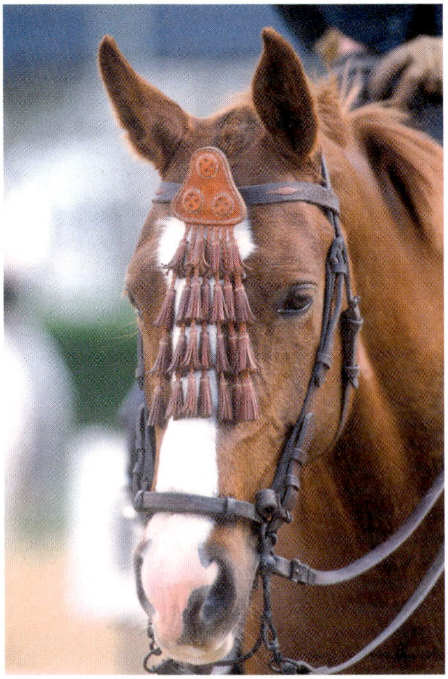

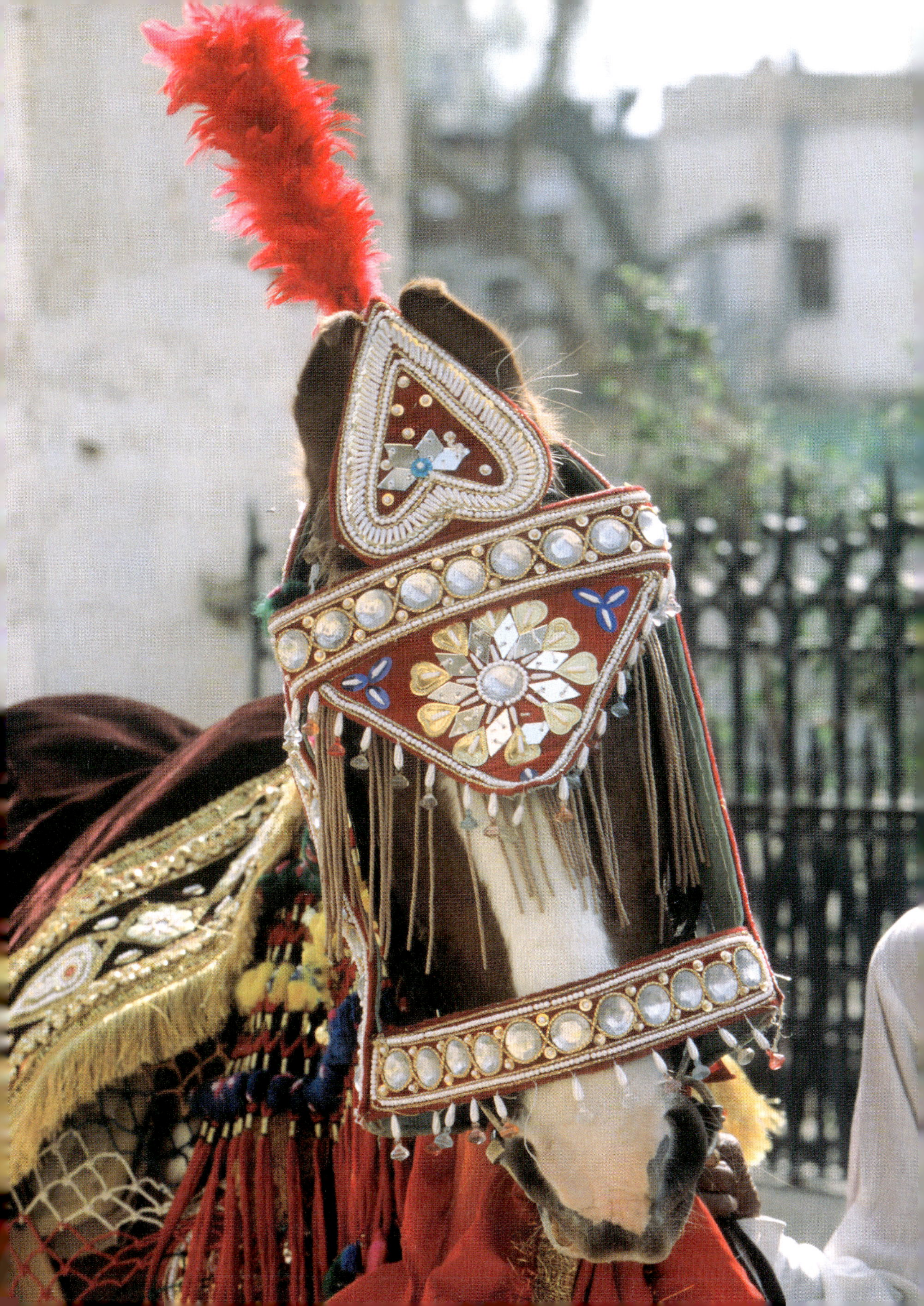

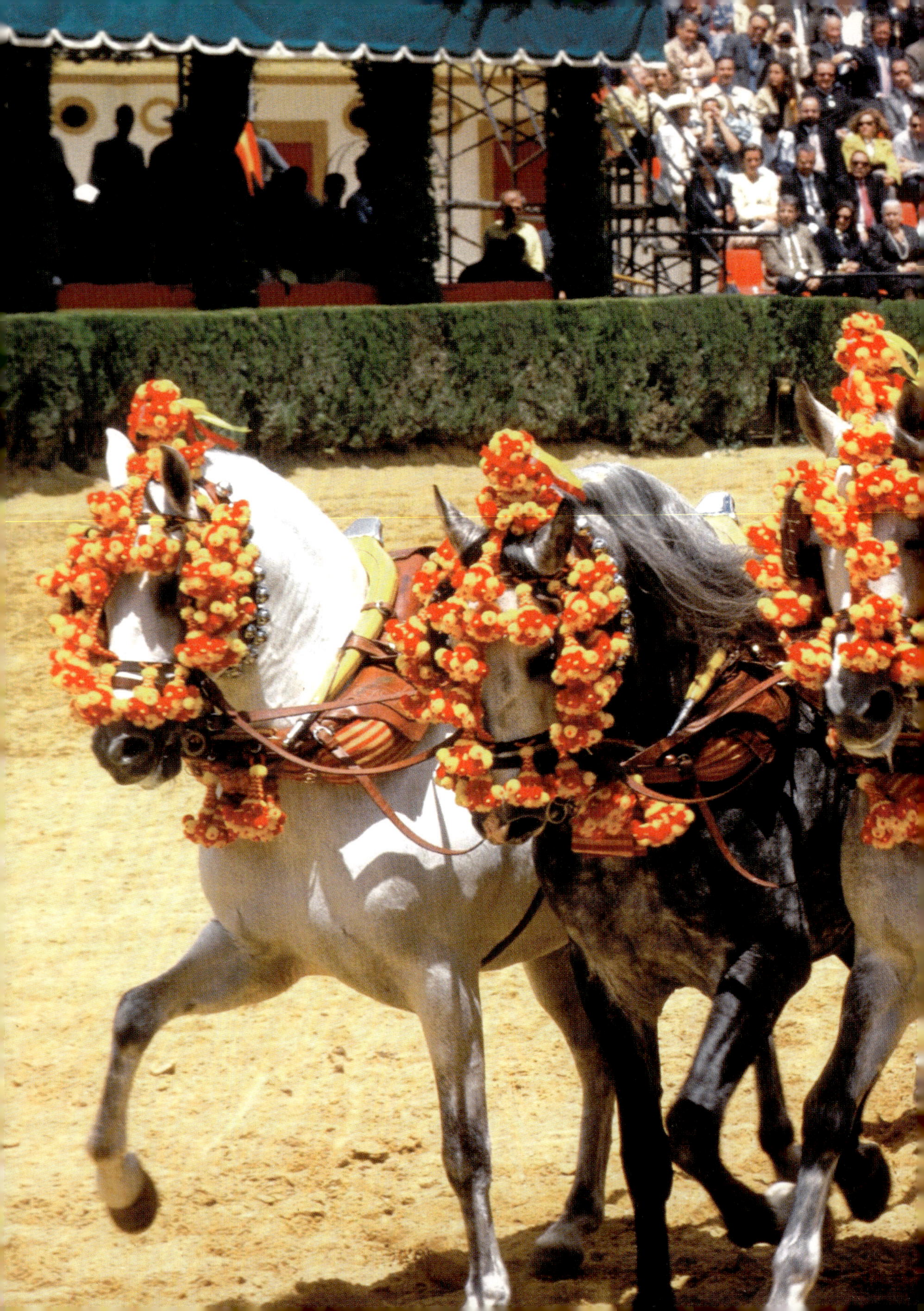

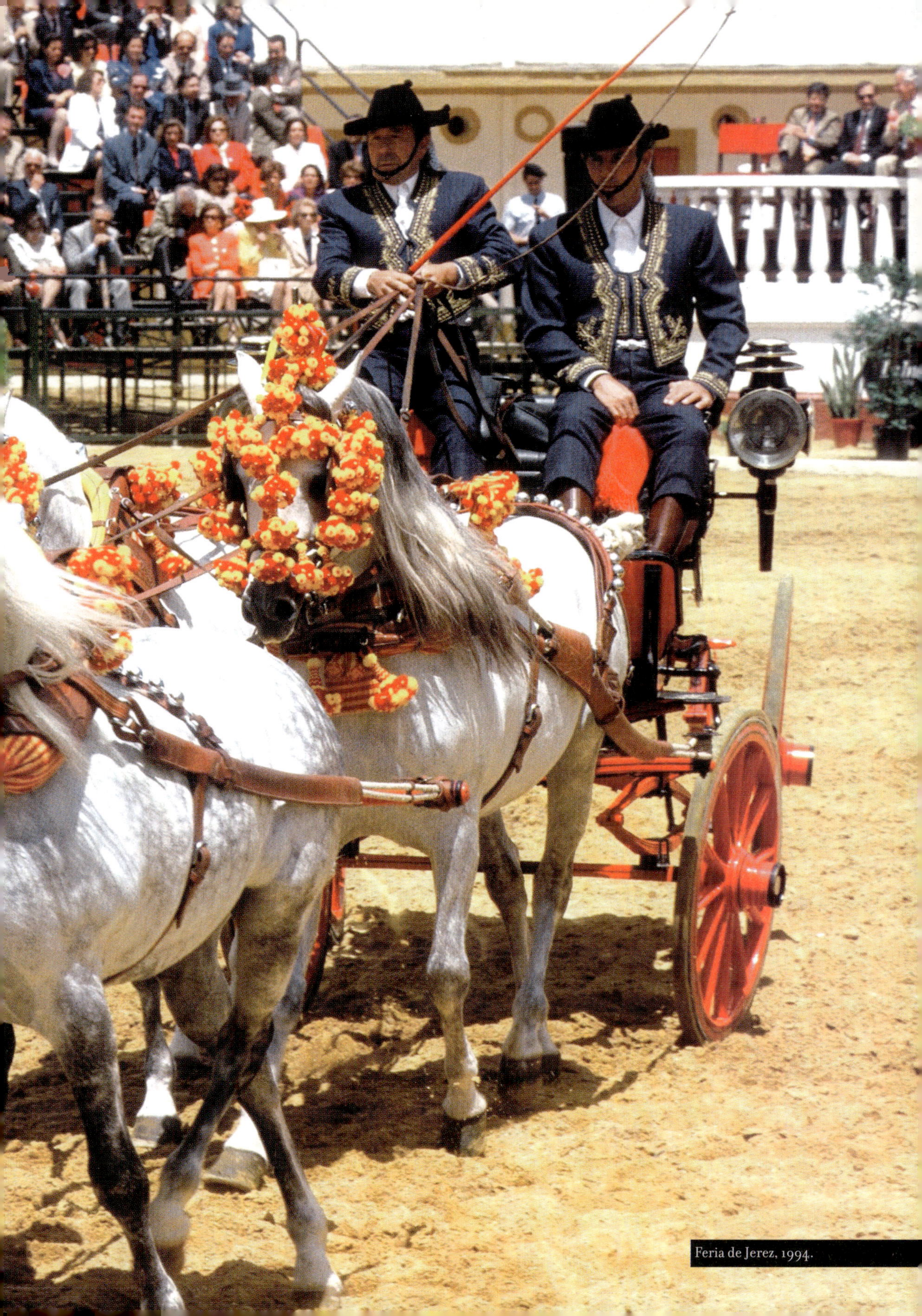

Feria de Jerez, 1994.

GRANDS

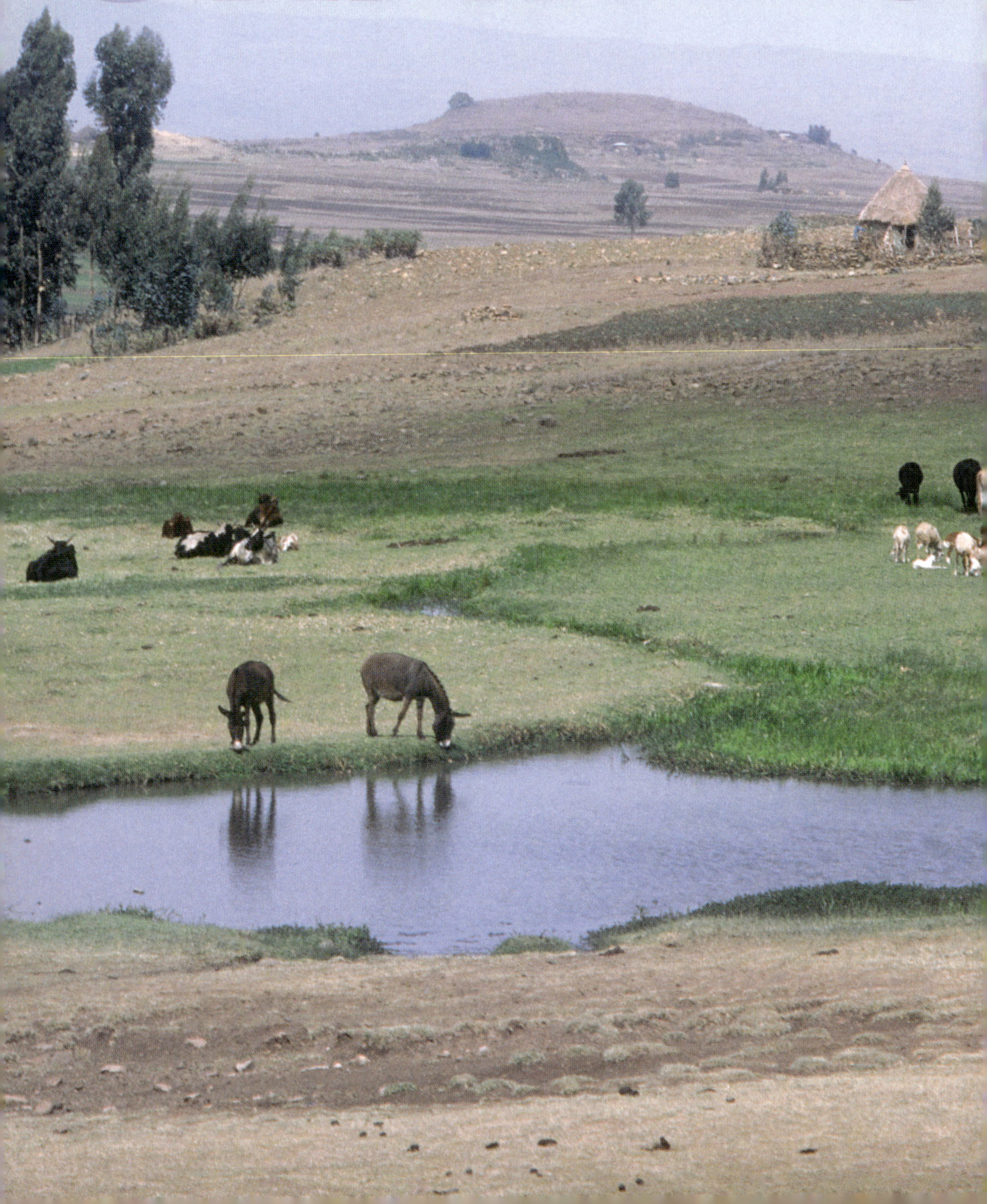

ESPACES

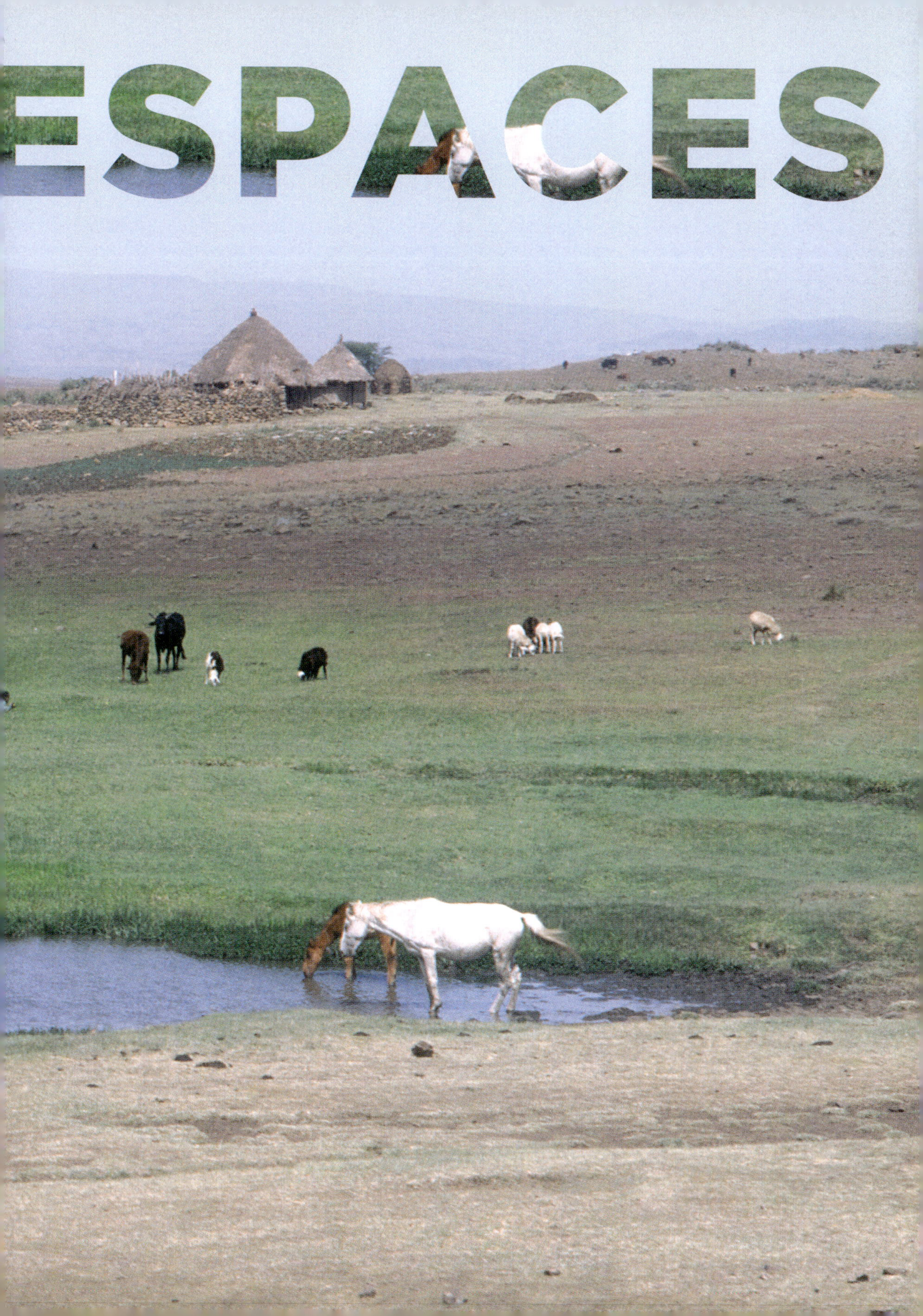

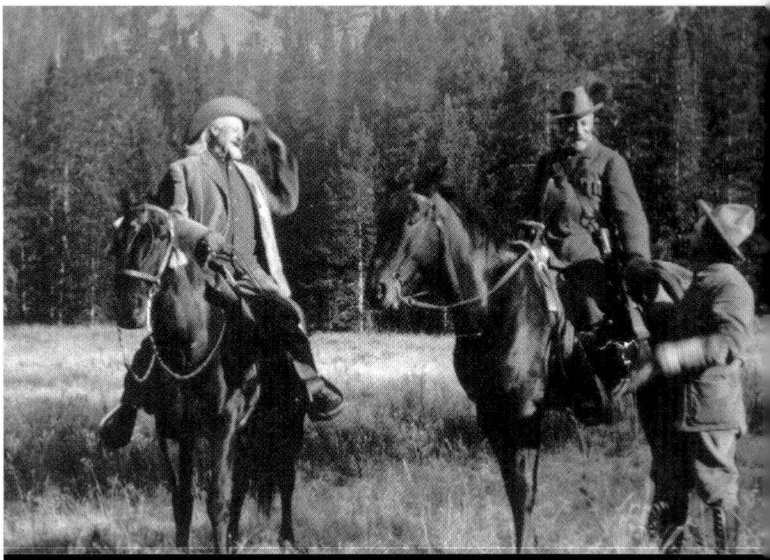
Buffalo Bill aux côtés du Prince Albert 1er de Monaco, 1913.

Grands espaces… Pourquoi ne pas évoquer le grand cavalier que fut Buffalo Bill ?
Tout le monde a bien sûr entendu parler de ce fameux personnage légendaire, mais peu savent la réalité de sa vie. Après la disparition de son père, le jeune William Frederic Cody se lança tout jeune dans une vie aventureuse mais professionnelle, afin de subvenir à sa famille en difficulté. En effet, à quatorze ans, il devient le plus jeune cavalier éclaireur du Pony Express. Ce service, créé en 1860, permettait de tisser un réseau de communication entre l'Est et l'Ouest des États-Unis et d'acheminer le courrier plus rapidement qu'en diligence. Les agents du Pony Express devaient le distribuer à partir de la ville de Saint Joseph, dans le Missouri, jusqu'à Sacramento, en Californie. Cette distance était divisée en cent soixante relais, séparés chacun de cent vingt miles, soit 192 km (1 mile = 1600 m).
À l'époque de « l'énergie cheval », les déplacements et les voyages de grande distance ne pouvaient s'effectuer qu'avec de nombreux relais. Le changement de monture ou d'attelage permettait de réduire la durée du voyage. Les trois Mousquetaires d'Alexandre Dumas ne pouvaient rallier Windsor dans un galop effréné qu'en changeant de cheval tous les trente kilomètres !
Cochers et postillons ramenaient les chevaux à leur relais d'origine à vide, debout sur leur équipage… On retrouve souvent l'évocation de cette technique, véritable performance, dans les spectacles équestres sous le nom de « Poste ». J'ai personnellement vu un cavalier qui menait huit Cobs. Bravo !

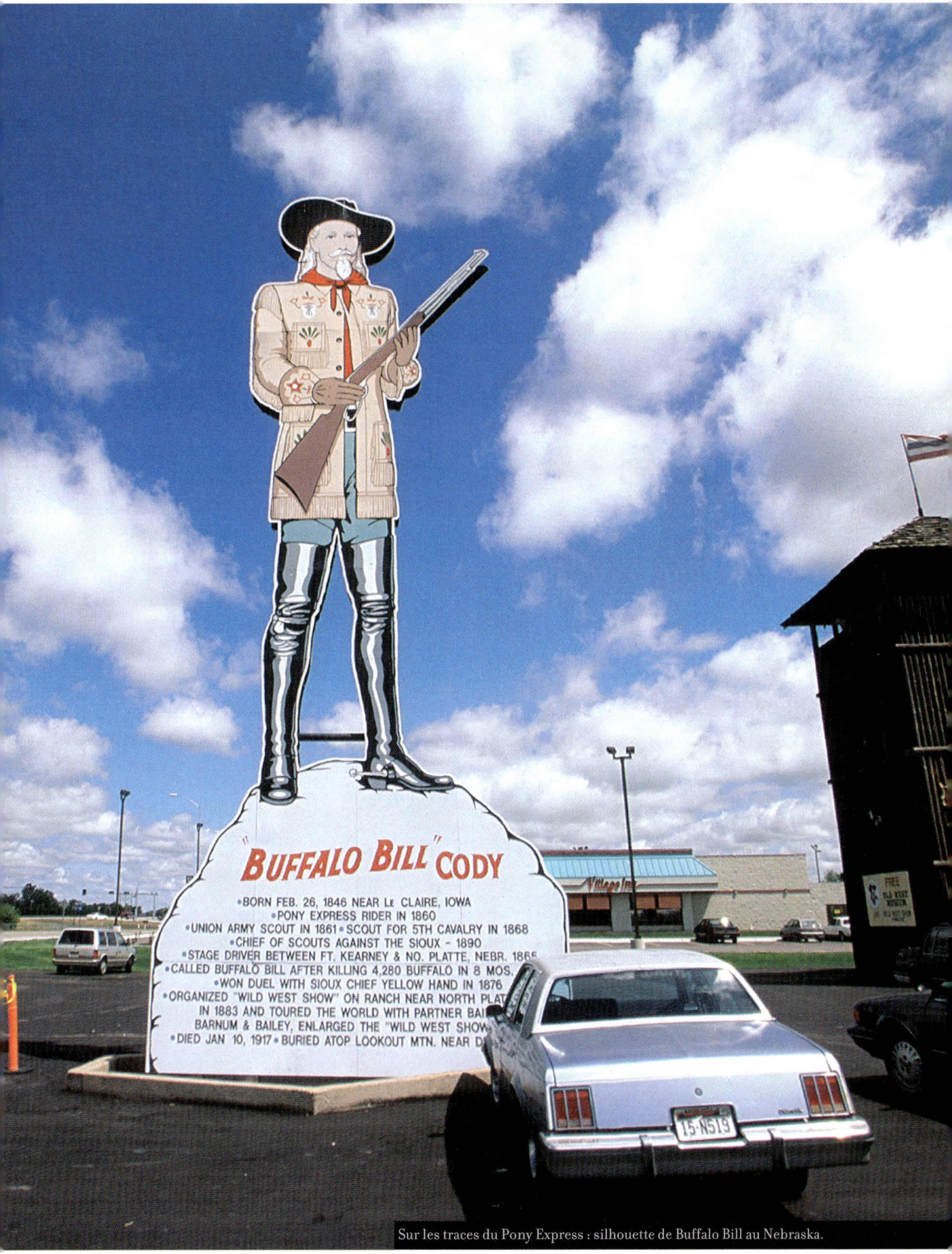

Sur les traces du Pony Express : silhouette de Buffalo Bill au Nebraska.

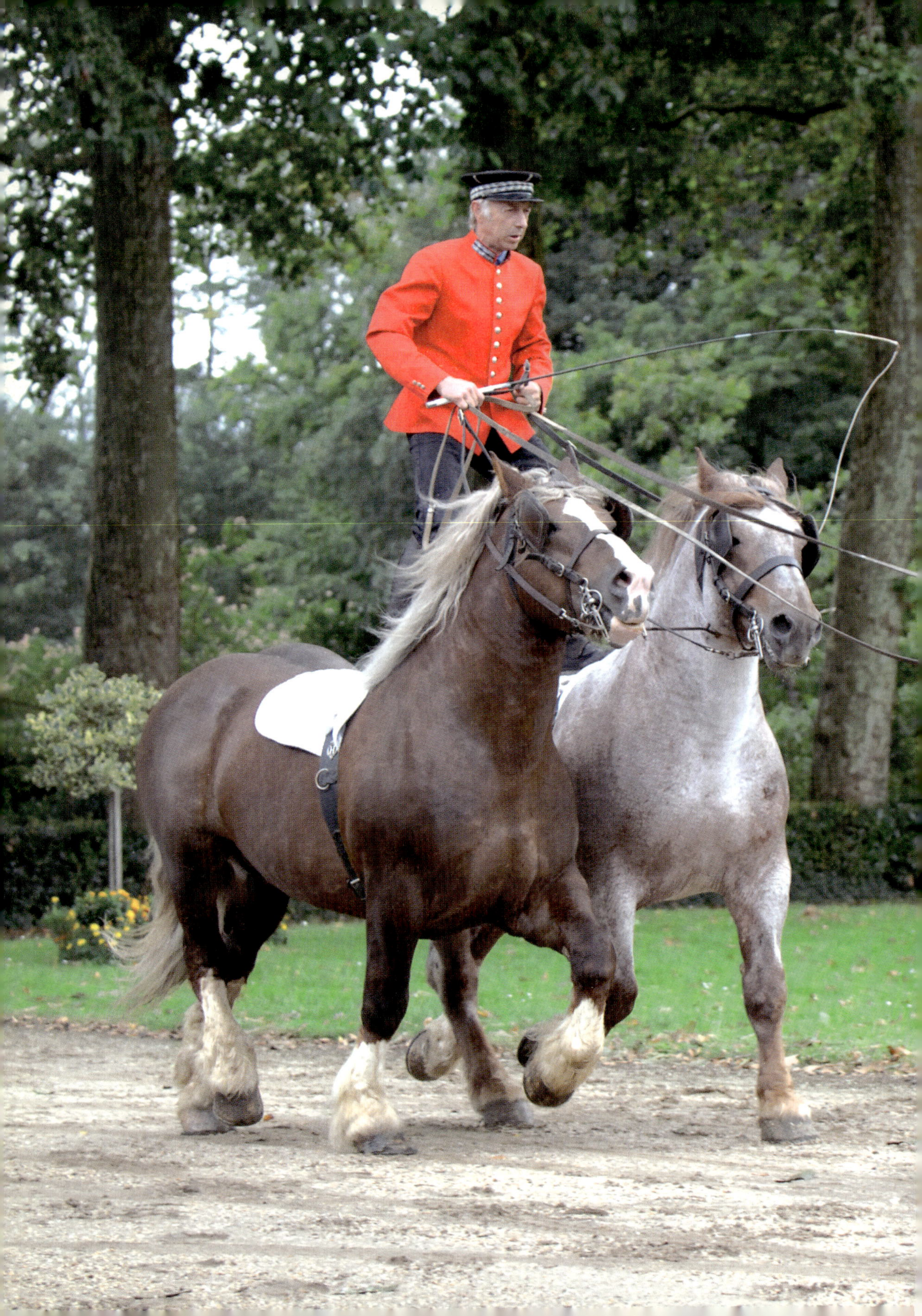

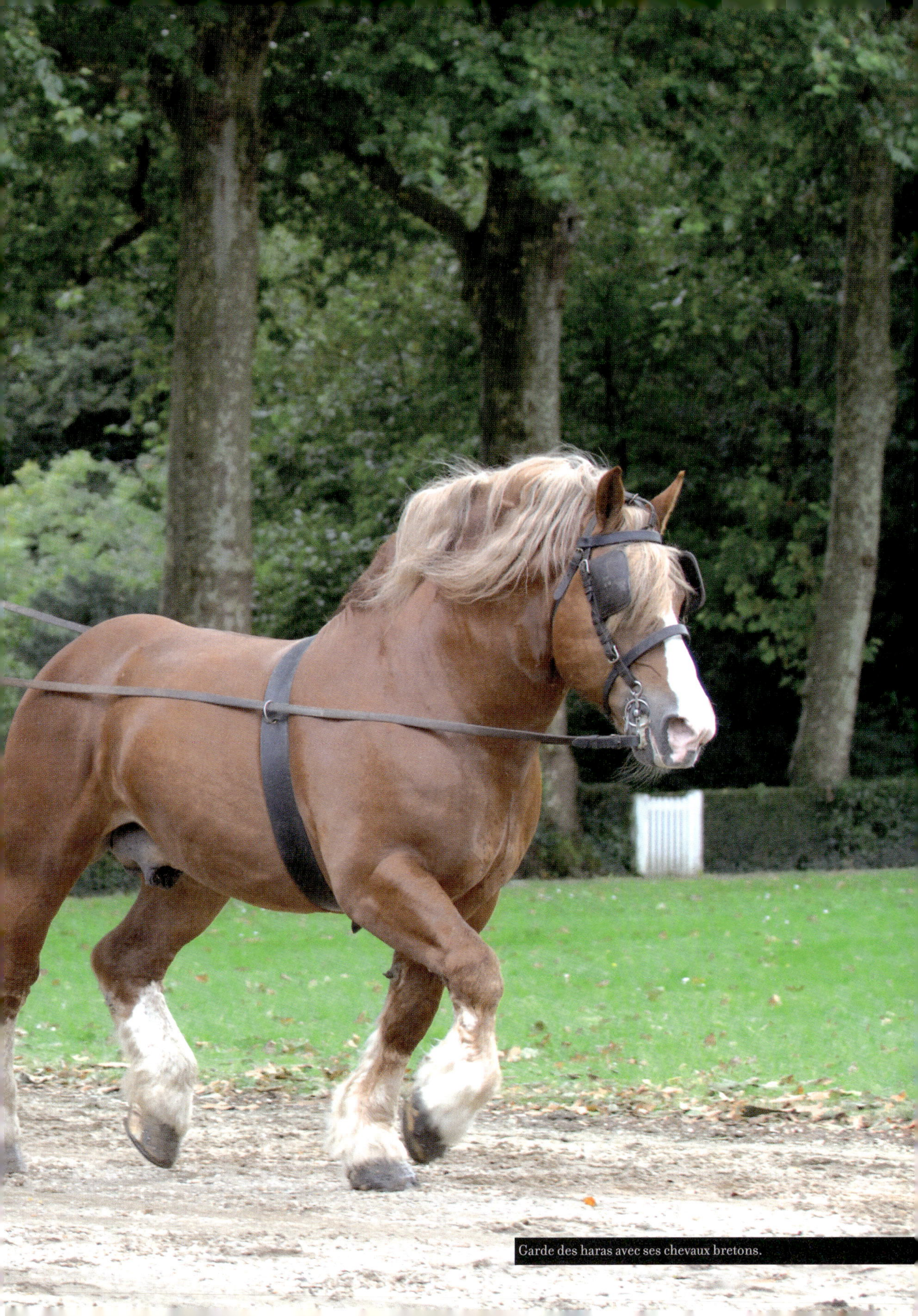

Garde des haras avec ses chevaux bretons.

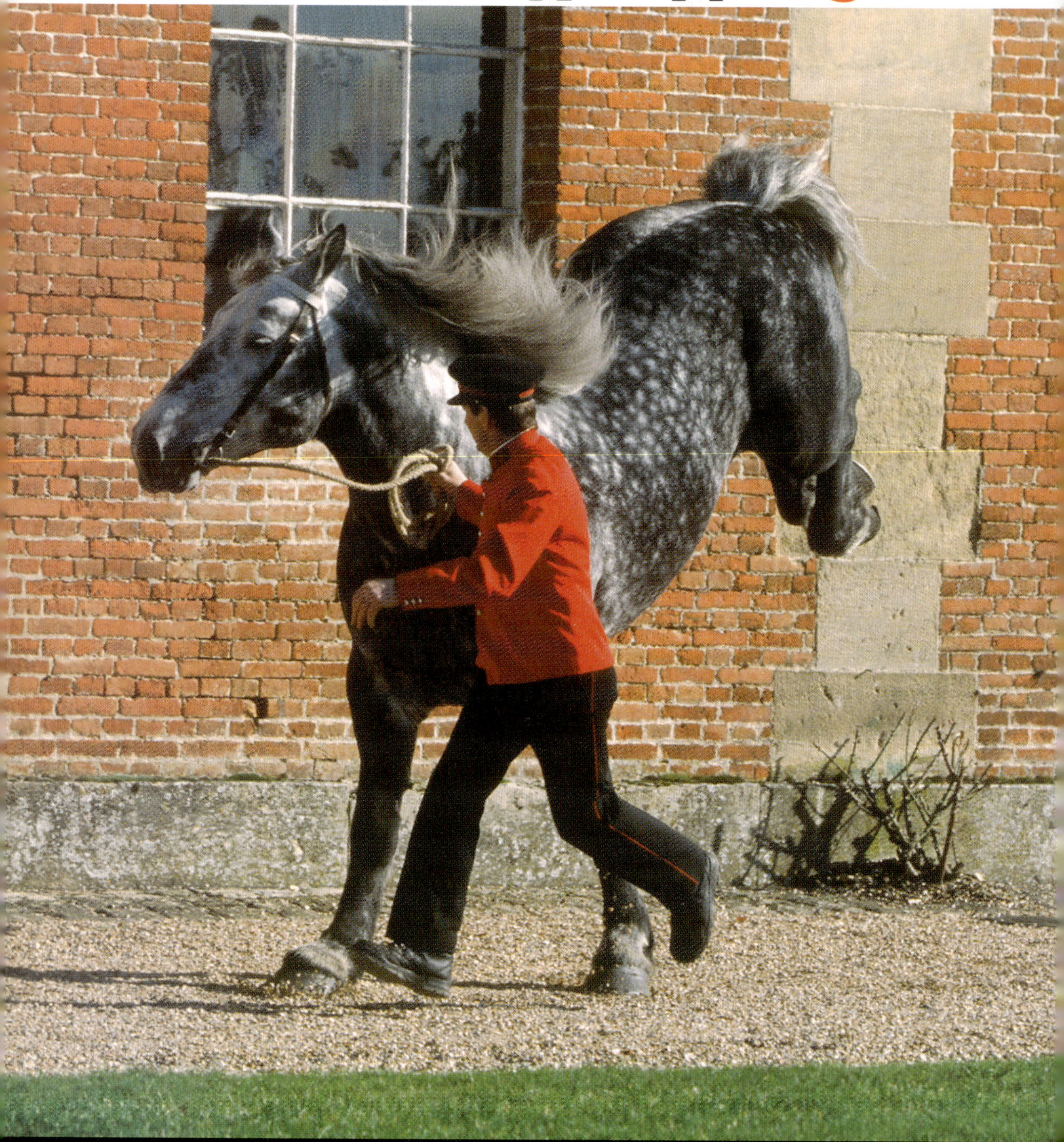

Pur race espagnole.

J'habite depuis 1973 à Marnes la Coquette, à deux pas des Haras de Jardy, anciennement propriété du richissime Boussac, l'éditeur de tissus, également propriétaire de l'hippodrome de Saint-Cloud. À sa mort, le domaine a été mis en vente. À cette époque, dans les prés, on recensait plus de vaches que de chevaux, il y avait même des taureaux. Lors de la vente, il a fallu évacuer ce cheptel. Ce ne fut pas facile. Les cavaliers du domaine étaient désemparés. Sur les conseils d'un adepte d'équitation western, on fit appel à des cow-boys amateurs, ordinairement si décriés. En dix minutes, les taureaux étaient dans les camions devant les yeux éberlués de tous ! L'État français ne sait pas reconnaître les opportunités que le destin lui offre parfois… Jardy est un lieu magique aux portes de Paris, qui pourrait accueillir grâce à la forêt voisine de Fosses-Reposes tous les sports équestres et même le siège de la Fédération française de sports équestres. J'imaginais une sorte de Roland-Garros du cheval… J'en parlai à Pierre Durand, alors président de la Fédération, qui a tout essayé pour faire aboutir ce projet, mais sans succès… Quel dommage !

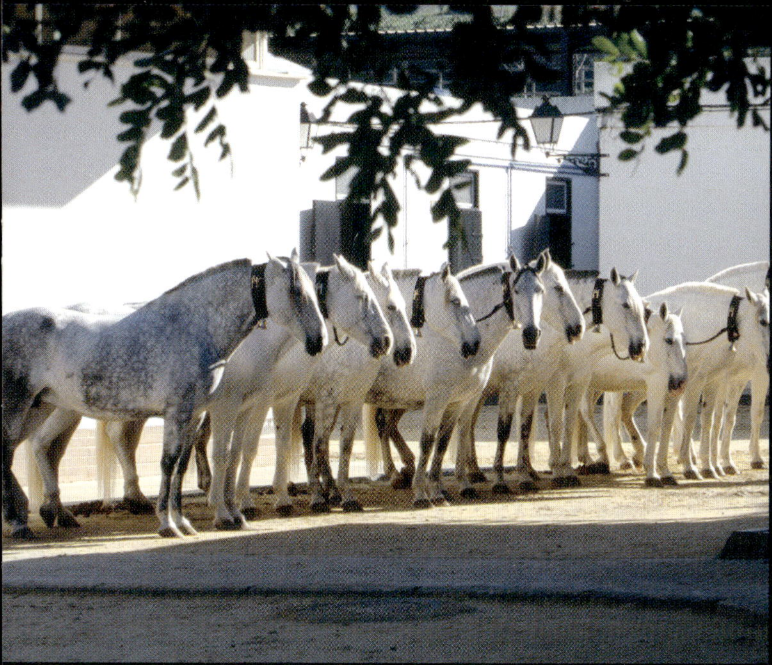

Espagne : poulinières Pur race espagnole en *cobra*.

Je ne peux fermer la page des « haras » sans rendre hommage à mon grand-oncle, Antonin Laurent Chebrou de Lespinats, directeur des Haras de Pompadour (en Corrèze) et du Pin (en Normandie), mais également inspecteur général des Haras en 1847. Il est, avec le comte de Bonneval, à l'origine de la création du développement de la race anglo-arabe.
Ma grand-mère paternelle, Antonine de Margerie de son nom de jeune fille, affirmait que je lui ressemblais beaucoup physiquement !

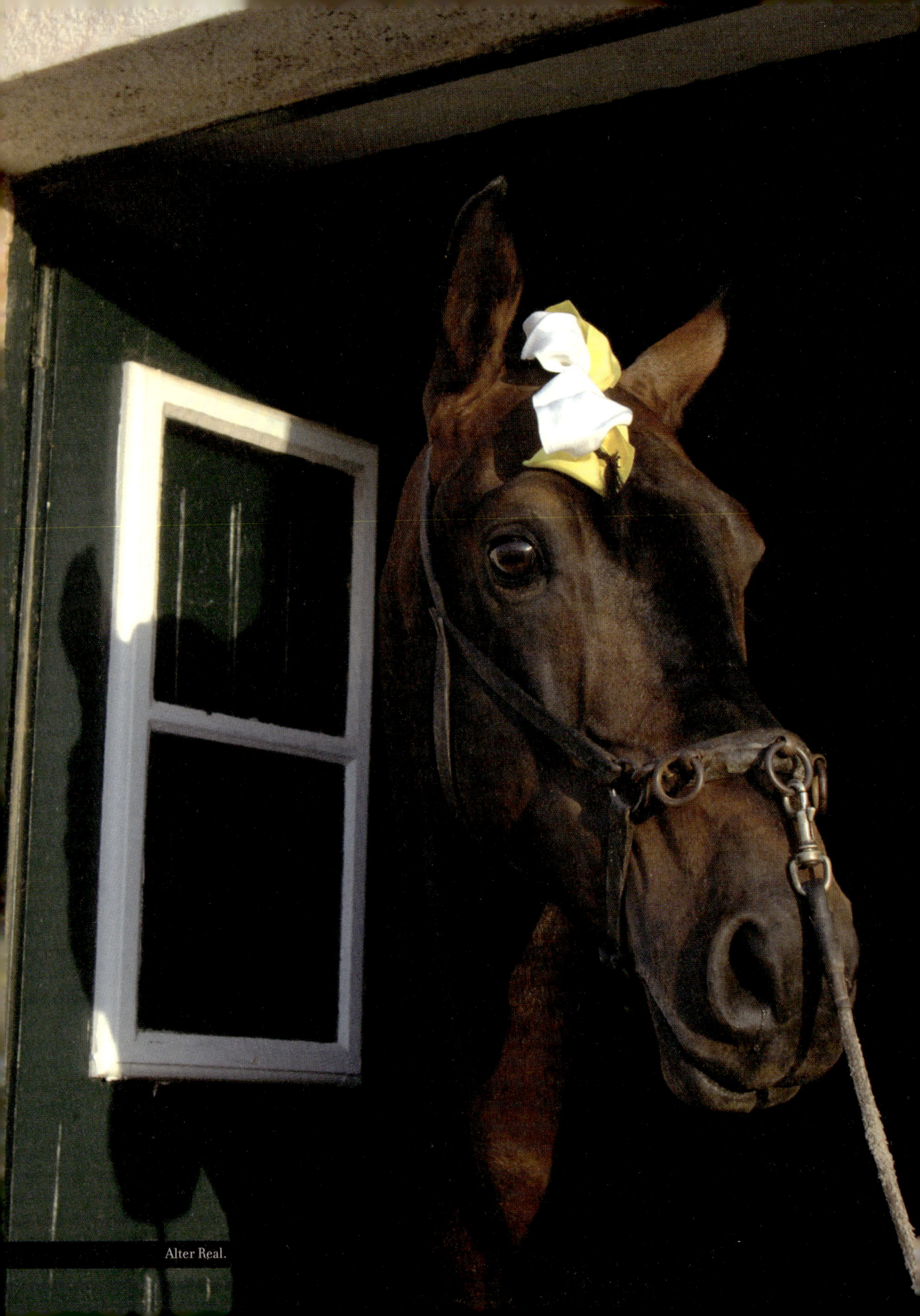

Alter Real.

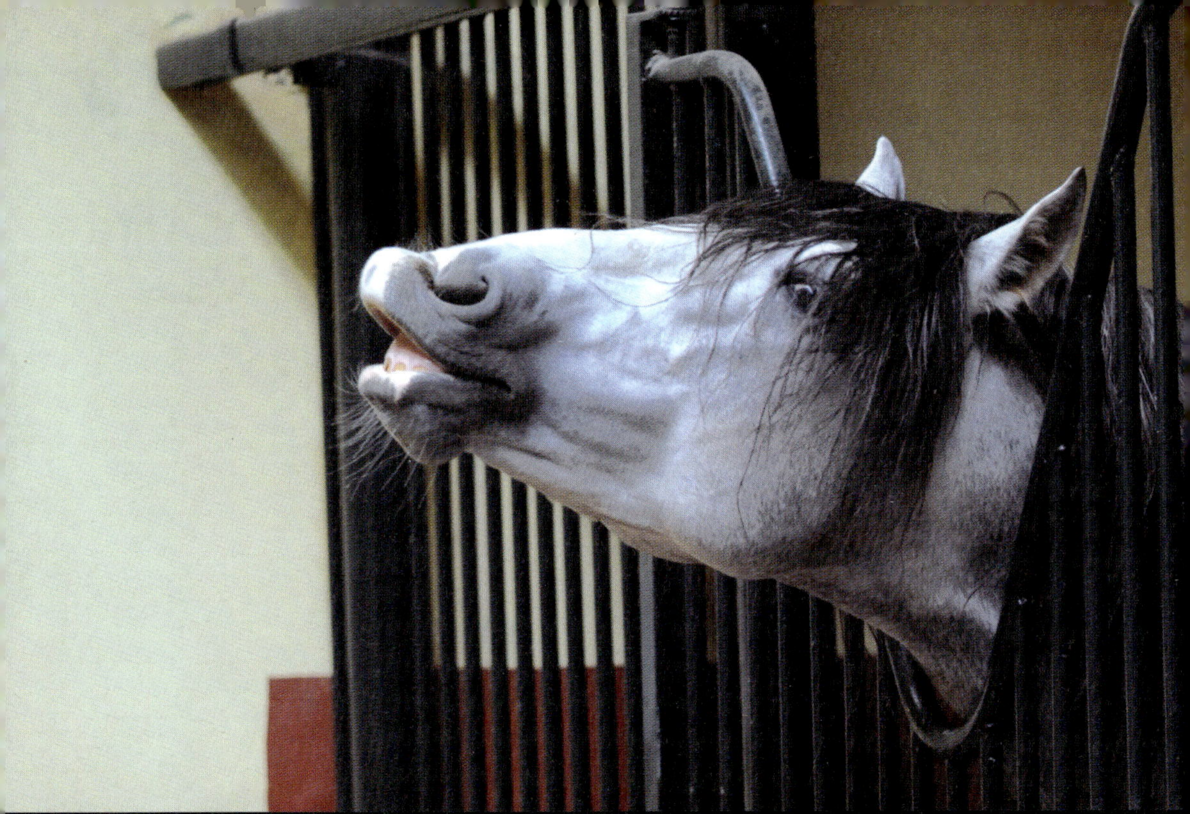

EN HAUT : Pur race espagnole ; EN BAS : Pur-sang arabes.

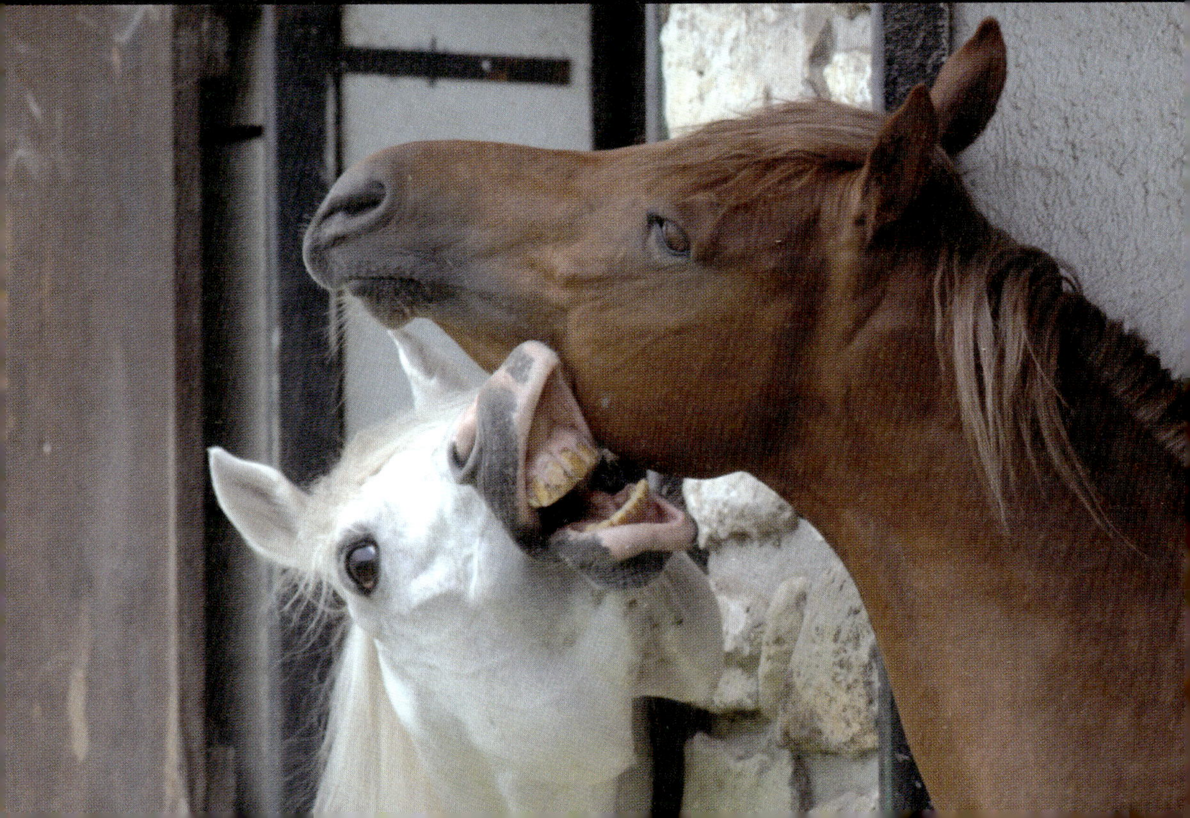

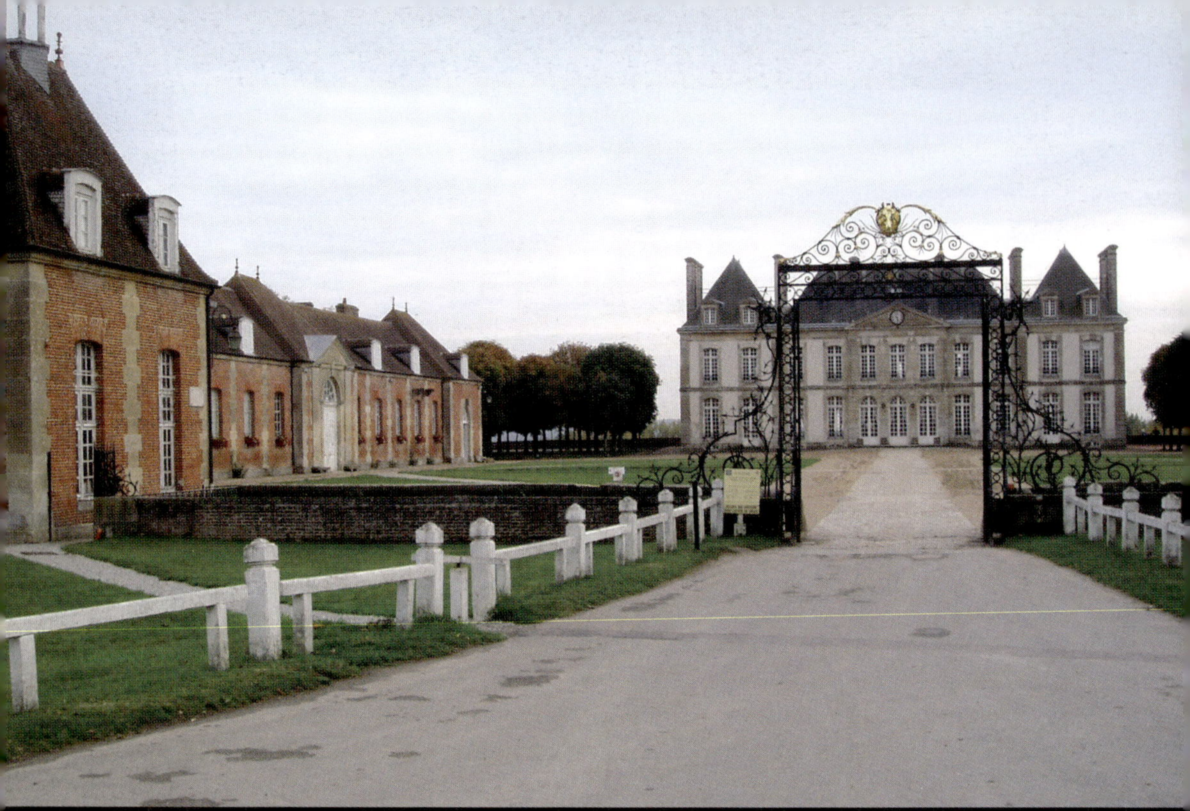

EN HAUT : Le haras du Pin ; EN BAS : le haras de Pompadour.

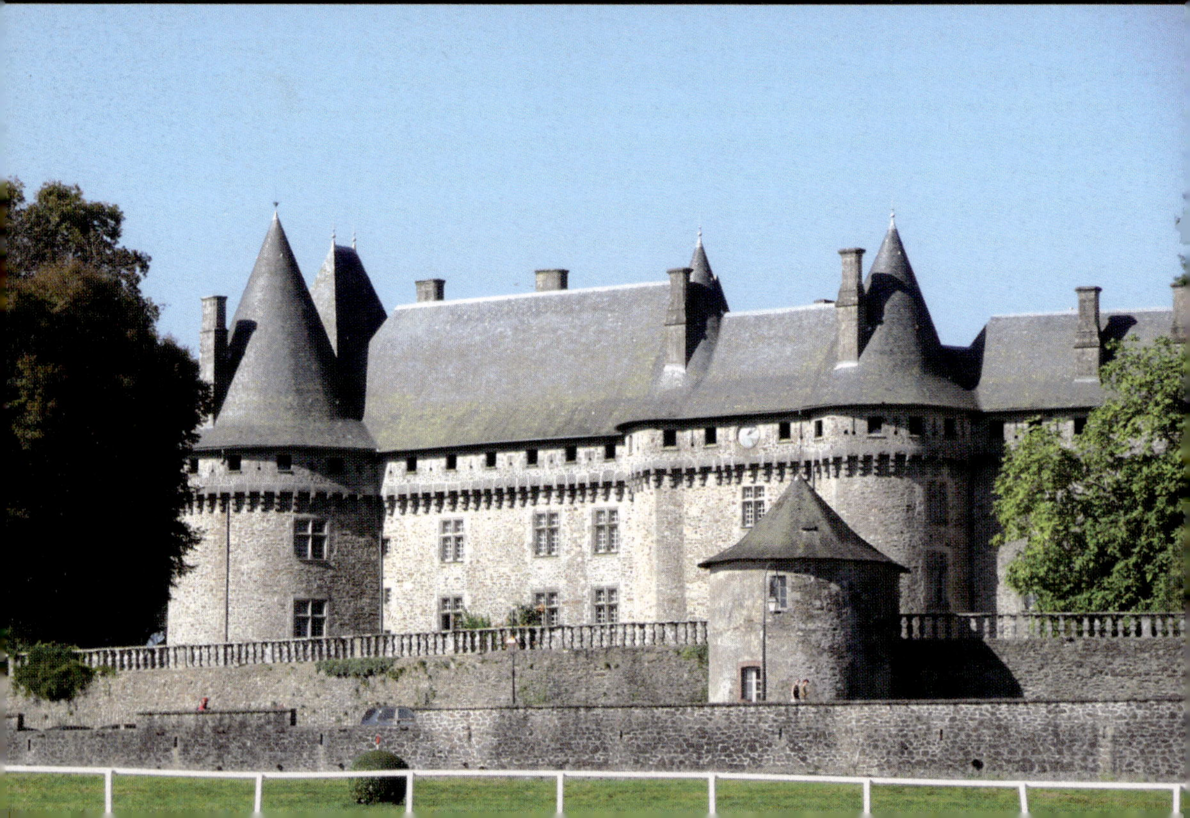

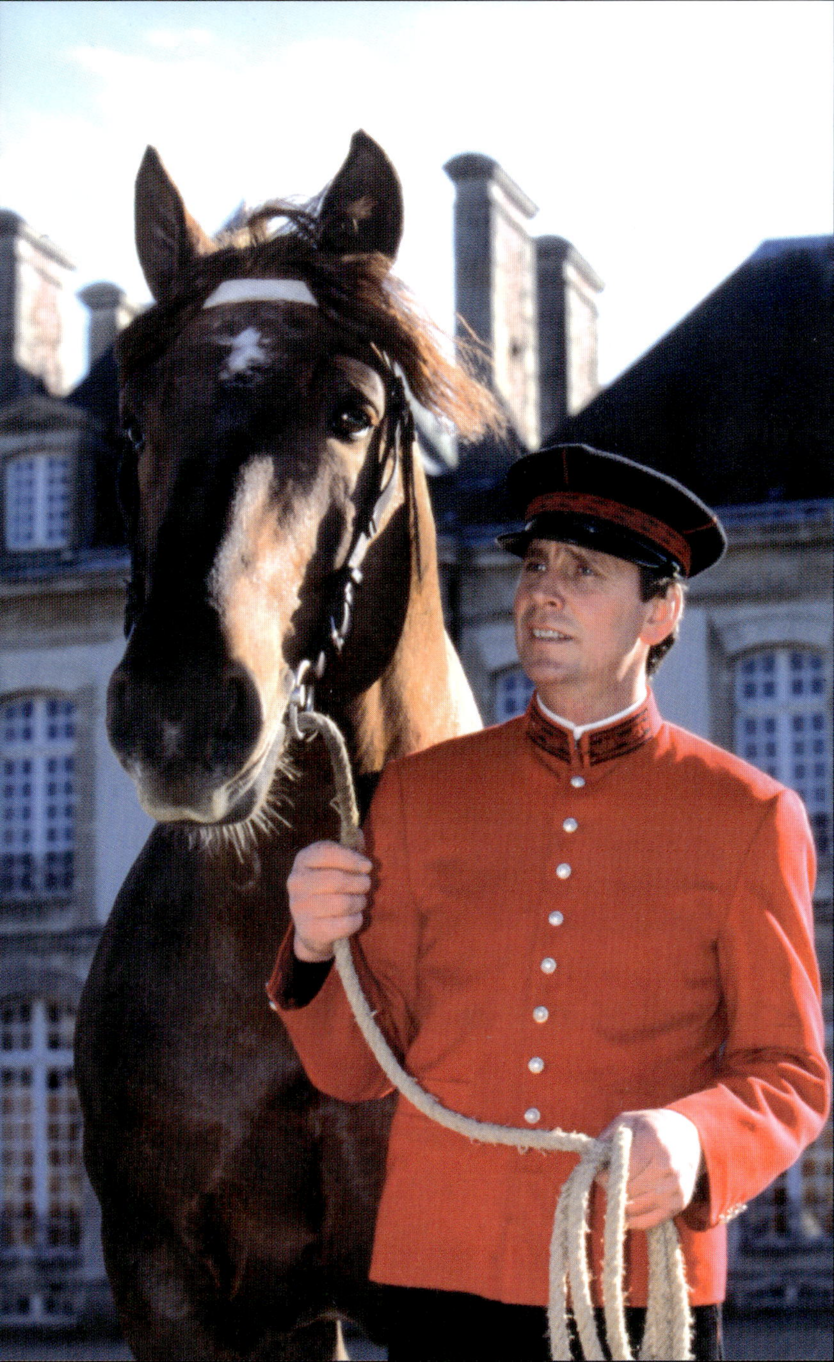

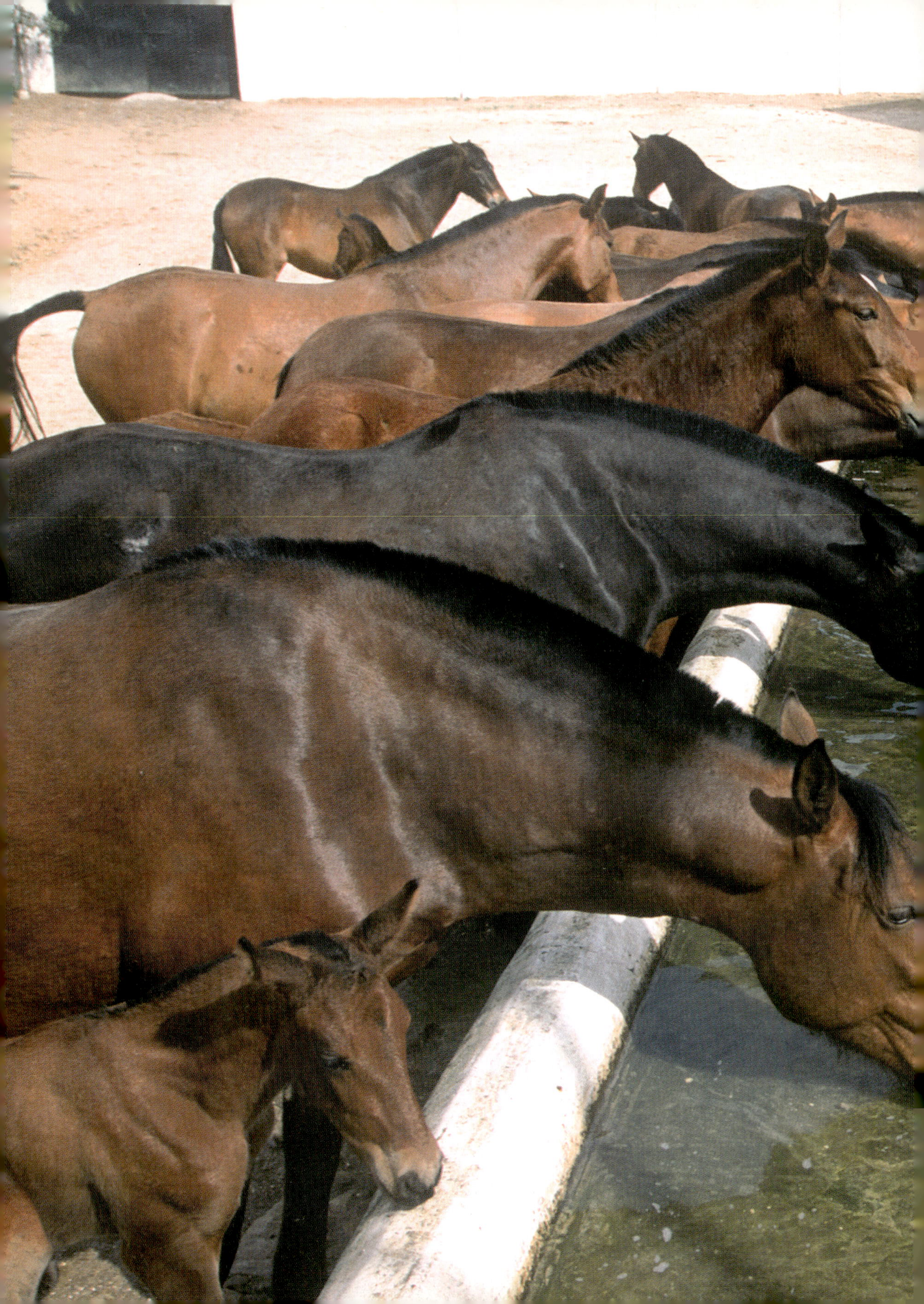

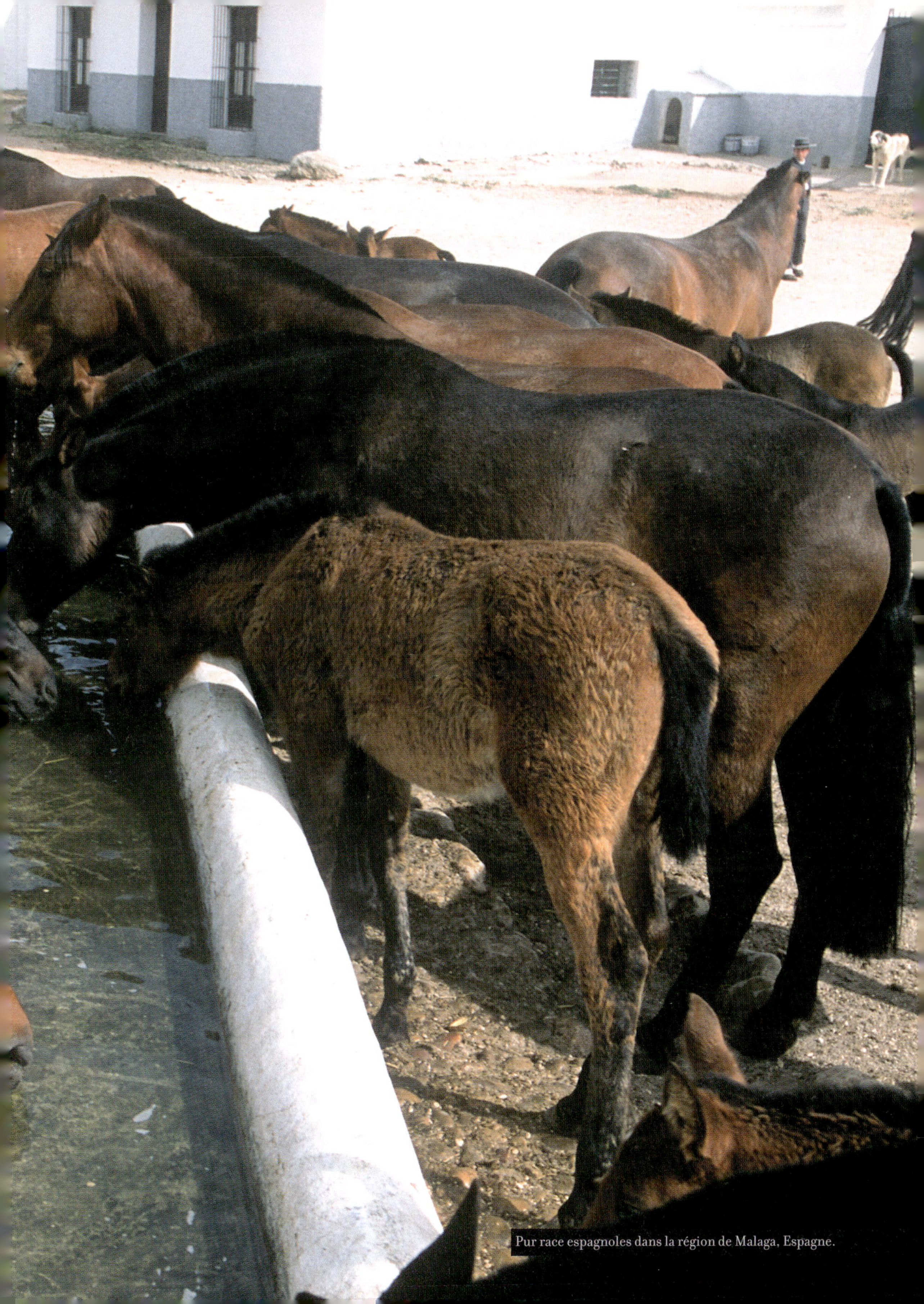

Pur race espagnoles dans la région de Malaga, Espagne.

JAPPELOUP

J'ai une véritable estime et affection pour le célèbre Jappeloup de Luze (1975-1991). J'aimais beaucoup ce cheval pour son caractère véritablement marginal. En effet, ce Selle français n'avait pas du tout le physique de l'emploi : hongre bai foncé de petite taille, à peine 1,58 mètre au garrot...
Personne n'aurait pu imaginer qu'il soit capable de devenir l'un des meilleurs chevaux de saut d'obstacles du xxe siècle ! En 1997, le magazine équestre *L'Année hippique* l'a désigné comme étant le deuxième cheval le plus performant en saut d'obstacles depuis la Seconde Guerre mondiale. Champion de France et d'Europe, il a gagné le titre de champion olympique aux JO de Séoul en 1988, avec son cavalier Pierre Durand.
J'ai assisté à plusieurs de ses concours et j'ai tenu à être présent à ses adieux, lors d'un jubilé au Champ-de-Mars en 1991. Vous avez dû comprendre que j'ai un caractère un peu « macho » ! Cela tient à ma culture hispanique, en rappelant toutefois que macho signifie « mâle »... Et, bien sûr, le mâle, c'est la procréation... Ma préférence va aux étalons.
Je trouve ainsi dommage que notre grand champion, le charmant petit Jappeloup, n'ait pas eu de descendance... Les étalons, tous les cavaliers le savent, sont impossibles à vivre en présence de juments ! Olé ! C'est la vie...

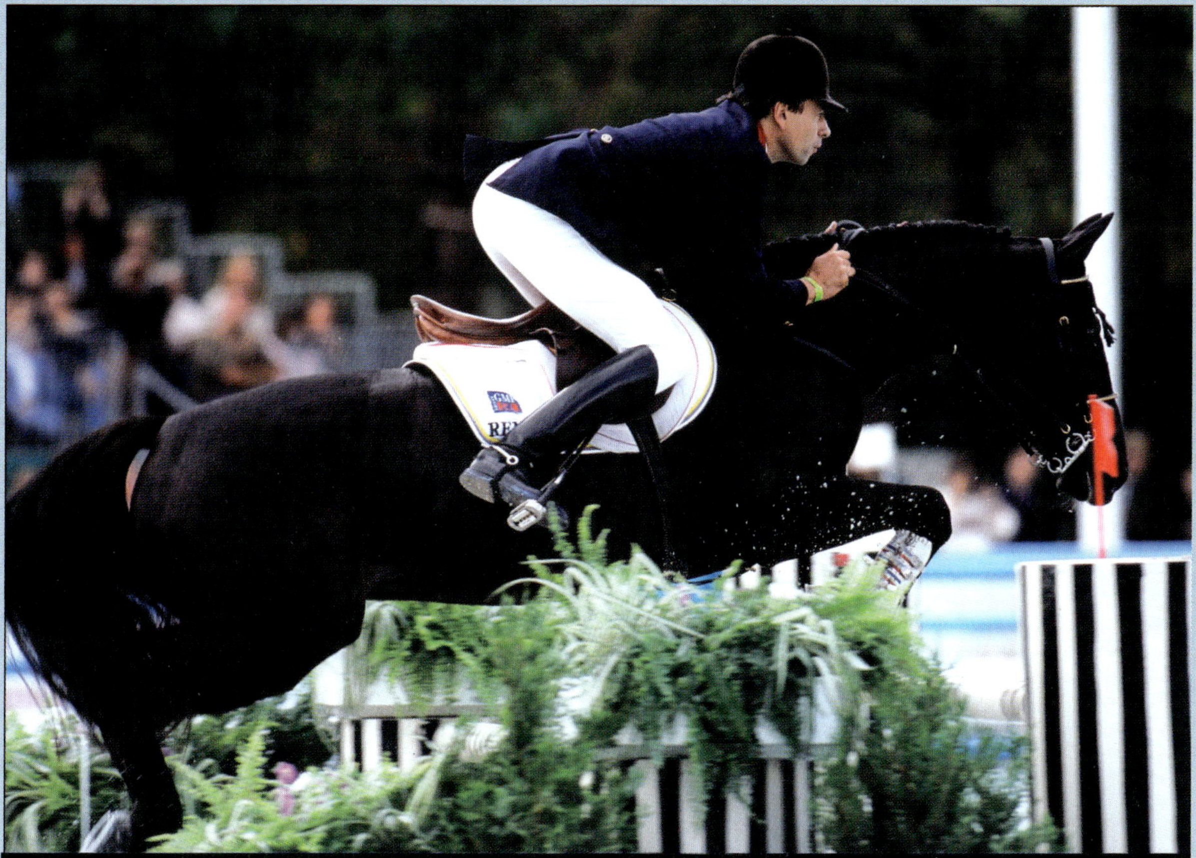

Pierre Durand sur Jappeloup, 1999.

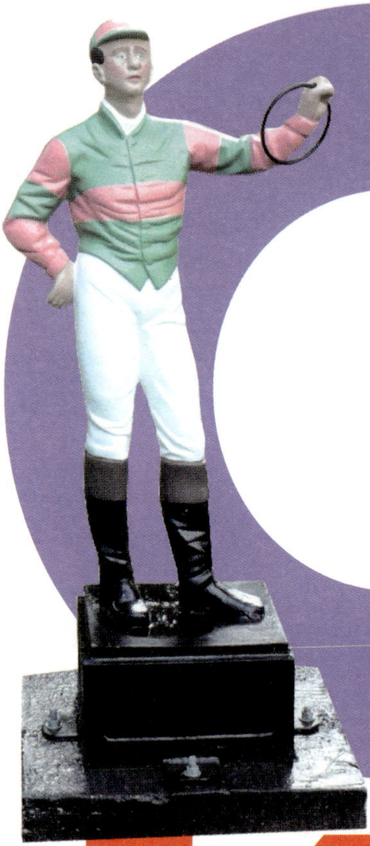

J O

C K E

JOCKEY

Y

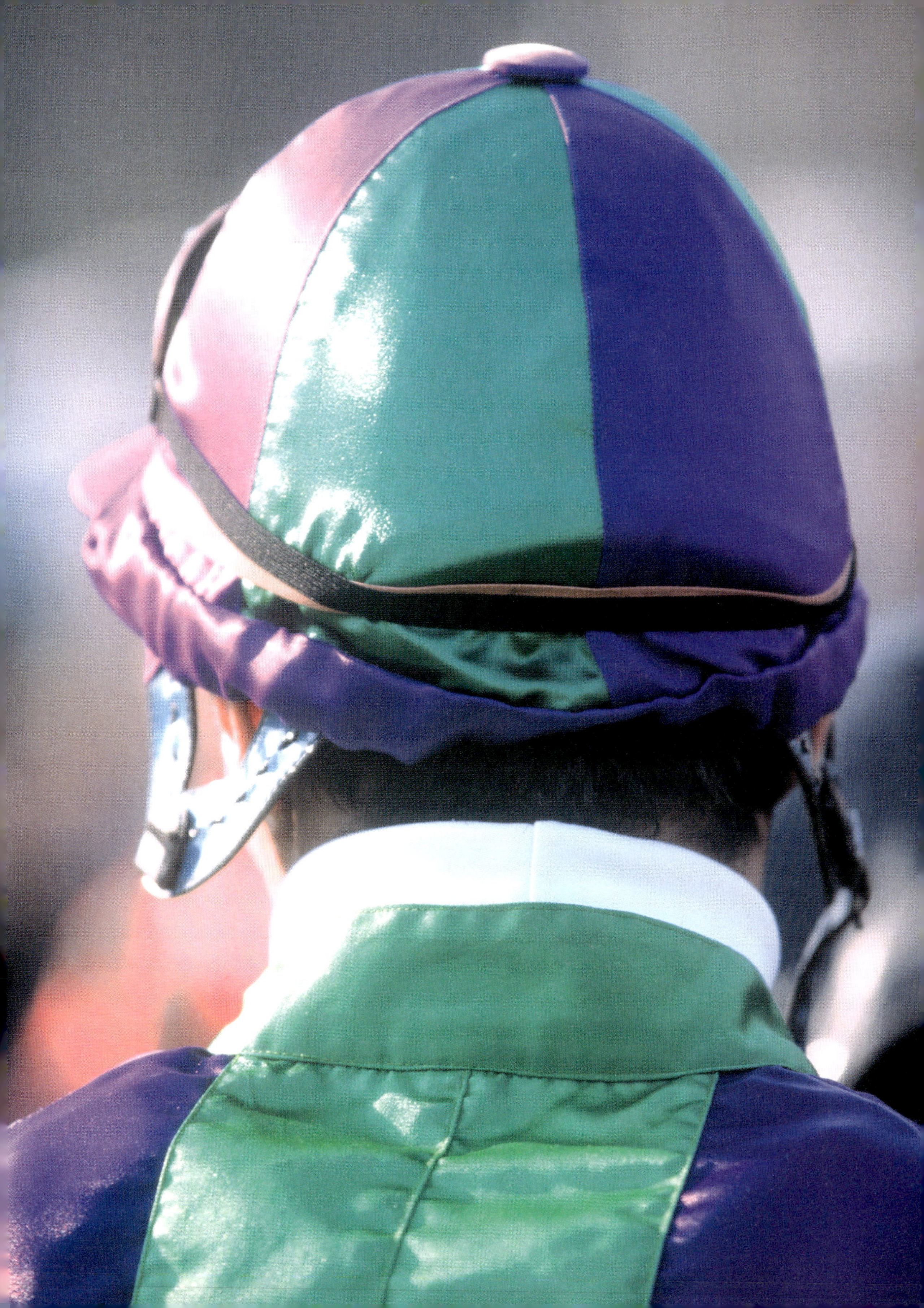

Je ne fréquente pas le milieu des courses et n'ai pas de liens directs avec les grands jockeys de ces quarante dernières années, à part Yves Saint-Martin, l'un des plus fameux. Quand je l'ai rencontré, il était alors au sommet de sa gloire. À chacune de nos rencontres, il me traitait de « pays », car il est originaire du Lot-et-Garonne comme « Bon Papa », le baron Gaston de Caubios d'Andiran, mon grand-père maternel. Yves est un incomparable champion, en même temps qu'un homme simple. Par deux fois, et dans des circonstances très particulières, j'ai eu la chance de me mesurer à lui lors de concours hippiques. C'était au profit d'œuvres caritatives, notamment à Genève. Nous avons aussi couru une course d'endurance au botte à botte à Séverac-le-Château.

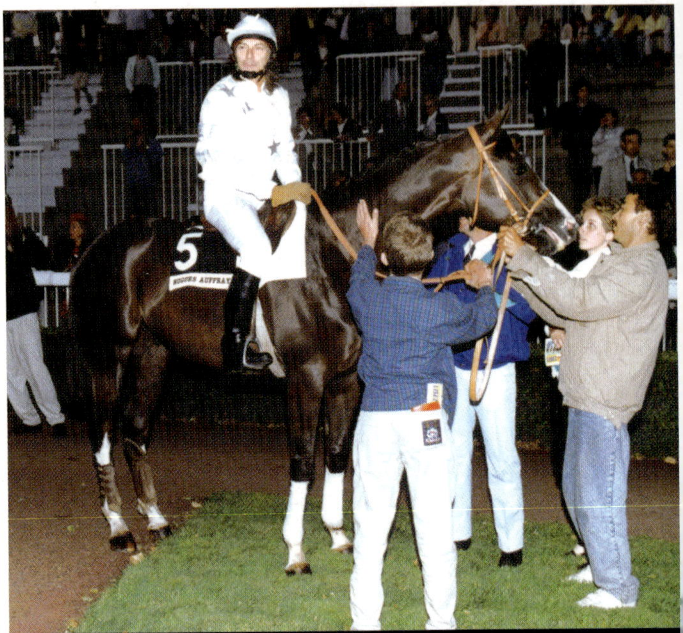

Jockey au masculin.

Je suis à la gare Montparnasse. Je m'apprête à prendre le train. Je vérifie le numéro de la voiture sur mon billet. À côté de moi, un petit bonhomme fait de même. Il me regarde, me sourit, me reconnaît probablement. Il me double avec sa valise et, là, quelque chose m'interpelle. Au-dessus de son bagage… une selle, mais pas n'importe quelle selle, une selle de jockey. Étonnamment, il ne semble plus tout jeune ! Hasard de la vie, je cherche justement un jockey expérimenté pour un projet de film. Je décide de le chercher dans le train et le retrouve. Nous entamons une discussion très vite passionnée. Il connaît toutes mes chansons. Je découvre qu'il a soixante-trois ans et qu'il est toujours en course, c'est certainement le plus ancien jockey du monde en exercice. Il se nomme Jeanny Leclet et connaît les hippodromes mieux que quiconque, pour avoir couru dans toutes les disciplines. Il a à son actif plus d'un millier de courses et a révolutionné la technique du trot monté. Nous sommes devenus amis et avons plein de projets !

Enfin, j'ai été parrain d'une promotion de l'École de jockeys de Maisons-Laffitte. À cette occasion, j'ai participé à un entraînement sur un pur-sang, au petit matin. Et là, je dois l'avouer, j'ai eu le trac…

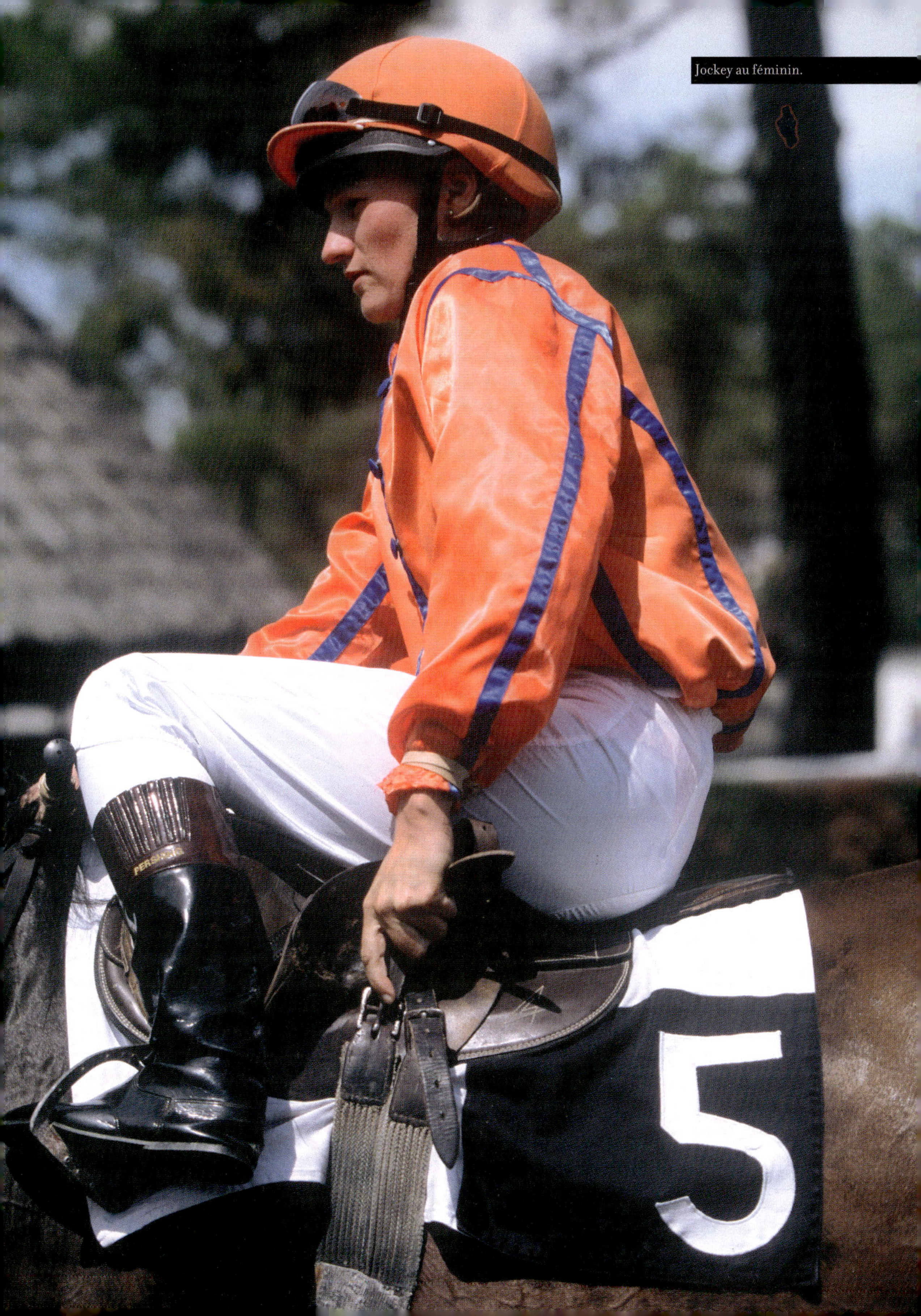

Jockey au féminin.

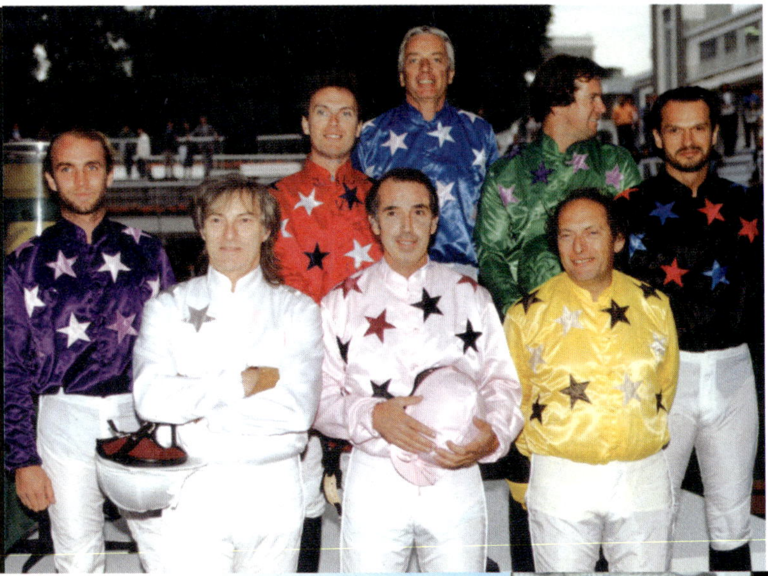

EN HAUT : 28 juin 1989, Longchamp : « Stars en selle », course organisée au profit d'une cause humanitaire. Hugues entouré, entre autres, de Philippe Monnet, Michel Dhrey, Julien Le Pers, Just Jaeckin, Hubert Auriol et François-Éric Gendron.
EN BAS À GAUCHE : Jeanny Leclet en course, Bordeaux 2008 ; À DROITE : À Saratoga Springs (État de New York). La ville tout entière est dédiée aux chevaux, ses courses sont réputées. Partout en ville, on peut voir des sculptures à l'effigie des jockeys et leurs chevaux, comme en témoigne la statuette de la page 196, photographiée sur une pelouse de Saratoga.

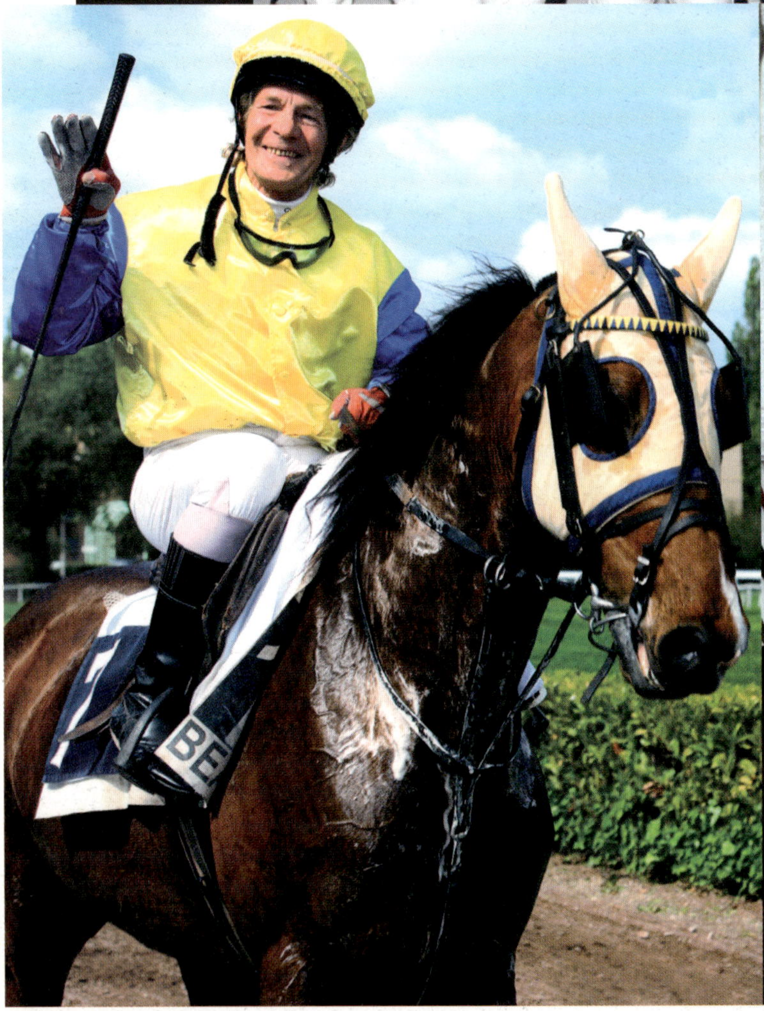

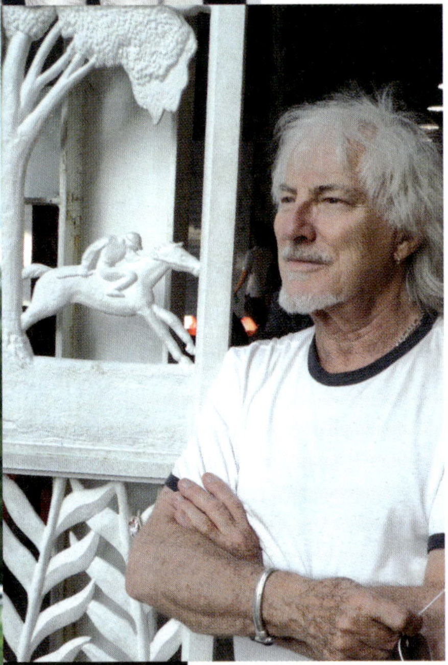

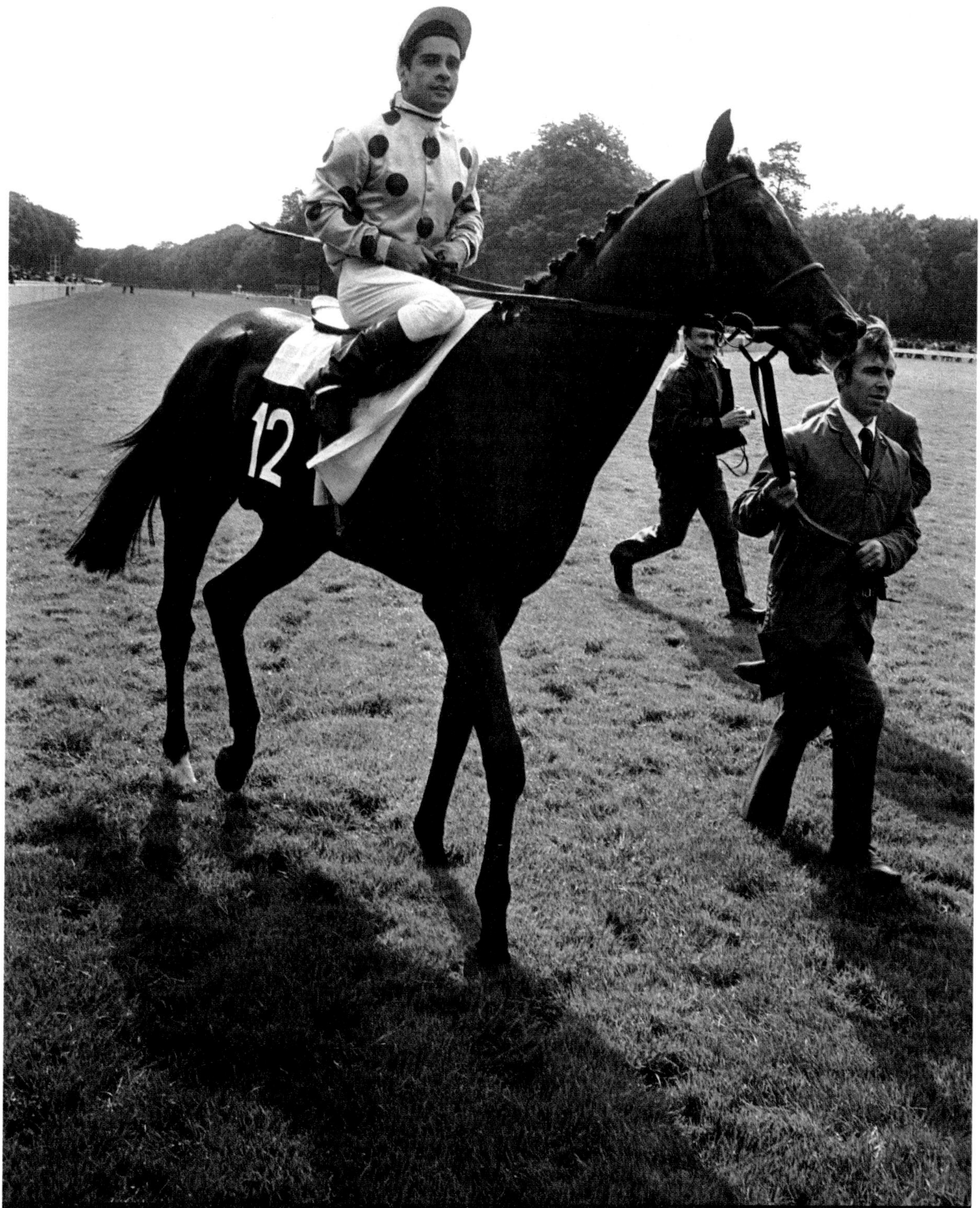

8 juin 1968 : Yves Saint-Martin, monté sur Talpaque, vient de remporter le Grand Prix du Jockey club, à Chantilly.

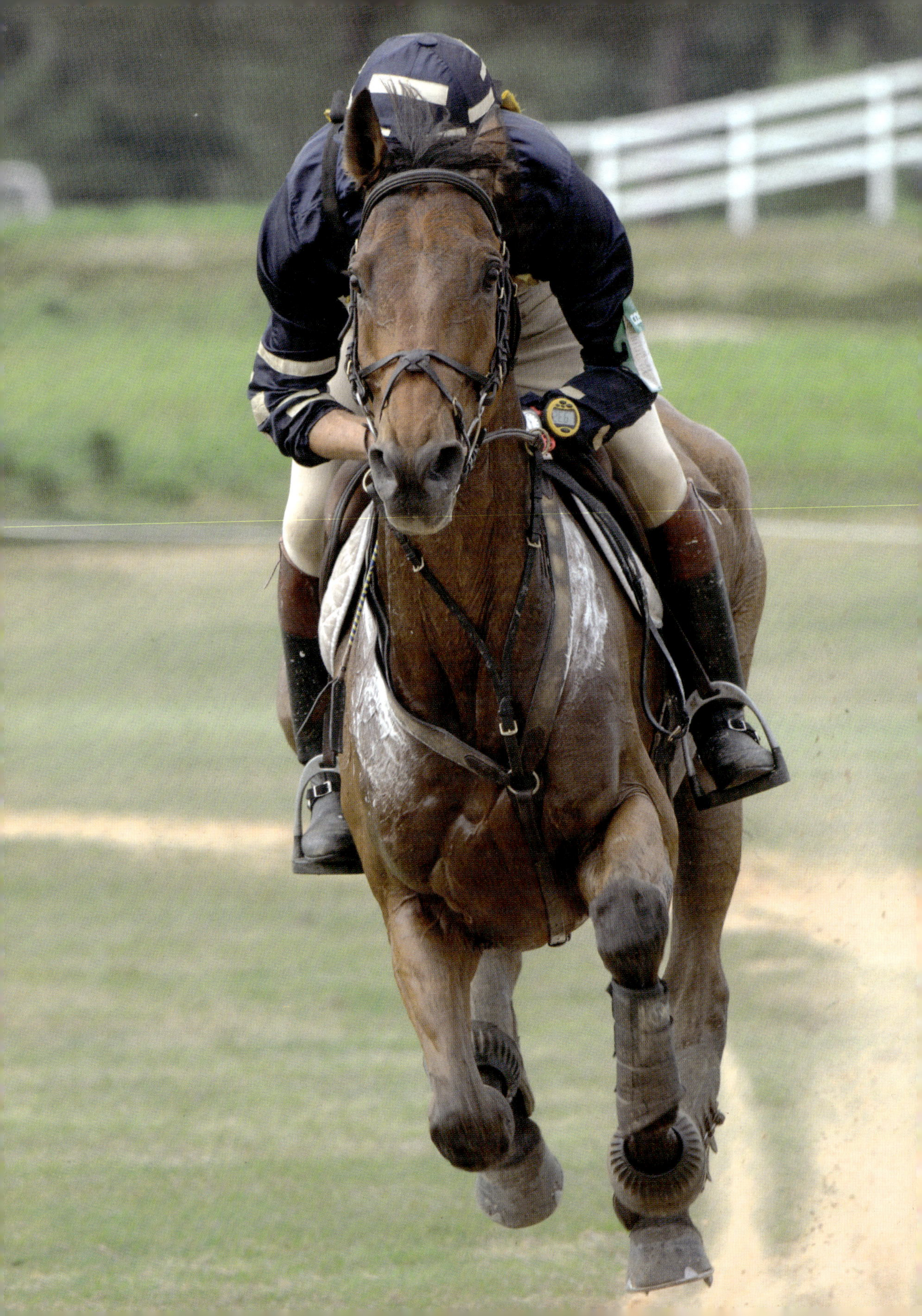

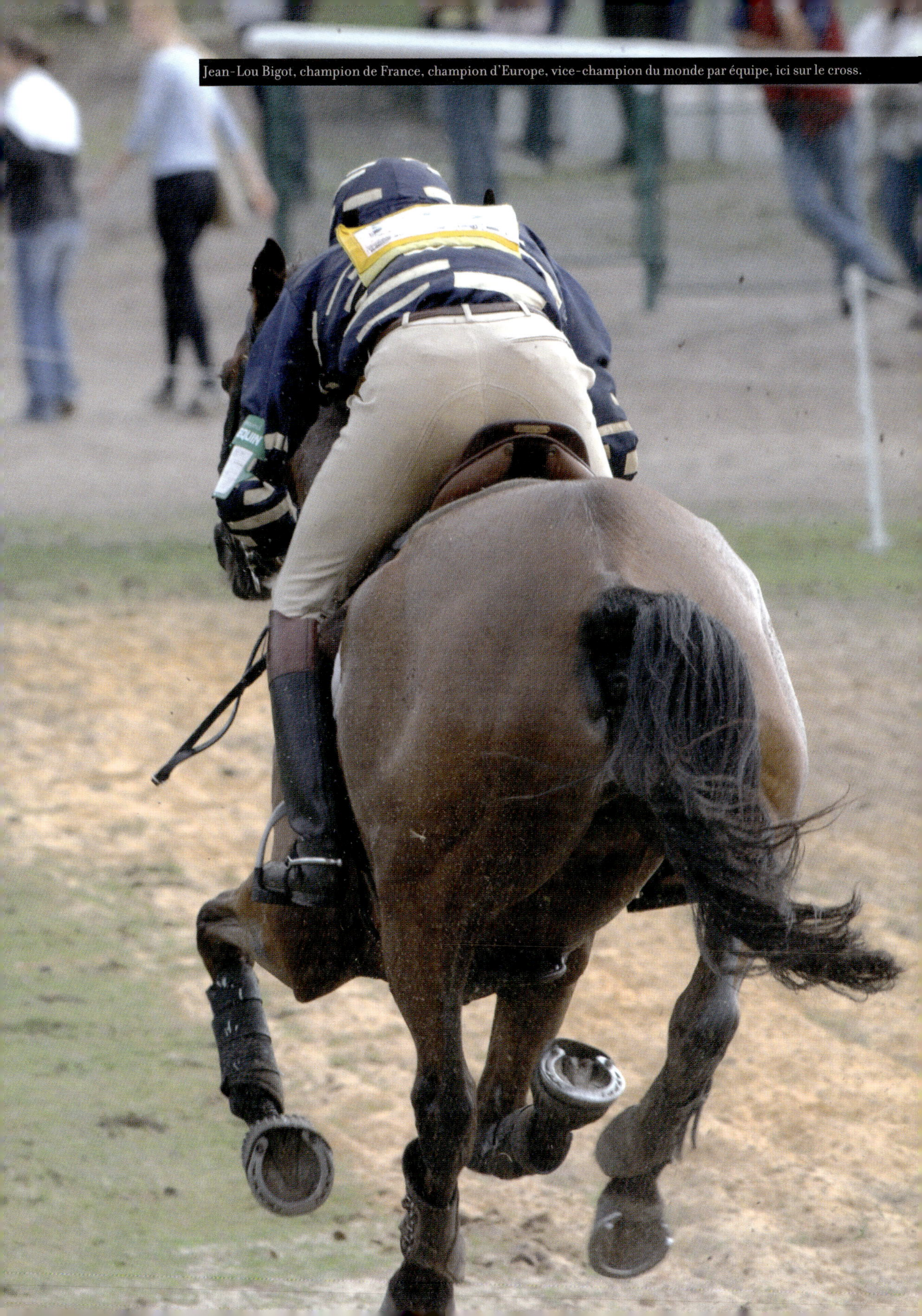

Jean-Lou Bigot, champion de France, champion d'Europe, vice-champion du monde par équipe, ici sur le cross.

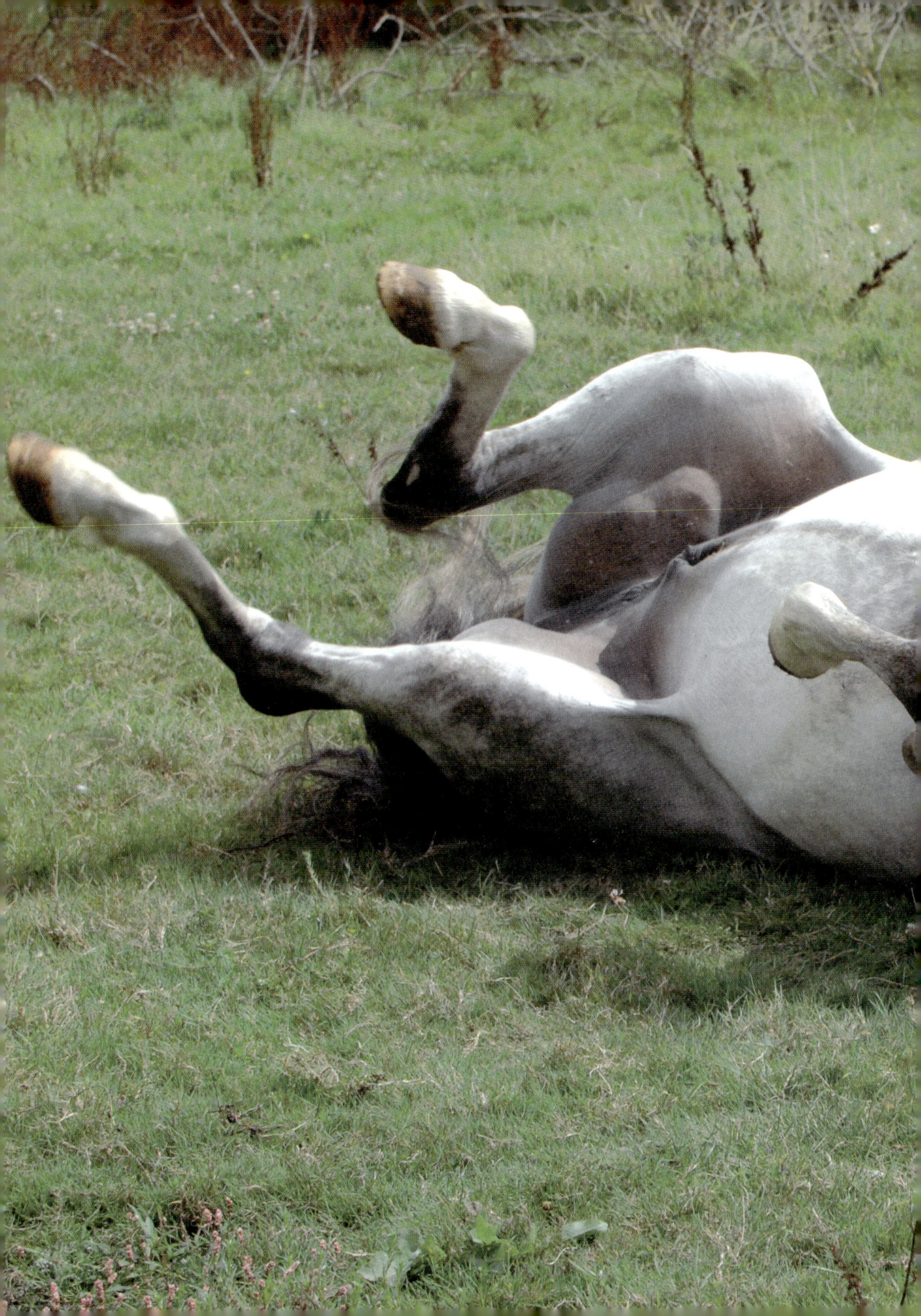

LIBERTÉ

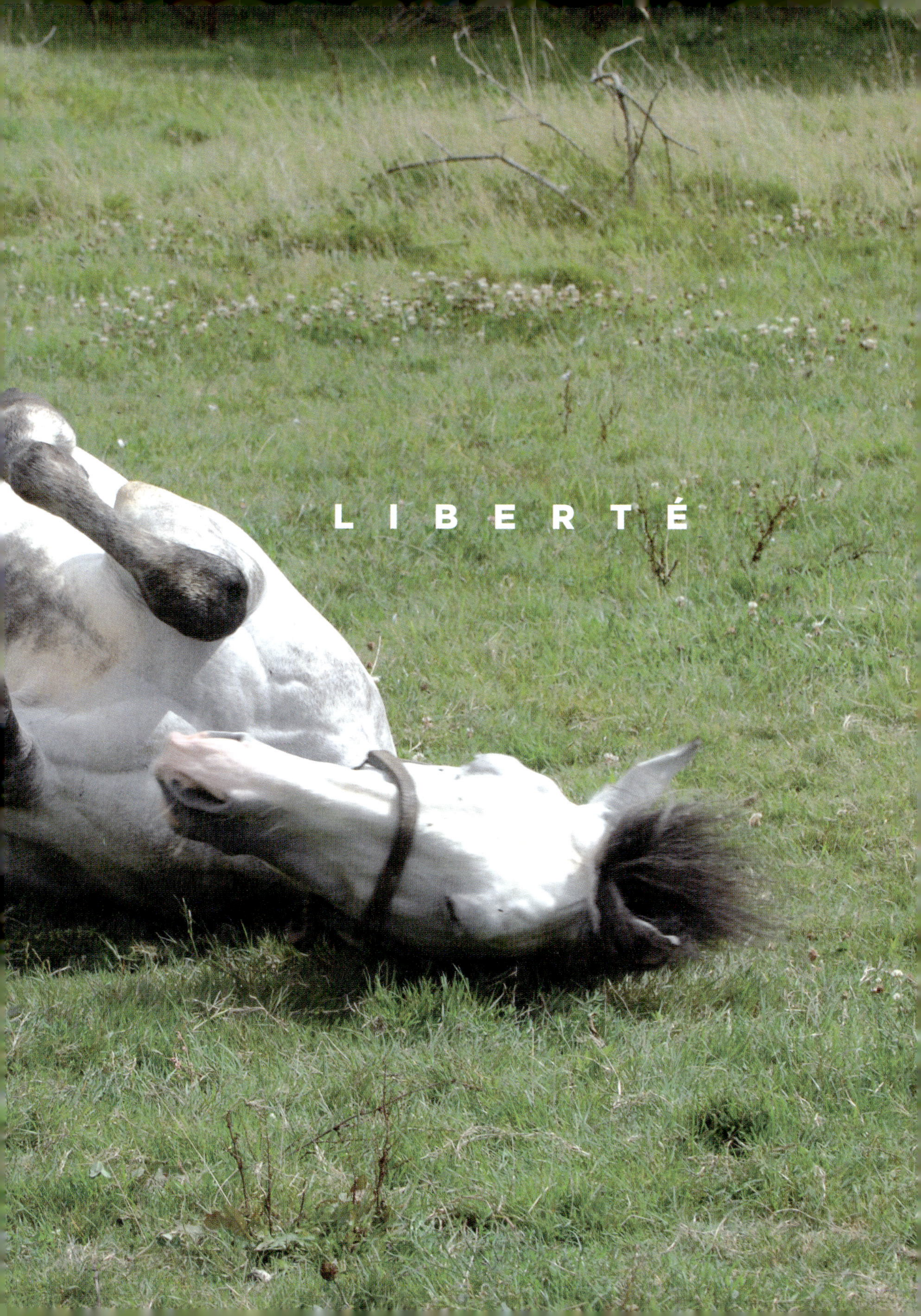

Chevaucher en pleine nature engendre un sentiment de grande liberté !
J'aime la liberté, c'est pour cela que j'ai choisi d'être artiste. L'artiste est par définition un homme libre et indépendant, différence fondamentale avec l'artisan qui, lui, est tenu d'exécuter un travail précis pour un commanditaire ou un marché spécifique...
Dans l'histoire de l'humanité, le cheval est synonyme de liberté et de conquête. Étrangement, le cheval et le bateau s'apparentent, car ils sont de la même famille. Toutes les conquêtes majeures ont été l'œuvre de marins ou de cavaliers. Dans le cas des Conquistadors, les deux étaient réunis.
Adolescent, tout naturellement, j'étais animé par le besoin d'aventure, celle du marin ou celle du cavalier. C'est la vie qui m'obligera à renoncer à la mer, mais j'en ai gardé la nostalgie ; c'est peut-être pour cela que j'ai écrit de nombreuses chansons sur les marins, les bateaux, l'évasion. Et je me suis tourné avec passion vers la terre, sur un domaine situé entre Gard et Ardèche... pour y avoir des chevaux.
Mon goût pour la liberté s'est largement exprimé tout au long de ma carrière... mais la liberté n'a pas de prix ou, plus précisément, son prix est si élevé qu'il faut en assumer les risques ! Être considéré comme un indépendant, un marginal, voire un rebelle, se paie très cher.
J'ai payé mon écot !

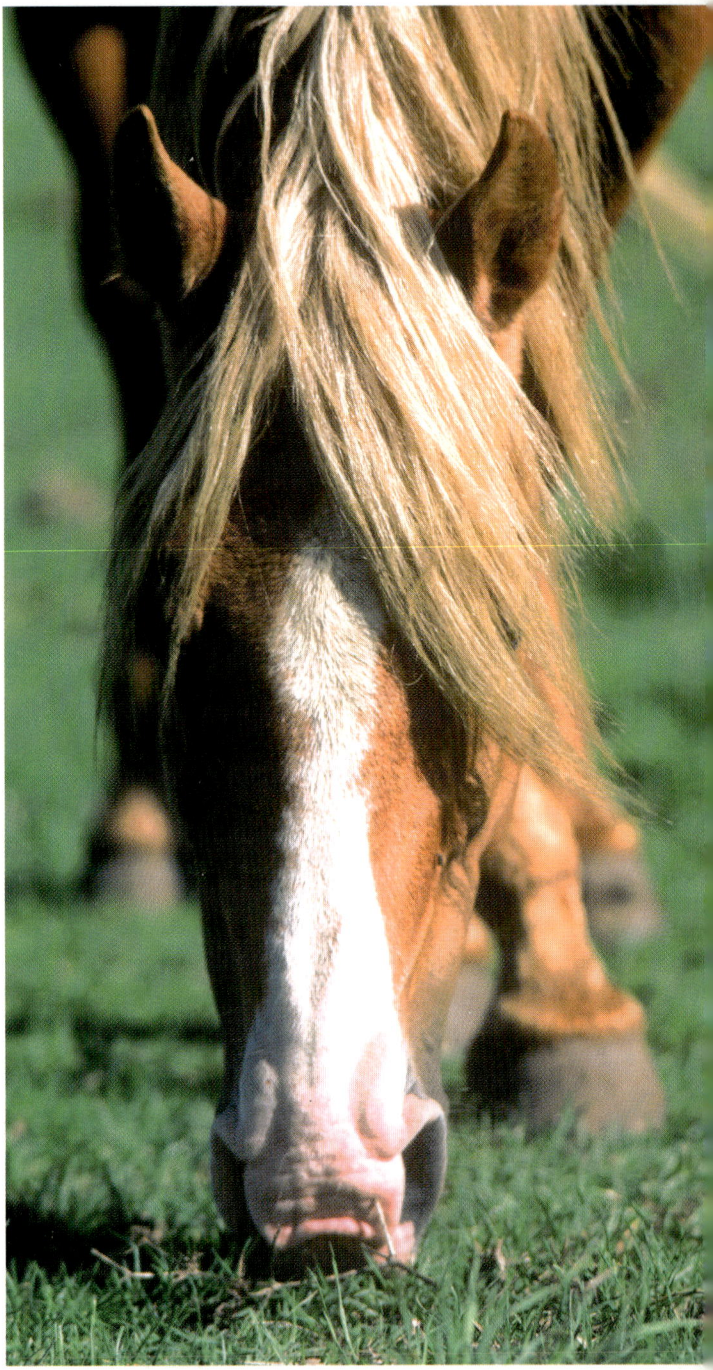

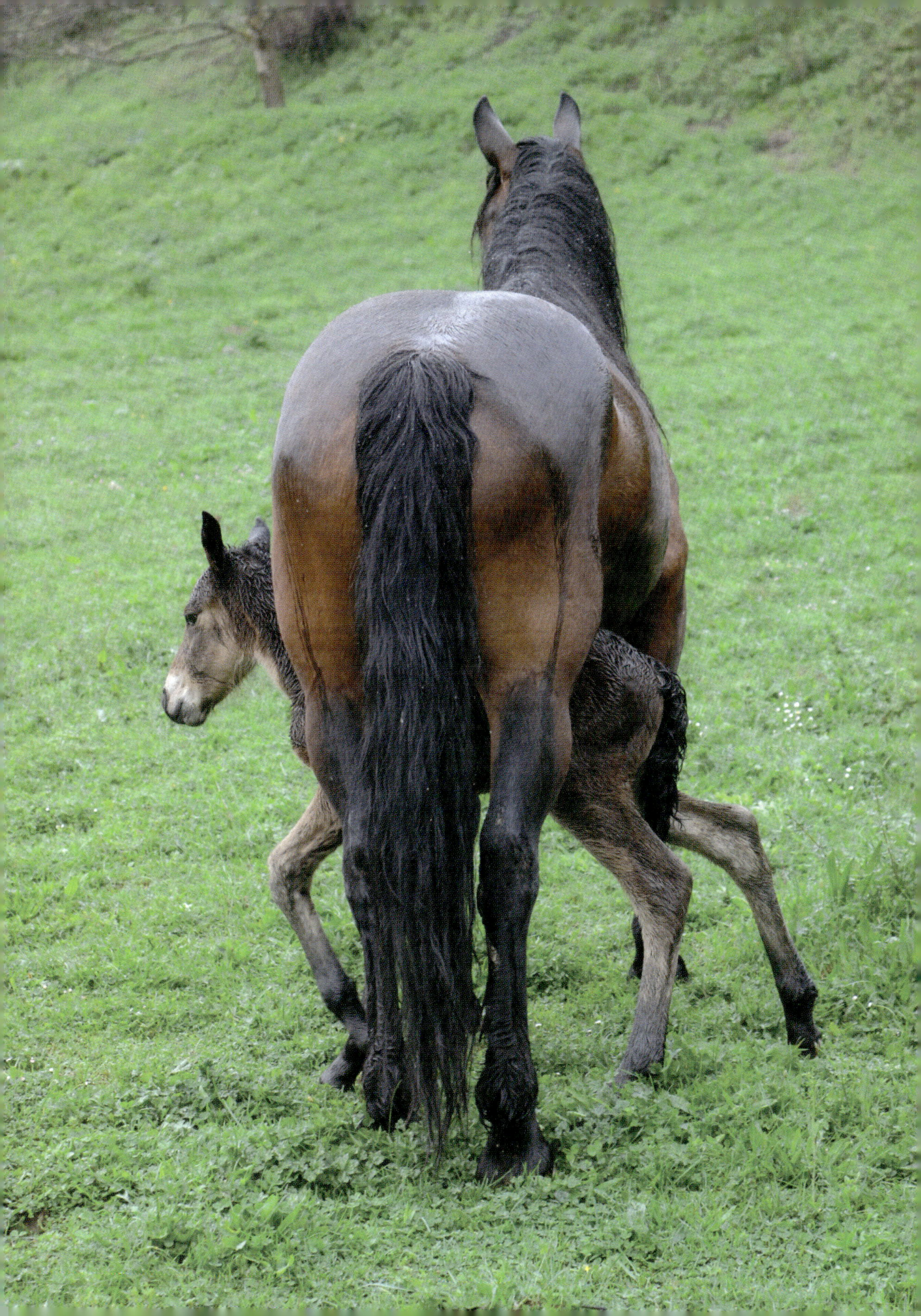

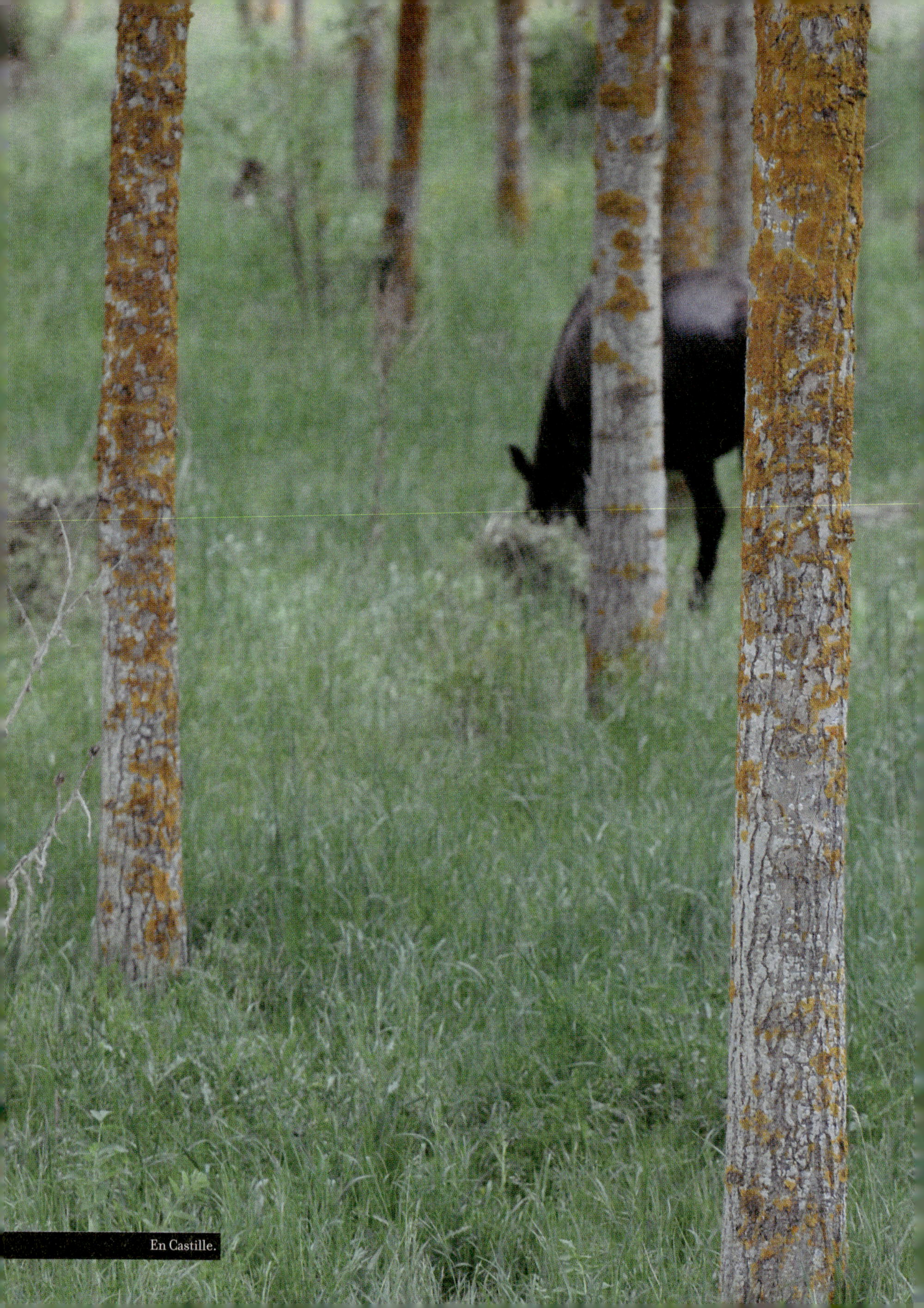

En Castille.

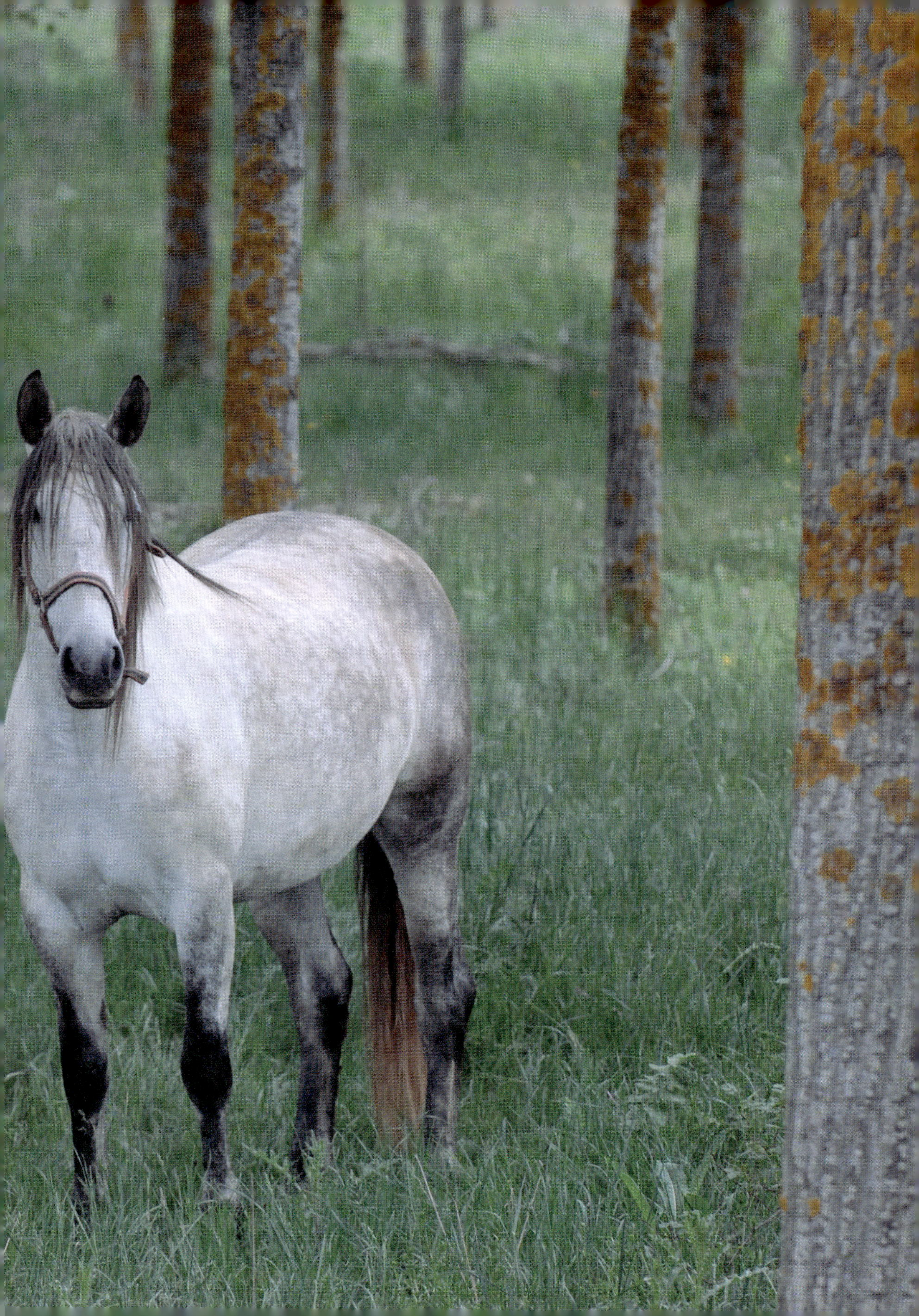

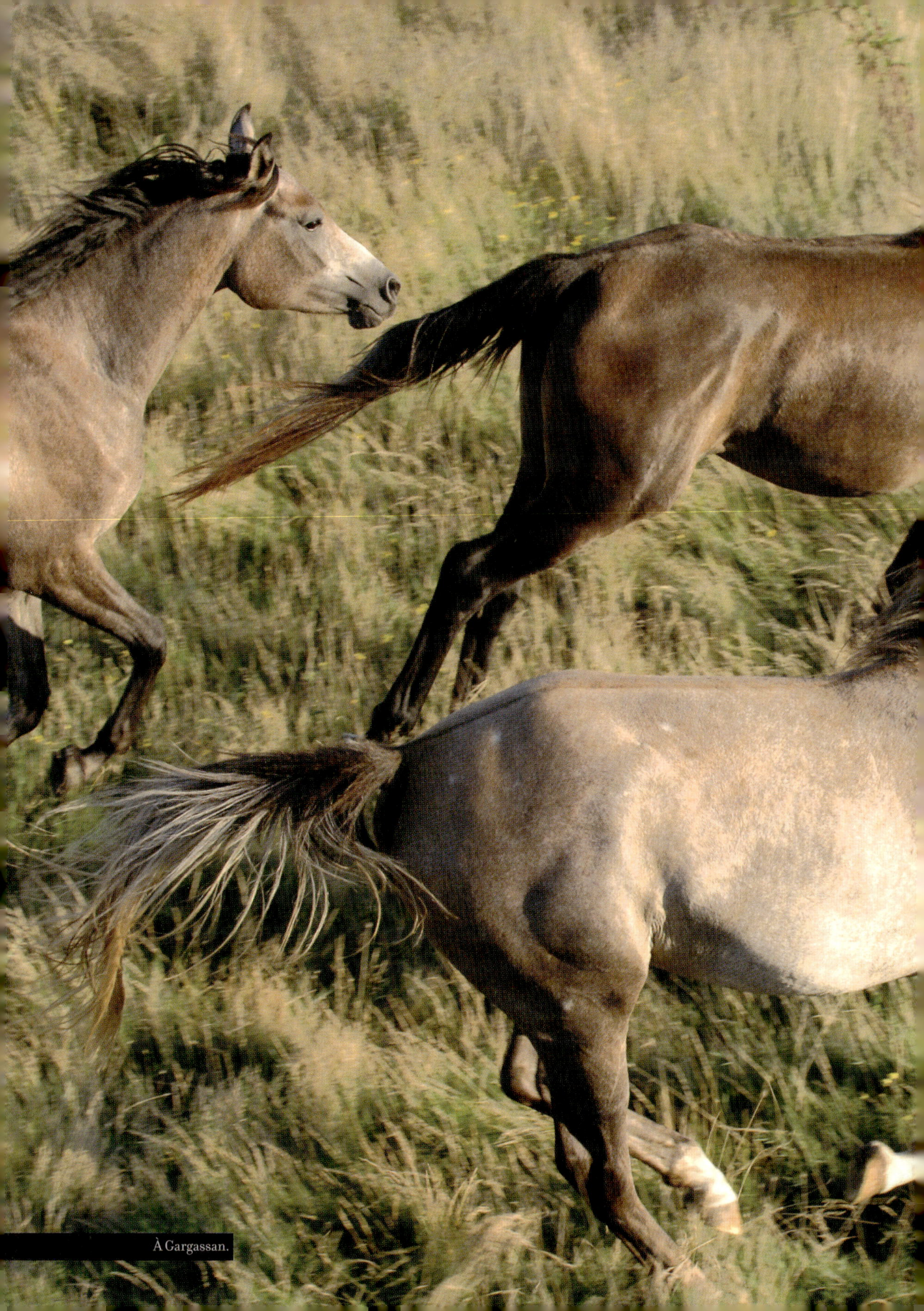

À Gargassan.

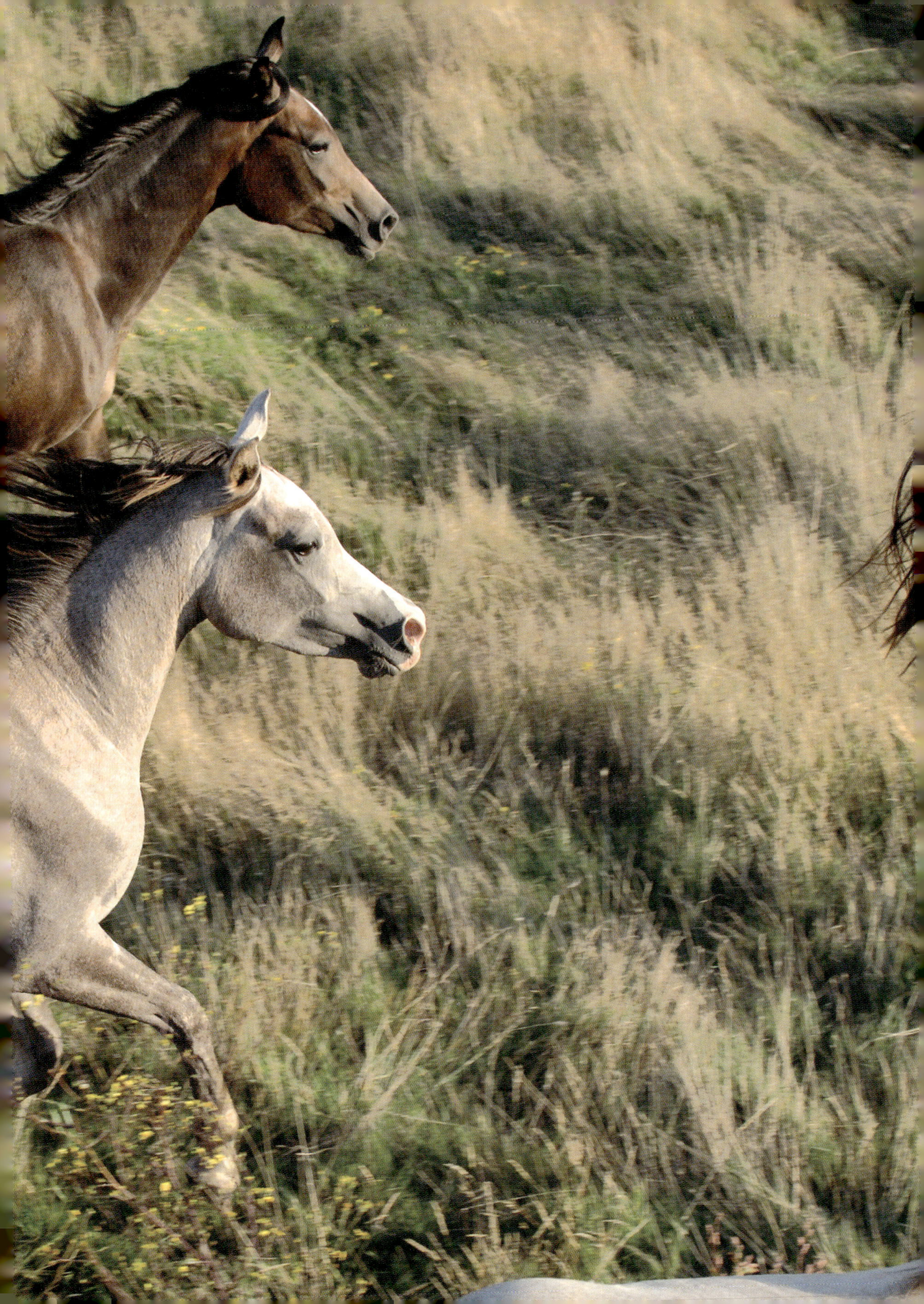

MARIO

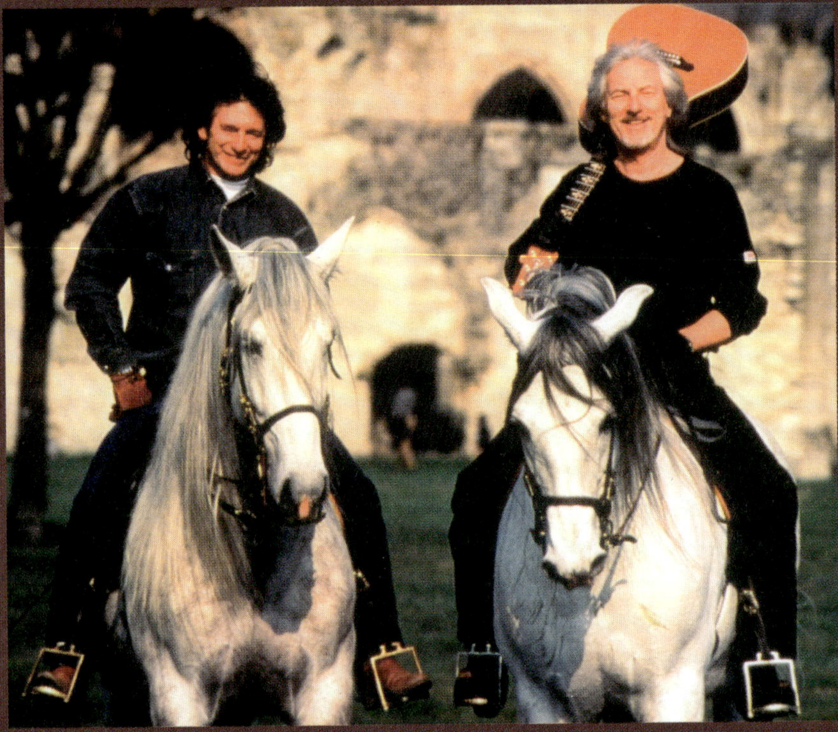

LURASCHI

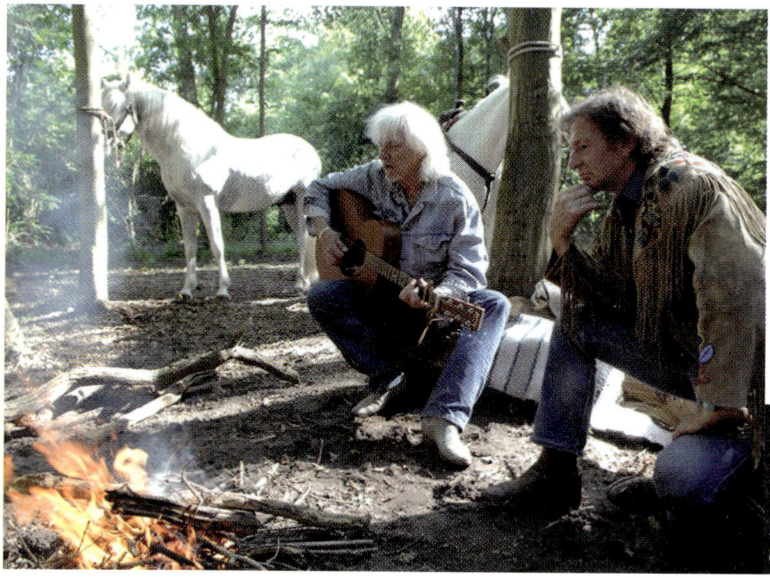

Pendant l'enregistrement du clip de l'album « Hugh ! », *Ensemble, on est moins seul.*

Mario est beaucoup plus qu'un cavalier doué, un cascadeur intrépide, un dresseur de chevaux talentueux, un collectionneur expert d'objets indiens, de peintures et de bronzes équestres, un spécialiste de l'épopée napoléonienne… Mario est avant tout un homme qui a totalement réalisé son rêve d'enfant !
Véritable horseman, il a une connaissance et une science complète du cheval, et une formidable culture de son histoire. Il faut préciser par ailleurs qu'il est totalement autodidacte. Ce qui me touche beaucoup chez lui, c'est l'authenticité et le naturel du personnage.
Fils d'un immigré italien maçon, il s'intéresse très jeune aux Indiens d'Amérique du Nord. Mais lui ne s'est pas contenté de regarder les westerns. Sa passion l'a conduit à décrypter le mode de vie indien, à se plonger dans leurs us et coutumes, dans leurs traditions. Il sera d'ailleurs l'un des premiers à vivre dans un tipi en France. Et sera à l'origine de la vallée des Peaux Rouges de la Mer de Sable, un parc d'attraction à Ermenonville, dans l'Oise. Il deviendra ainsi l'un des plus grands spécialistes au monde de l'histoire des Indiens d'Amérique du Nord.
C'est un homme d'une très grande générosité, un ami, un frère, à côté de qui j'ai eu l'honneur de participer à quelques spectacles équestres, dont un à Bercy et un en Belgique.
Homme de cinéma il participe aussi à la préparation de nombreux spectacles équestres. Aujourd'hui, cascadeur et dresseur mondialement réputé, il organise, chaque année, des spectacles de chevalerie qui rassemblent des dizaines de milliers de spectateurs à l'Europa Park de Rust, dans le sud de l'Allemagne.
À deux pas du merveilleux Château de Chantilly, entouré de ses chevaux, il vit comme un seigneur !

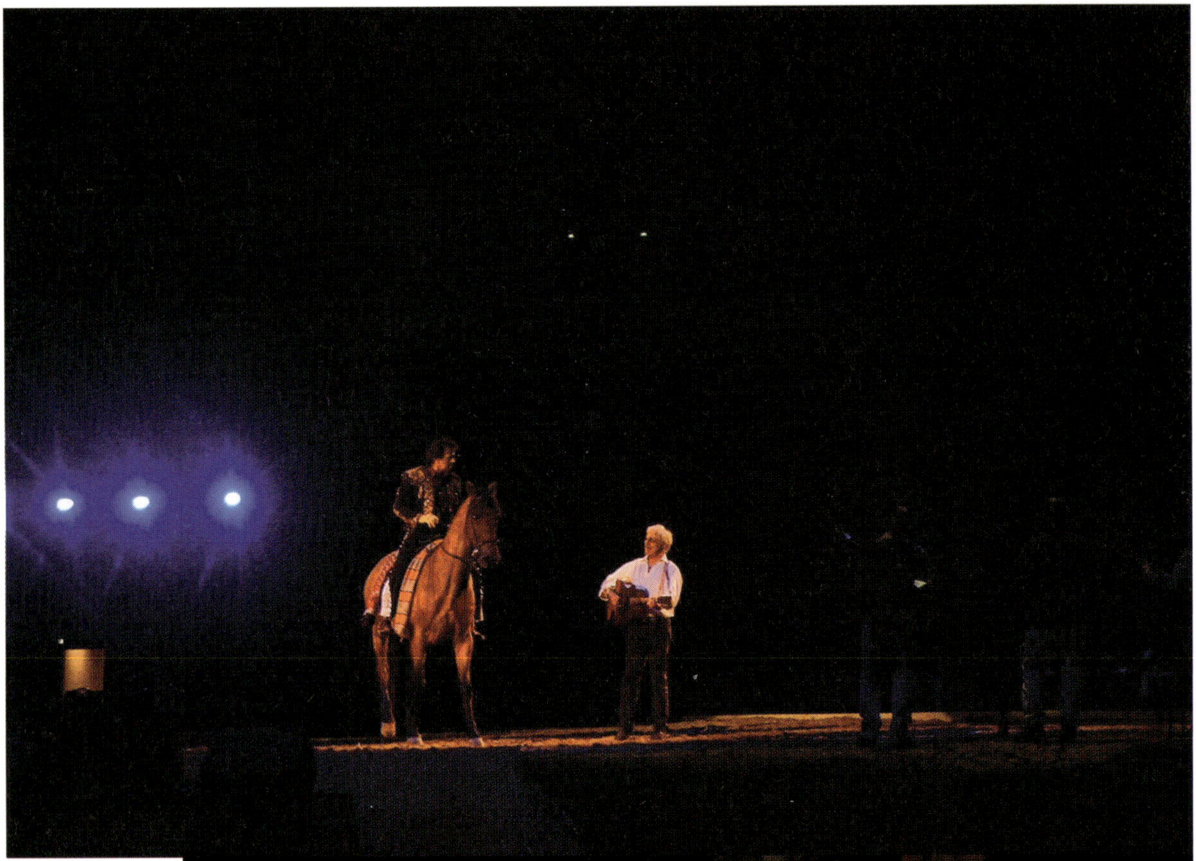

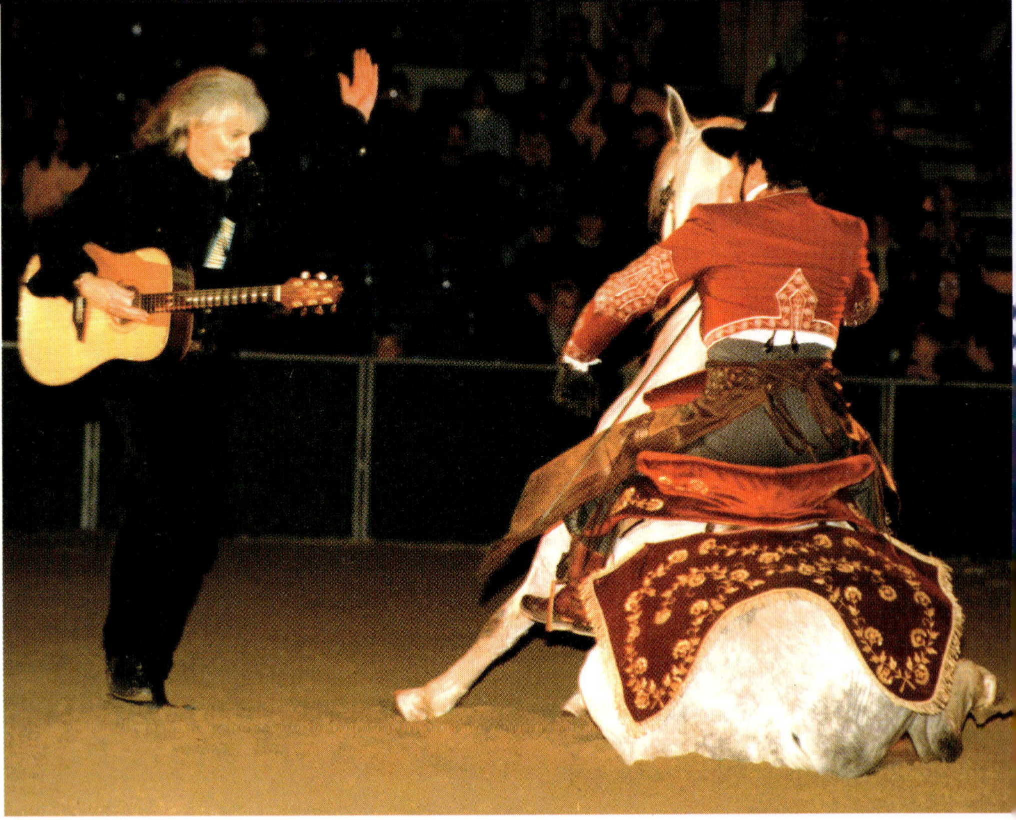

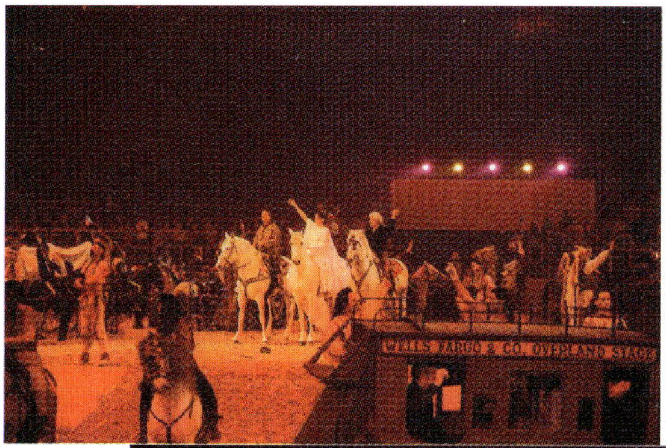

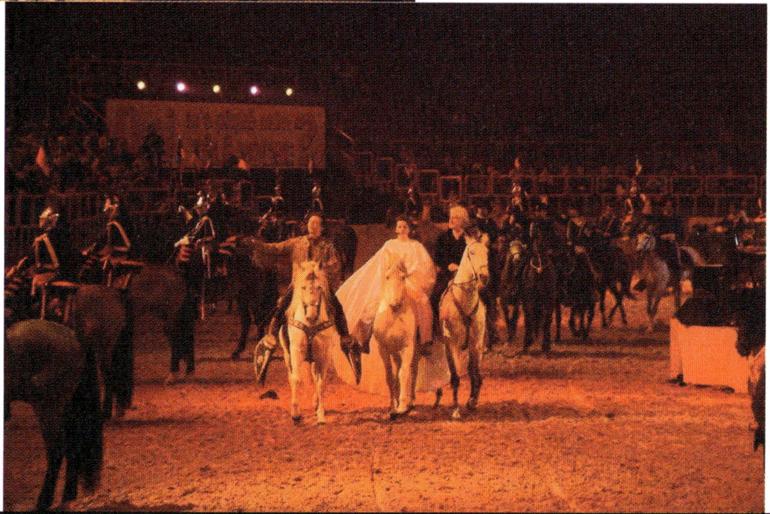

Aux côtés de Mario Luraschi au cours du spectacle *La conquête du Far West*, à Bruxelles et à Paris-Bercy.

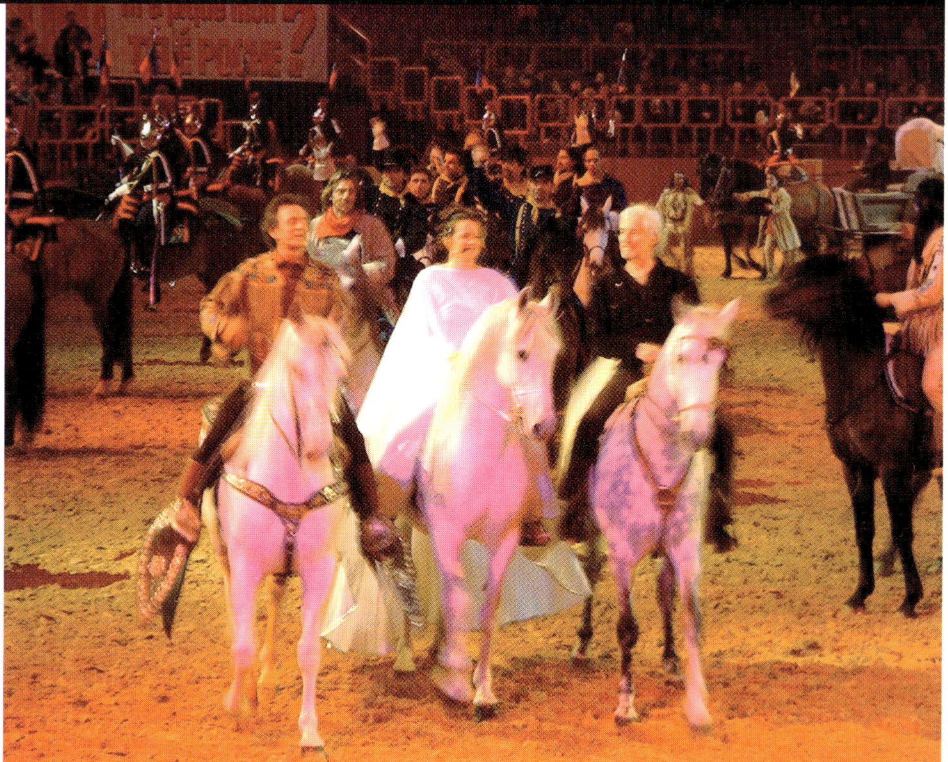

MAÎTRES

MAÎTRES D'ÉQUITATION

D'ÉQUITATION

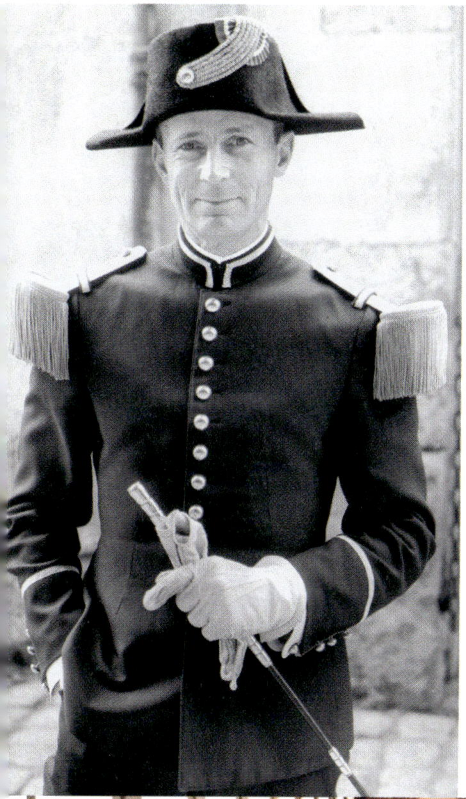

Le premier c'est Monsieur Holpey, le professeur d'équitation du collège de Sorèze qui m'a mis en selle. Il avait fait son apprentissage au Cadre Noir et mis en selle de prestigieux cavaliers, dont un certain Pierre Jonquières d'Oriola, l'un des plus grands du XXe siècle. Pendant presque cinq ans, à raison de deux à trois leçons et d'une balade par semaine, il m'a enseigné les bases de l'équitation. C'est grâce à lui que j'ai découvert ce sport et que je me suis découvert une passion.

Le deuxième est Michel Henriquet, grand maître du dressage, rencontré grâce au non moins talentueux Jean-Yves Bonnet, créateur de La Route du Sel et ancien écuyer de Saumur. Michel me donna quelques cours chez lui à Bailly, près de Jardy, où il habitait alors. J'ai eu la satisfaction de l'entendre dire : « Ce qui est bien chez vous, Aufray, c'est que lorsque l'on vous fait une remarque, que l'on vous demande de corriger une position, vous vous exécutez immédiatement. J'apprécie tout particulièrement que vous soyez un bon élève, docile. »

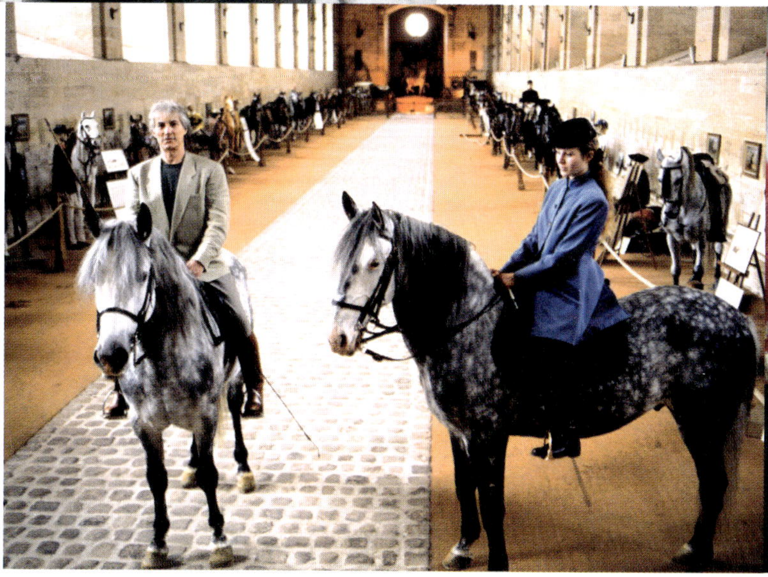

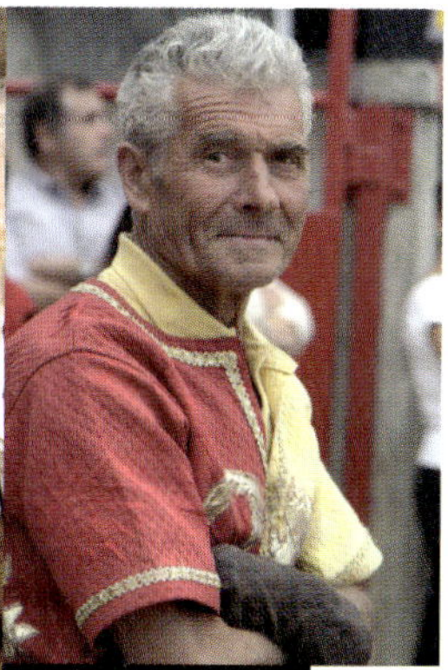

EN HAUT : Philippe Karl ; À GAUCHE : Hugues au Musée vivant du cheval aux côtés de Sophie Bienaimé ; À DROITE : Jean-Yves Bonnet.

J'ai également rencontré Yves Bienaimé, le créateur du Musée vivant du cheval de Chantilly. Il a une connaissance remarquable des chevaux. Il m'a embarqué dans une passionnante aventure, la création d'une association pour la sauvegarde et la restauration de tous les haras de France. C'était une entreprise d'une grande générosité, comme tout ce qu'il fait, mais aussi d'une grande nécessité ! Yves Bienaimé et Mario Luraschi ont un point commun : la réussite dans un domaine difficile et sans l'aide d'aucune subvention d'État !

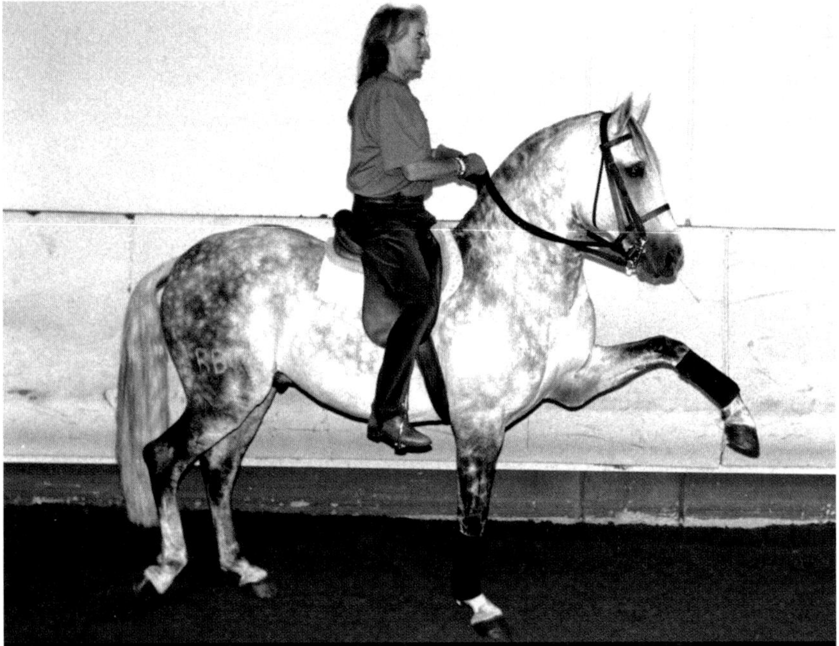

Hugues, à Saumur, monte Odin, le cheval de Philippe Karl.

Enfin, Philippe Karl, instructeur et écuyer au Cadre Noir. Il ne m'a donné qu'un cours, mais quel cours magistral, à Saumur, dans le Grand Manège ! Je montais Odin, son Lusitanien, le seul admis dans l'institution. Philippe Karl, maître et cavalier dans l'absolu, maîtrise à la fois académisme et modernisme. Il a la capacité de rénover les règles fondamentales de l'équitation, de les faire revivre en évitant leurs dérives. C'est un Maître, un grand !

De grands hommes, que je suis heureux d'avoir croisés sur ma route.

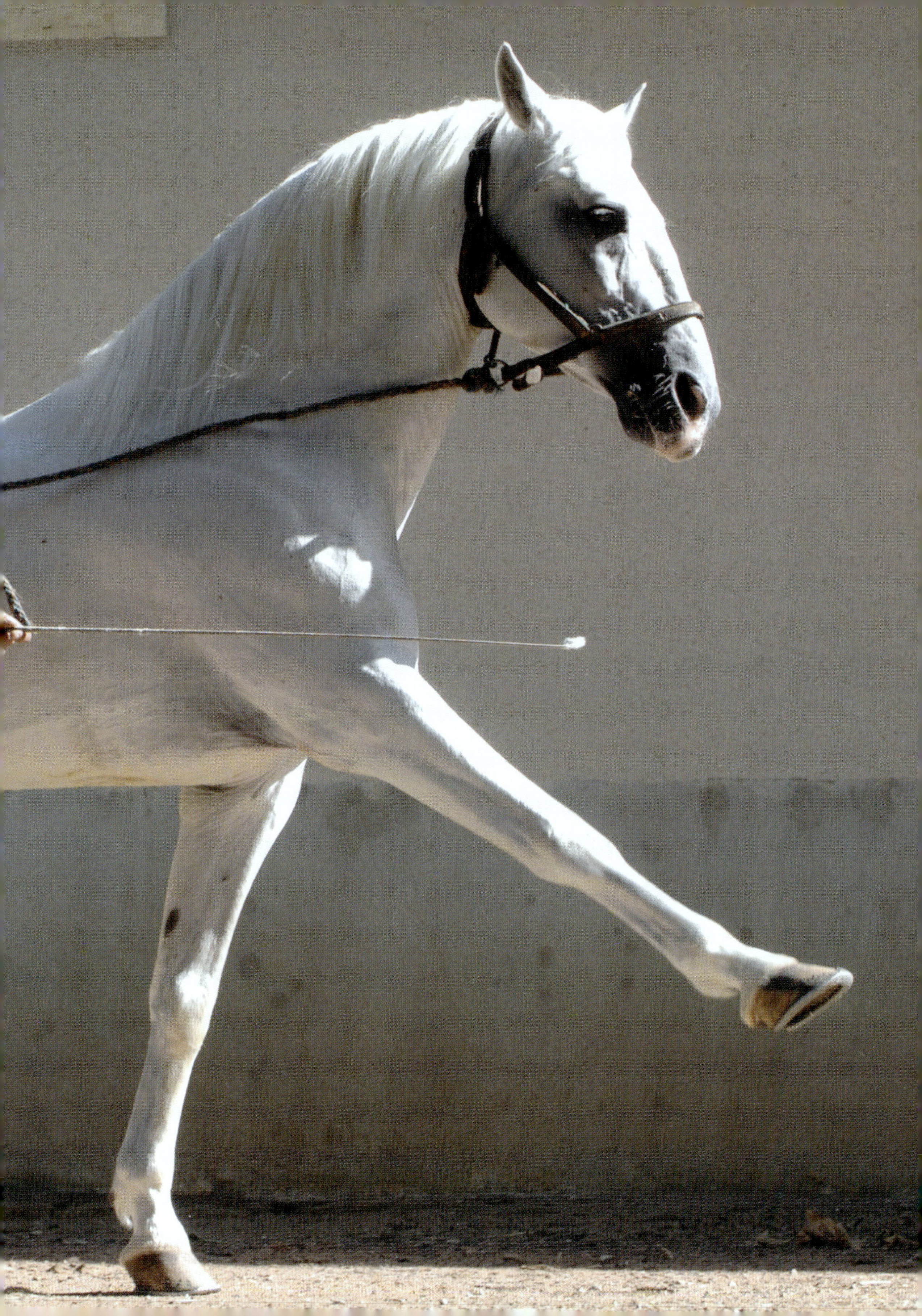

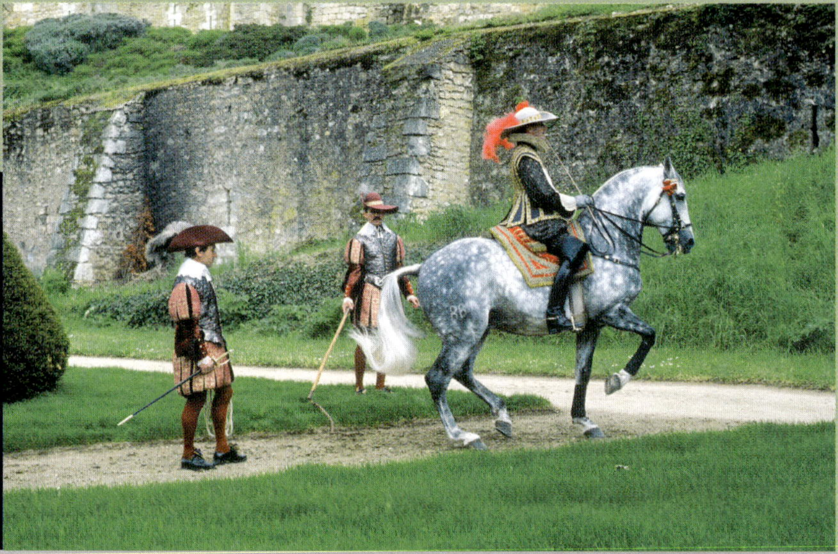

EN HAUT : Philippe Karl sur un Lusitanien pour une évocation historique ;
EN BAS : Yves Bienaimé sur le cheval Largo, avec la danseuse Fabienne Lagrange. Ce numéro a obtenu de nombreux prix à travers toute l'Europe.

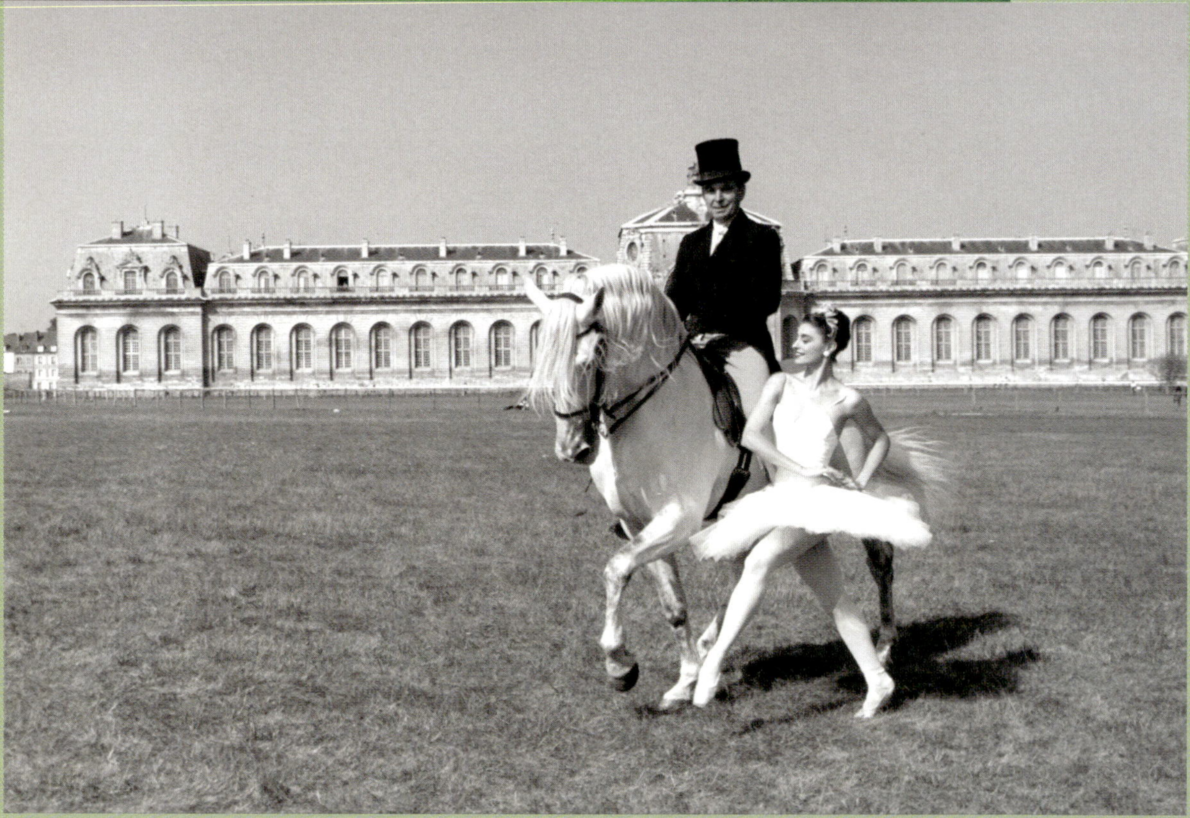

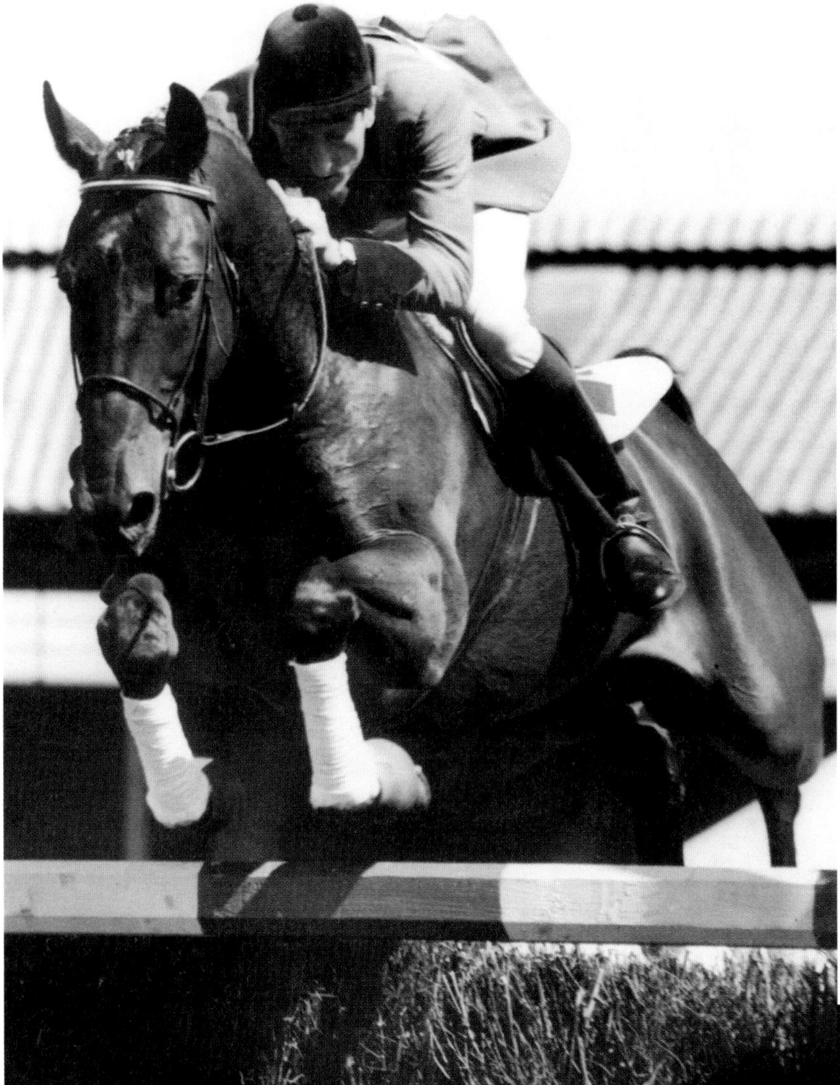

Pierre Jonquières d'Oriola, sur Arlequin, participe au Gold Chalenge Cup du roi George V, Salon du cheval international de Londres, 1954.

MARÉ

CHAL

FER

RANT

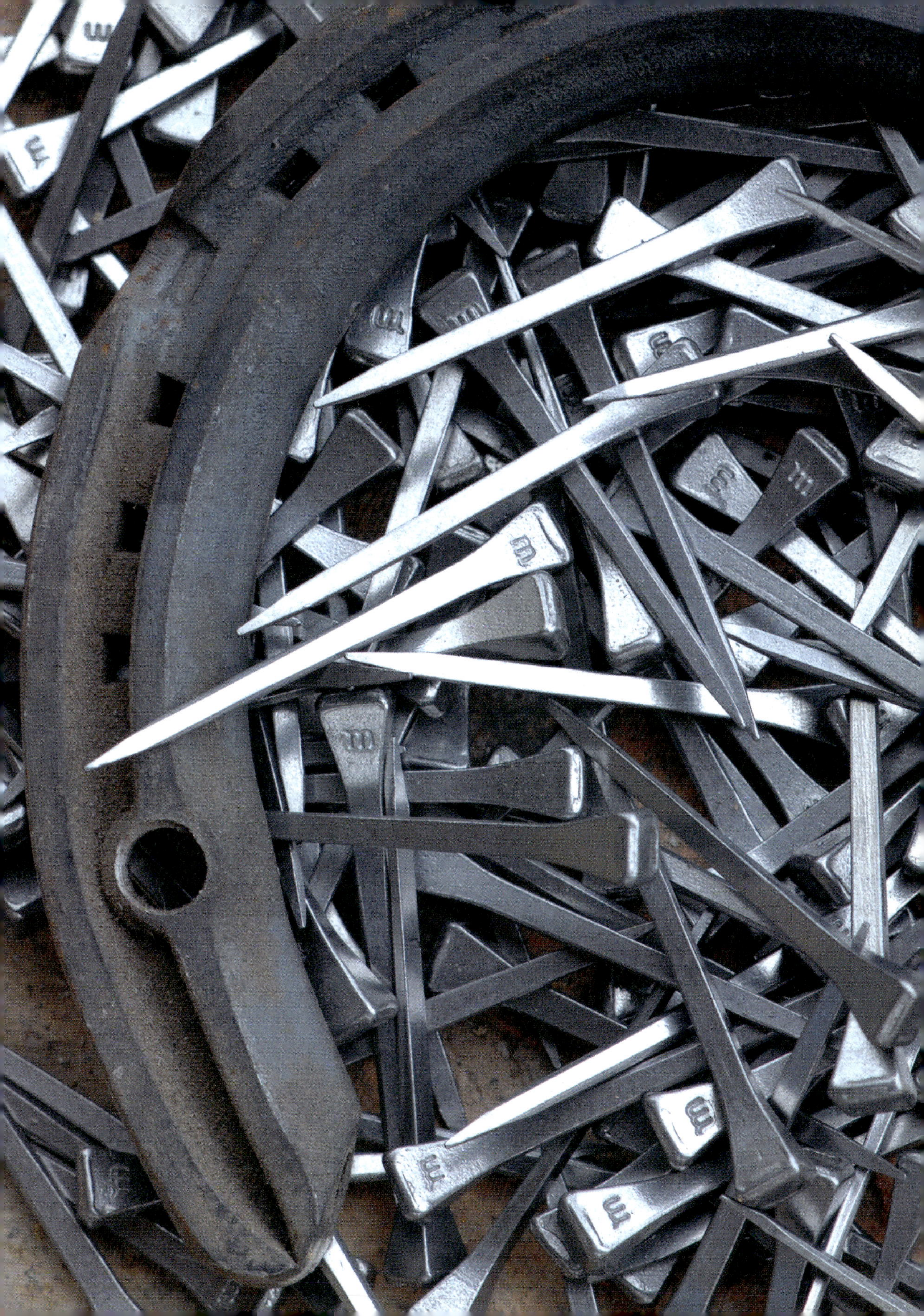

Je connais un maréchal-ferrant formidable… Elle s'appelle Françoise Dehaleux… Elle est Belge… Elle est la première femme a avoir obtenu le diplôme de maître maréchal-ferrant de l'École centrale pratique de maréchalerie de l'État à Bruxelles, en 1976…

Elle a ouvert la voie et, depuis, de nombreuses filles ont obtenu ce même diplôme. Aussi talentueuse qu'érudite, elle est l'auteur du *Traité sur la maréchalerie* qui fait référence dans le milieu et qui est considéré comme la « bible » de ce métier. Enseignante à l'Académie royale de Belgique, c'est une femme capable de ferrer n'importe quel cheval, du plus lourd et imposant cheval de trait au plus petit Shetland. Au décès de son mari, Claude Bondu, également maître maréchal-ferrant et forgeron à la Régie des téléphones du royaume de Belgique, elle a dû cesser ses activités d'enseignante pour élever ses enfants. Mes chansons ayant marqué son adolescence, dans les camps scouts qu'elle fréquentait, elle avait pour moi une grande estime… Au hasard d'une rencontre, nous sommes devenus amis. Mon amitié lui apportait du réconfort. Par la suite, elle est venue avec ses trois enfants nous rejoindre à L'Eté indien et chaque année, bénévolement, elle s'occupait de nos poneys et de nos chevaux.

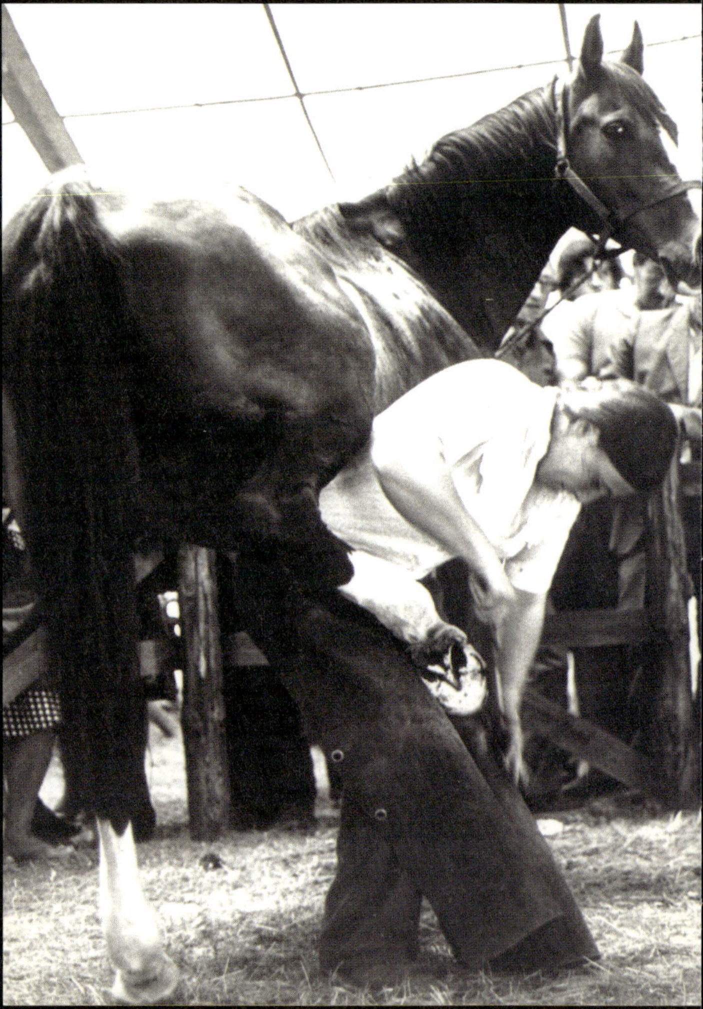
Françoise Dehaleux.

Elle sait tout faire. Très habile de ses mains, comme beaucoup de femmes elle a un sens pratique très développé. Elle a restauré avec l'aide des ses enfants sa jolie maison de briques et, aujourd'hui, elle confectionne de magnifiques paniers d'osier à l'ancienne. Écologiste, elle vit en autarcie, élève le veau sous la vache, récolte ses œufs et ses légumes. C'est une femme étonnante… une grande chance pour moi d'avoir pu la rencontrer. Elle vient de temps en temps nous rejoindre à Cassagne, mon mas cévenol, où elle nous donne toujours un coup de main décisif dans toutes sortes de travaux.

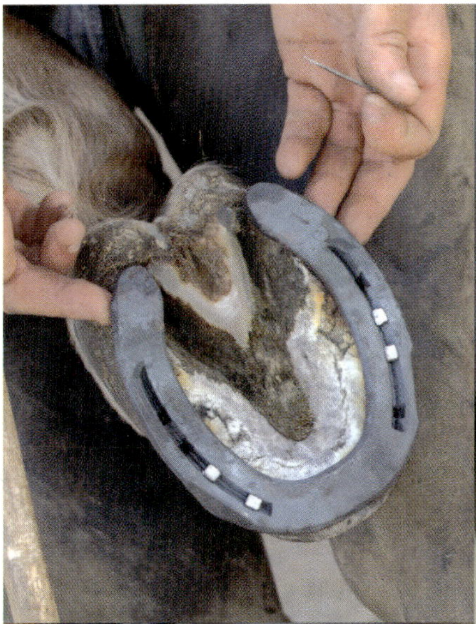
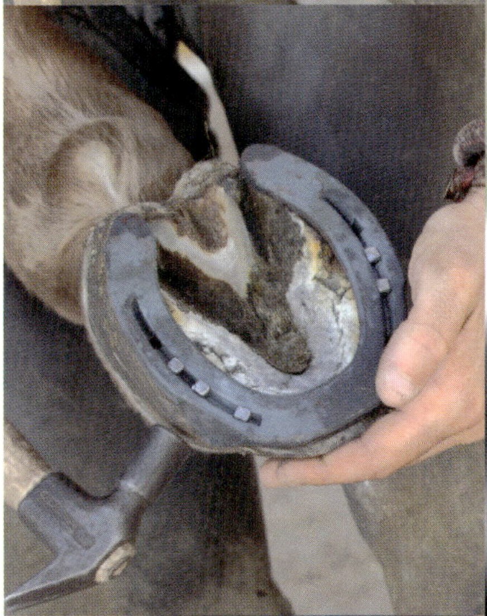
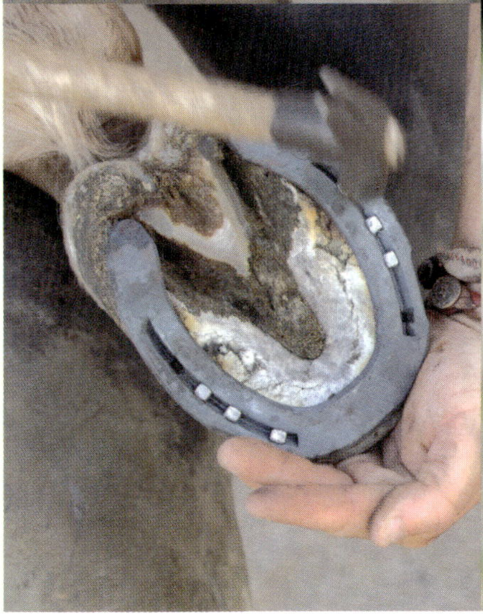
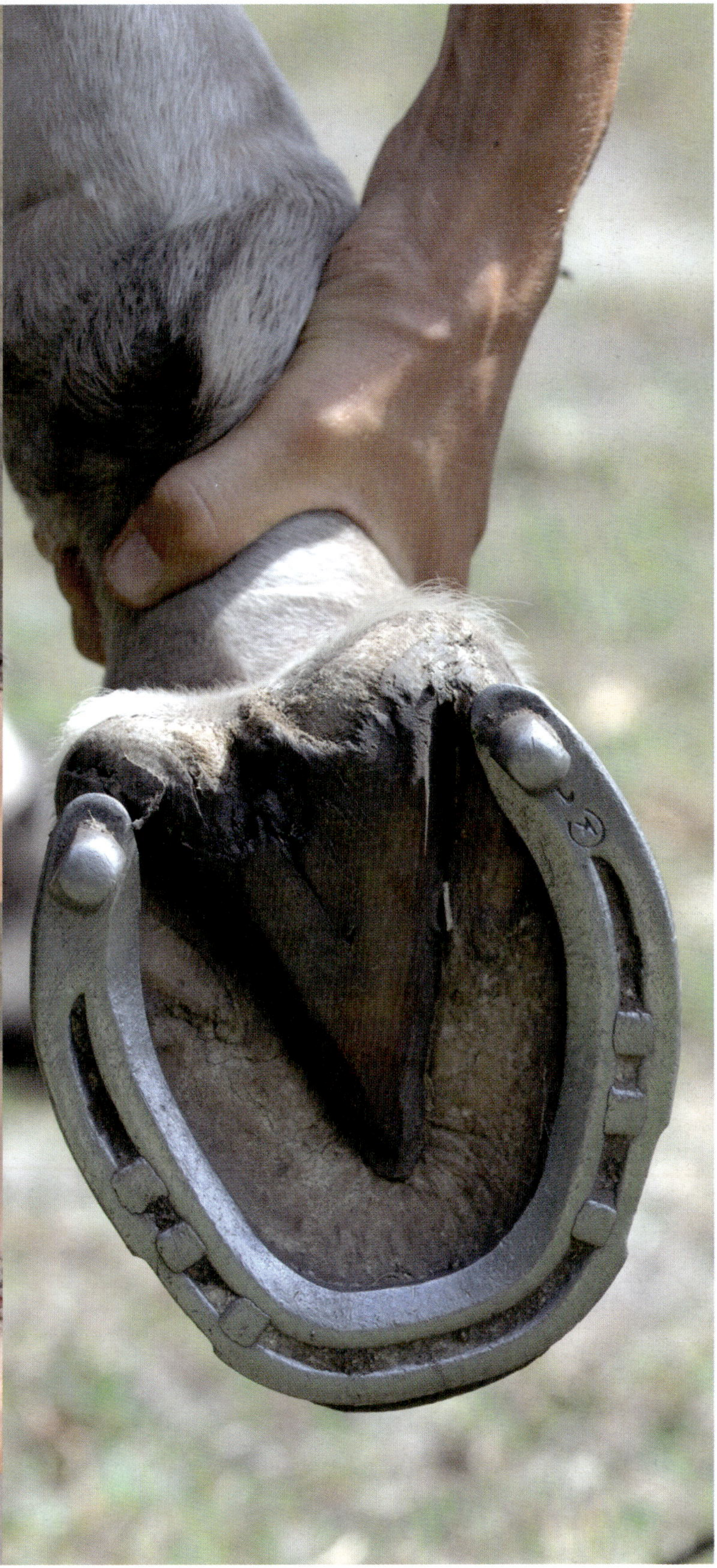

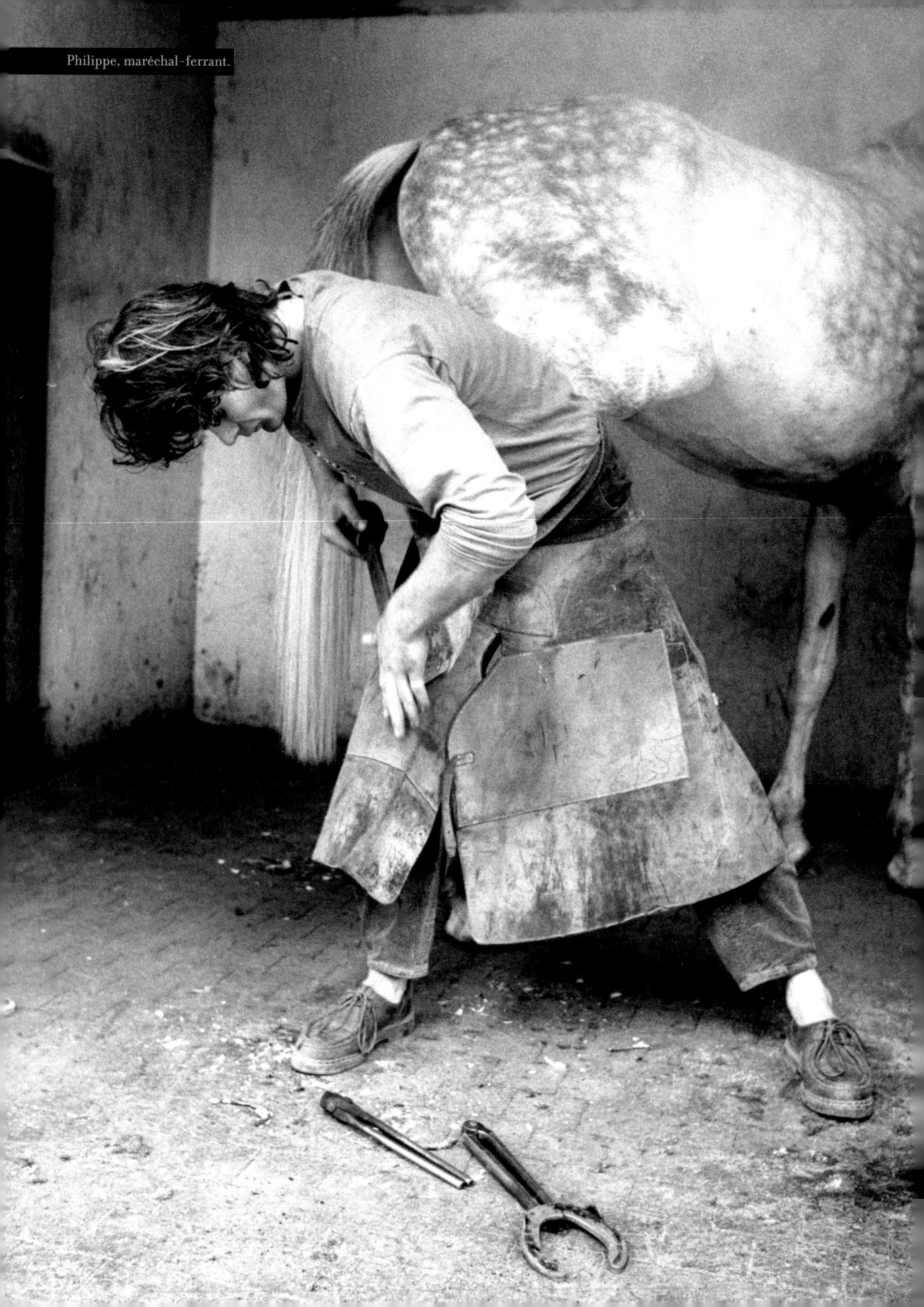

Philippe, maréchal-ferrant.

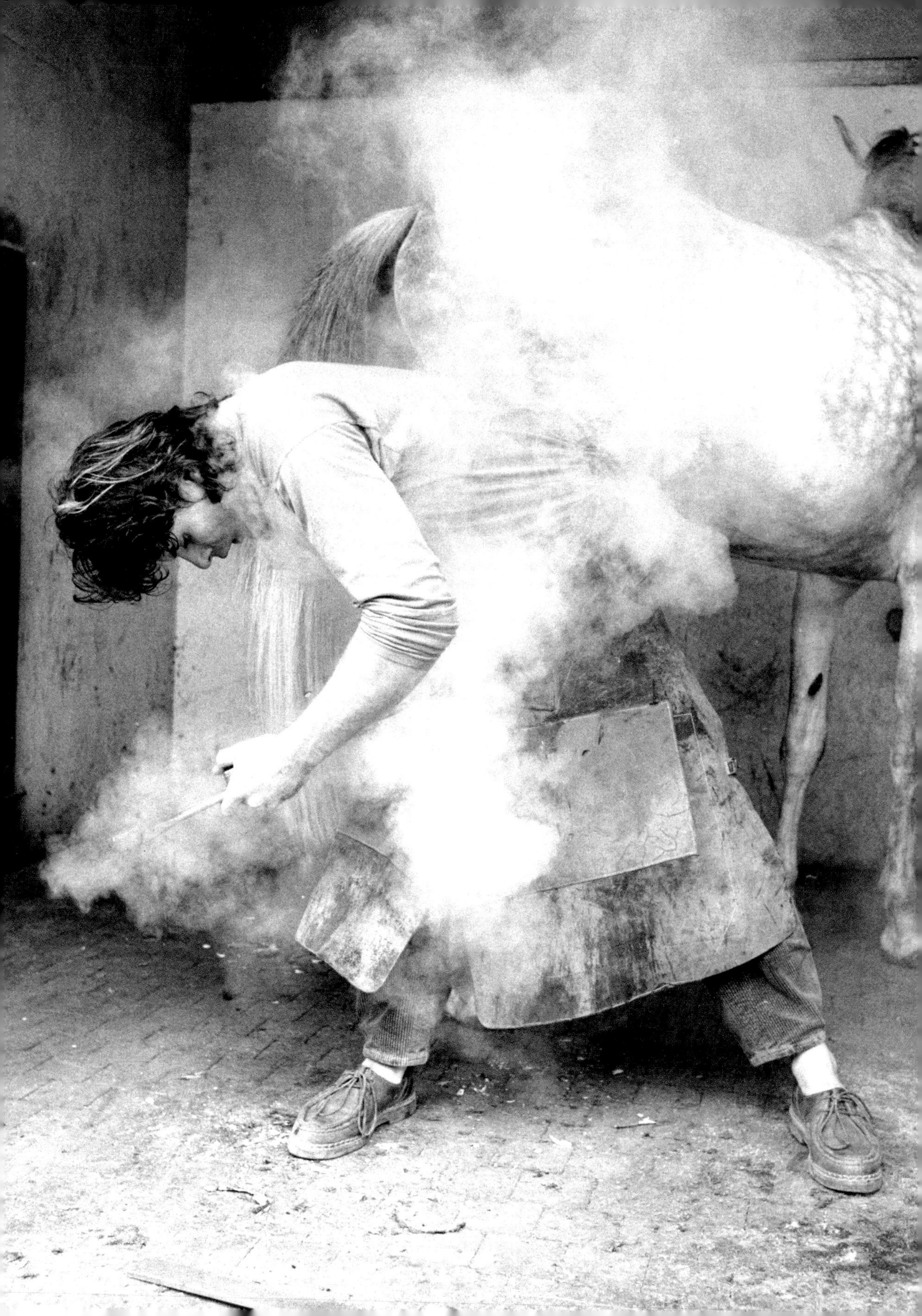

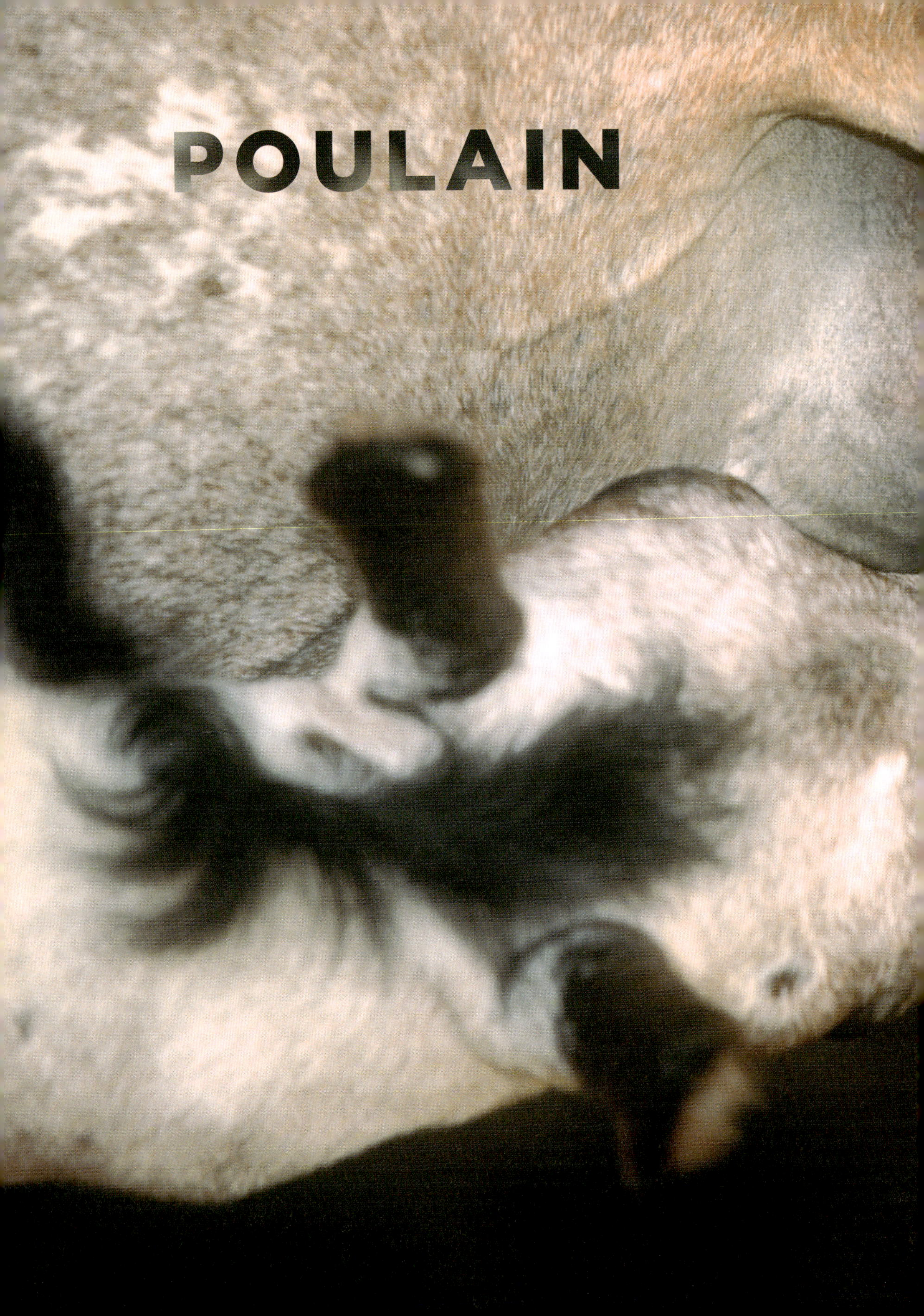
POULAIN

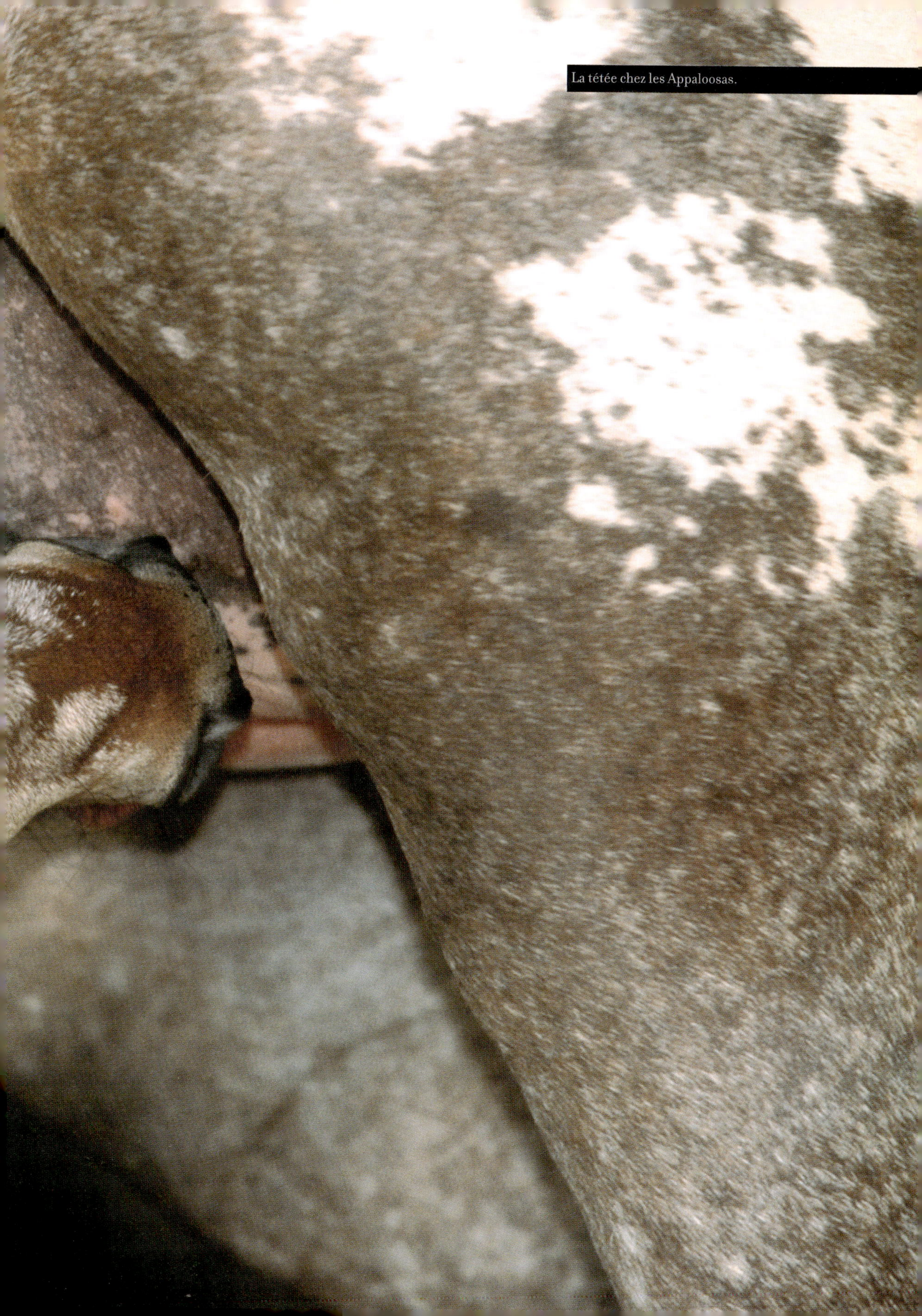

La tétée chez les Appaloosas.

Le dernier poulain à Cassagne, ma ferme cévenole, se nomme Saïd.
C'est un beau petit Barbe. Comme tous les poulains nés chez moi, il est né tout naturellement au vert, dans le champ avoisinant la maison. Au cours des années, tous mes poulains sont venus au monde sans l'aide ni l'assistance d'un vétérinaire… et en mon absence, ce qui fait que je n'ai aucune notion de ce que peut être la mise bas d'un petit cheval ! Mais je sais que rien n'est plus émouvant que de voir se dresser, quelques heures après la naissance, le poulain qui se met aussitôt à téter…

On ne peut pas imaginer un enfant qui, venant de naître, serait quelques instants après debout sur ses deux jambes au côté de sa mère, prêt à demander le sein !
Beaucoup de gens pensent que les chevaux ne sont pas très intelligents et que la moindre chose leur fait peur… qu'ils sont toujours prêts à faire un écart. La vérité est que le cheval n'a pas de griffes pour se défendre, pas de dents agressives, et que sa seule défense est l'esquive et surtout la fuite ! C'est la raison pour laquelle le poulain a tout intérêt à se tenir debout, très vite, près de sa mère et, plus tard, à réagir au moindre mouvement inquiétant.
Il y a tant de choses que j'ignore encore dans le domaine du cheval… et tant de choses à découvrir ! À ce propos, je mesure l'impertinence d'avoir accepté d'écrire ces quelques témoignages alors que, comme je viens de le dire, j'ai encore beaucoup à apprendre dans ce domaine. Mais j'ai la vie devant moi !

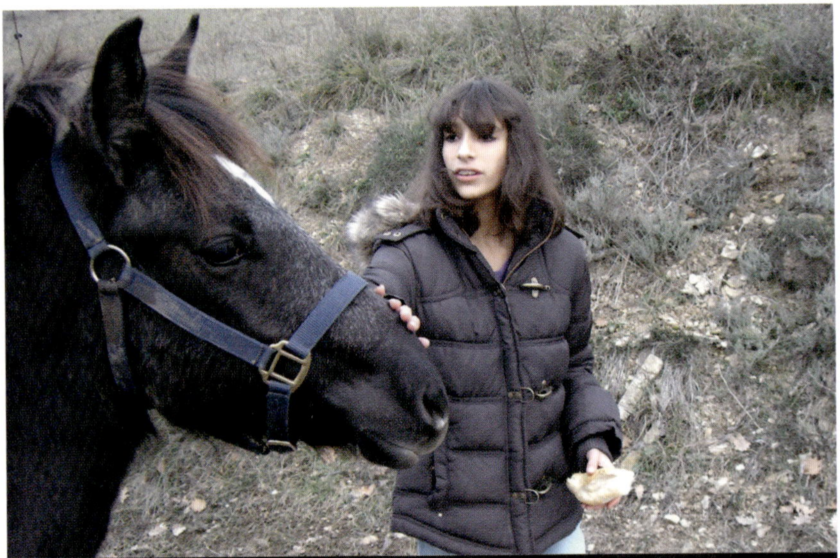

Saïd, le poulain Barbe d'Hugues, et Mélanie, sa petite-fille.

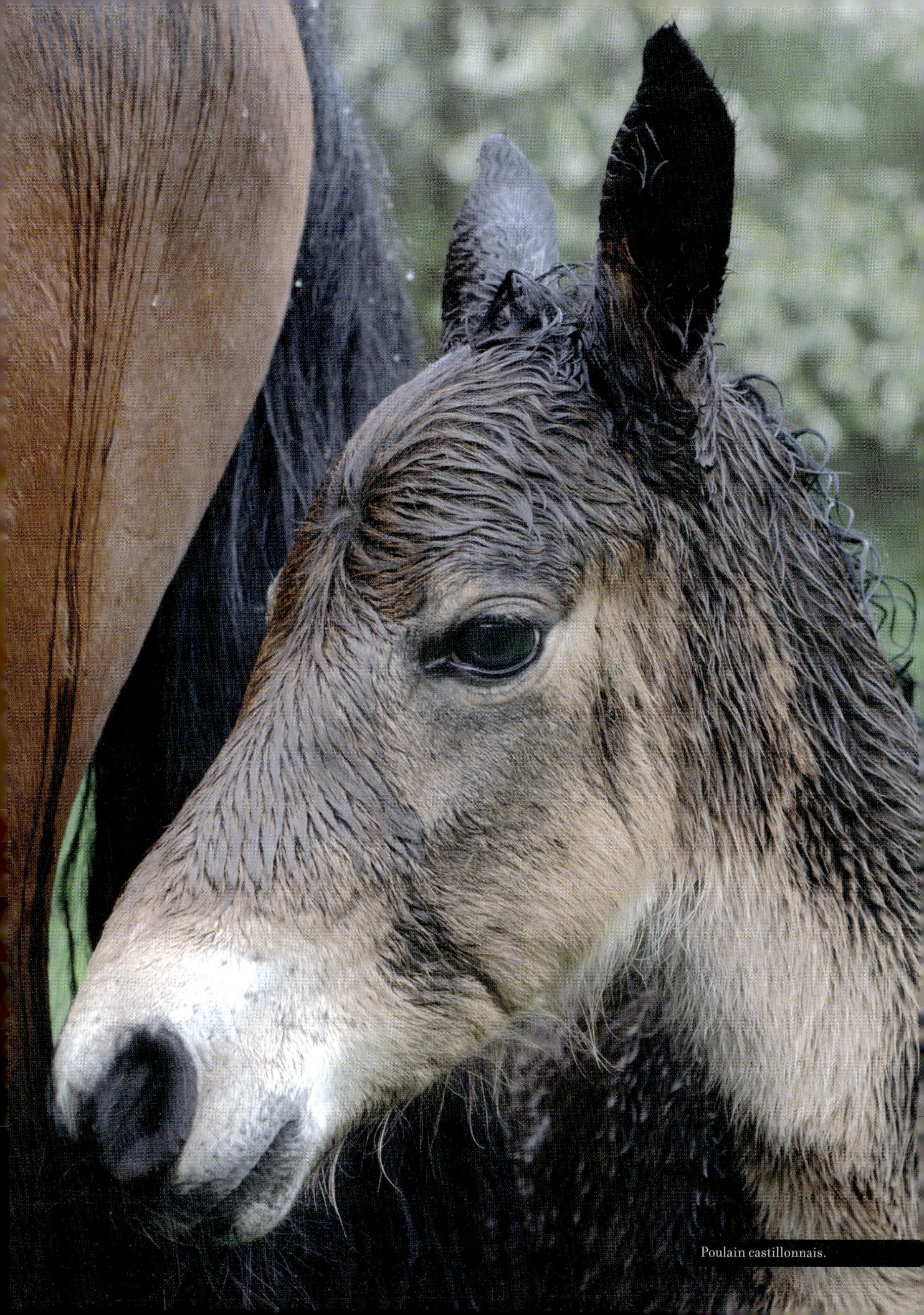

Poulain castillonnais.

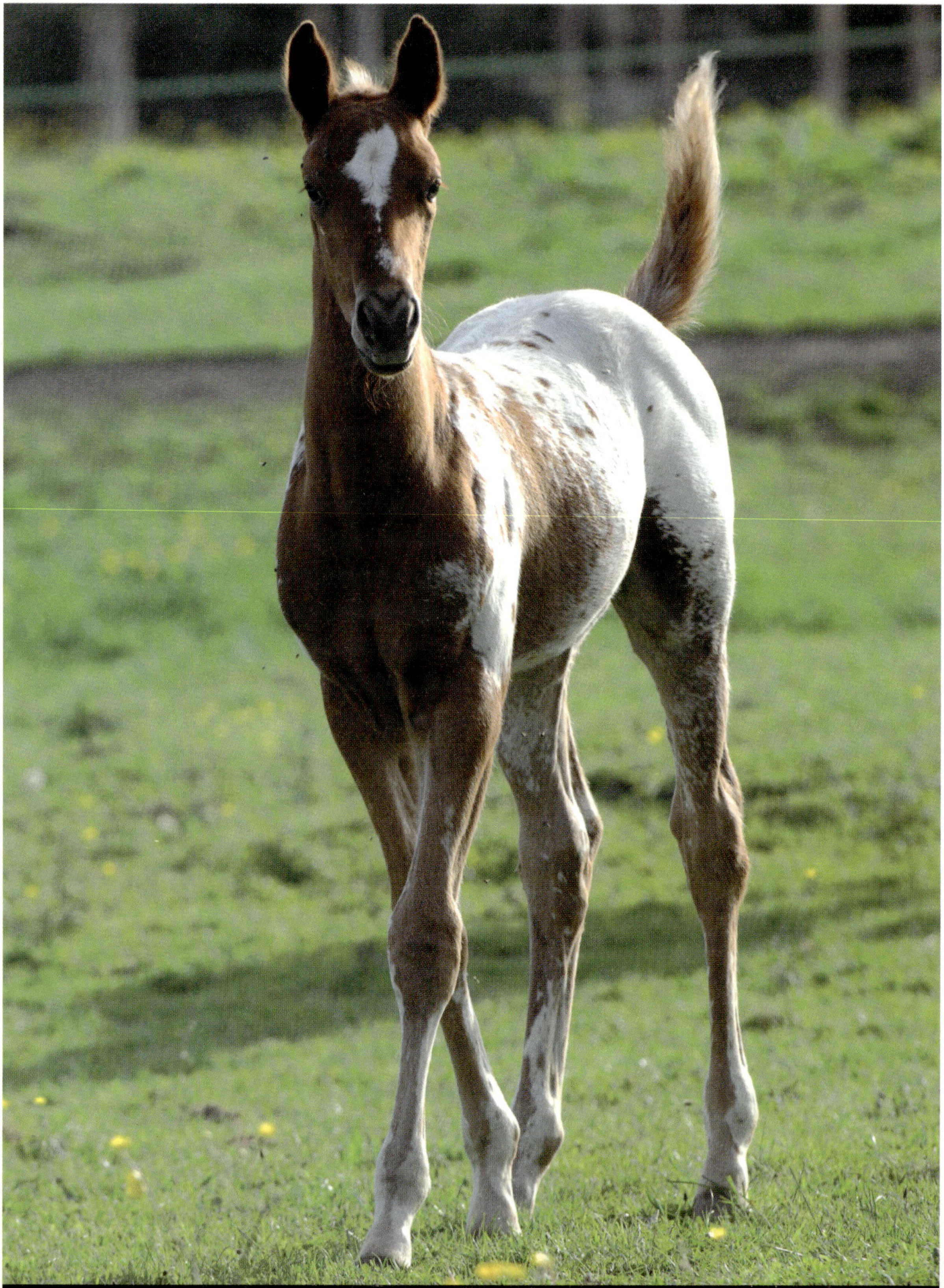

CI-DESSUS : Poulain Appaloosa ; À DROITE : Poulain pur-sang arabe.

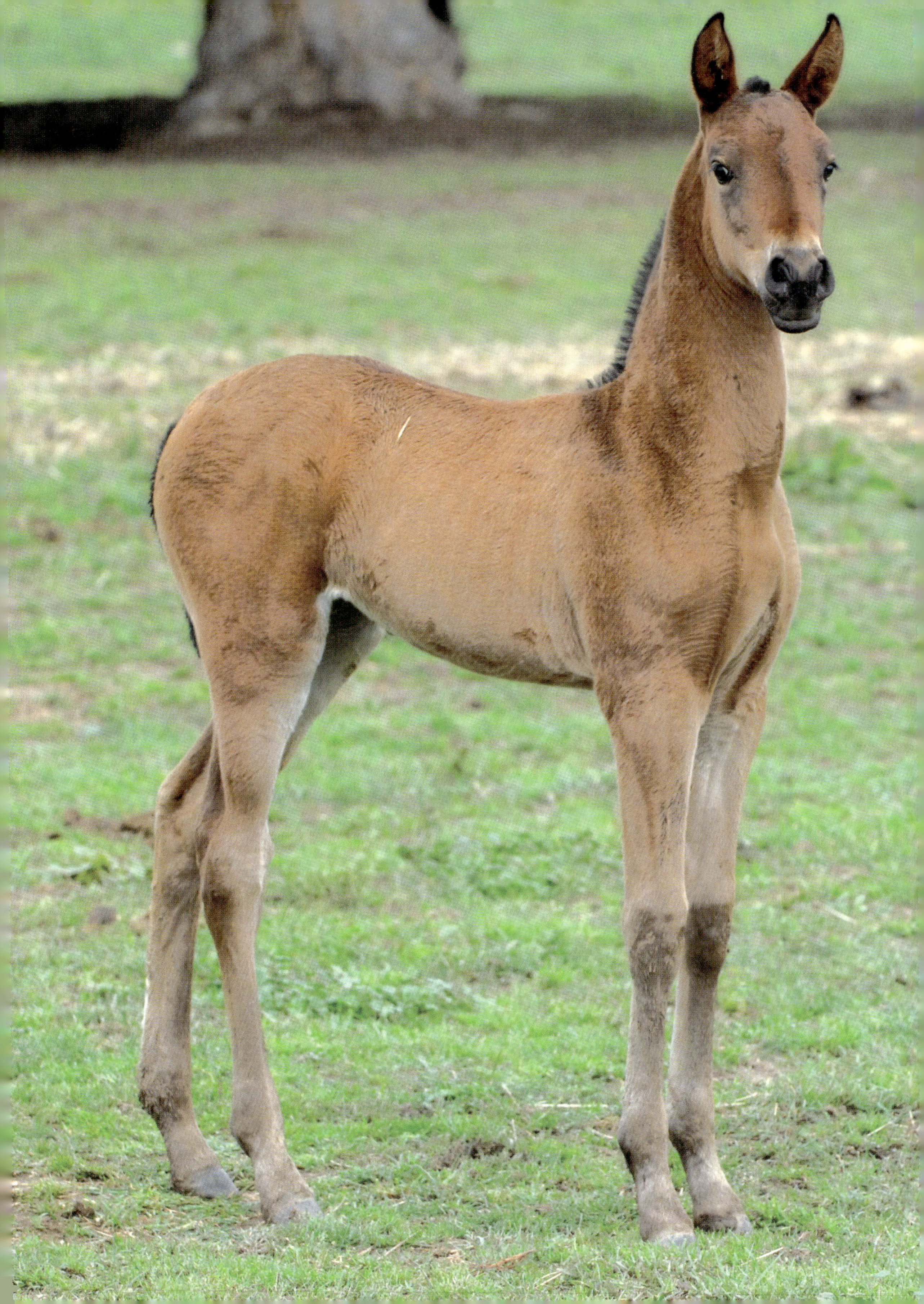

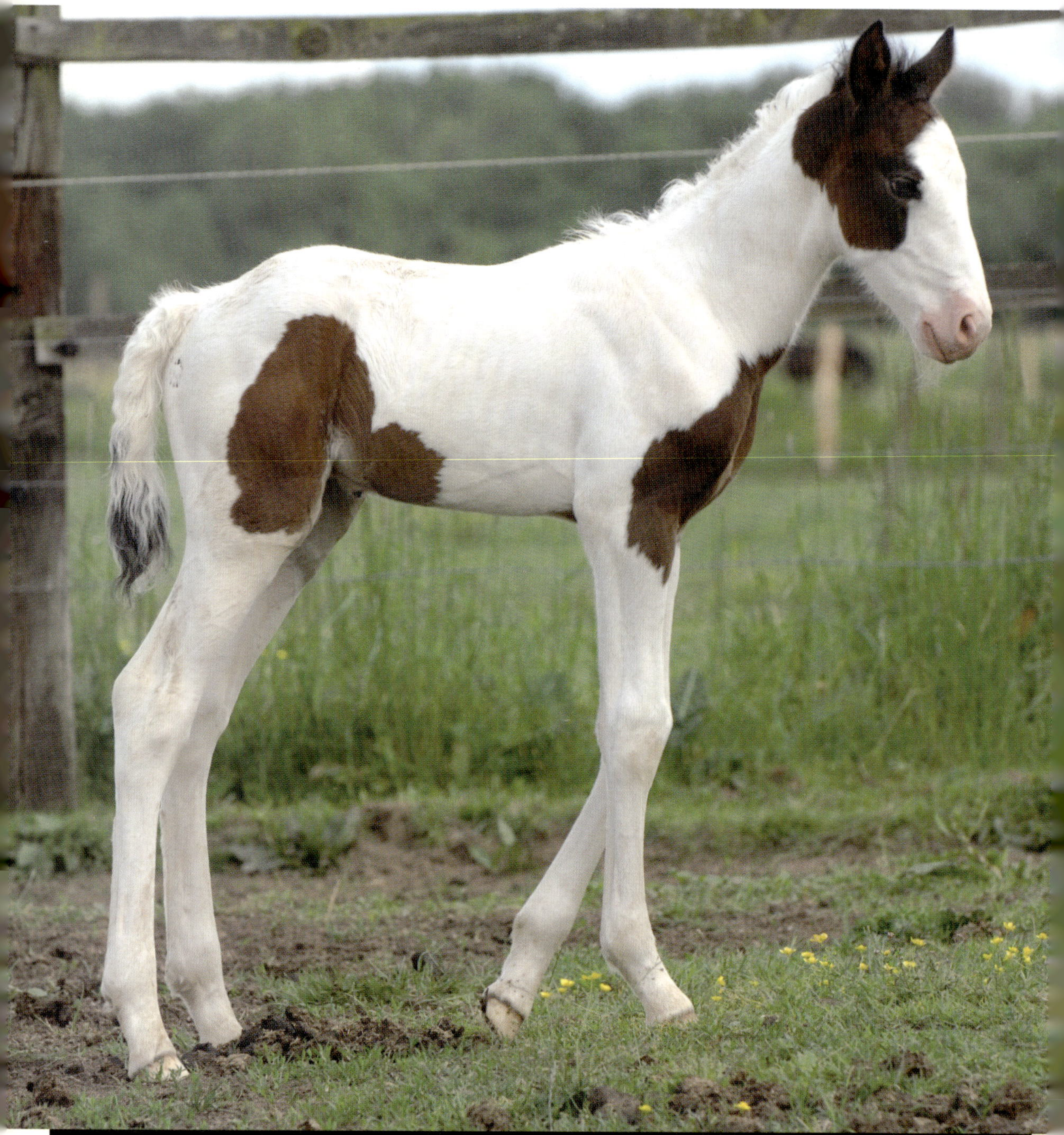

Poulain Appaloosa.

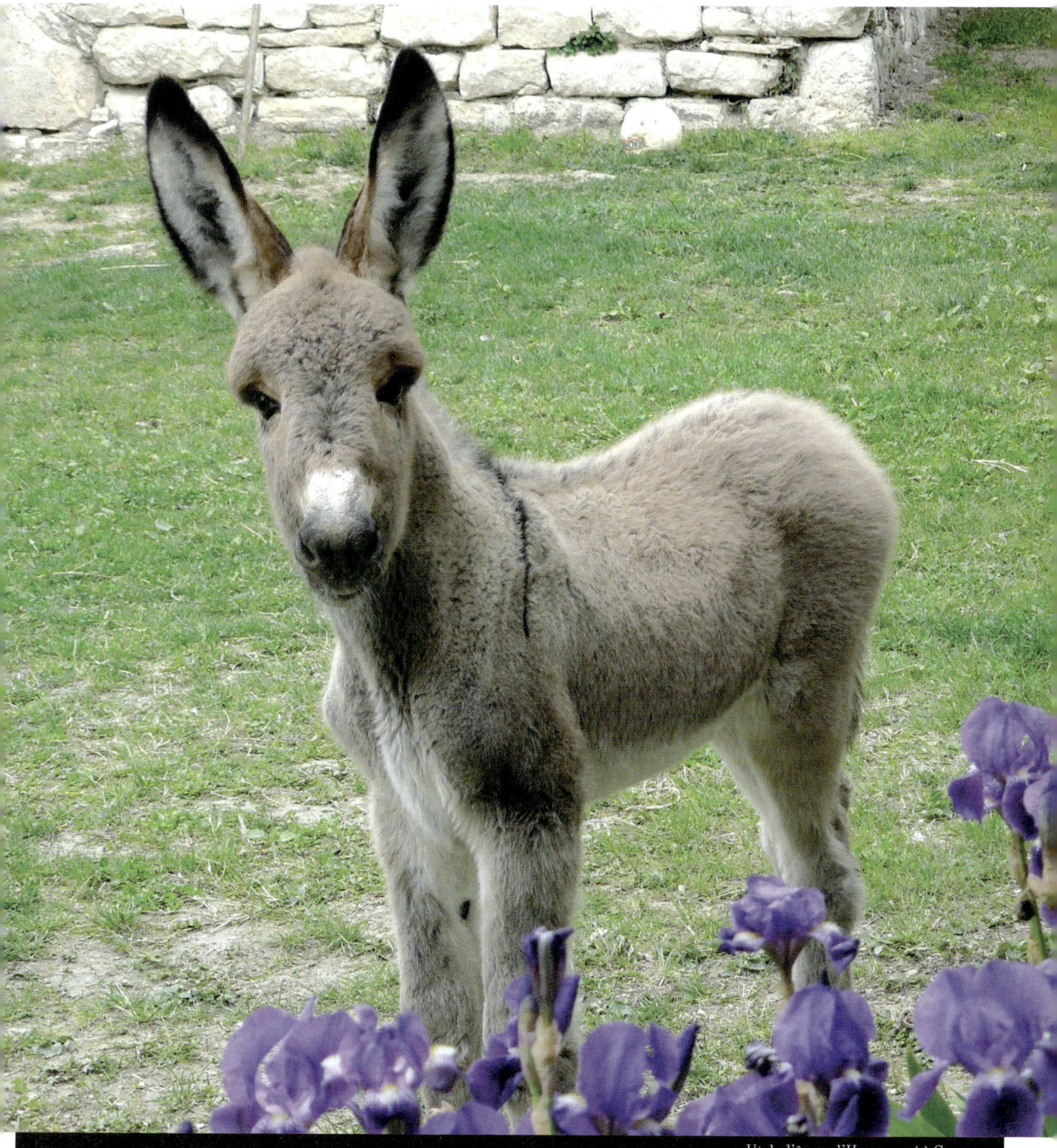

Utah, l'ânon d'Hugues, né à Cassagne.

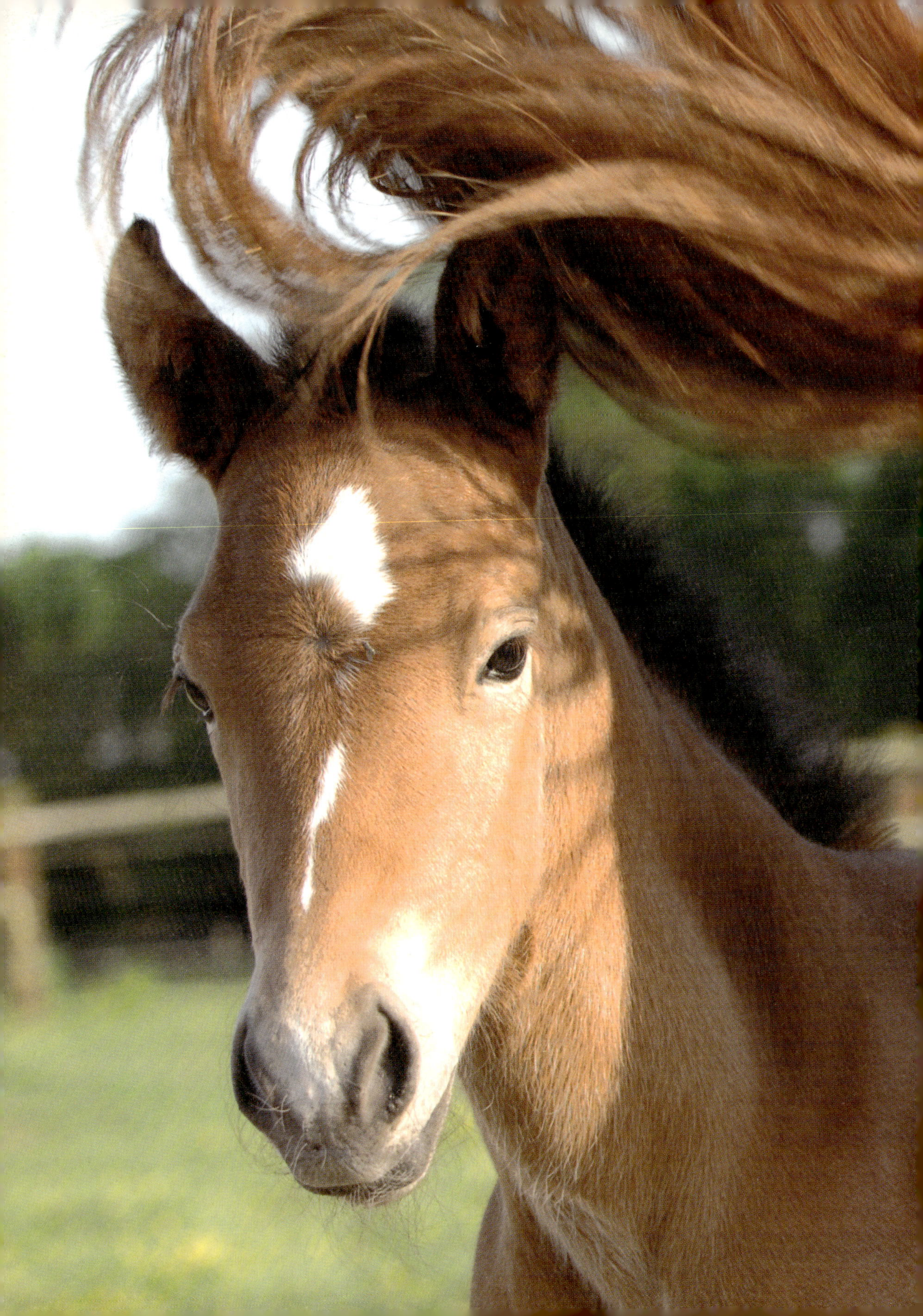

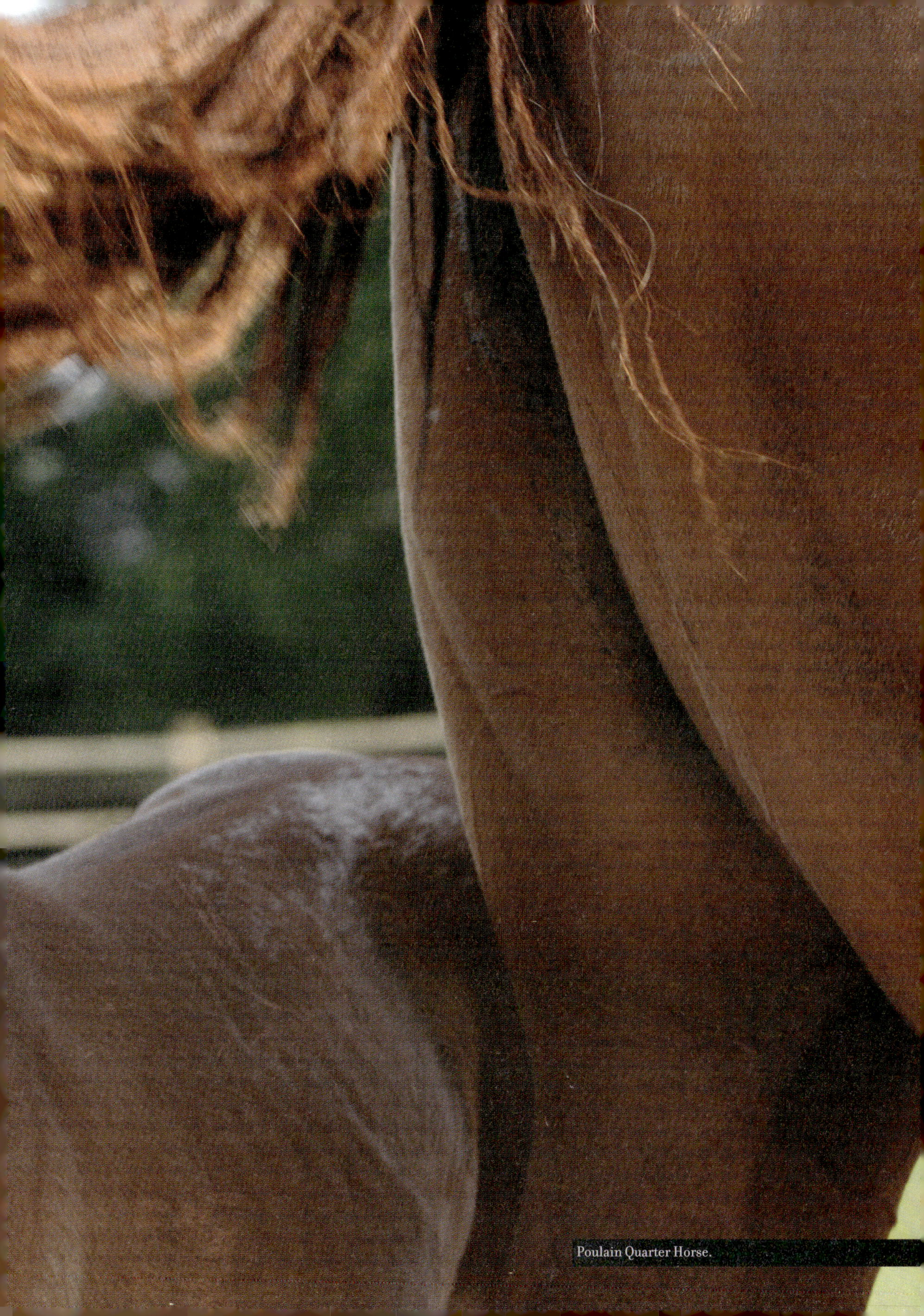

Poulain Quarter Horse.

PUISS

PUISSANCE

ANC

E

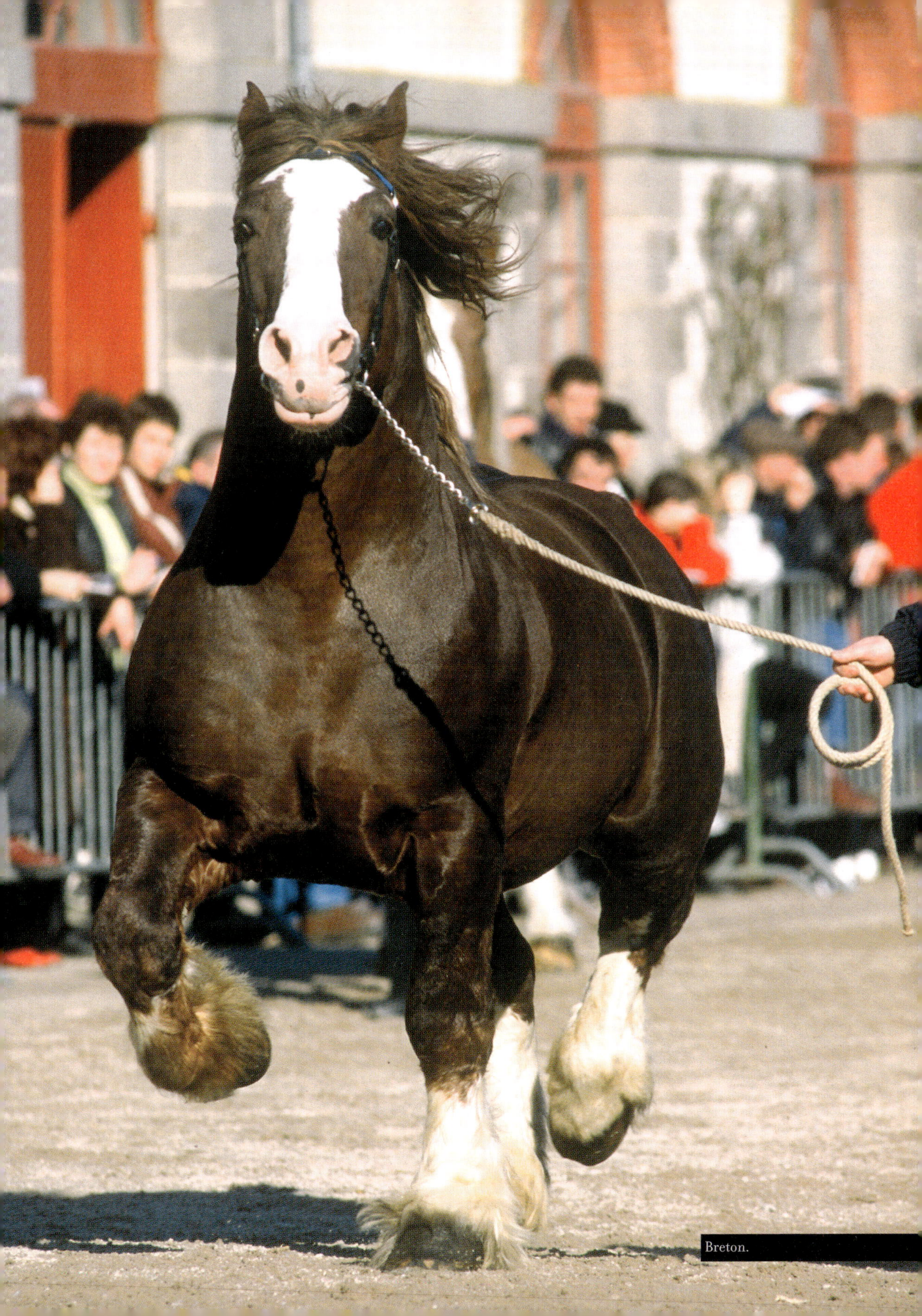

Breton.

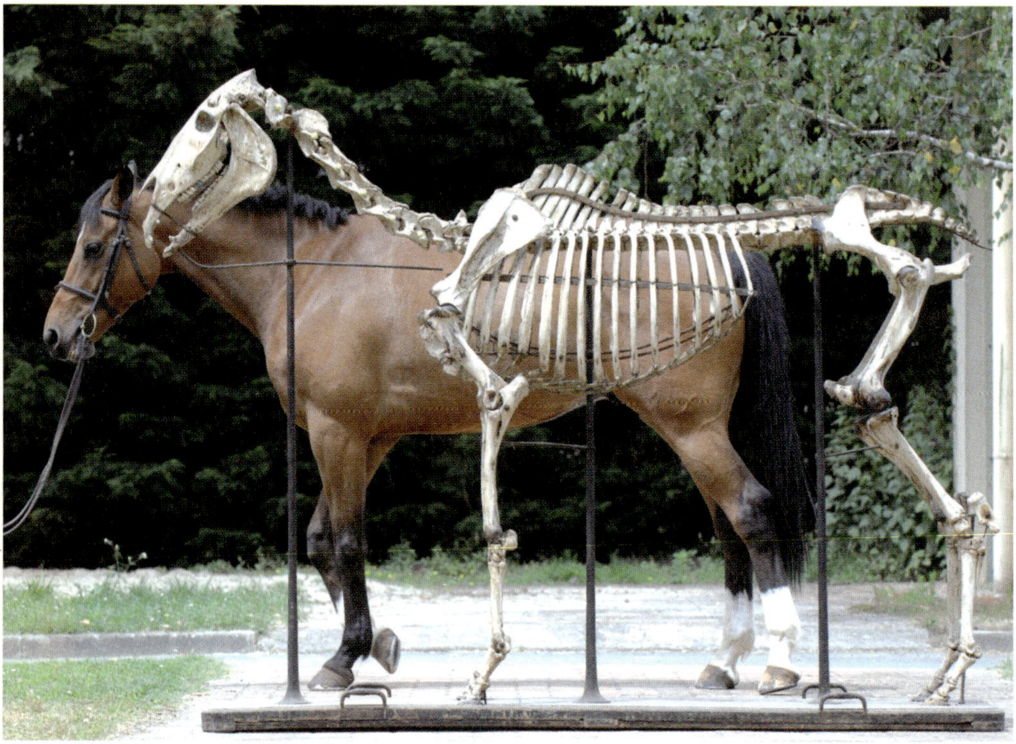

Au XXIe siècle, on continue d'évaluer la puissance d'un moteur en chevaux-vapeur, chevaux fiscaux, etc. Quel plus grand hommage peut-on rendre à cet animal qui, depuis des siècles, a permis la transformation de l'homme et d'accéder aux technologies des plus sophistiquées !

On dit que le cheval est la plus belle conquête de l'homme. C'est une évidence, car le cheval a toujours accompagné l'homme dans cette marche ininterrompue que l'on appelle le progrès. Pour moi, cet espèce de singe, ce primate dont nous descendons, est devenu un homme le jour où il a chevauché pour la première fois un cheval, devenant ainsi lui-même ce super cheval, le « centaure » qui, par sa seule présence, fascinera et dominera tant de populations à travers le monde.

La dette de l'humanité envers les chevaux est énorme et, bien sûr, dans cette reconnaissance j'associe son petit cousin, l'âne. Étant enfant, petit garçon fragile et avec beaucoup de complexes, c'est lorsque je fus à cheval pour la première fois que je ressentis en moi cette force, cette énergie et cette confiance nouvelles qui ne devaient plus me quitter.

Aujourd'hui Ferrari, en choisissant le cheval comme symbole, perpétue le mythe de ce noble animal.

Utah, l'ânon femelle, fille de Quentin et Quenotte.

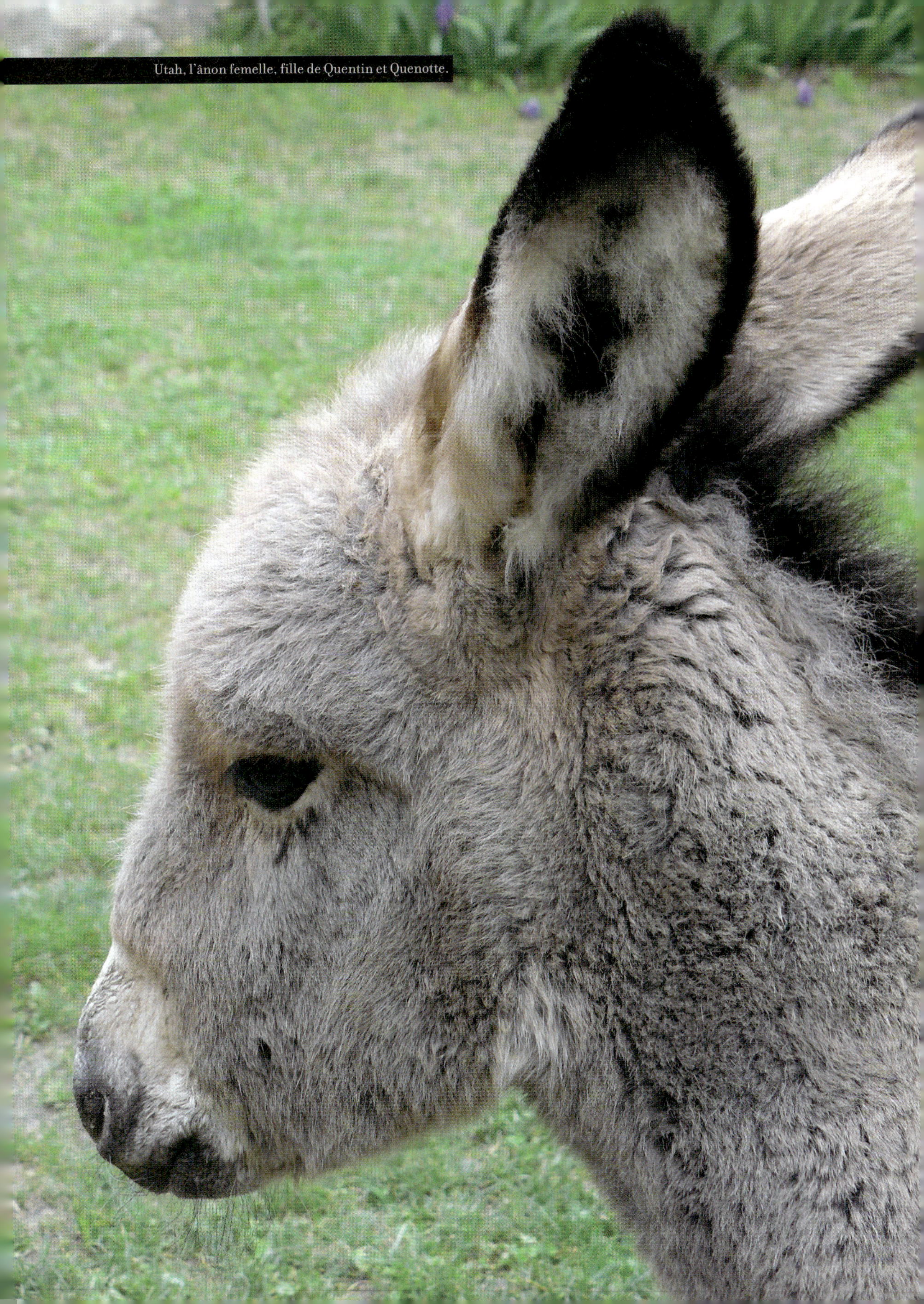

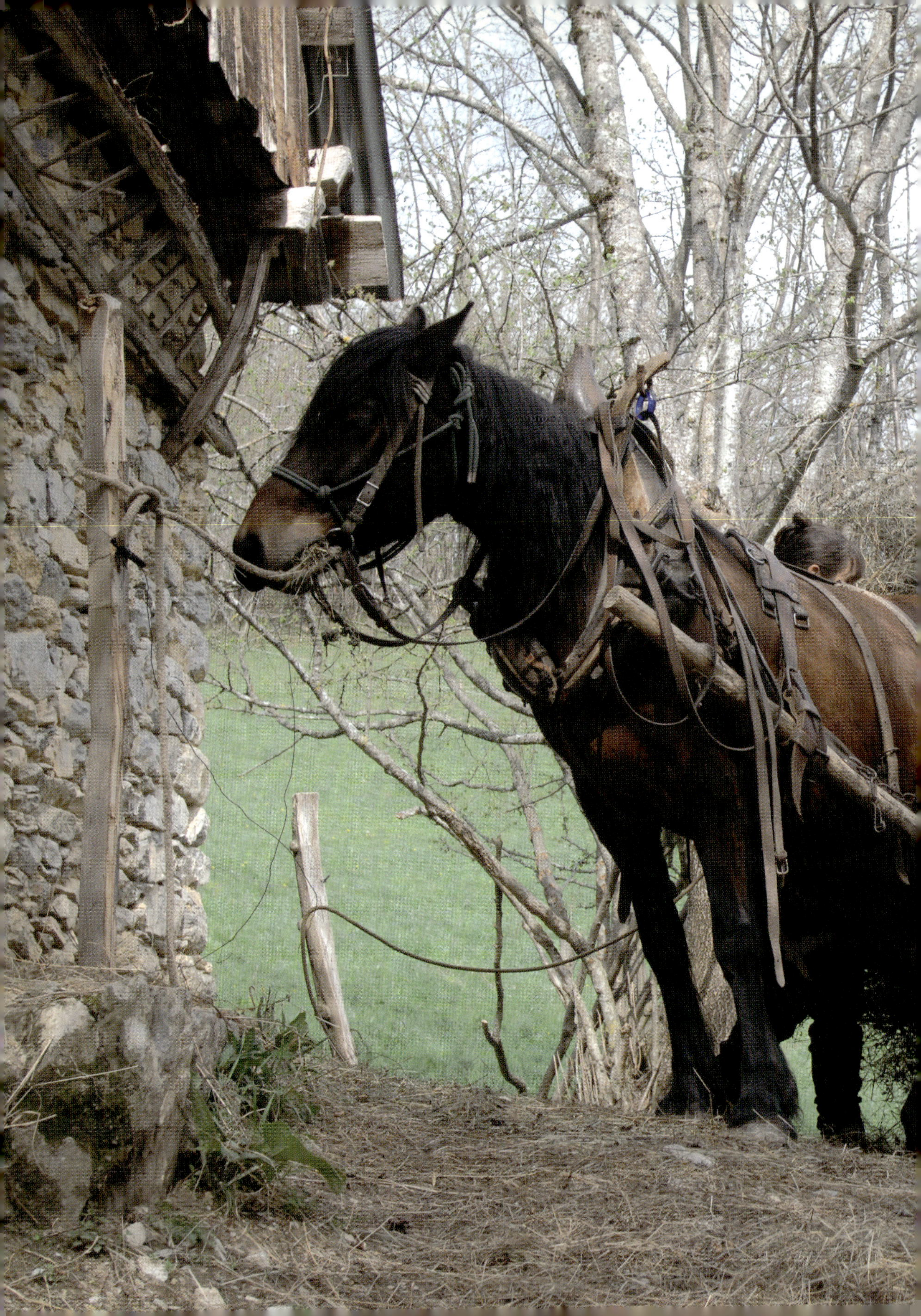

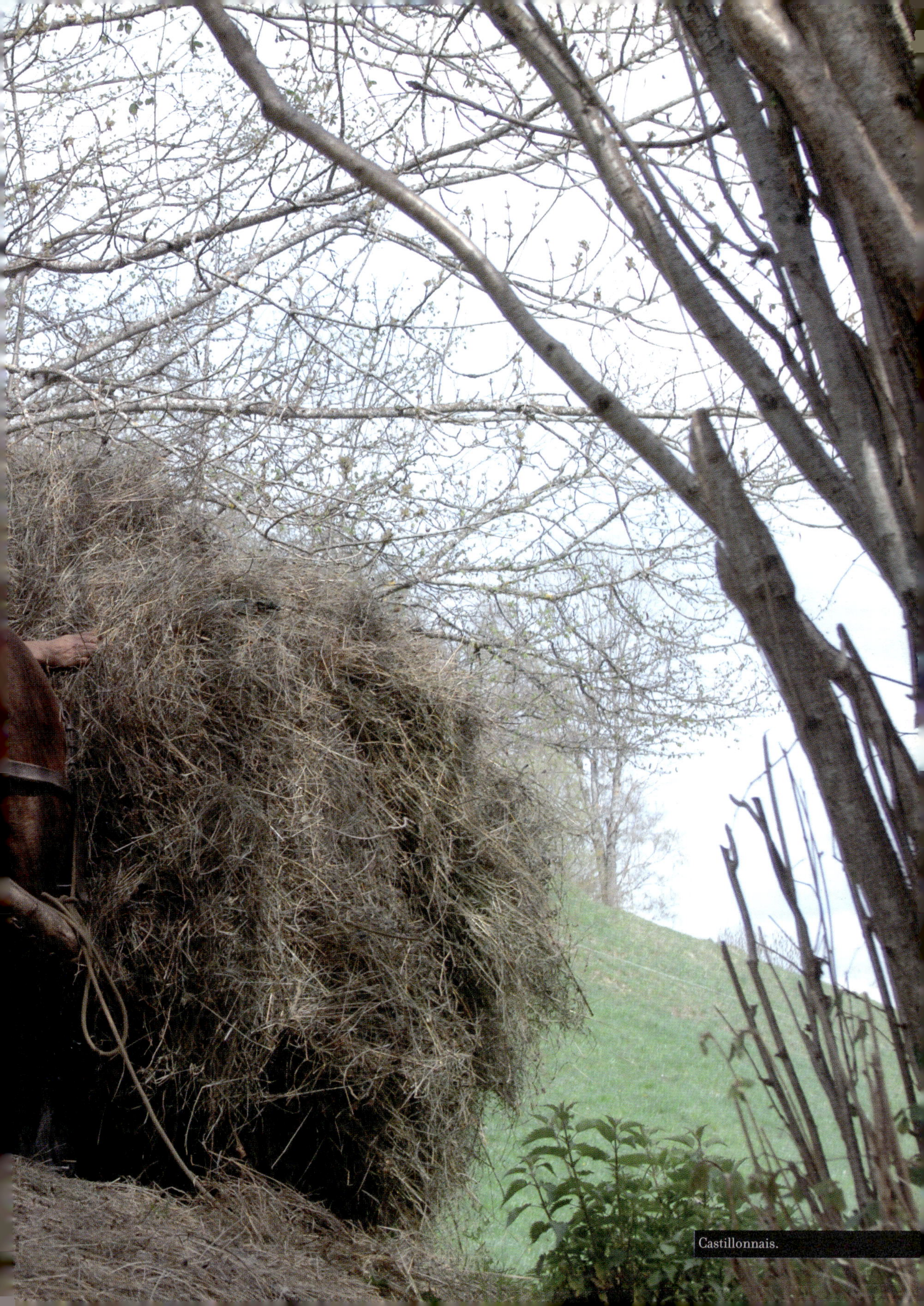
Castillonnais.

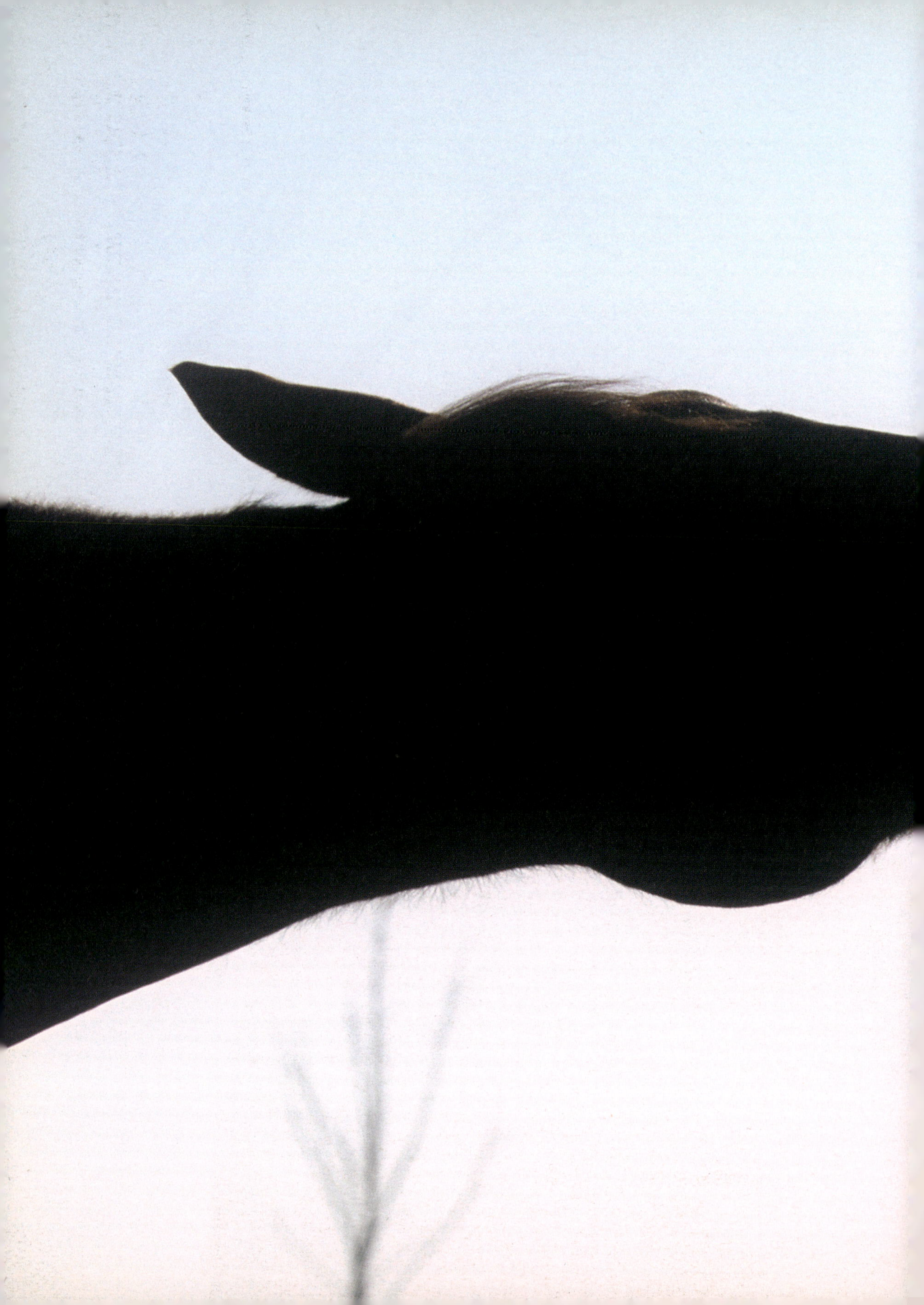

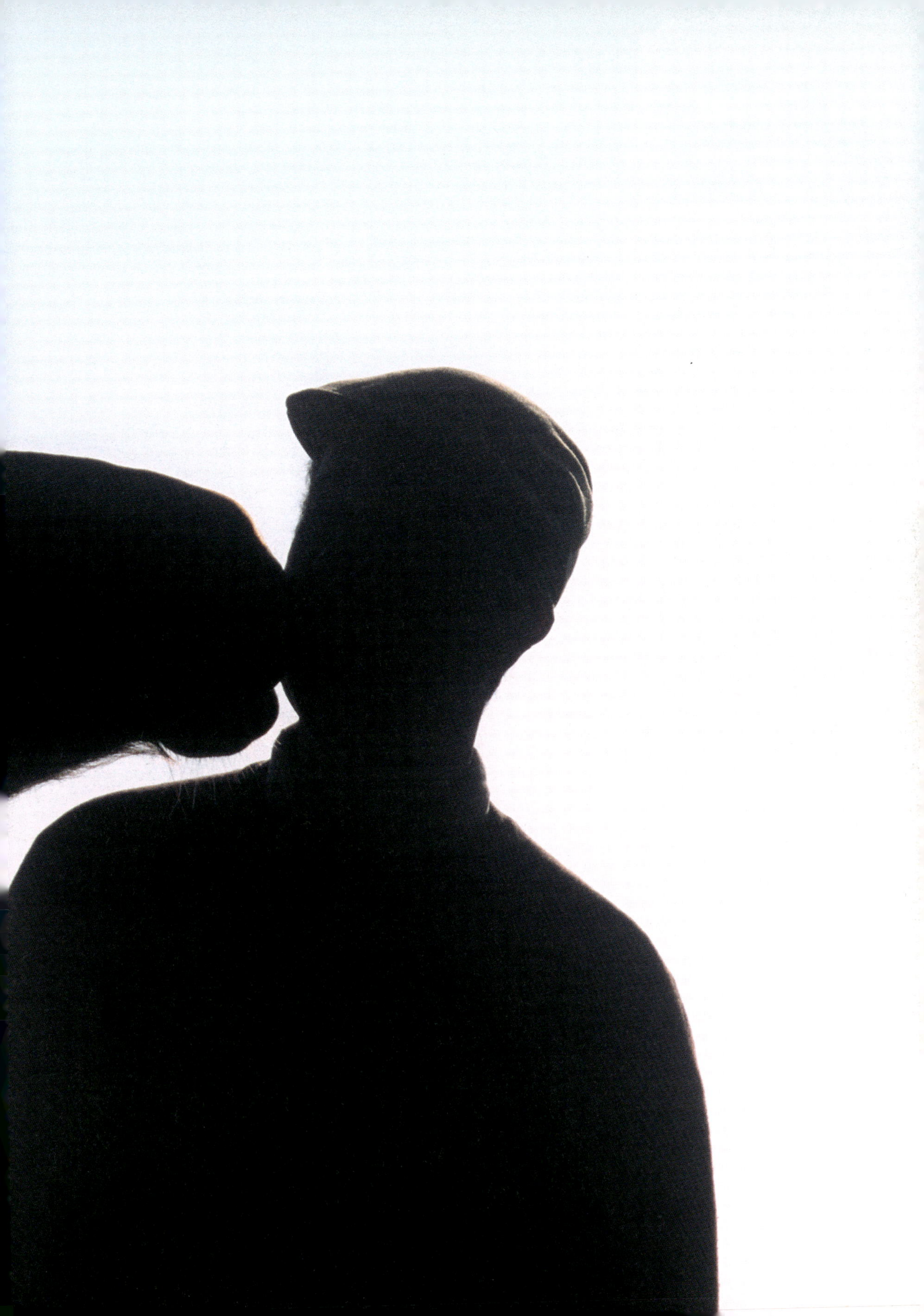

QUA
RTE
RH
ORSE

Pauline Hugo, championne du monde du tri de bétail 2006, sur sa jument Quarter Horse.

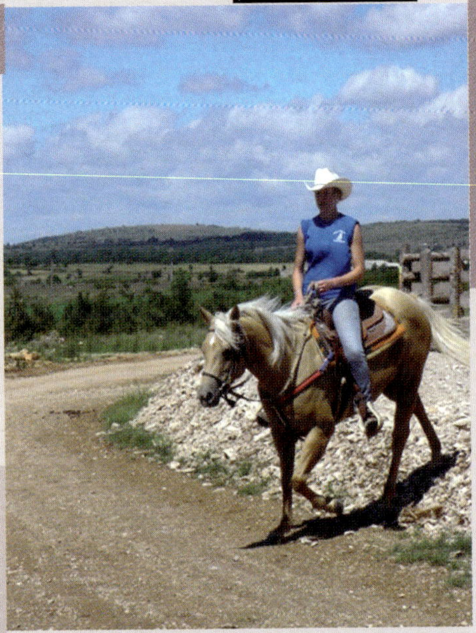

QUARTER HORSE

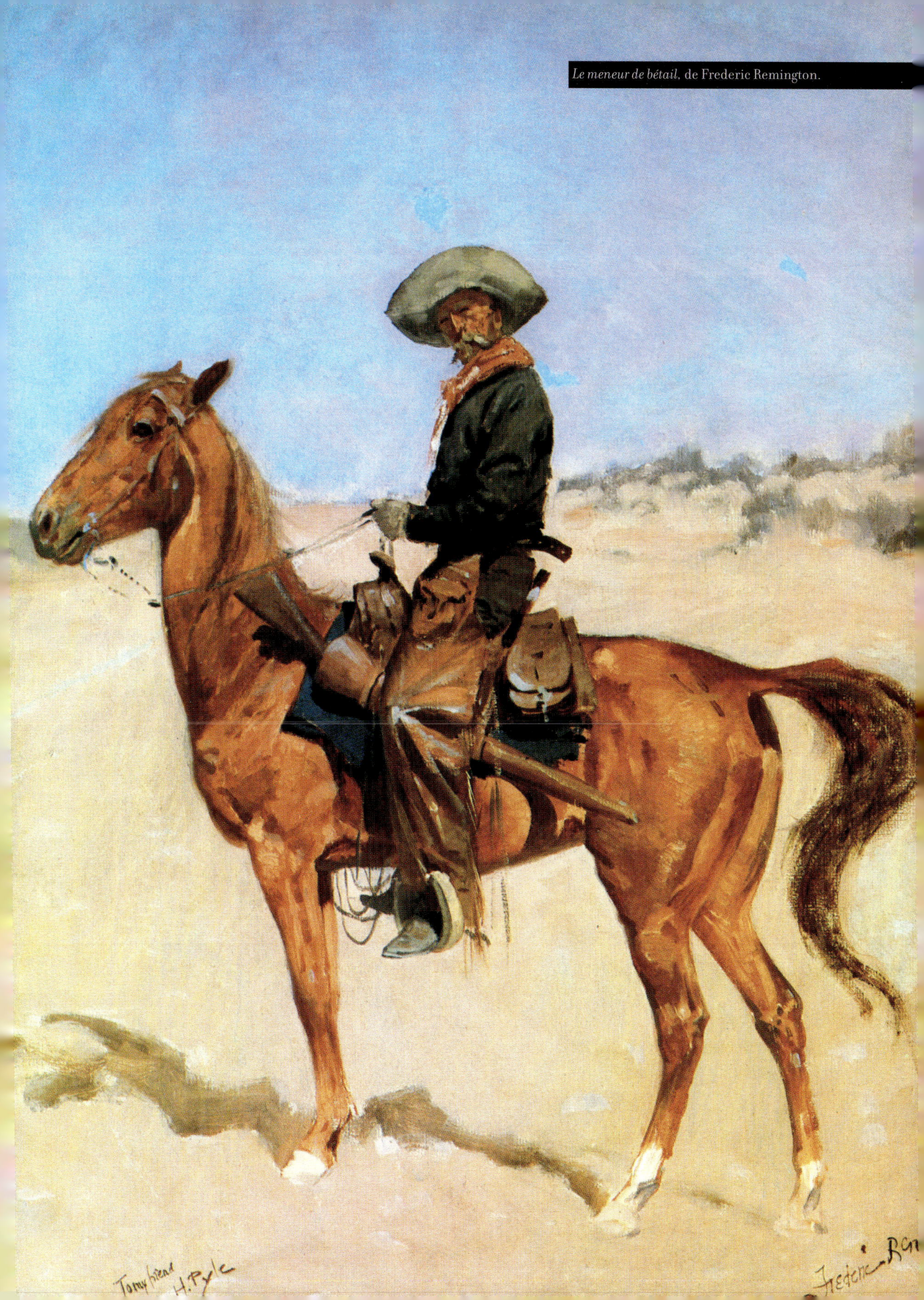

Le meneur de bétail, de Frederic Remington.

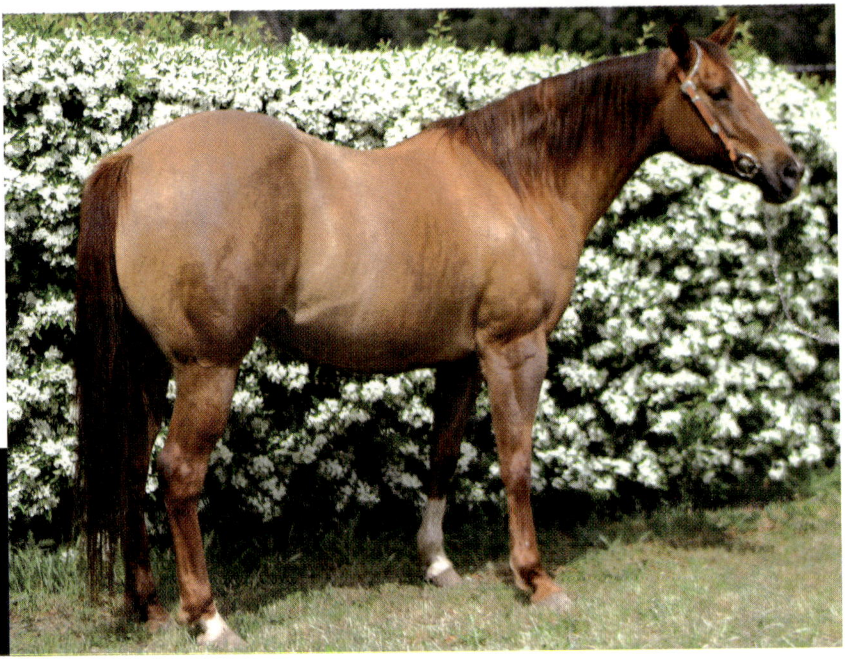

Bella.
Cette poulinière Quarter Horse appartient au haras d'Eygalières, élevage de Quarter Horses.

Le nom de Quarter Horse désigne le cheval américain utilisé dans les courses sur une distance d'un quart de miles, soit environ 400 mètres. C'est un type de cheval relativement moderne (peut-être deux siècles), né de la volonté des éleveurs de produire un cheval aux qualités particulières : une vitesse de pointe exceptionnelle. C'est en quelque sorte un sprinter, comme sont nos athlètes spécialisés dans le 100 mètres. Sur cette courte distance de 400 mètres, il est plus rapide que le plus rapide de nos pur-sang...
Les premières courses de Quarter avaient lieu dans les rues de certaines villes, à l'époque où les rues étaient encore en terre battue. C'est un cheval cent pour cent américain.
Cette race est issue d'une longue sélection, à la fois du physique et du mental de l'animal, extrêmement musclé dans ses membres postérieurs et d'un caractère particulièrement doux, tous les sujets présentant un caractère agressif ayant été écartés. Il serait faux de croire que les premiers cow-boys du XVIIIe ou XIXe siècle disposaient de ces montures. Ils avaient plutôt des chevaux lourds et rustiques ou, au contraire, des chevaux légers et maigrichons rappelant les Barbes que l'on voit encore en Afrique du Nord, et que l'on trouve sur les photos, peintures et sculptures de Remington.
Le Quarter est évidemment le cheval idéal pour l'équitation western... des démarrages fulgurants, virevoltant sur deux pieds, et que l'on peut laisser devant un saloon sans trop se préoccuper de son attache.
Aujourd'hui, l'image du Quarter est associée à celle de la conquête de l'Ouest... mais il faut le dire, c'est un peu de la légende !

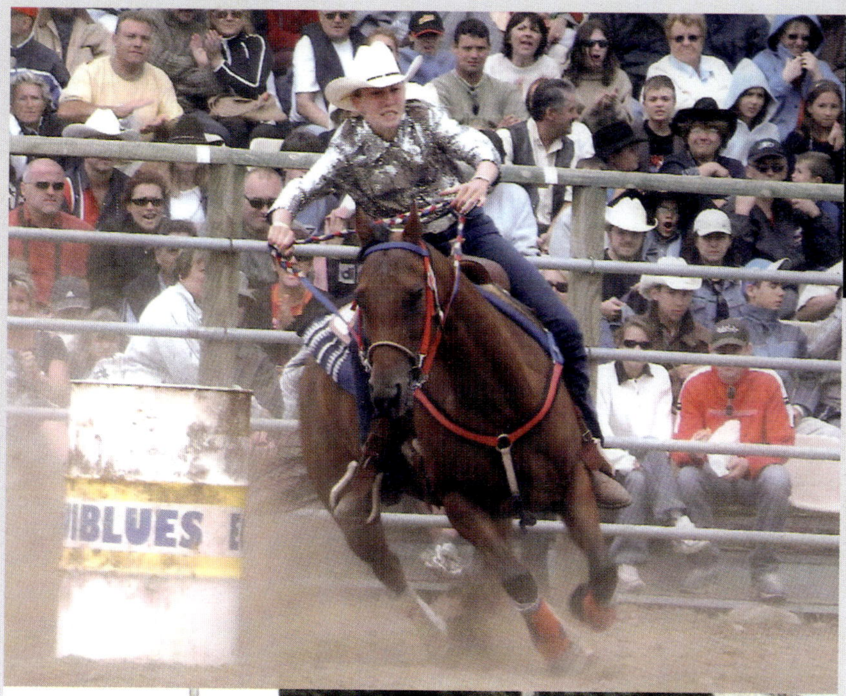

EN HAUT : Le cavalier Éric Laporte sur le cheval Sonny Brenn, un étalon Quarter Horse du haras d'Eygalières ; EN BAS : Barrel Racing.

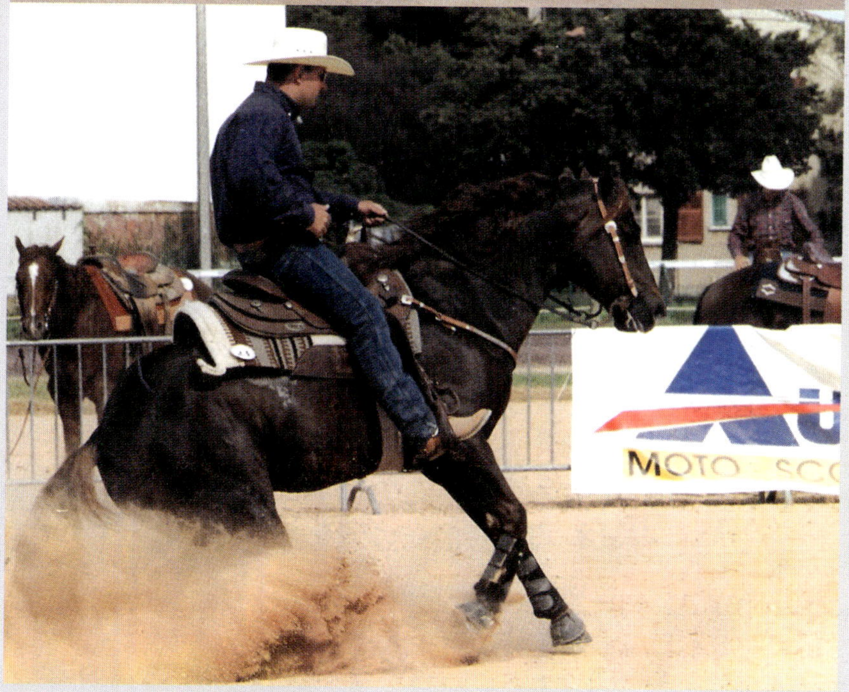

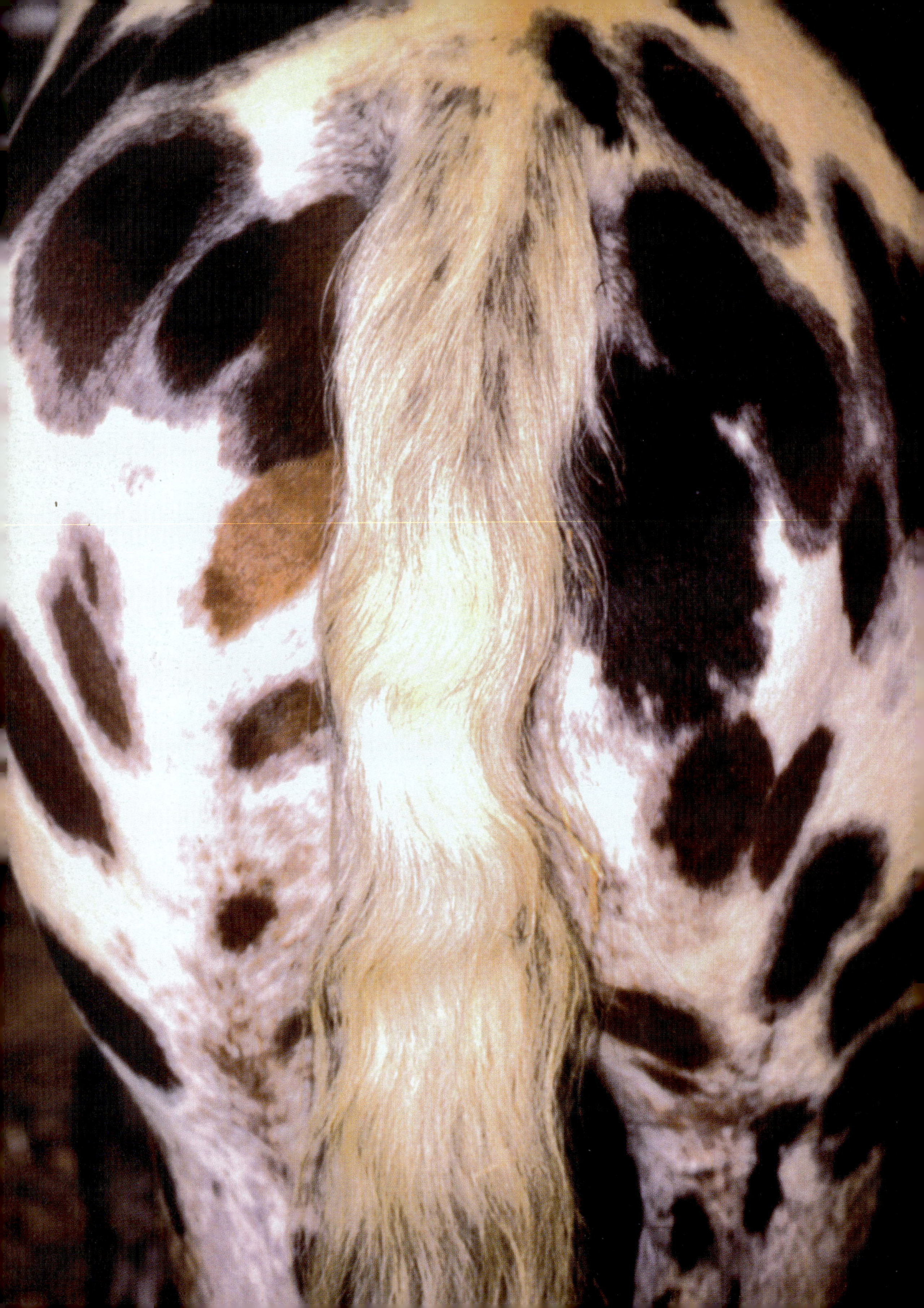

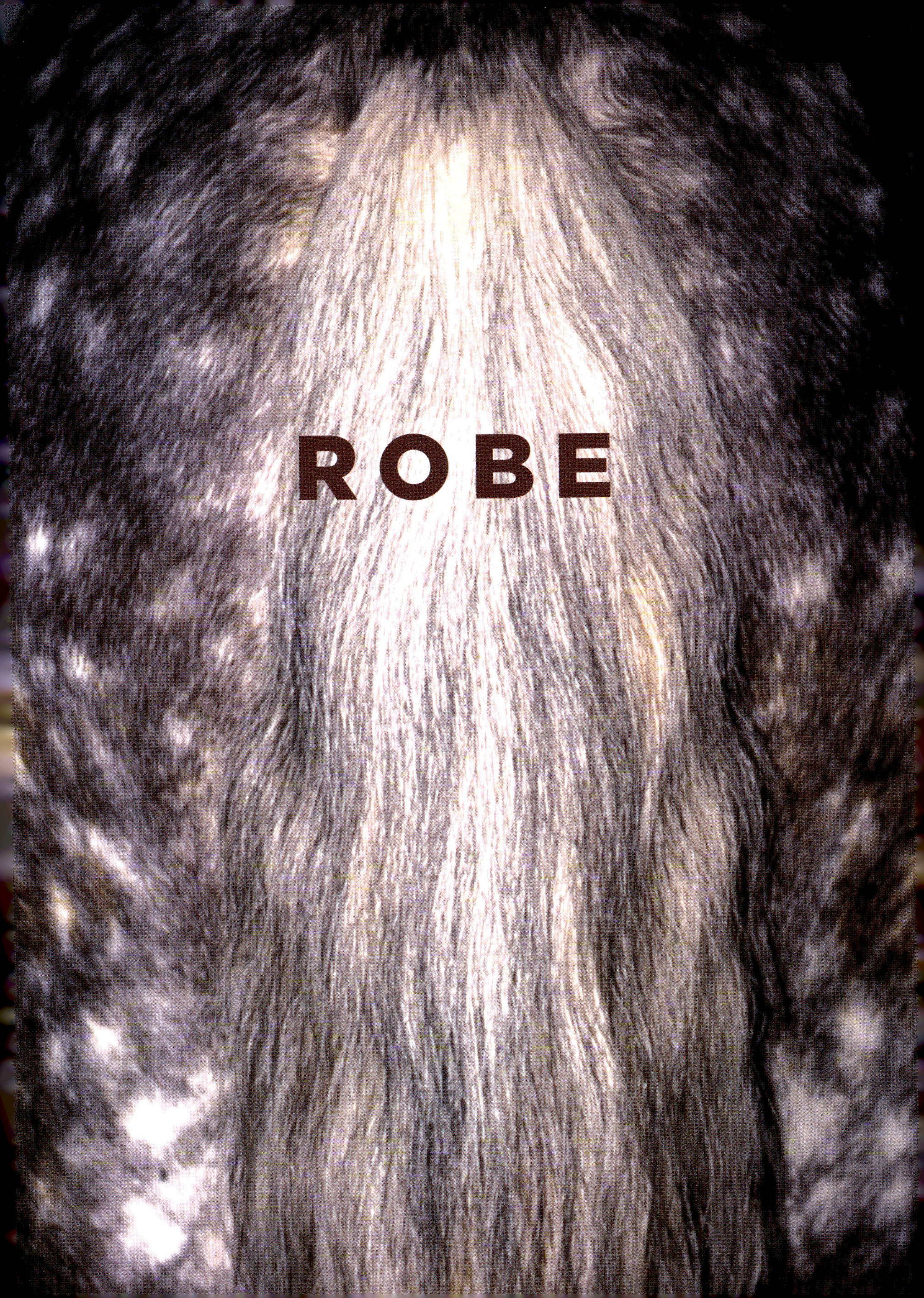
ROBE

Au collège de Sorèze, j'avais une grande affection pour une jument nommée Lavande, et mon maître d'équitation Monsieur Holpey avait toujours la gentillesse de me la réserver. La robe de ma jument était ce qu'on appelle une robe composée, c'est-à-dire le corps d'une seule couleur et le crin d'une autre. La robe de Lavande était couleur isabelle et son crin noir.

L'unique photo où l'on pouvait me voir à cheval sur ma jument préférée a été égarée par un service de télévision à qui je l'avais confiée pour un reportage. Peut-être que quelqu'un, en lisant ces lignes, la retrouvera dans un tiroir... J'ai une douzaine d'années et, signe particulier facilement indentifiable, je suis à cheval mais en culottes courtes ! Mains basses sur l'encolure et regardant l'objectif.

Il existe de nombreuses couleurs de robe pour les chevaux... Elles ont toutes leur charme particulier, tout à fait comparables aux robes de nos jeunes filles qui, selon les saisons, nous inspirent des sentiments différents...

Le cheval noir du Prince a quelque chose de mythique qui me fascine, mais Mario Luraschi m'a toujours dit : « Sur un beau cheval à la robe claire, tu seras toujours plus spectaculaire ! »

À propos de robe, savez-vous qu'il y a une étonnante tradition en Suisse qui fait courir des cavalières sur des Franches-Montagnes, ces solides chevaux de trait suisses ? Ces jeunes amazones, selon cette coutume, devaient monter en robe, à califourchon, à cru et, tenez-vous bien, sans culotte ! À l'occasion de cette fête de village, les garçons venaient, paraît-il, choisir leur future épouse... La course existe encore de nos jours, mais les temps ont changé et, comme vous pouvez l'imaginer, aujourd'hui nos courageuses concurrentes sont beaucoup plus culottées !

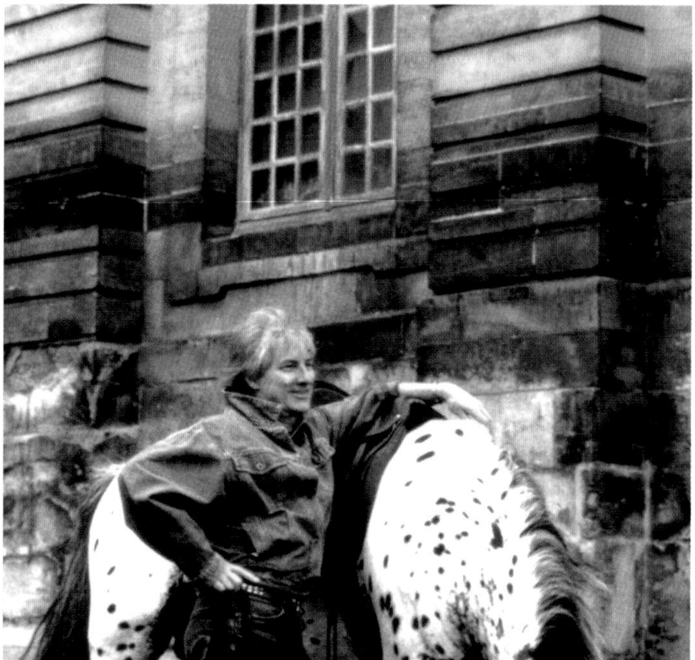
Au Musée du cheval, à Chantilly, avec un Appaloosa.

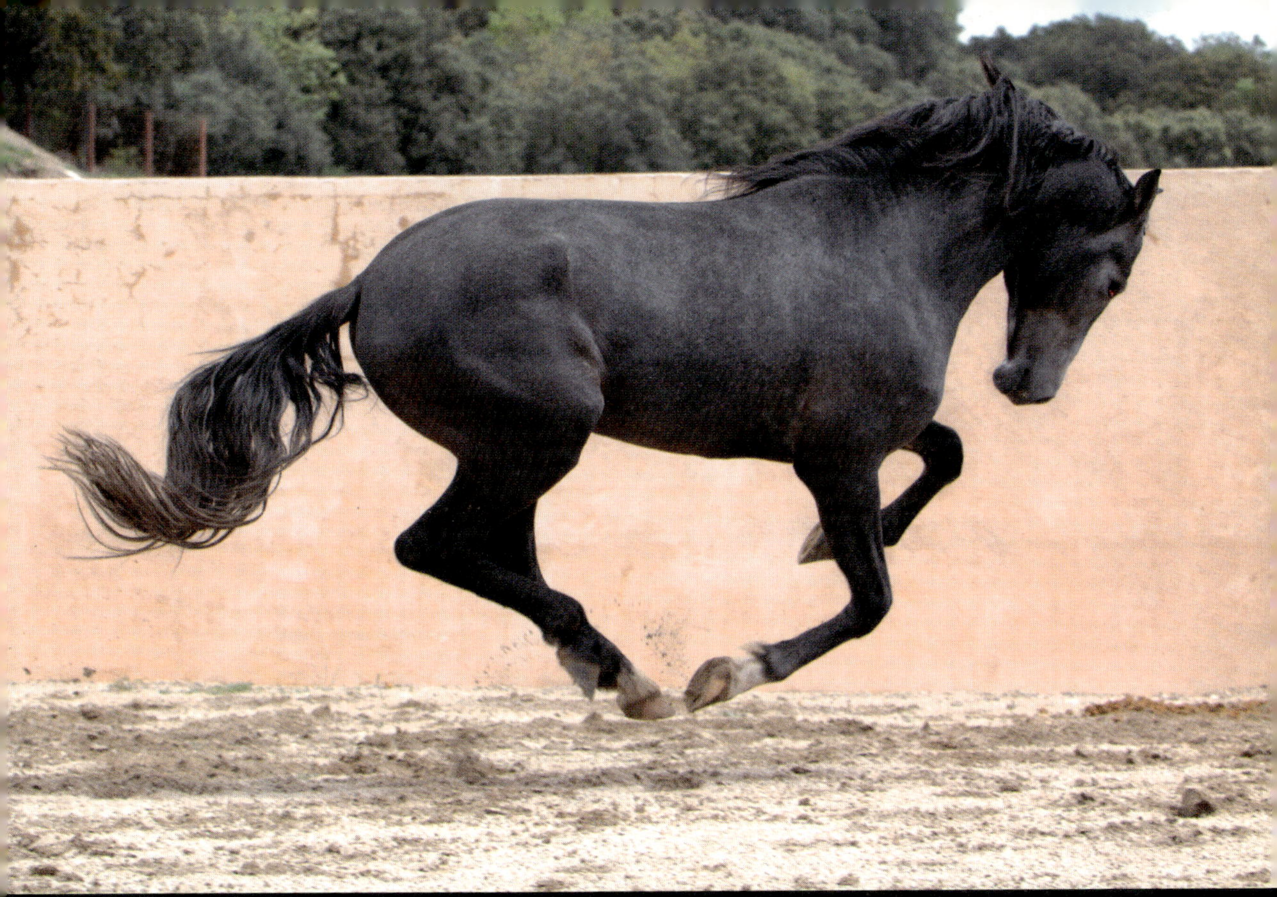

EN HAUT : Pur race espagnole, robe grise ; EN BAS : Pie.

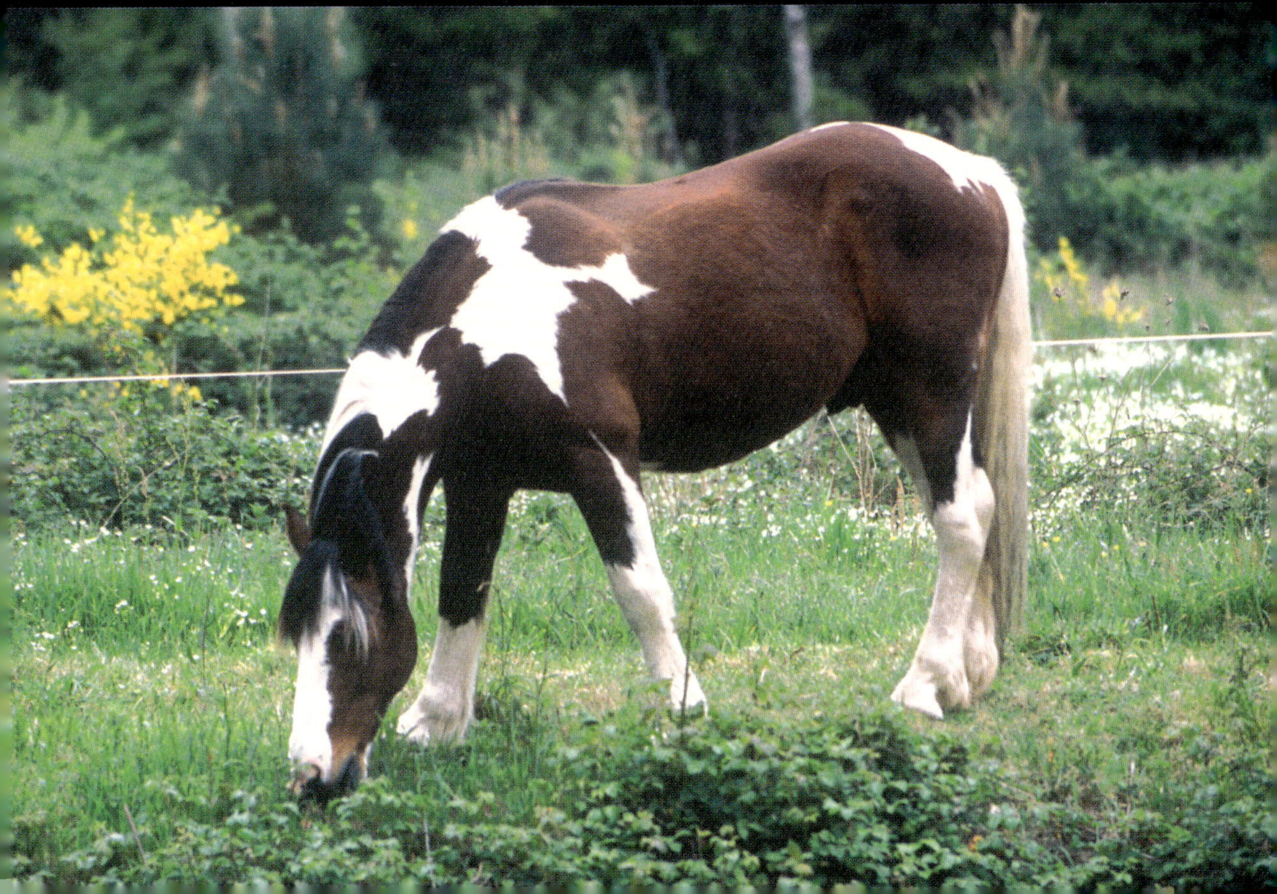

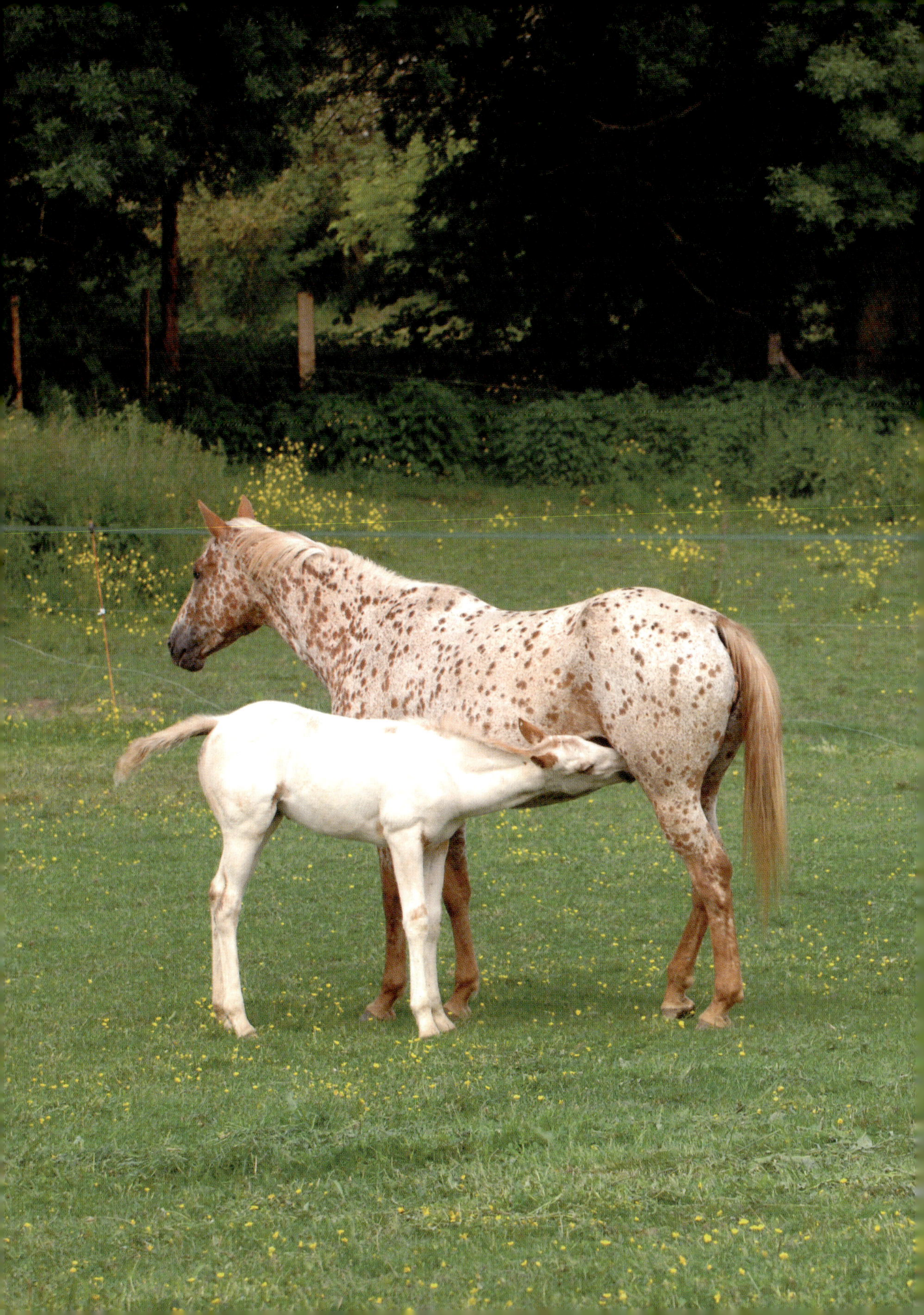

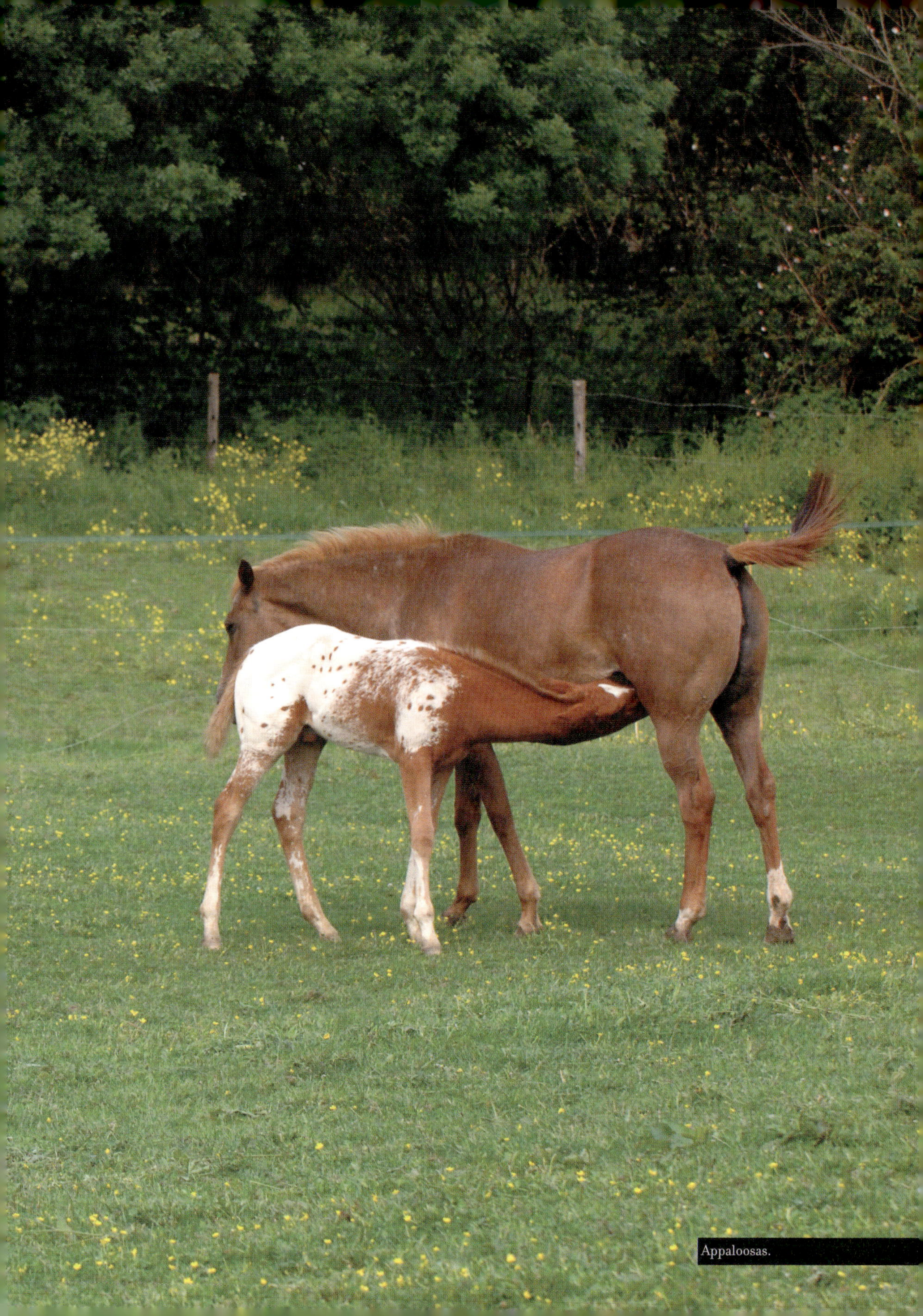

Appaloosas.

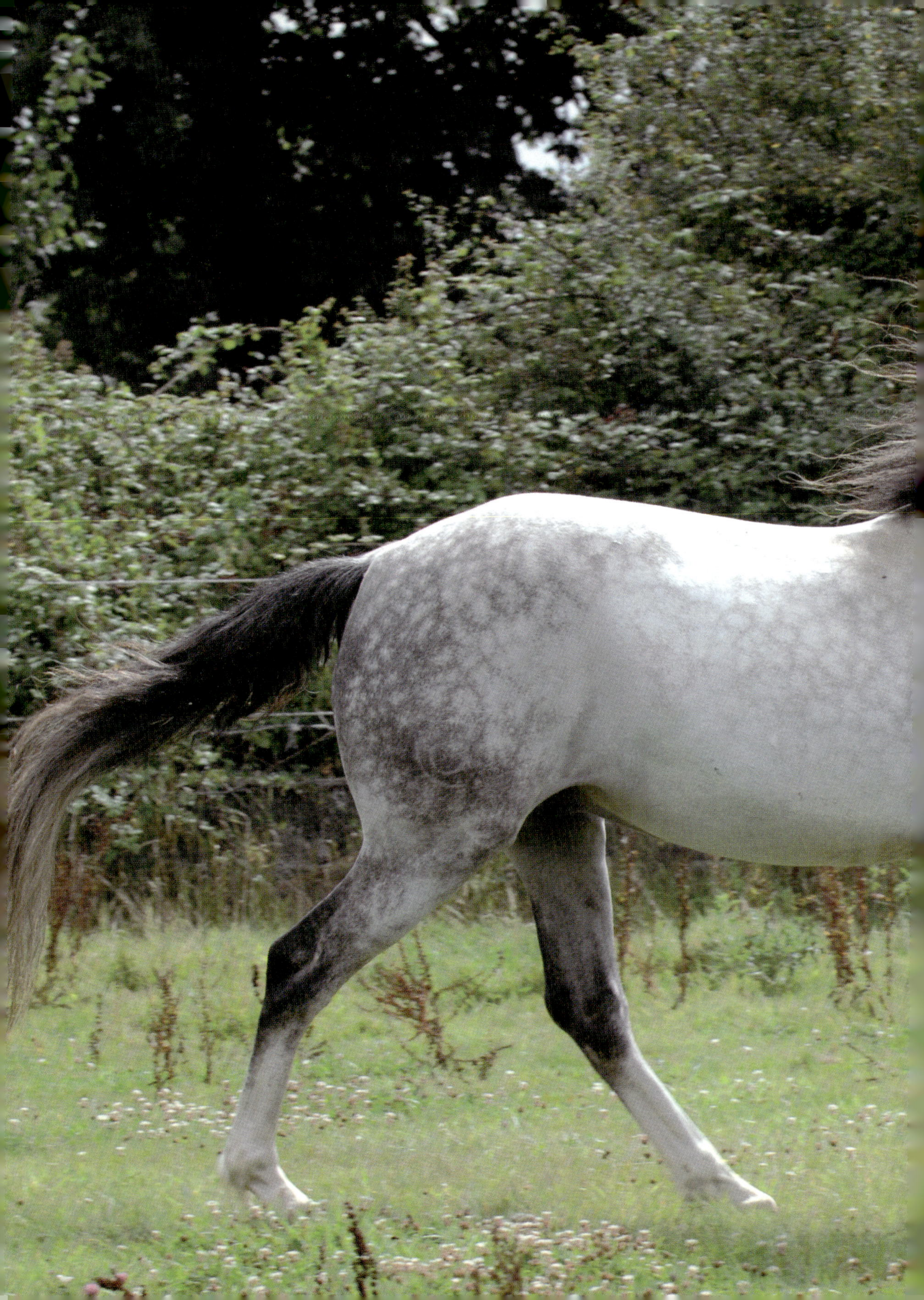

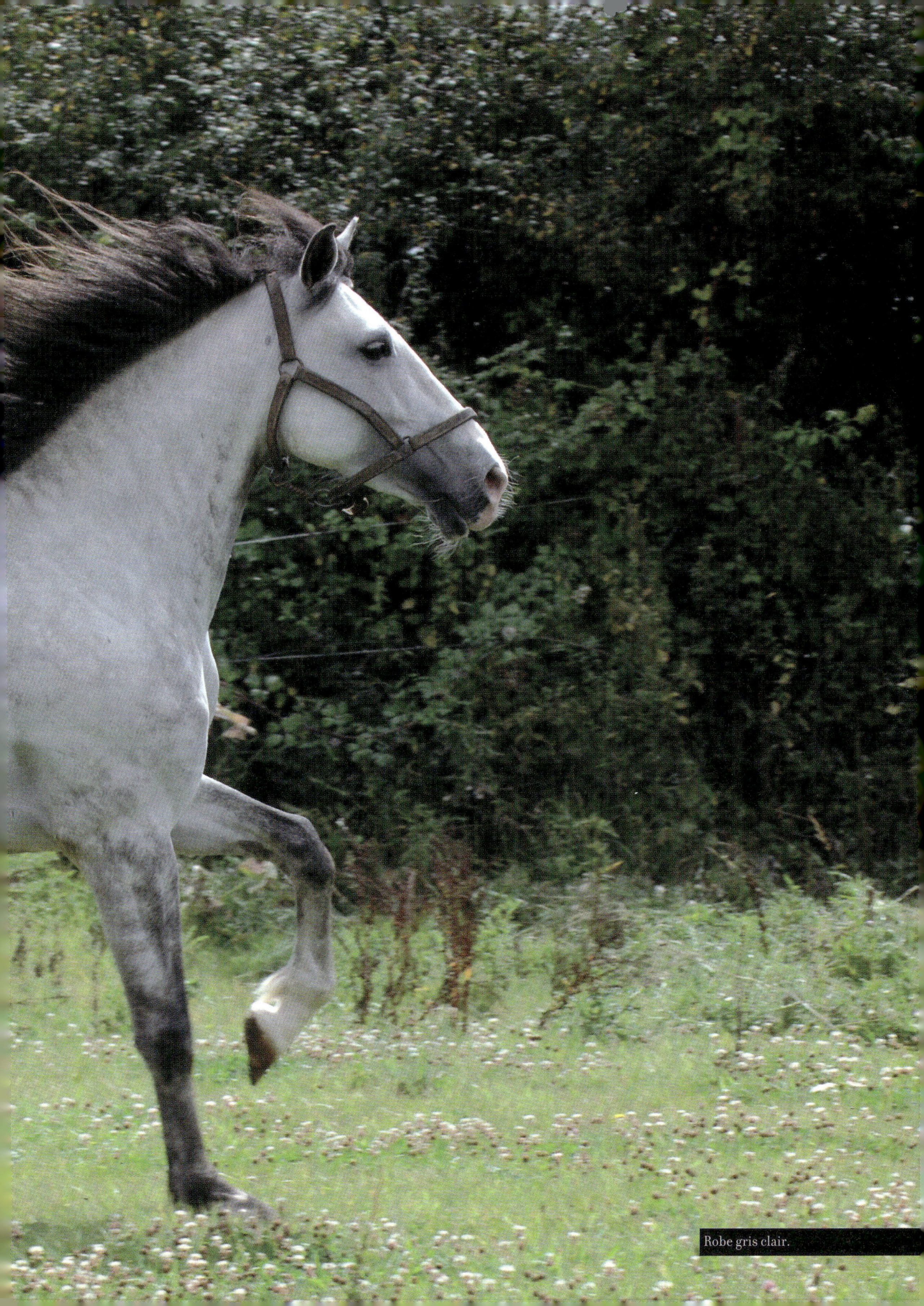

Robe gris clair.

LA

ROUTE

DES

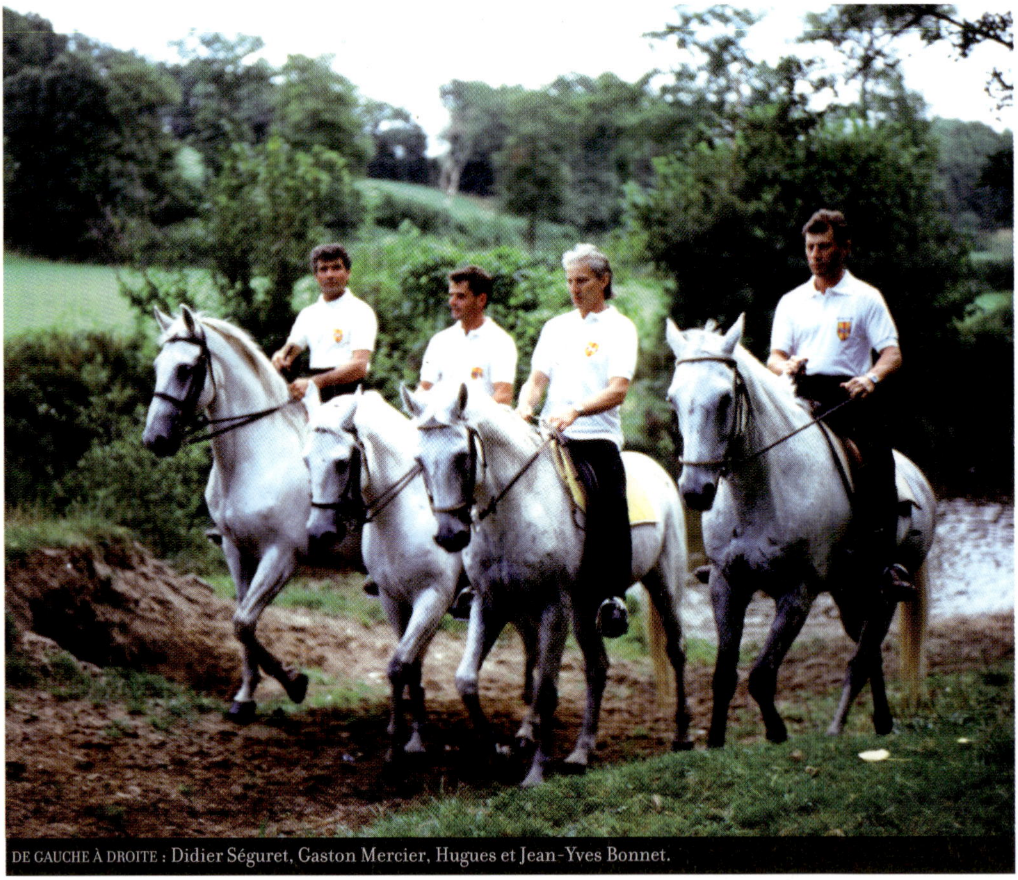

DE GAUCHE À DROITE : Didier Séguret, Gaston Mercier, Hugues et Jean-Yves Bonnet.

MOUSQUETAIRES

Durant nos vacances au pays de d'Artagnan, mes frères et moi n'avons cessé de jouer aux Mousquetaires, avec les fleurets trouvés dans le grenier... Il faut dire que Gaston de Caubios d'Andiran, mon « Bon Papa », était considéré par beaucoup comme le dernier Cadet de Gascogne.
J'ai connu Jean-François Charry, en 1987, sur la Route du Sel de Jean-Yves Bonnet. Il était alors président de la Fédération Française d'Équitation et à la recherche d'un événement permettant de médiatiser et populariser les sports équestres. Il rêvait de faire un « Paris Dakar » équestre qui aurait pu se courir sur la route de Saint Jacques de Compostelle. Cela n'était pas réaliste, le kilométrage beaucoup trop important.
Je lui proposai alors la Route des Mousquetaires... une course dont j'avais eu l'idée depuis toujours. Inspirée du célèbre roman d'Alexandre Dumas, dont les aventures ont bercé mon enfance de Gascon, cette course devait rallier le château de Versailles à celui de Windsor, et retour... la course qu'Alexandre Dumas a contée dans l'histoire des fameux ferrets de la Reine. Il a trouvé l'idée excellente et, deux ans après, organisait le raid... mais sans moi ! L'inventeur du concept de cette course ne figurait plus, curieusement, ni dans le comité d'organisation ni dans les participants... J'étais effondré, écœuré ! Néanmoins, avec courage et dans l'adversité, seul contre tous, je formai in extremis mon équipe : Gaston Mercier, Jean-Yves Bonnet, Didier Seguret, trois formidables et super cavaliers... et moi-même. La société des montres Breitling de Monsieur Niarquin nous supportera financièrement...
Je n'étais pourtant pas arrivé au bout de mes peines. Avant même de prendre le départ, le cheval de Didier Seguret était pris de coliques... et Seguret éliminé. Dix minutes après le départ du Château de Windsor, ma jument fait une hémoglobinurie... c'est ce que l'on appelle « un coup de sang ». Elle fut sauvée grâce à l'intervention immédiate des vétérinaires des excellentes cliniques de Windsor. J'étais éliminé à mon tour. Pour me réconforter, une seule personne, Jean-Pierre Burray, qui me prêtera un cheval pour suivre la course !
C'est la plus terrible mésaventure, et la plus cruelle expérience de ma vie dans ce domaine que j'ai jamais connue... En voyant ma jument Moussy transpirante et tremblante, j'ai vécu, vingt ans plus tard, l'histoire de ma chanson *Stewball*.

LA

ROUTE

DU

POISSON

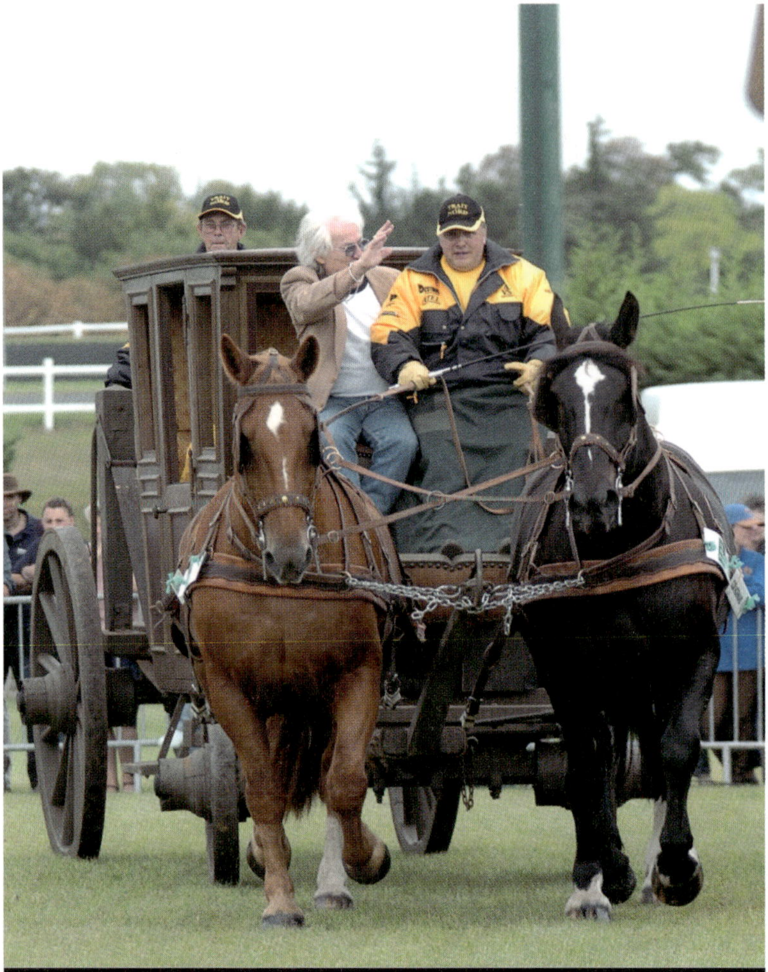

Hugues parrain de la Route du Poisson, 2005.

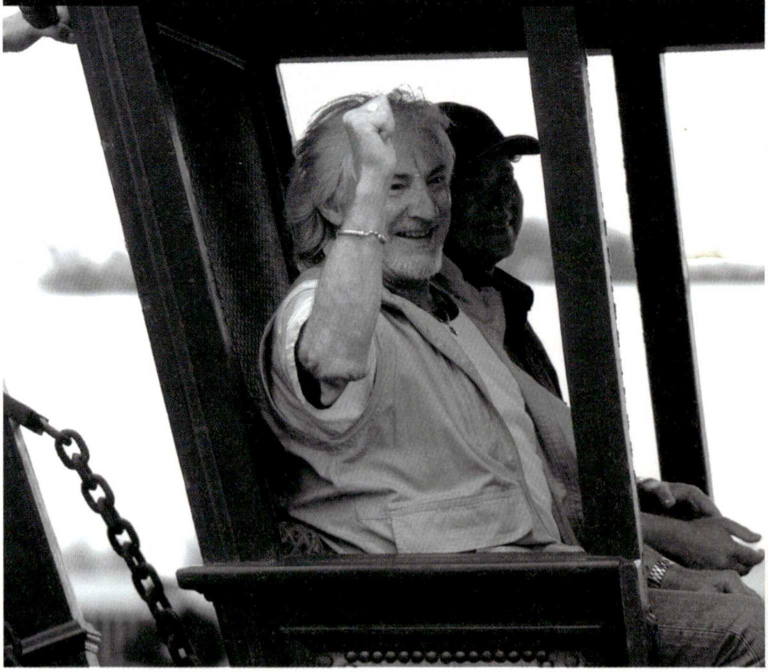

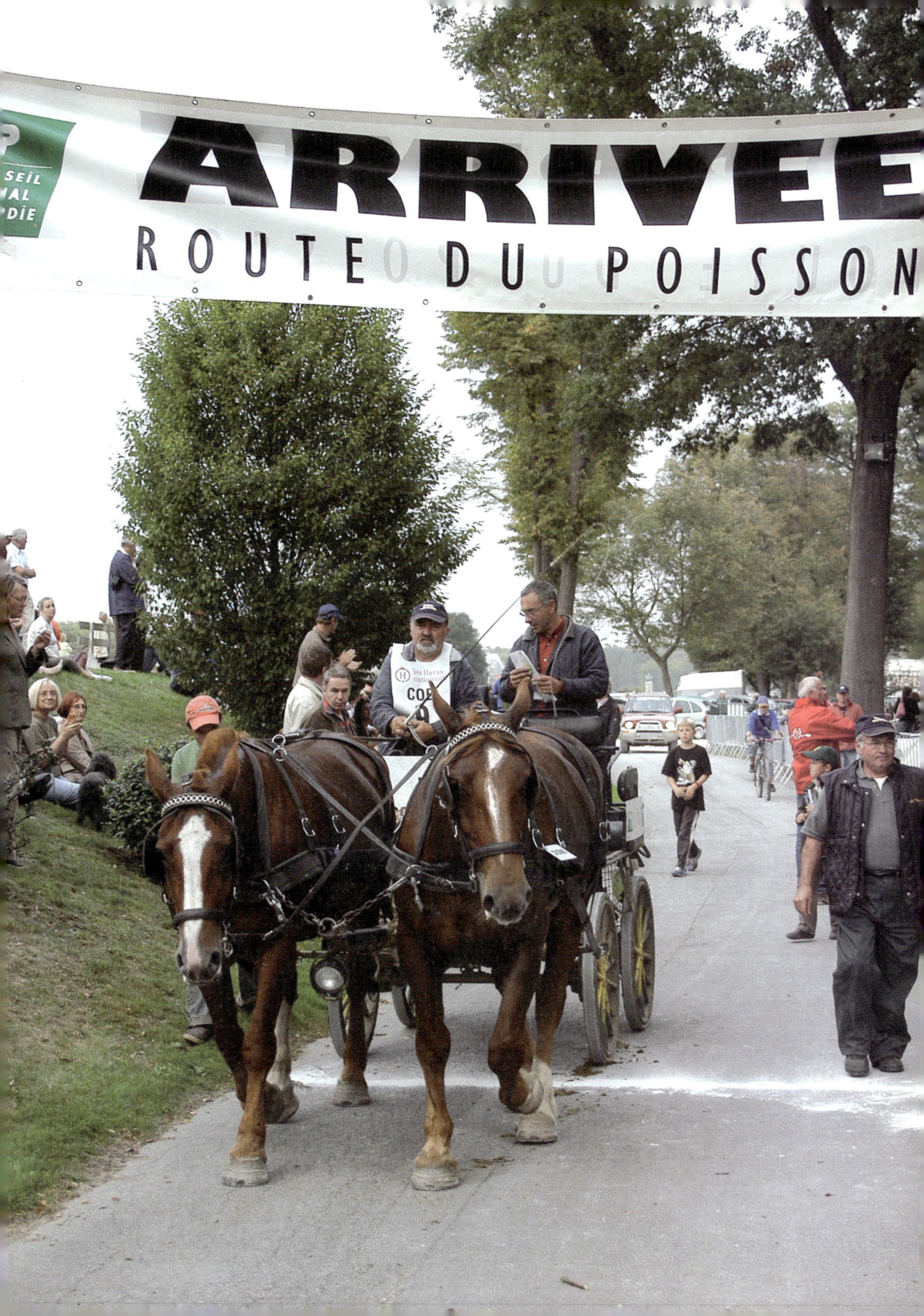

ARRIVEE
ROUTE DU POISSON

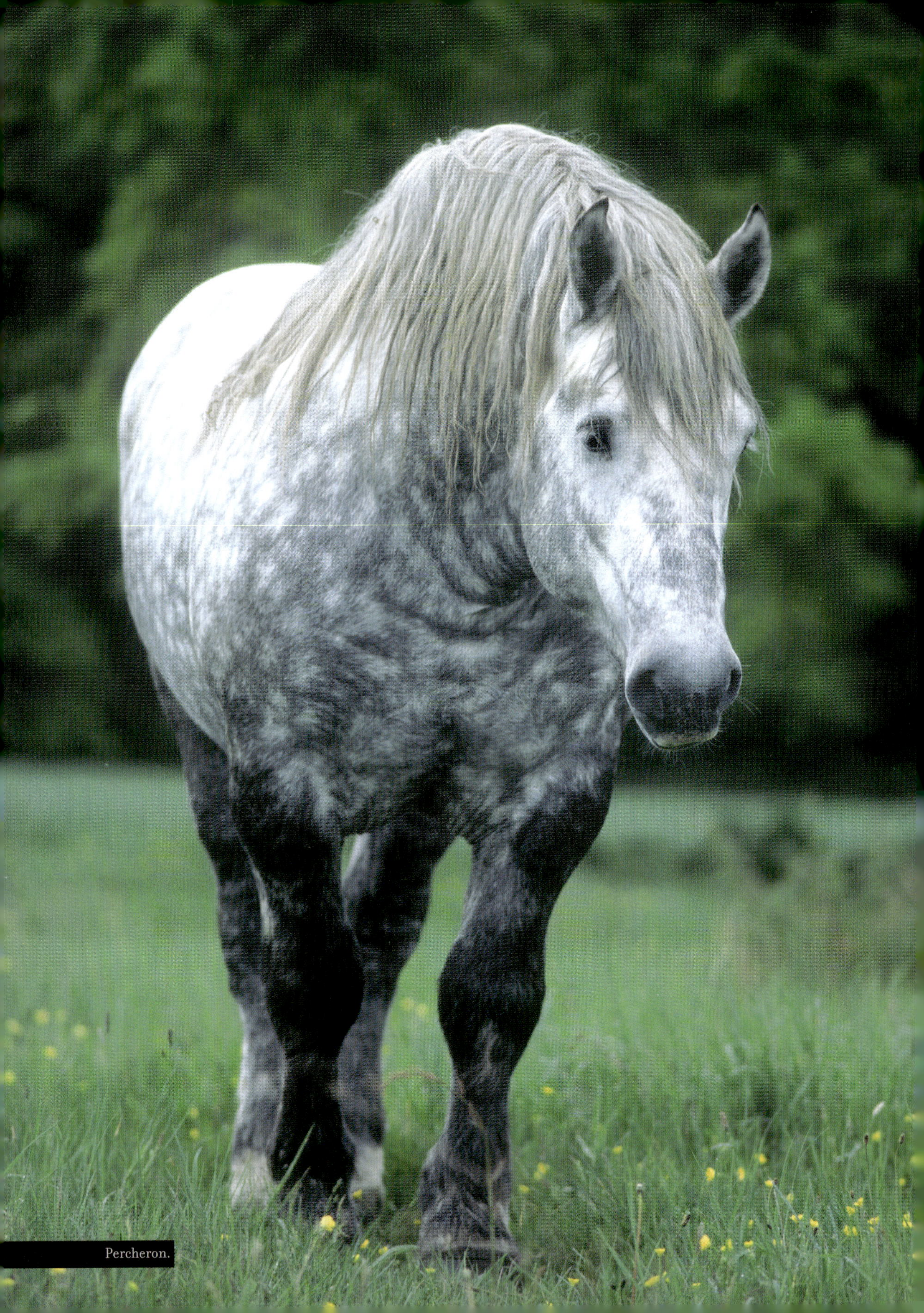

Percheron.

En tant que parrain, j'ai participé à La Route du Poisson en 2005. Créée en 1991, cette « route » est une course d'attelages de chevaux de trait dont le circuit reprend l'ancien tracé du réseau de transport des pêches picardes du XVIIIe siècle, disparu avec la mise en service du réseau ferroviaire en 1848. Les attelages doivent parcourir trois cent vingt kilomètres en vingt-quatre heures. À l'origine, les chevaux de traits boulonnais étaient les plus utilisés. Dans la course actuelle, toutes les races de chevaux sont représentées. C'est formidable de voir tous ces « poids lourds » rassemblés dans une même manifestation.

J'ai découvert les plus beaux chevaux de trait que je ne connaissais qu'en image, notamment les fameux Shire, ces magnifiques équidés britanniques. Impressionnants et majestueux du haut de leur 1,80 mètre au garrot. Chevaux de guerre au Moyen Âge, ils doivent leur survie aux brasseurs anglais qui les utilisent encore aujourd'hui pour livrer la bière ! Leur puissance de traction est de cinquante tonnes au démarrage.

On peut découvrir cette force à l'occasion de l'épreuve de traction sur la plage de Boulogne, lorsqu'ils remontent de la mer sur la grève les barques des pêcheurs. J'avais les larmes aux yeux lorsque j'ai vu ces bêtes en plein effort : leur courage est admirable !

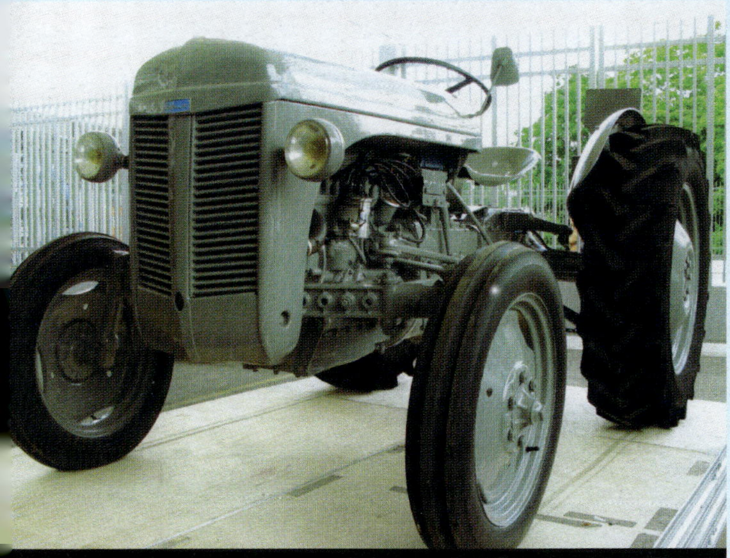

Ce fameux « Petit Gris » appartient à Hugues.

Ceux qui me connaissent savent qu'une de mes chansons préférées, dont je suis l'auteur, est *Le petit âne gris*. Néanmoins je dois faire amende honorable car, si j'adore les chevaux de trait, j'aime aussi beaucoup les tracteurs et, bien sûr, le fameux « Petit gris ». Vous voyez le rapport... Ce petit tracteur, conçu par l'ingénieur irlandais Ferguson dans le cadre du plan Marshall, coûtait moins cher que le premier prix d'un cheval de trait. Il en fut le prédateur. Ainsi va la vie...

Moi qui aime tant les chevaux de trait, j'aime aussi l'objet qui sera à l'origine de leur disparition. Mea culpa.

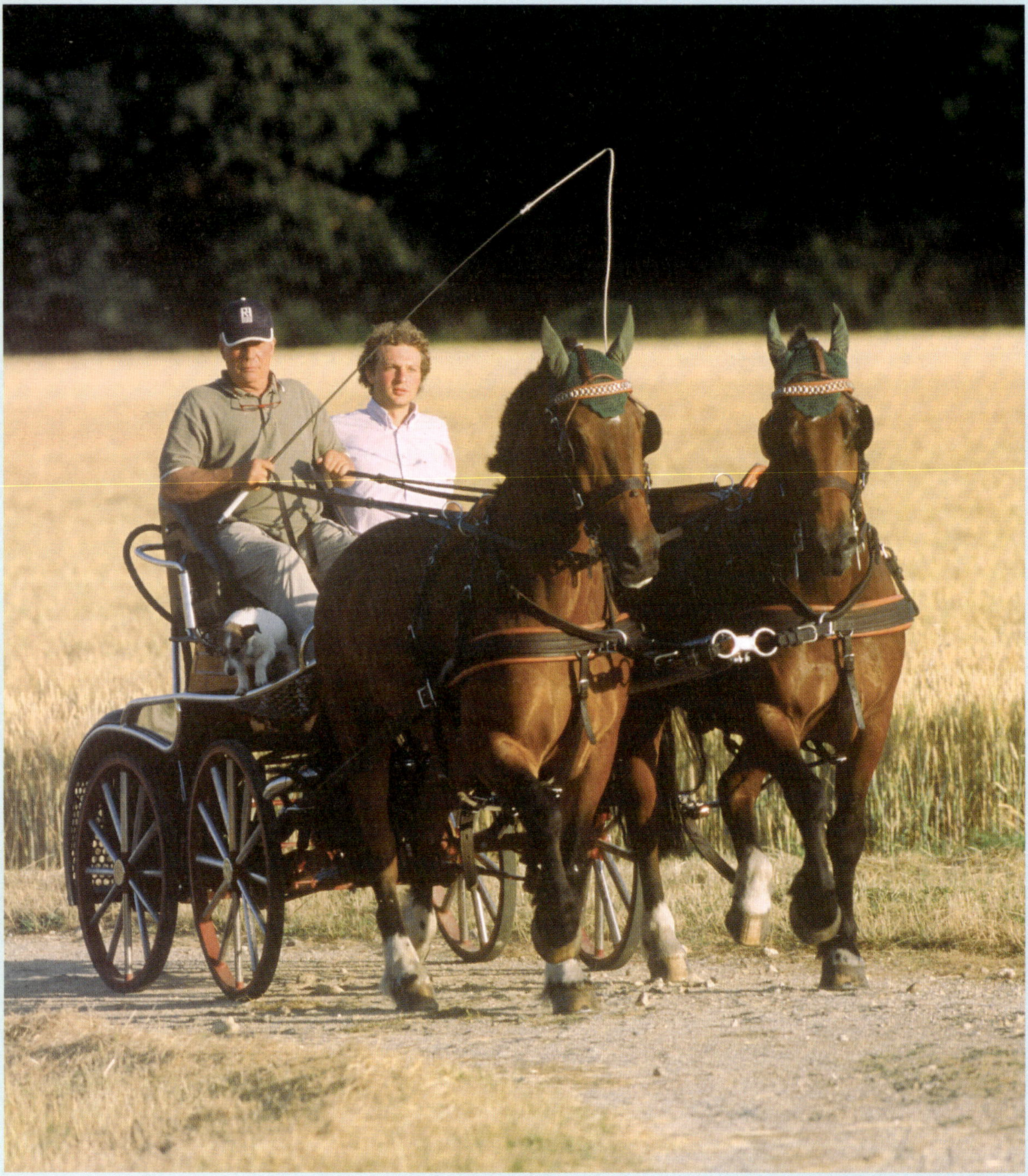

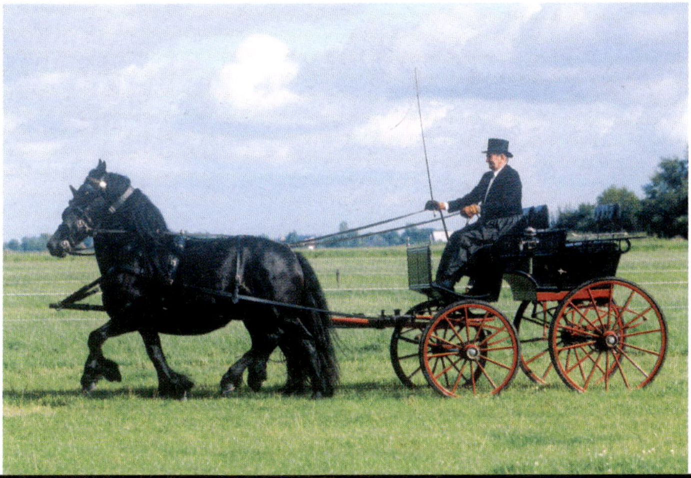

Attelages participant à la Route du Poisson.

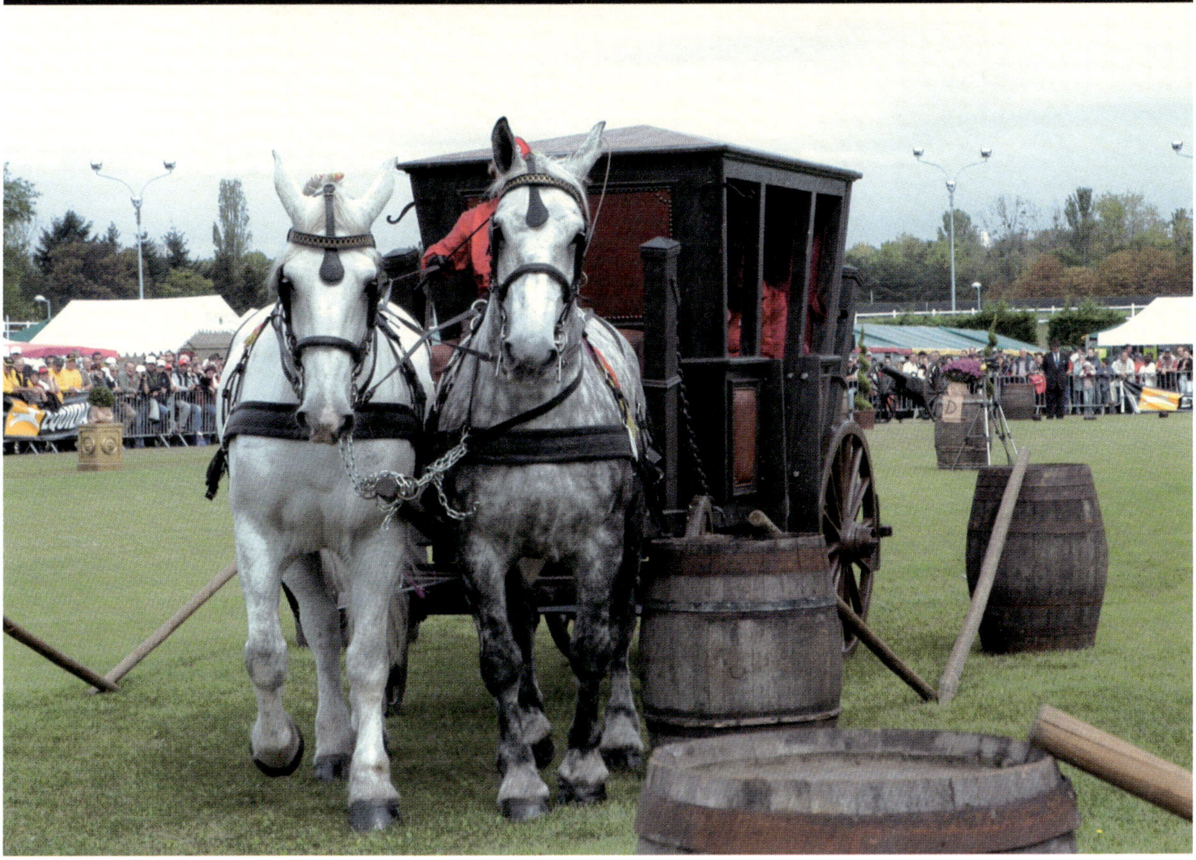

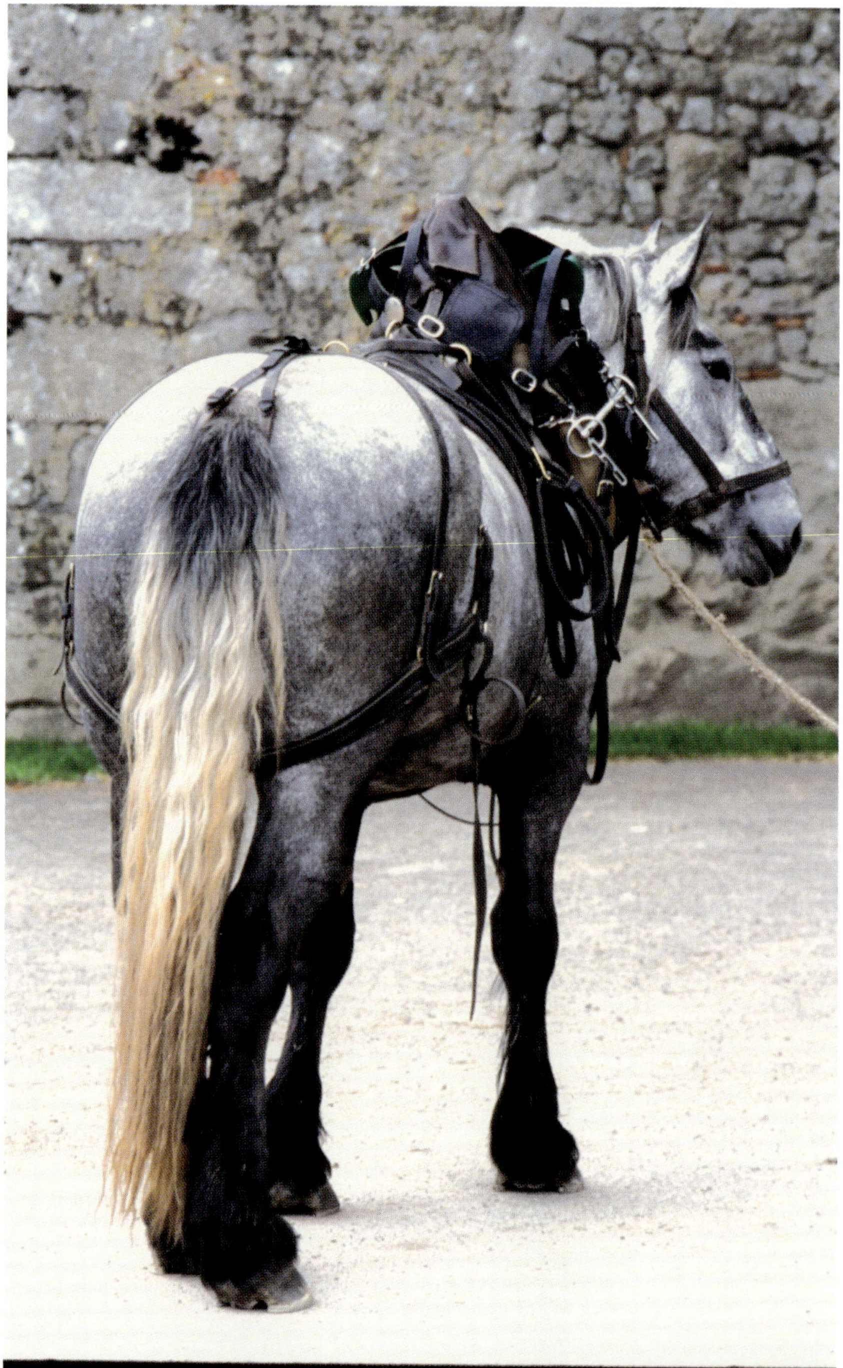

Percheron.

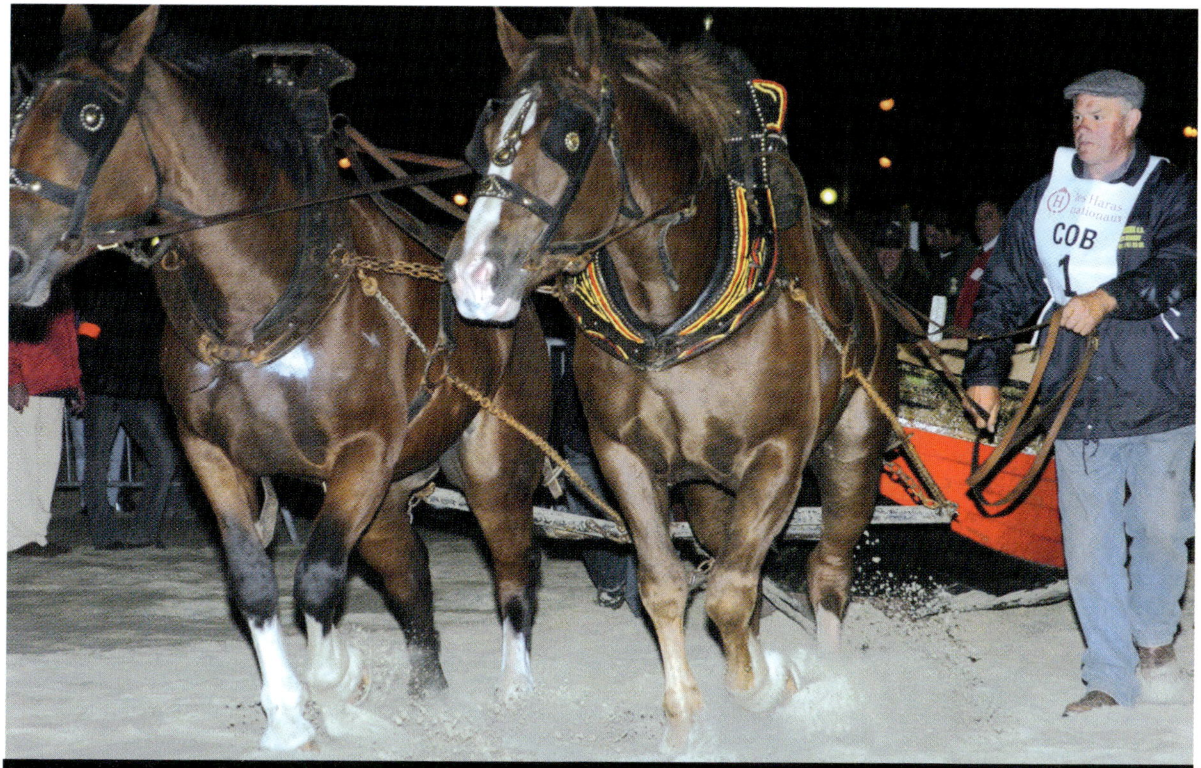

L'épreuve de traction du Flobart pendant la Route du Poisson : les chevaux doivent tirer une barque échouée sur le sable.

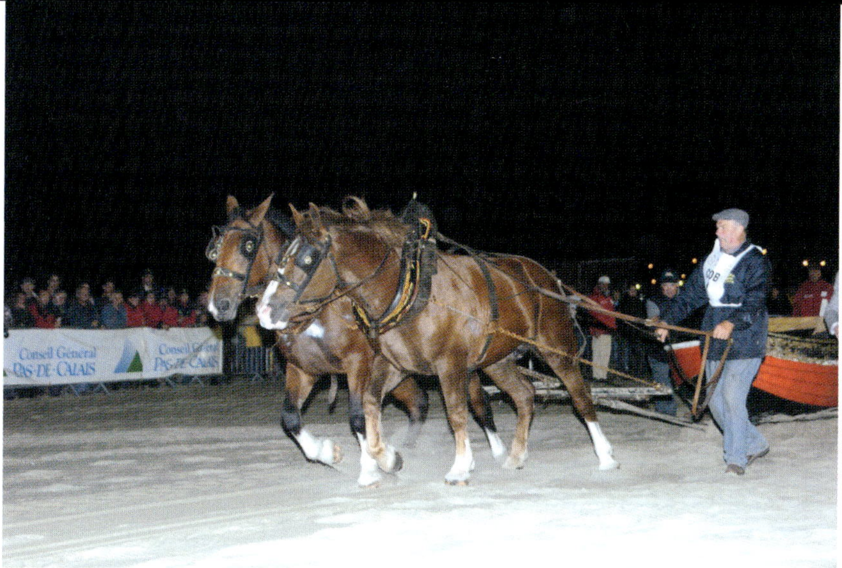

R U A D E

RUADE

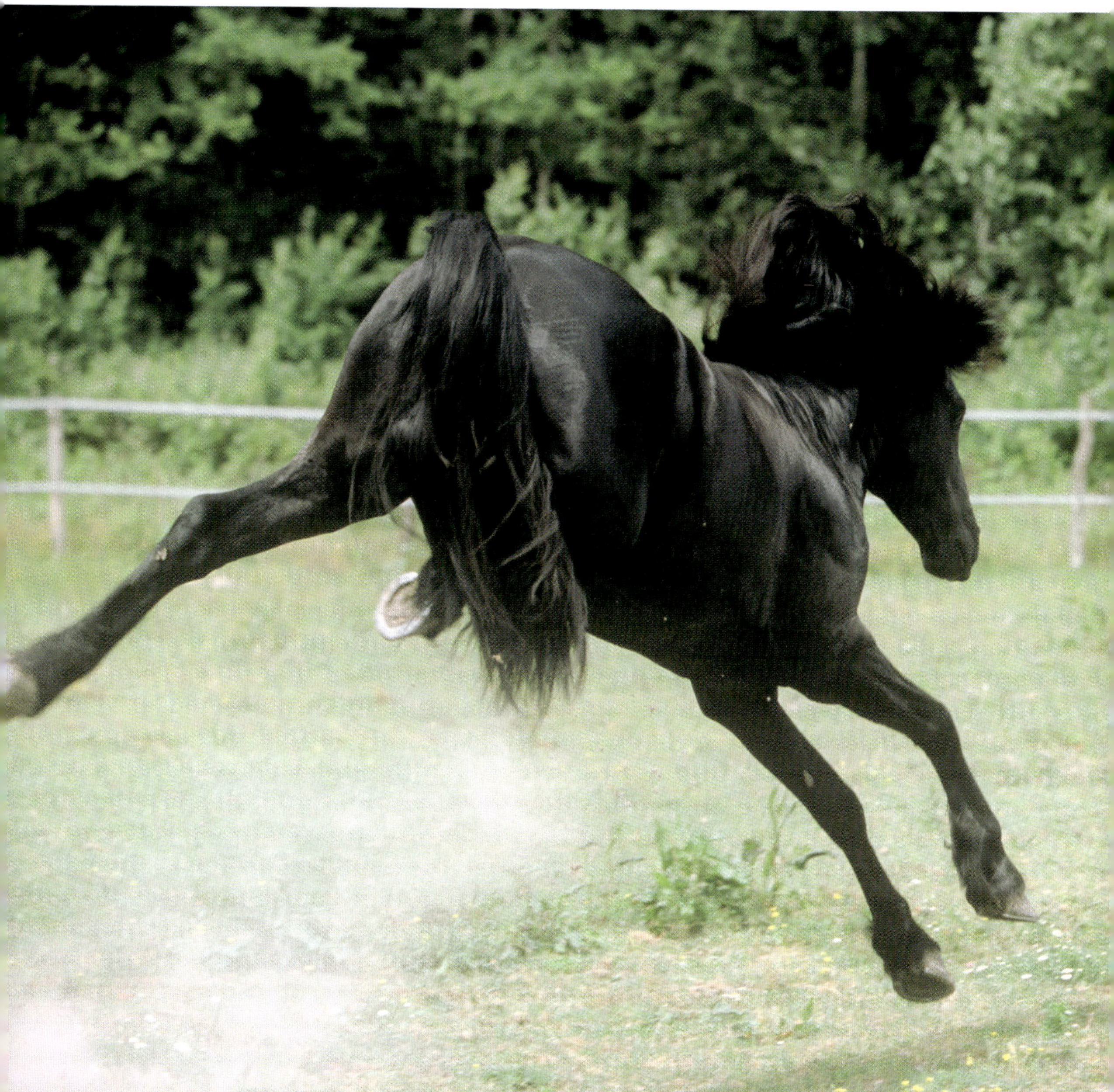

Frison.

C'est une terrible ruade qui a tué mon ami Pierre Cazes.
J'ai rencontré Pierre sur la Route du Sel, puis par la suite sur la Route des Mousquetaires. Docteur-vétérinaire, brillant et discret, il apporta dès le départ un soutien sérieux aux premières épreuves d'endurance équestre organisées par le Challenge occitan dans les années 80. Il fut nommé sélectionneur et entraîneur de l'équipe de France d'Endurance, lorsque cette discipline fut intégrée à la Fédération Française d'Équitation.
Apprécié par Gaston Mercier, double champion d'Europe, pour sa compétence et son sérieux, Pierre et Gaston échangeaient volontiers des idées, parfois avec véhémence, toujours dans un esprit de positivisme. Leur amitié et leur collaboration ont incontestablement été très constructives.
Jean-Paul Boudon, vainqueur d'une des épreuves de la Chevauchée Fantastique à Flaine, m'a demandé, en 2006, de parrainer la course de Florac, certainement une des plus belles courses d'endurance au monde. J'ai eu la chance de suivre ces 24 heures aux côtés de Pierre Cazes. Ce fut passionnant de découvrir, tout au long du parcours, l'aspect technique de cette discipline commenté par le grand spécialiste qu'il était.
Au cours des discussions, nous nous sommes découvert beaucoup de points communs, et Pierre me confia alors qu'il souhaitait que j'entre à la FFE, car il estimait que j'avais des projets pouvant intéresser le monde de l'équitation. Il m'avait dit : « Dès mon retour à Paris, il faut que l'on se voie. »
Huit jours après, il est décédé à la suite d'un accident. Alors qu'il embarquait son cheval dans le van, simple et habituel exercice pour un homme comme lui, le cheval fit une terrible ruade, totalement imprévisible, tuant notre ami sur le coup. Encore jeune et plein d'avenir par sa science, ses connaissances et son sérieux, il nous manque beaucoup.

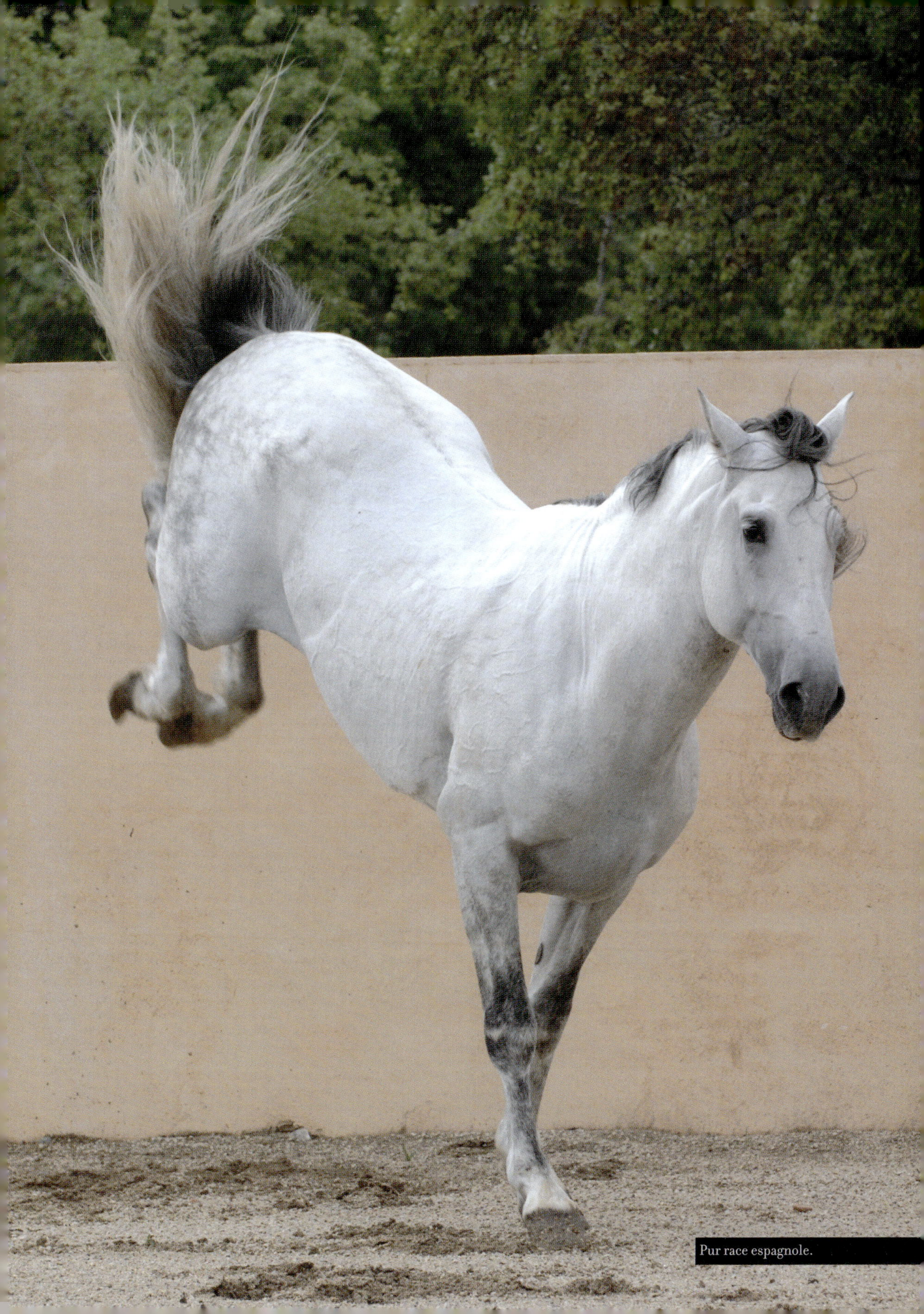

Pur race espagnole.

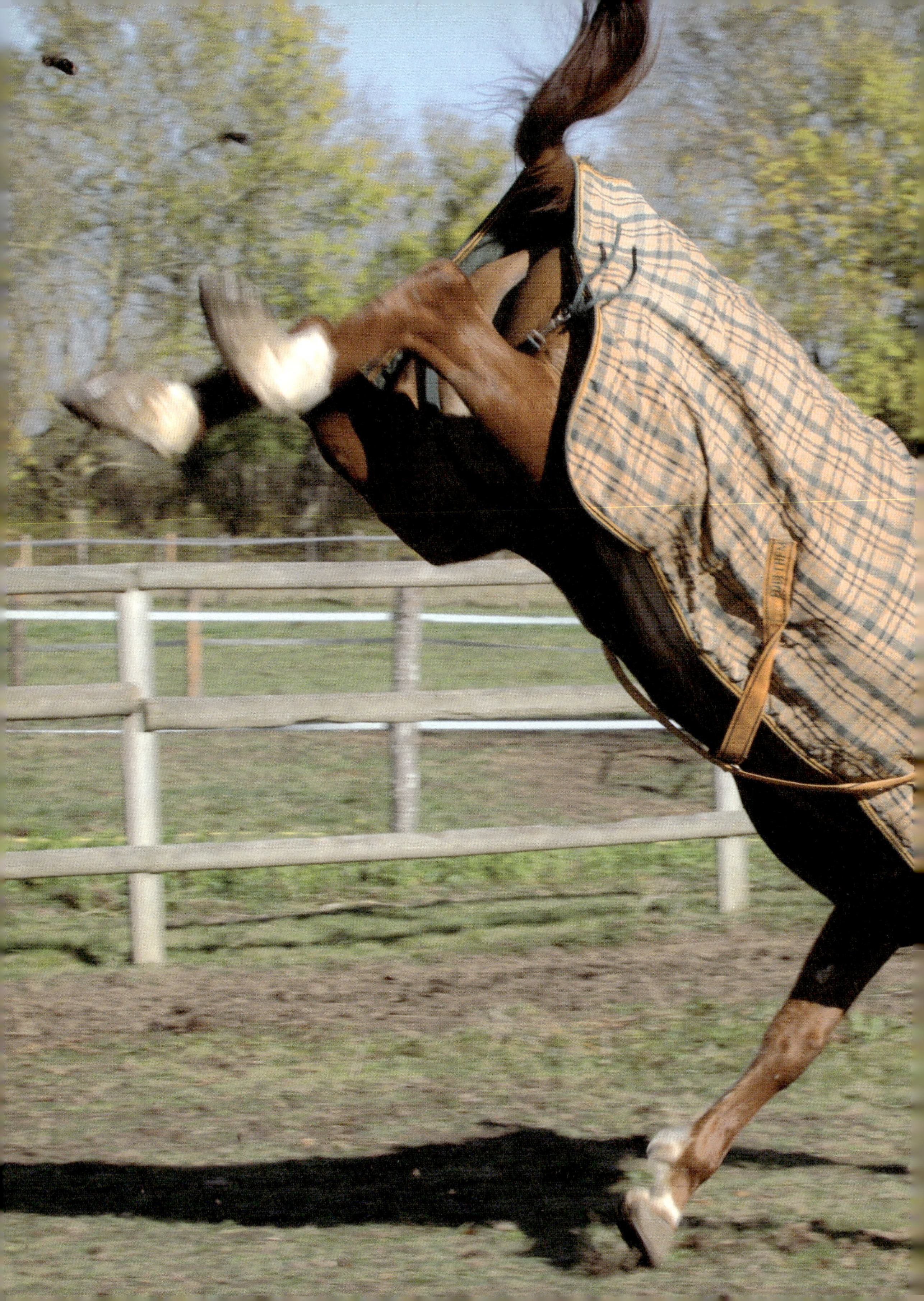

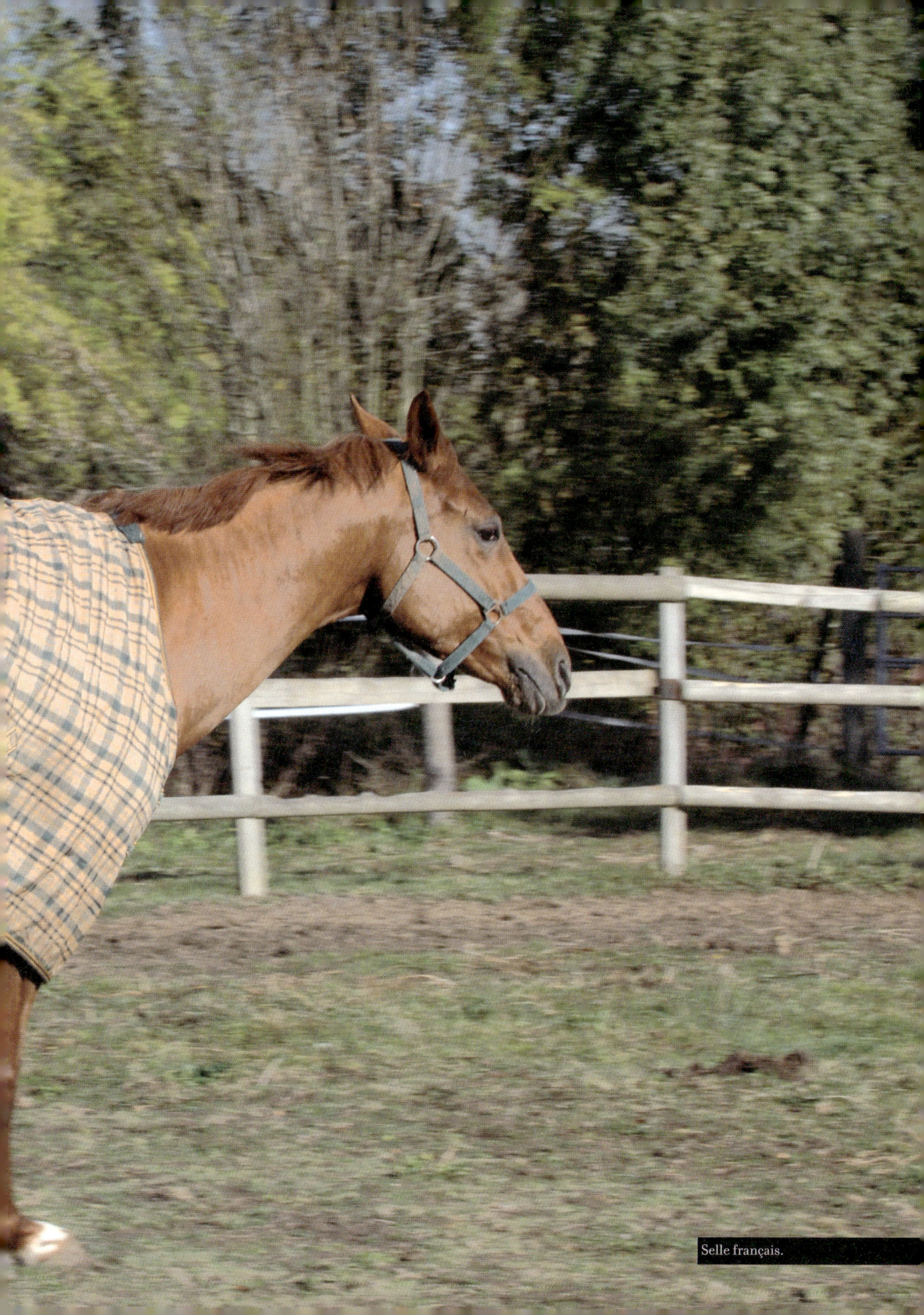

Selle français.

SAUVAGE

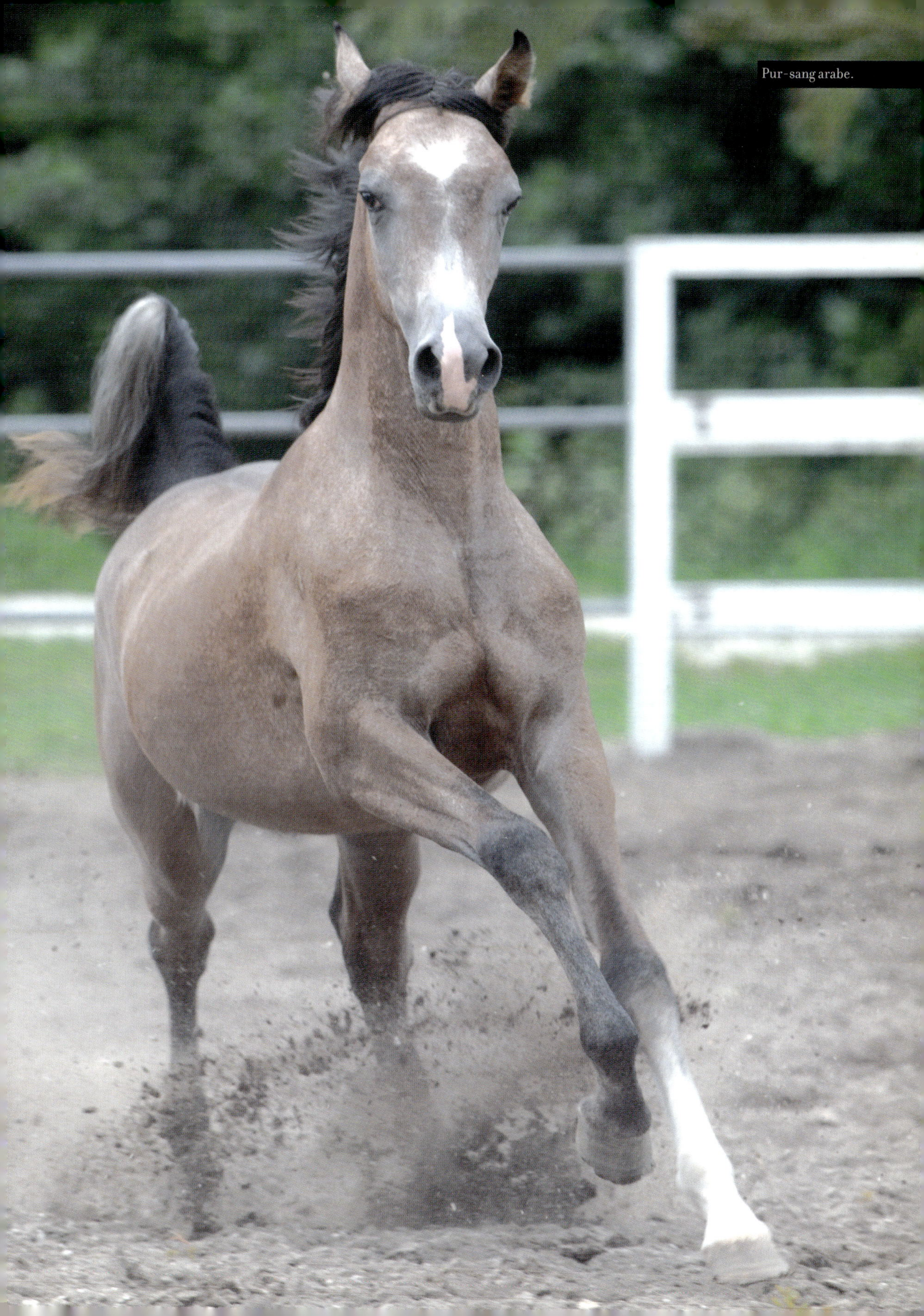

Pur-sang arabe.

Mon père était un « brave » homme, courageux, travailleur, certainement trop modeste. À cause de la guerre et de son divorce, il ne fut pas très présent dans le développement de mon adolescence. Je vécus néanmoins avec lui durant trois années en Espagne, pays de la guitare et du cheval, mais aussi pays des grands peintres, Velasquez, Goya, Le Greco…
Lorsque je manifestai le désir d'entrer à l'École des beaux-arts après avoir obtenu mon baccalauréat, je compris que, s'inquiétant pour mon avenir, il souhaitait plutôt que je m'oriente vers des études d'architecture. Pour répondre à son désir, en moi-même bon garçon, je me suis inscrit à l'École des beaux-arts, à l'Atelier Perret de la rue Jacques Callot.
Je dois préciser qu'au Lycée français de Madrid, j'avais été classé par certains de mes professeurs comme un enfant intelligent, mais imprévisible et quelque peu « sauvage ».
Le premier jour, en arrivant à l'Atelier Perret, je compris rapidement qu'un comité d'accueil m'attendait pour le bizutage : on devait probablement me raser la tête et m'enduire la figure au bleu de méthylène. Je ne me suis pas laissé faire, j'ai rué comme un cheval, mettant des coups de poing de tous côtés, je suis parti dévalant les escaliers quatre à quatre. Ma carrière d'architecte devait s'arrêter là !
Vous connaissez la suite… Guitare, blue-jeans, bottes, chansons de plein air, refrains chantés dans les écoles. À cheval sur Stewball ou naviguant sur le Santiano, je poursuis mon chemin librement, entre « système et marginalité ». C'est certainement le caractère un peu sauvage et naturel que les gens apprécient le plus chez moi !
J'adore le film *Les misfits* avec Marilyn Monroe et Clark Gable, j'adore le film *Danse avec les loups* et je me reconnais beaucoup dans l'esprit du film *Blues Brothers* !

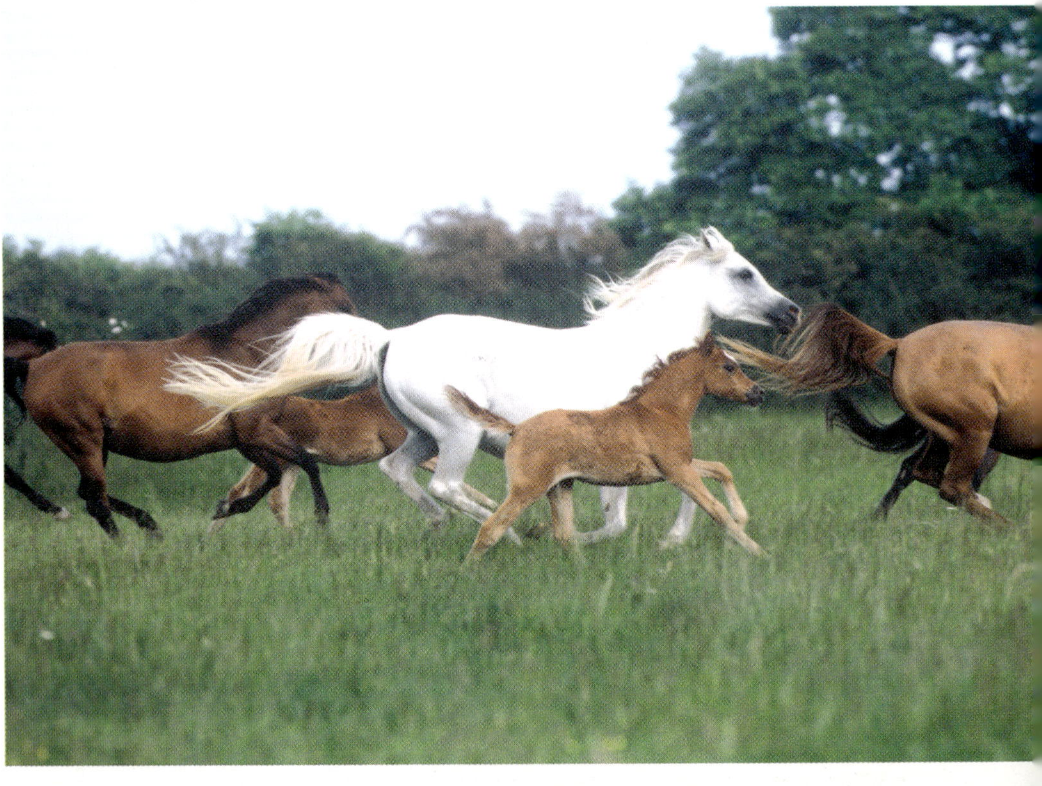

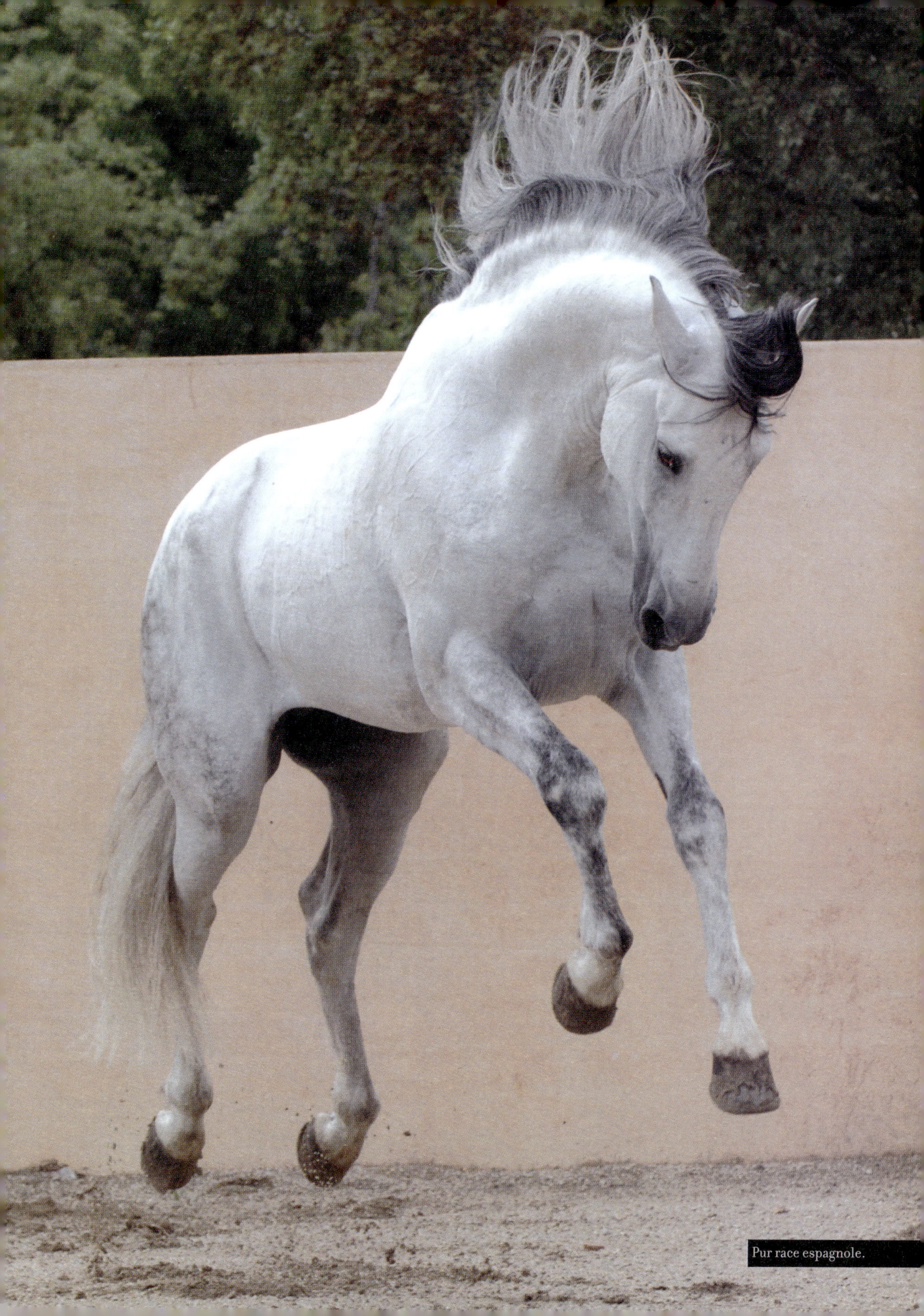
Pur race espagnole.

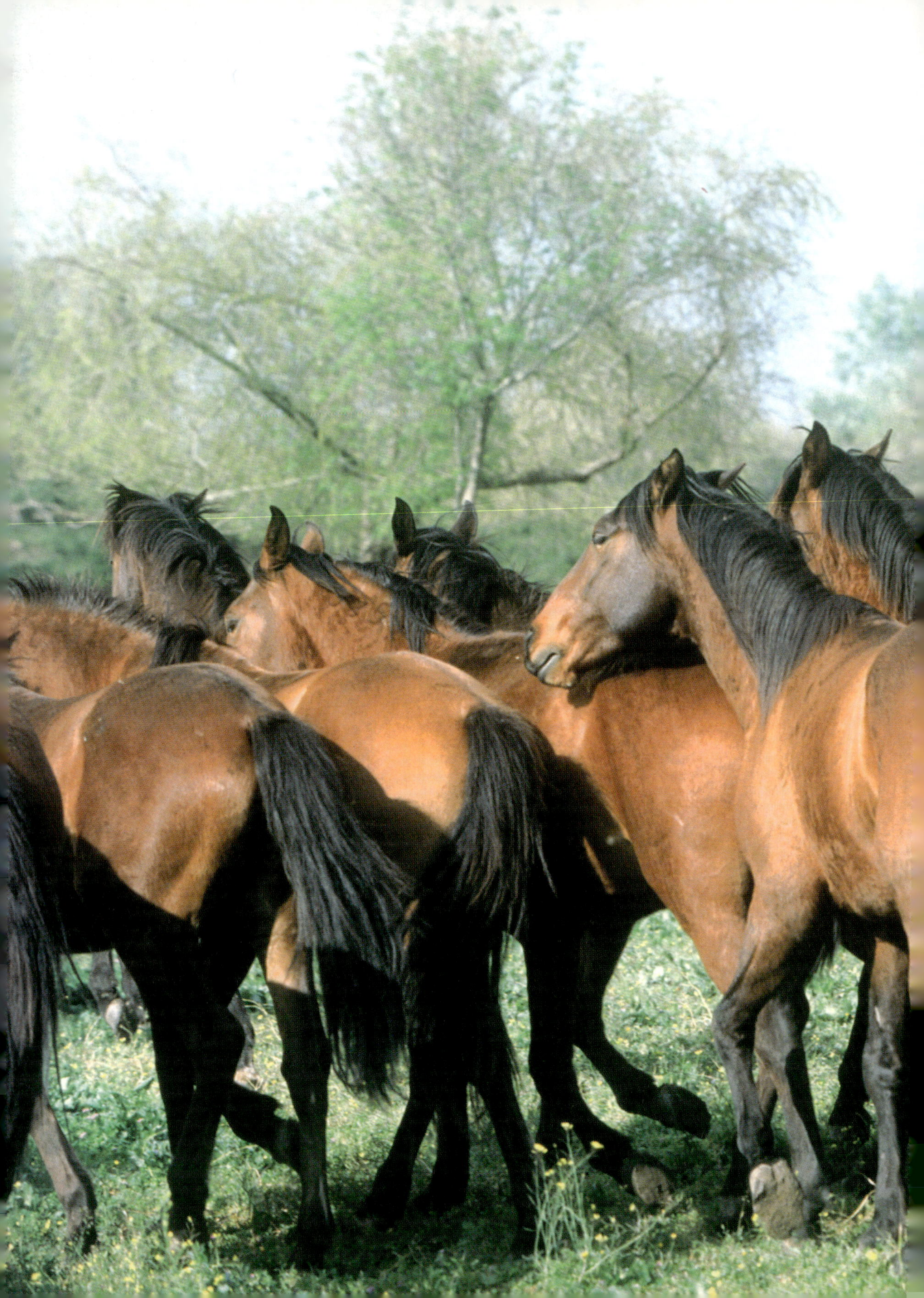

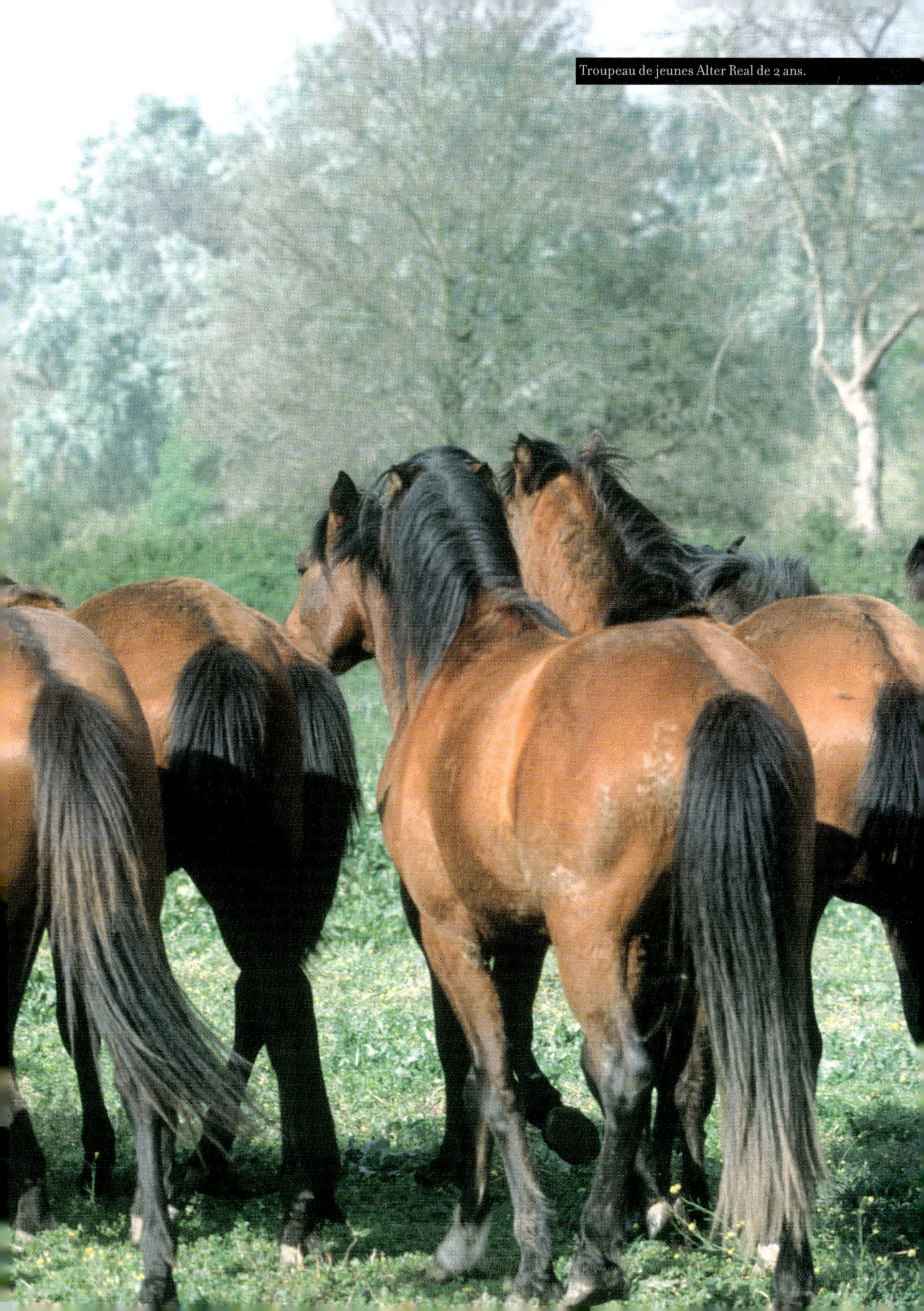

Troupeau de jeunes Alter Real de 2 ans.

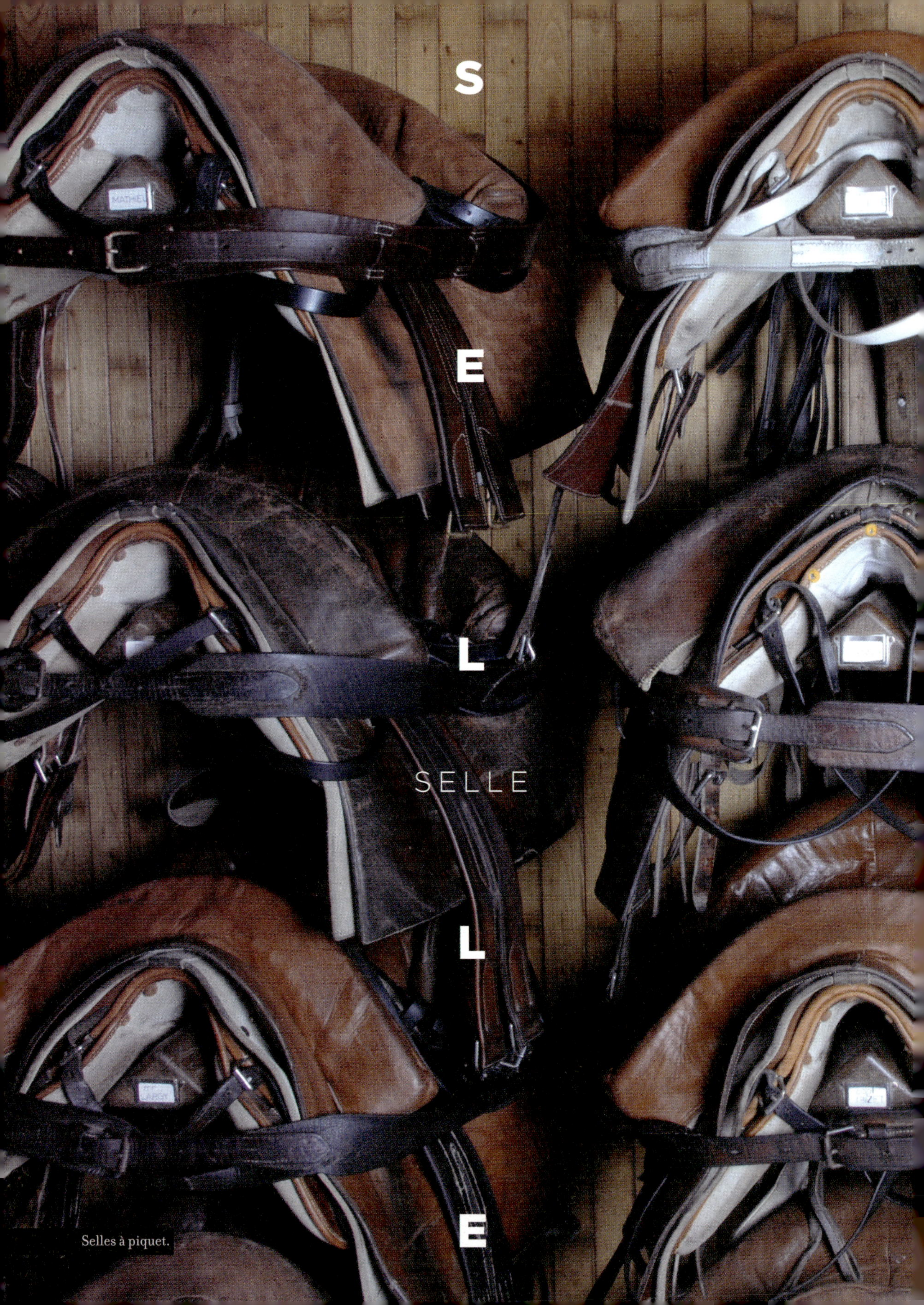

Selles à piquet.

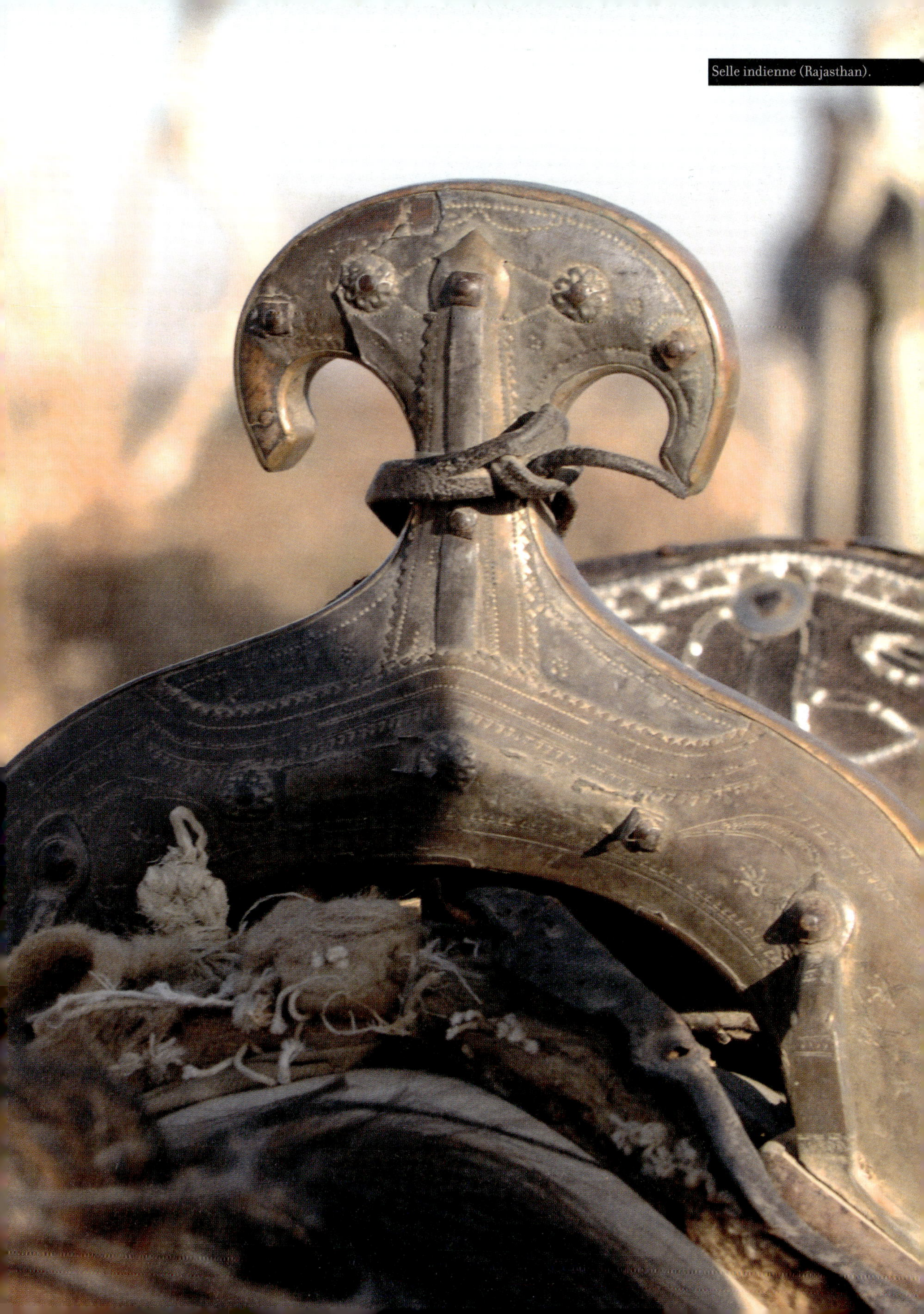

Selle indienne (Rajasthan).

La première selle que j'ai achetée est la fameuse camarguaise, héritière des celles que chevauchaient nos chevaliers en partance pour les Croisades. Elle était assortie d'une martingale et d'une croupière, mais aussi d'un beau tapis de la région, à carreaux marron. Ensemble traditionnel, rien ne manquait, y compris bien sûr les étriers typiques du pays.
Selon les modes d'équitation choisis, les selles diffèrent, bien sûr, et tout comme pour les chevaux, je les trouve toutes pleines de charme et de qualité. Il est toujours dur de faire un choix quand on a comme moi l'esprit ouvert et large. Mais enfin, deux types de selle retiennent particulièrement mon attention et mon goût :
ce sont les selles et les harnachements de la tradition espagnole. Ces selles évoquent le passé prestigieux de nos Mousquetaires et de nos grands cavaliers, comme Gaspard de Saunier ou La Guérinière, créateurs de la grande école de l'Art et de la Cavalerie française. J'aime les fameuses selles cosaques avec ce rembourrage particulier et cette poignée qui permet la voltige du même nom.
Contrairement à l'image que l'on me prête, je ne suis pas un cow-boy, et la grosse selle bien connue des garçons vachers de l'Ouest n'est pas vraiment ma préférée.
Inutile de vous dire encore que la selle anglaise, fort élégante au demeurant, n'est pas non plus celle que je mettrais en premier dans mon palmarès ! Mais, une fois de plus, ne cherchant ni la provocation ni le désir absolu de me donner un genre, je suis tout à fait prêt à monter avec n'importe quelle selle, pour respecter l'usage et m'intégrer à l'ambiance générale de mon entourage cavalier.
J'ai offert à ma petite-fille Mélanie, pour ses treize ans, une magnifique selle de randonnée conçue et réalisée dans les ateliers de sellerie de Gaston Mercier, en espérant faire d'elle une cavalière d'endurance…

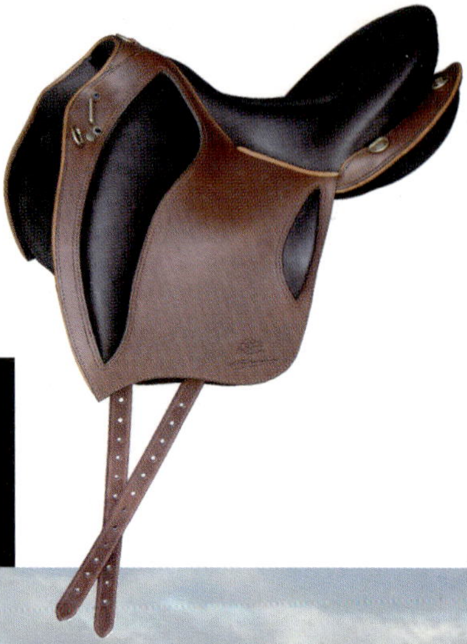

Selles Gaston Mercier. EN HAUT : Selle Compiègne, AU MILIEU : Dune rouge, EN BAS : Dune.

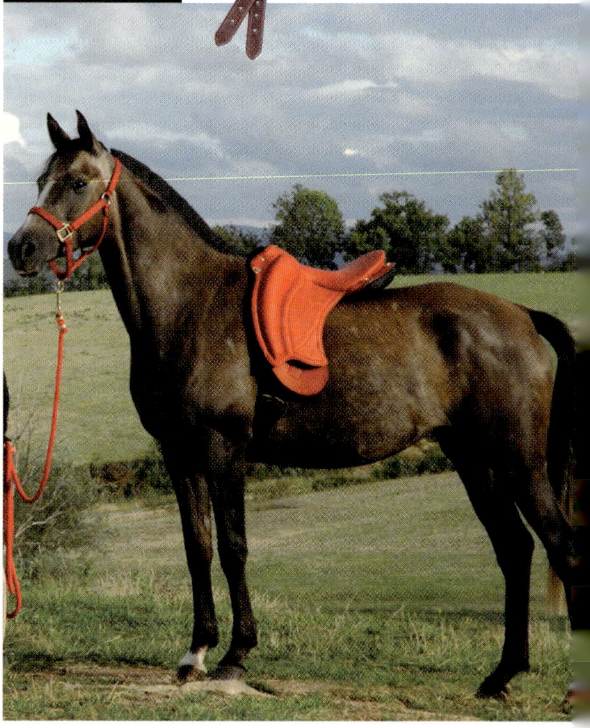

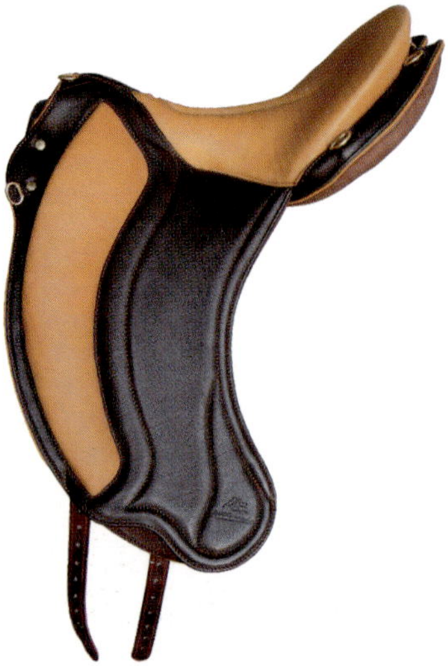

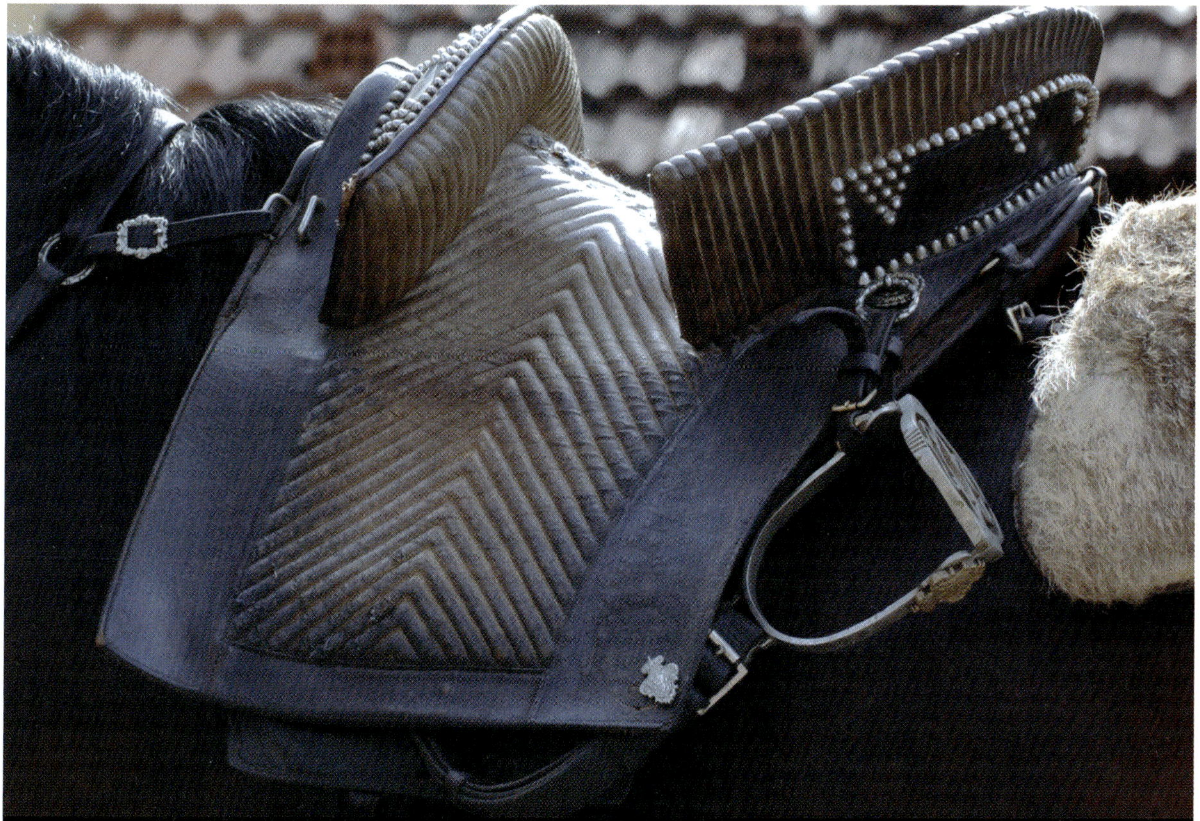

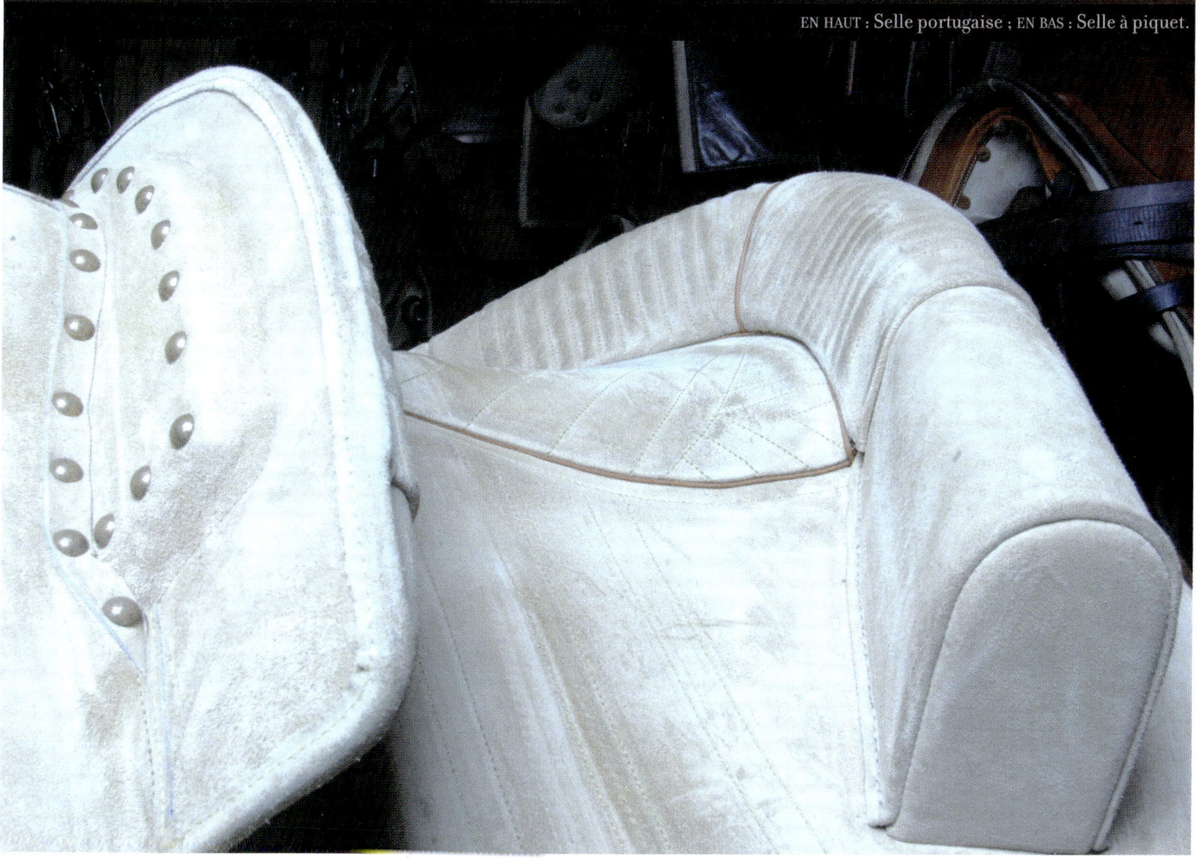

EN HAUT : Selle portugaise ; EN BAS : Selle à piquet.

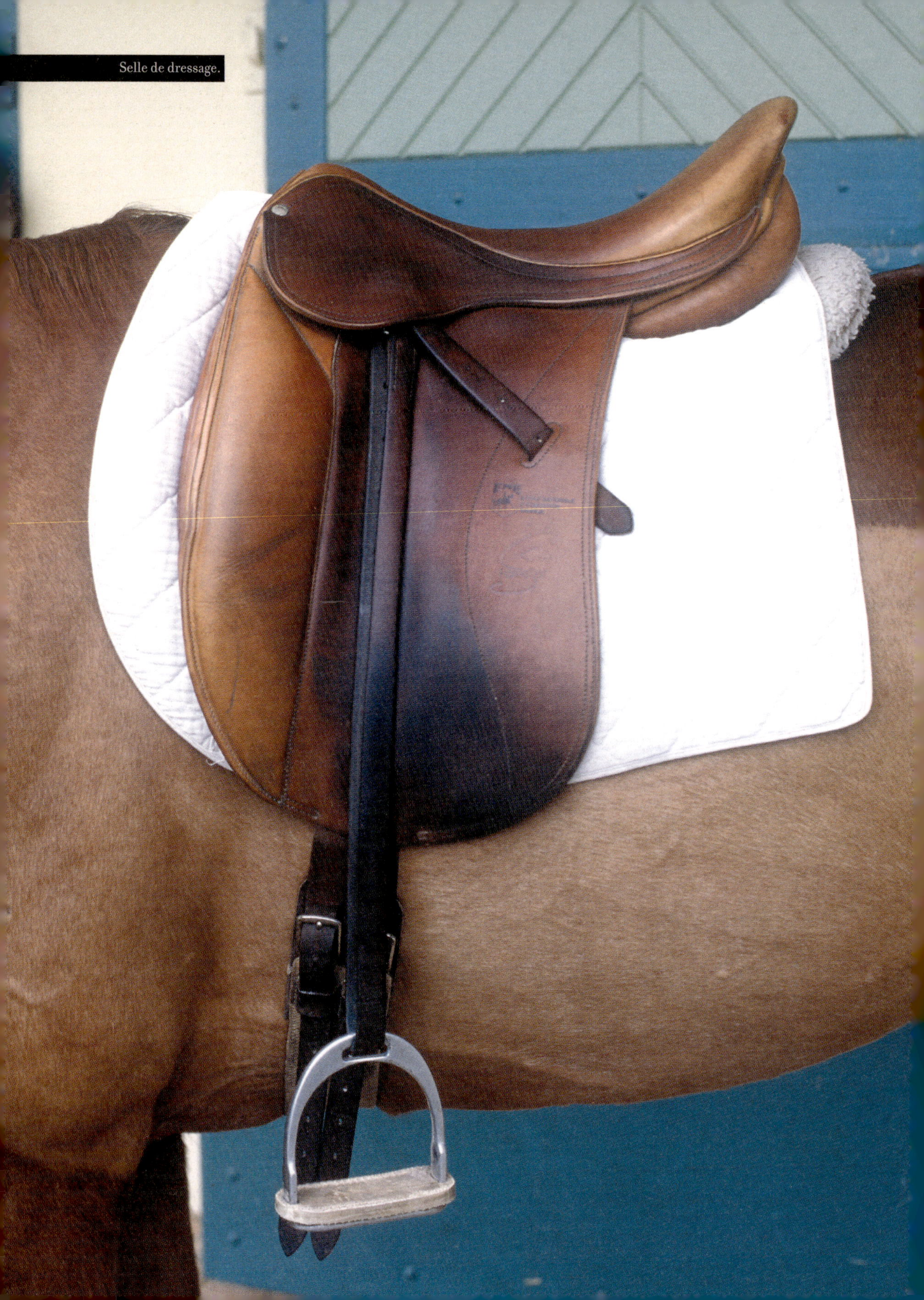
Selle de dressage.

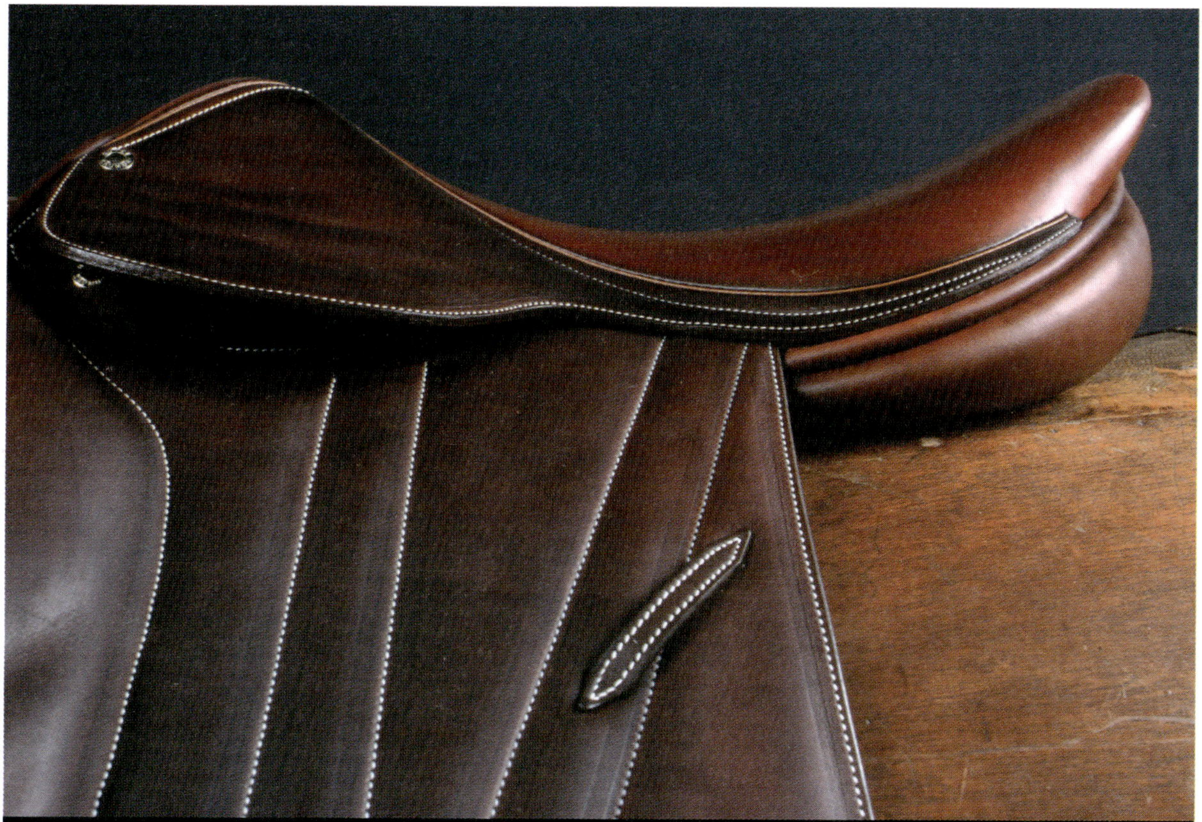

EN HAUT : Selle de sport ; EN BAS : Selle de course.

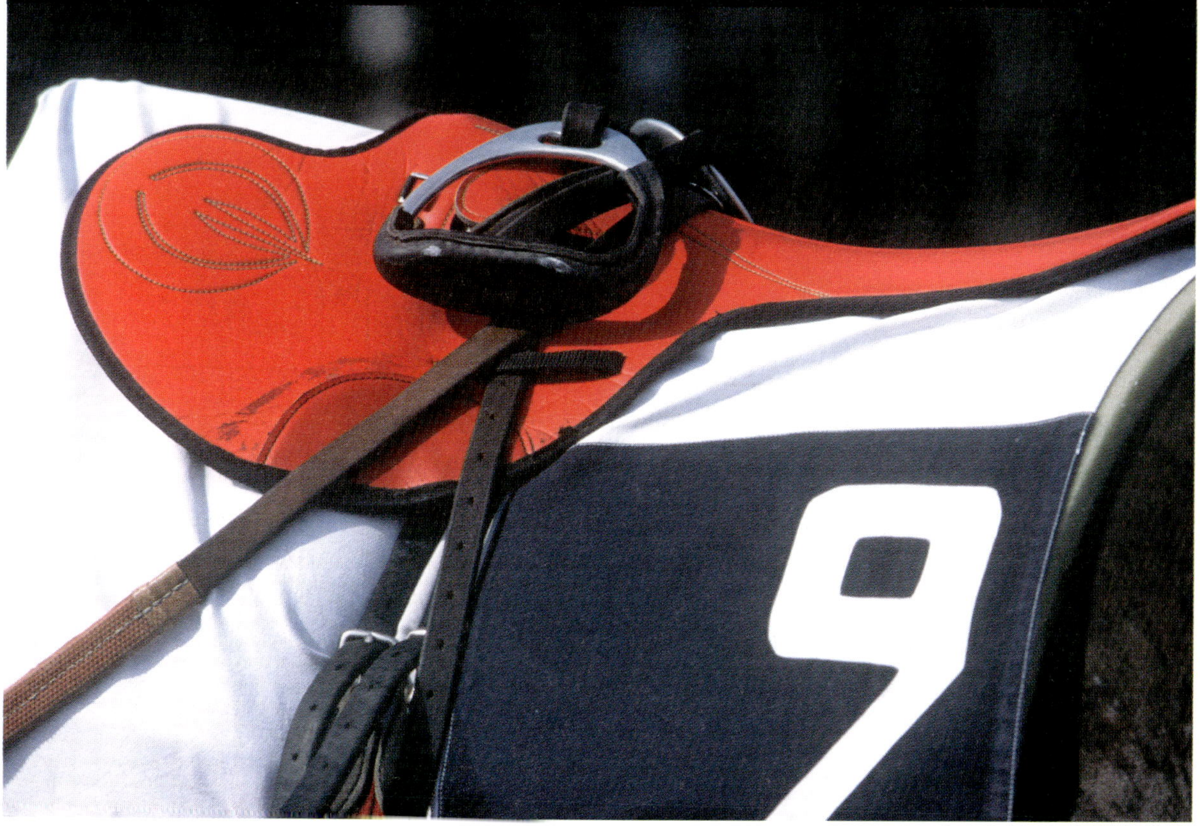

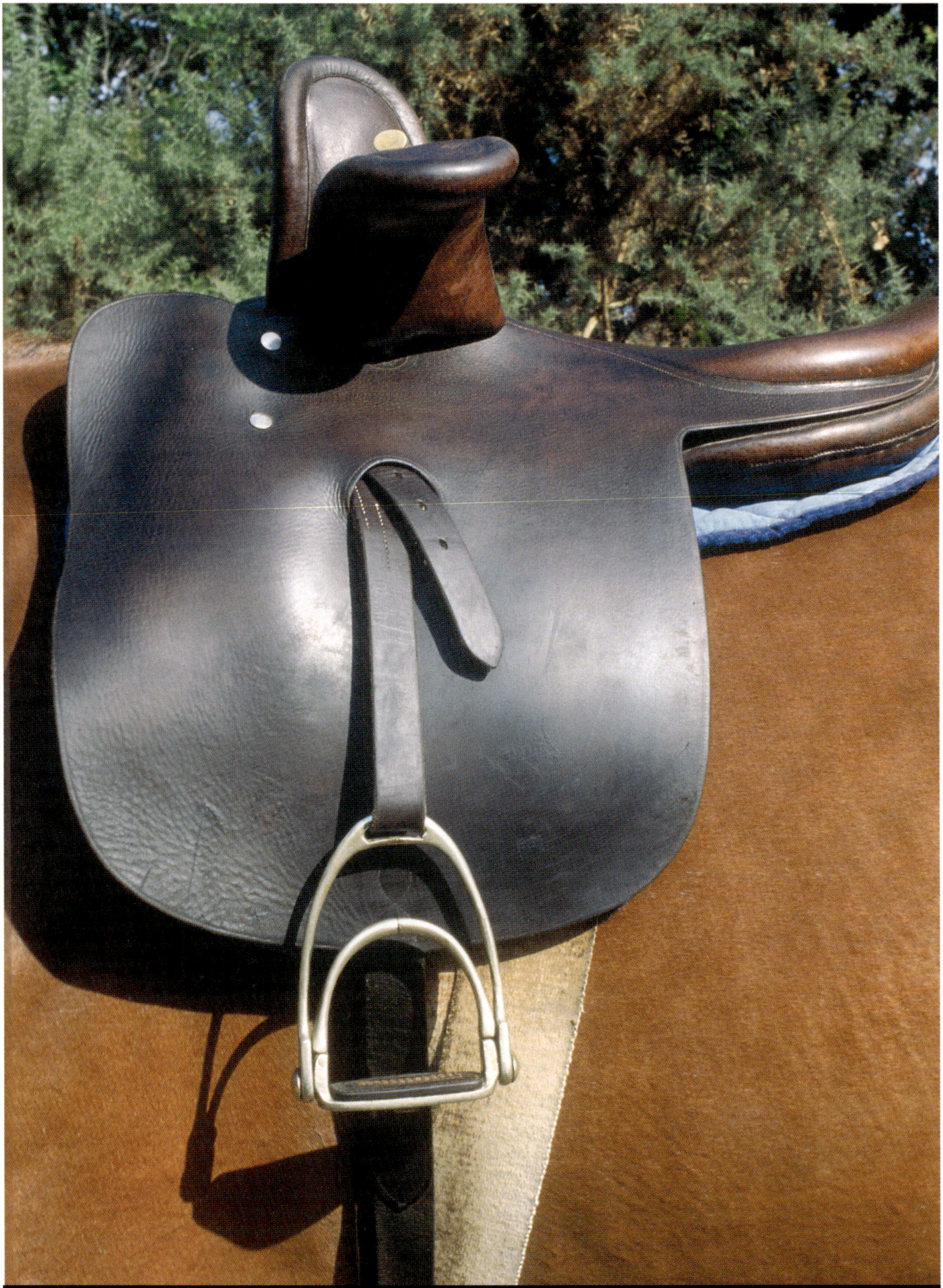

Selle d'amazone.

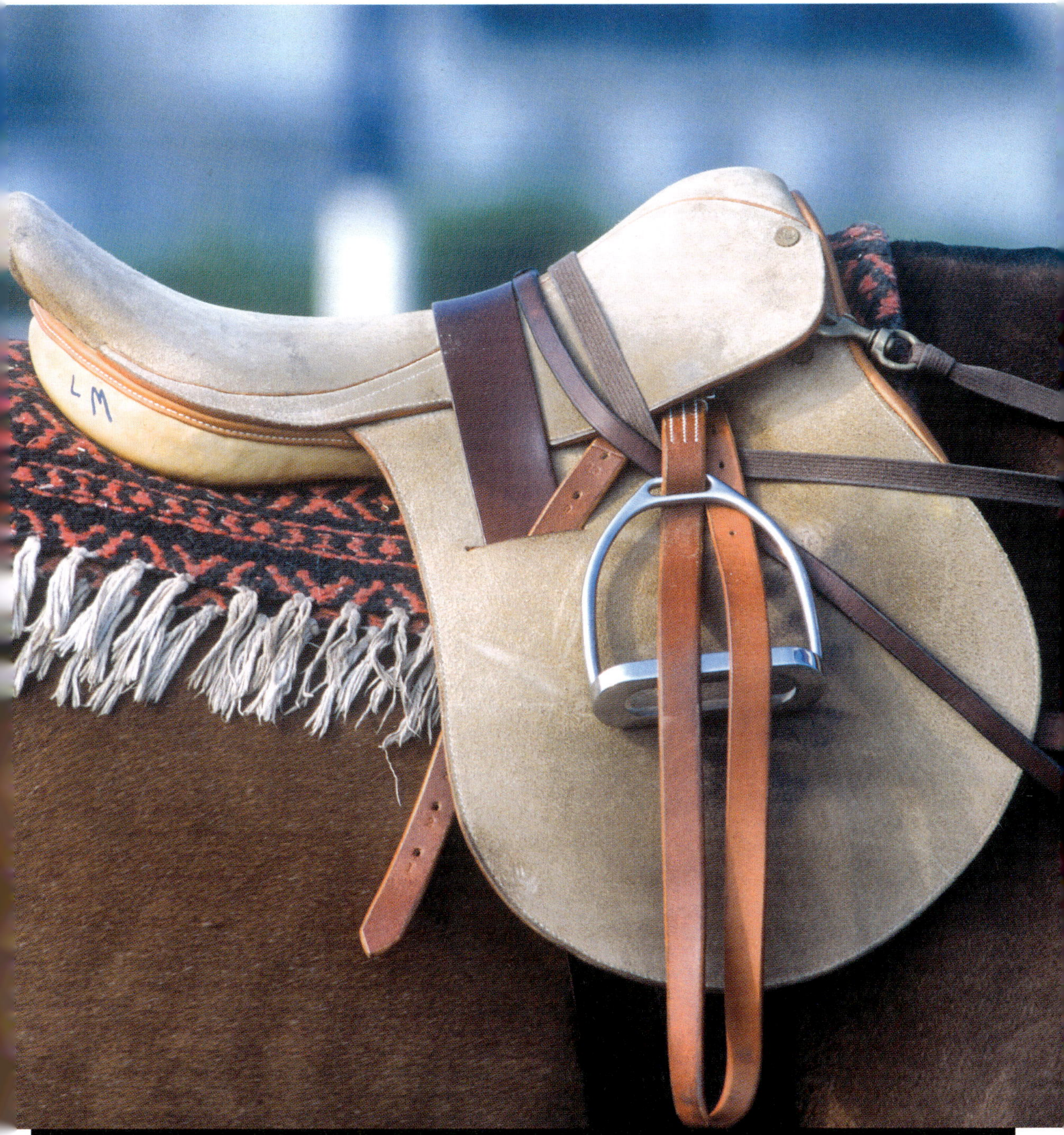

Selle de polo.

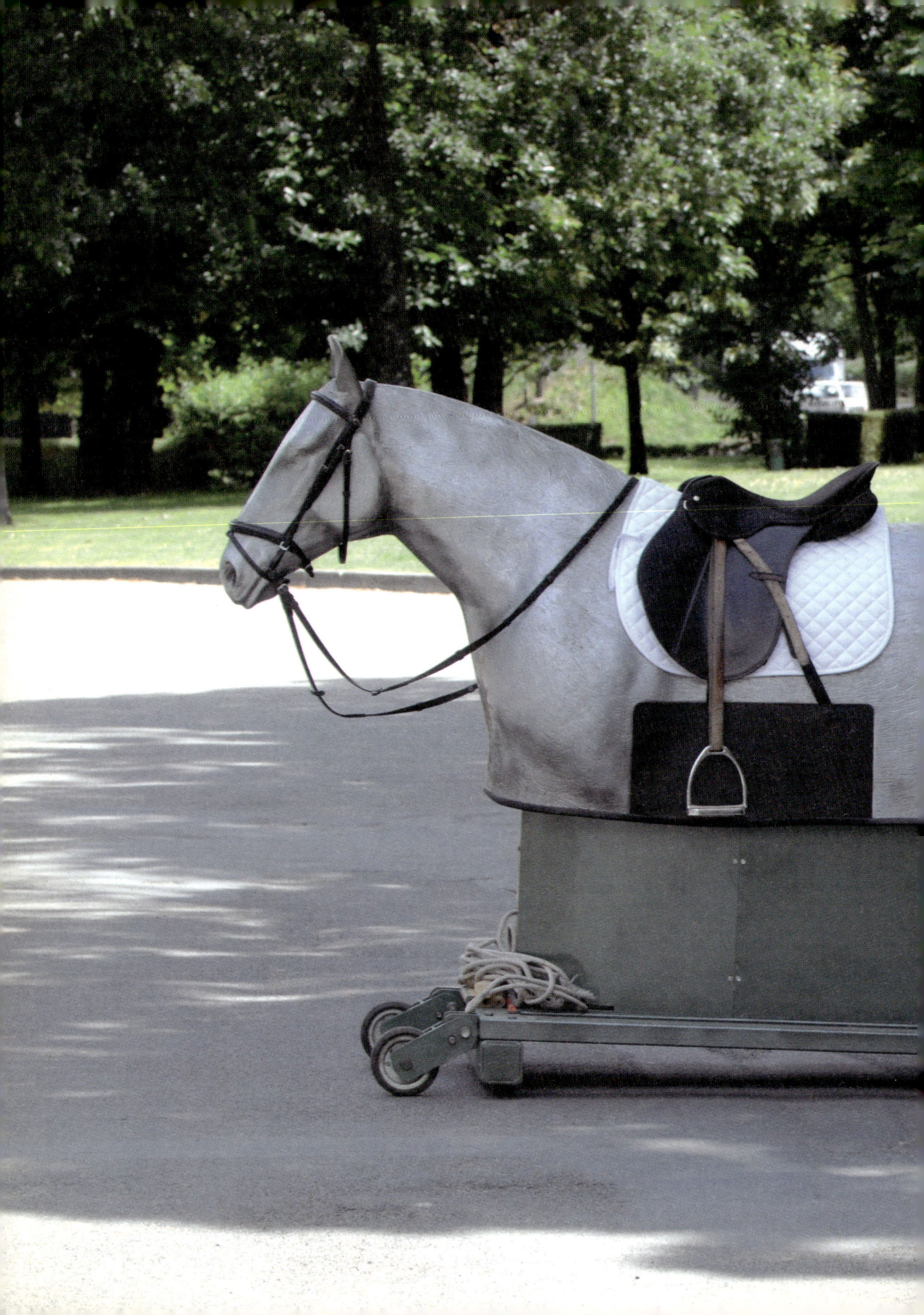

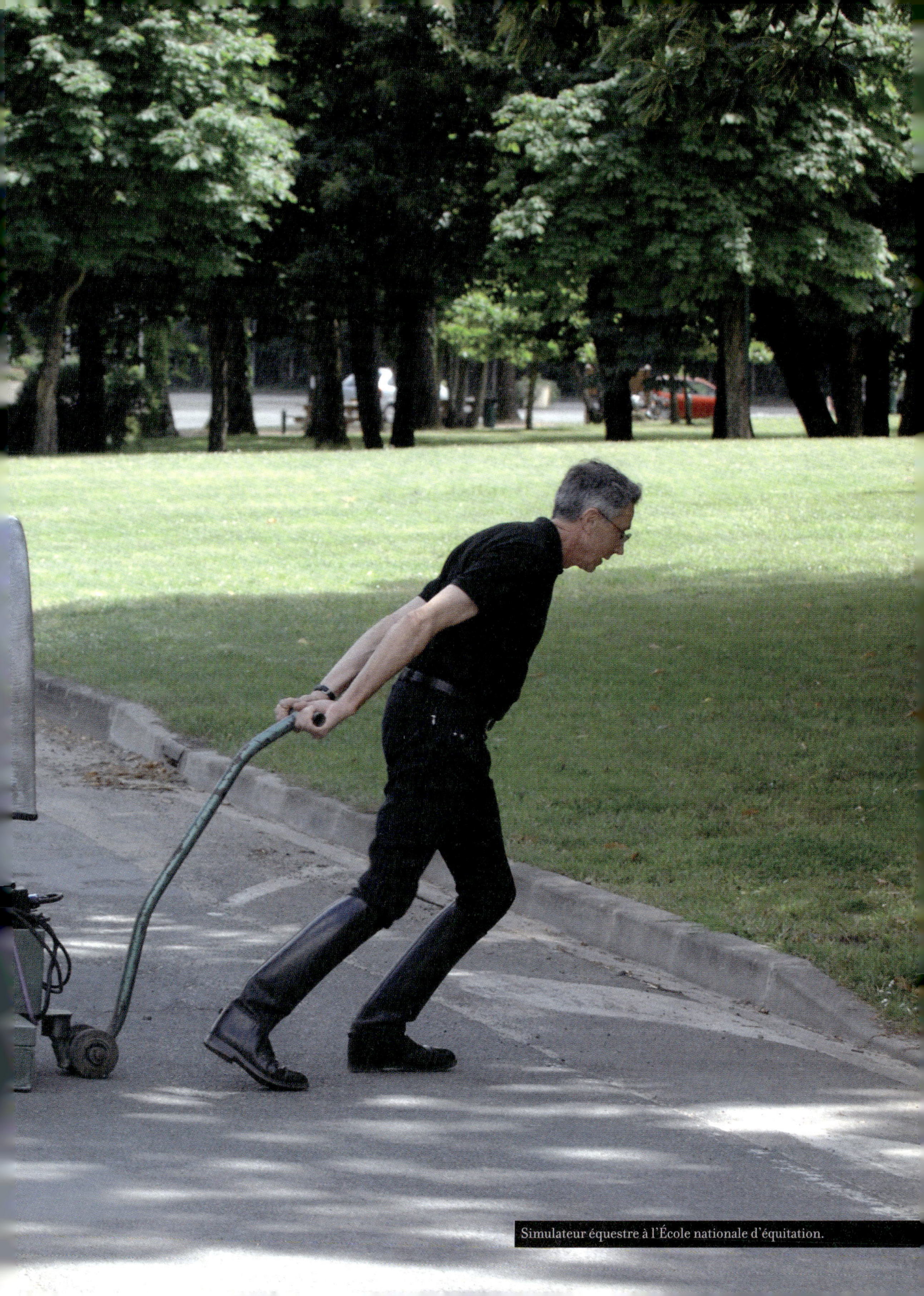

Simulateur équestre à l'École nationale d'équitation.

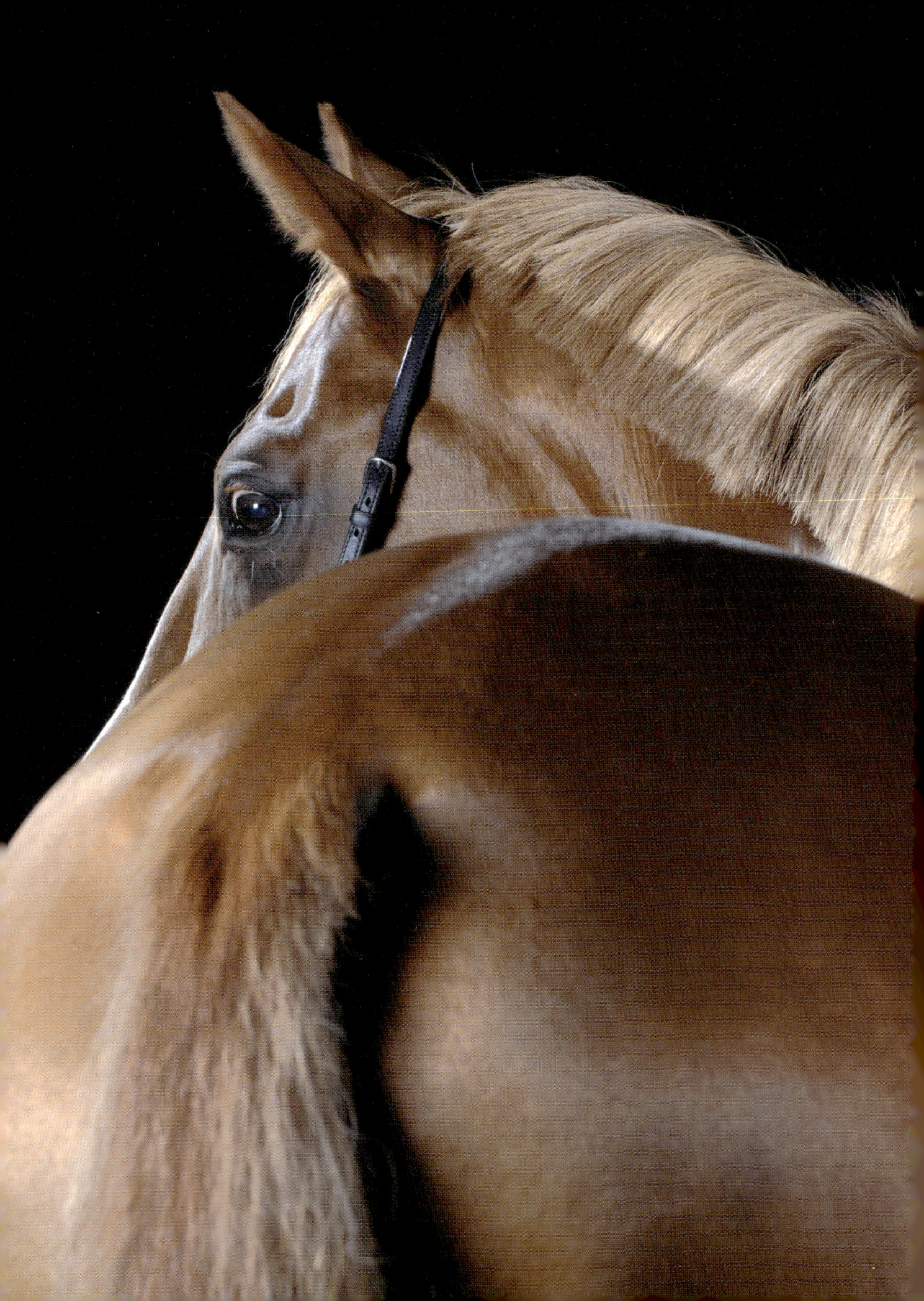

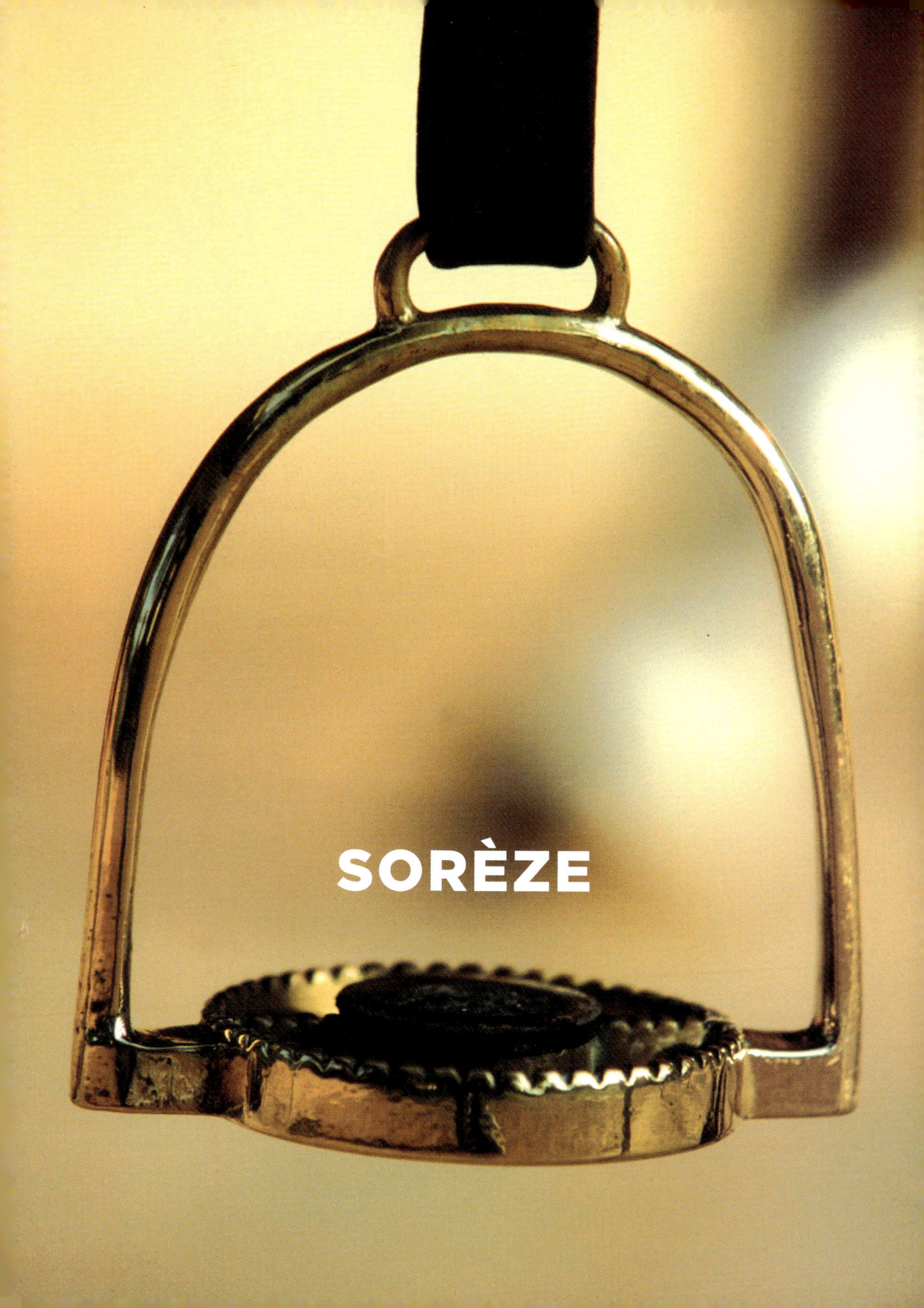
SORÈZE

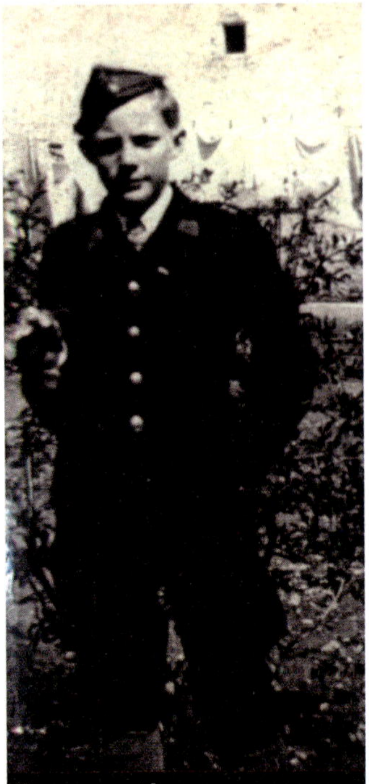
Hugues en uniforme.

Je suis né à Neuilly, j'ai grandi à Paris, près du parc Monceau. Vacances principalement dans l'ouest de la France, Bretagne ou Pays-Basque, ou chez « Bon Papa », dans le Lot-et-Garonne. Quand la guerre a éclaté, en septembre 1939, nous étions à Saint-Jean-de-Luz. Au lieu de remonter à Paris, mon père décida ma mère de rester sur place. Mais lorsqu'en juin 40 les troupes allemandes ont envahi la côte basque, nous avons fui dans le Lot-et-Garonne, à Nicole, puis en 1941 dans le Tarn, à Sorèze.
Le collège de Sorèze est une des plus anciennes écoles de France. Les premiers bâtiments datent de Pépin le Bref. Elle fut créée en 1776 par Louis XVI pour être une des douze écoles royales militaires du royaume. Reprise en main en 1854 par le Père Lacordaire qui lui donna un nouveau souffle, avec les pères dominicains, elle deviendra un des plus grandes écoles de prestige de France.

J'y ai passé ma scolarité, de la sixième à la seconde, avec mes frères aînés Jean-Paul et Francesco, ainsi qu'avec mon cousin Bertrand. Nous portions l'uniforme : veste à col officier, calot en cuir pour la semaine et képi pour le dimanche.
À Sorèze, une tradition Sorèze : l'équitation. Je devais en devenir un des plus brillants élèves. Pierre Jonquières d'Oriola avait, avant moi, brillé sous le même uniforme ! À l'occasion de la visite du nonce du pape, les meilleurs cavaliers ont formé une haie à cheval, dans la cour d'honneur, lance et oriflammes au poing… J'étais fier comme un vrai petit seigneur !
Dans ce charmant bourg de Sorèze, malgré la guerre, épargné par l'Occupation, j'ai passé avec mes deux frères, ma petite sœur Pascale et mes cousins, autour de Maman, les plus belles années de ma petite adolescence. En dehors du temps, nous vivions au XIXe siècle.
Aujourd'hui, l'école est fermée… à mon grand regret ! Signe des temps, l'établissement est devenu un lieu touristique. Moi, j'avais proposé la création d'un collège sport étude et d'une Académie occitane d'équitation.

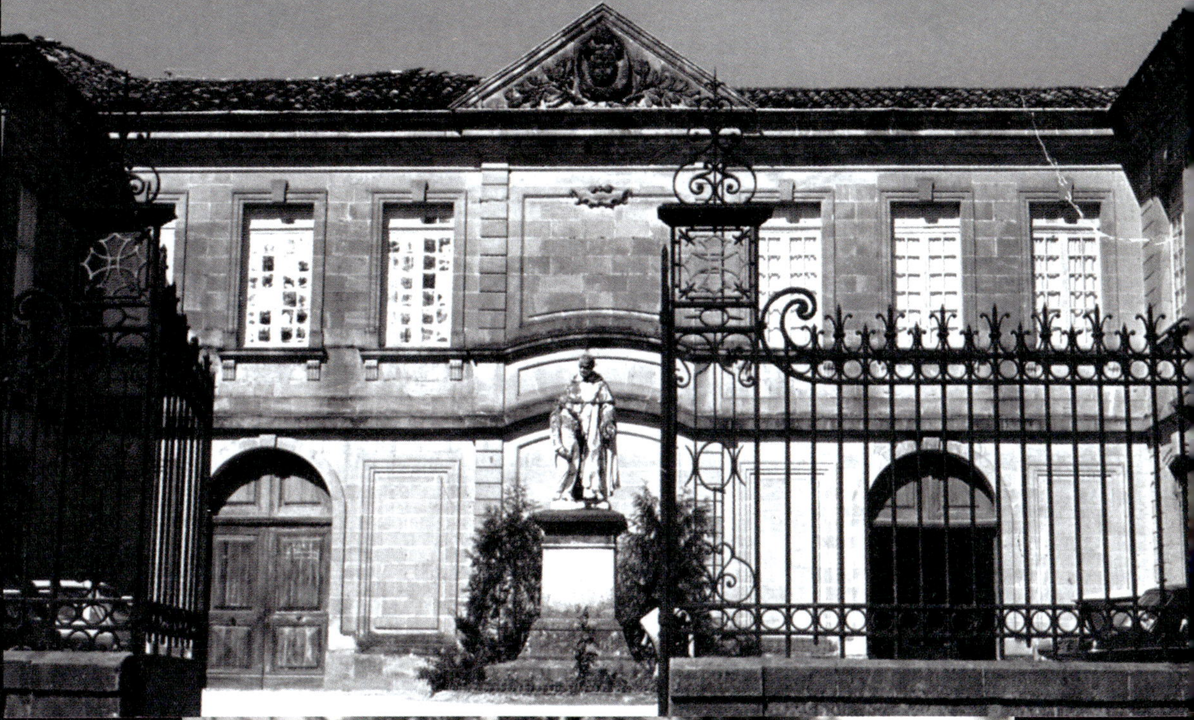

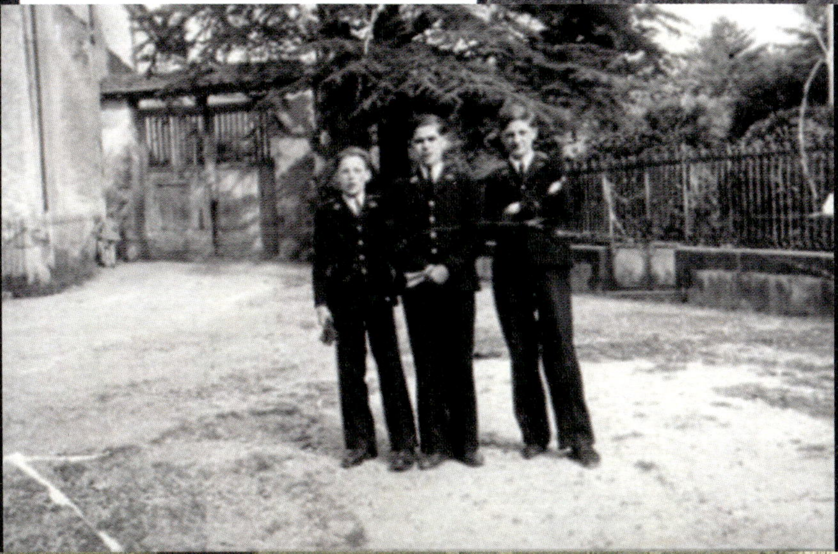

EN HAUT : l'entrée du collège ; AU MILIEU : Les cavaliers de la division des Collets rouges, autour de Jean Paul Auffray, frère aîné d'Hugues, porte-drapeau de l'école. EN BAS : Cavaliers au collège, début du XXe siècle.

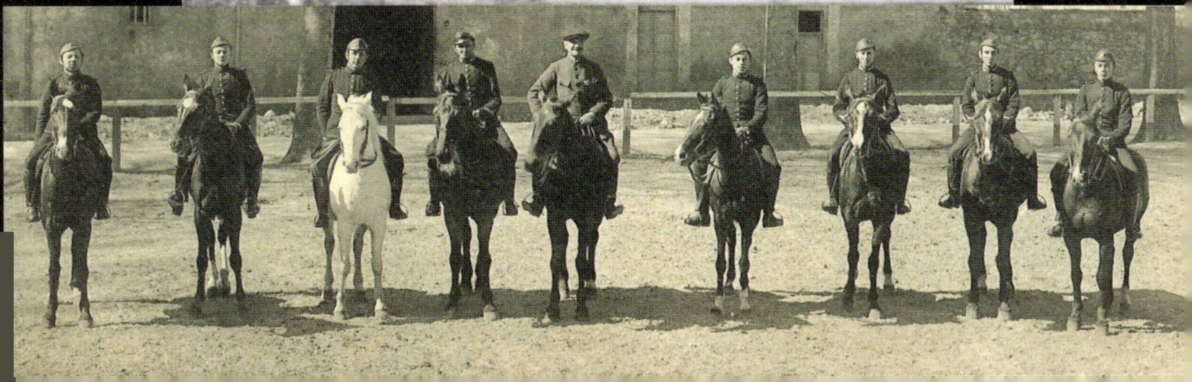

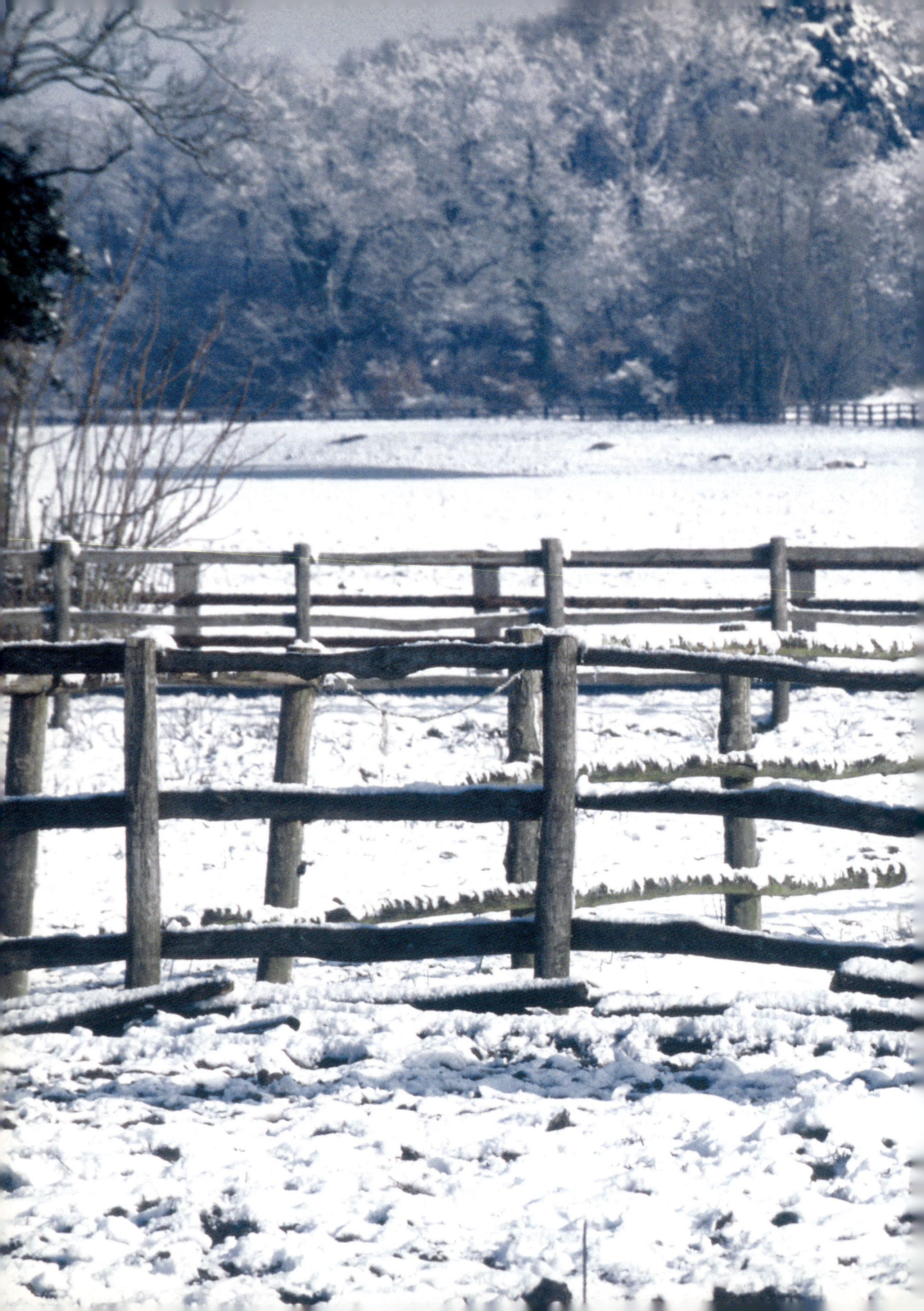

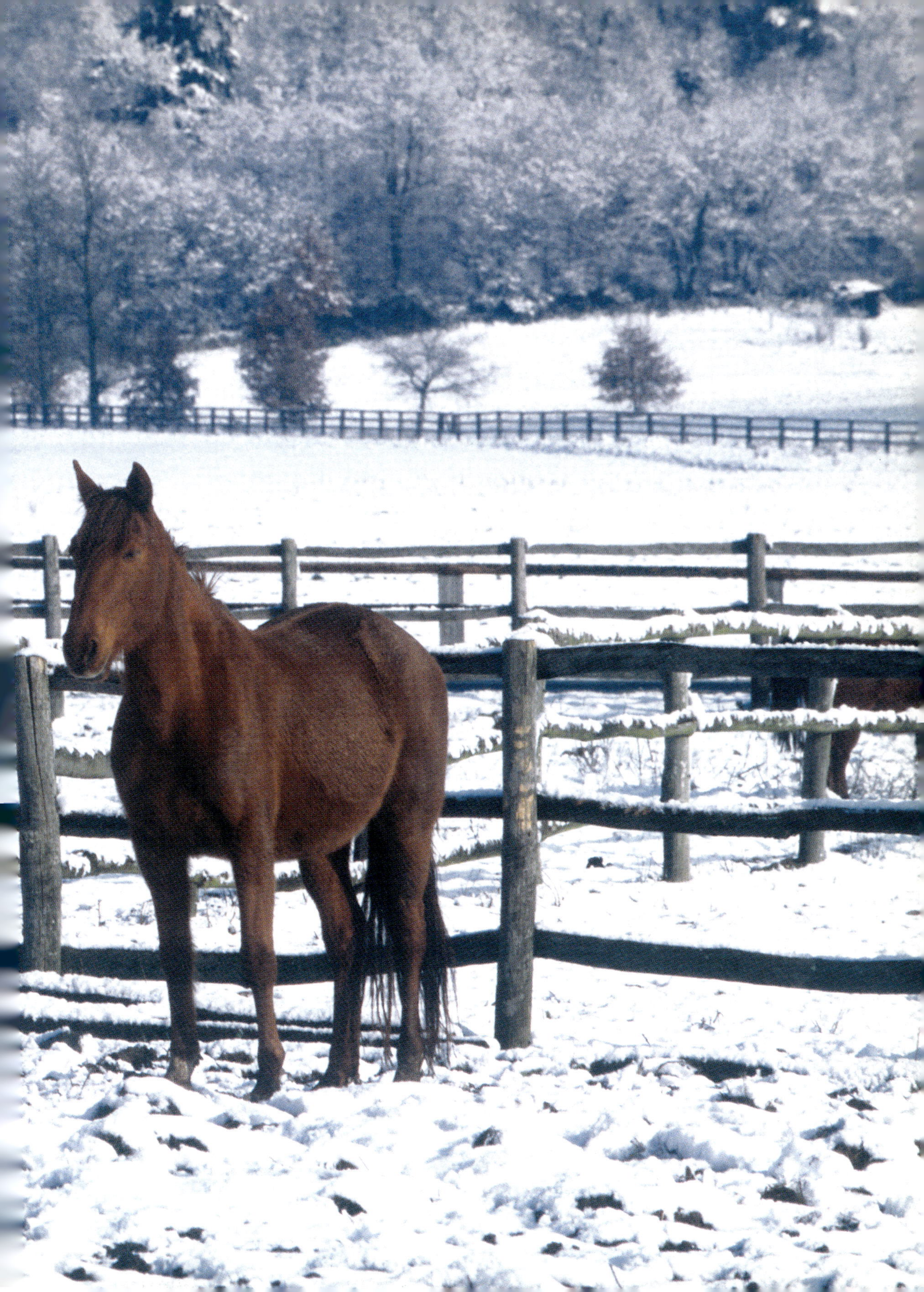

STEW
BALL

STEWBALL

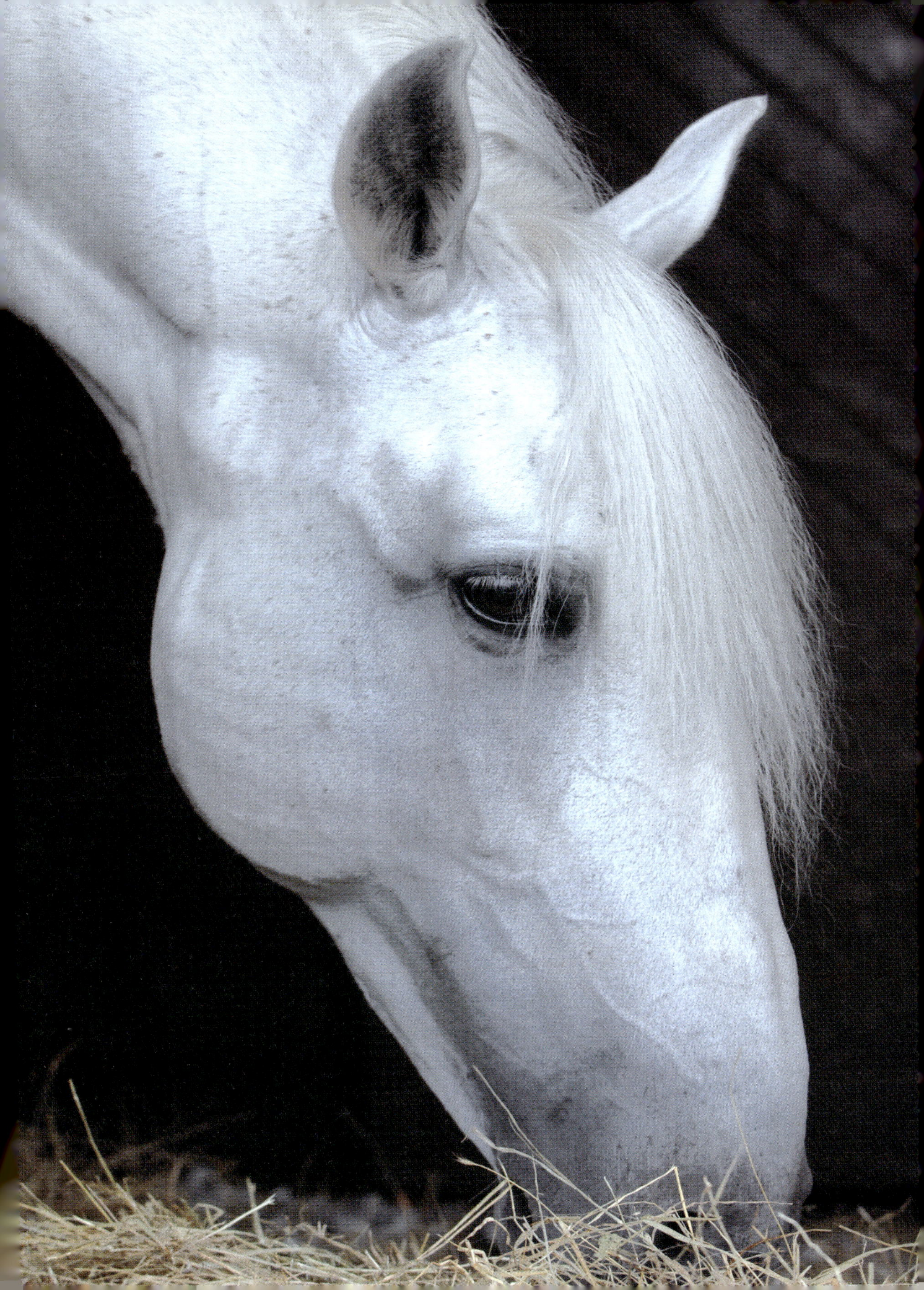

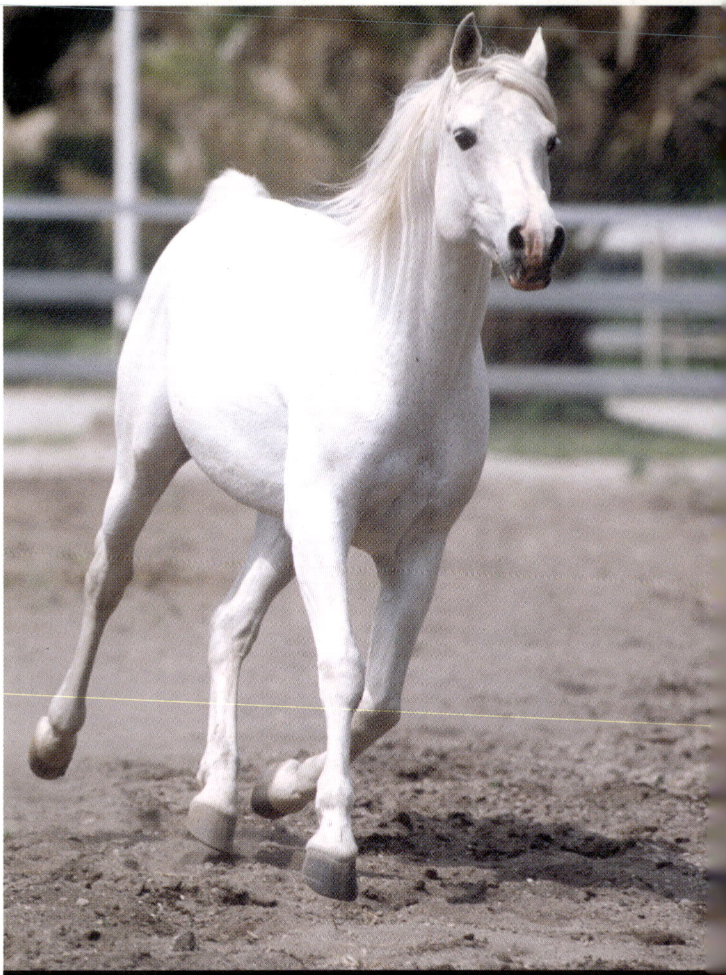
Pur-sang arabe.

« Il s'appelait Stewball
C'était un cheval blanc
Il était mon idole… »

Stewball, en anglais, signifie « boulettes de viande-vapeur ». Ce n'est pas très joli pour un nom de cheval, mais que voulez-vous, c'est le nom d'un cheval de course qui, par ailleurs, ne buvait que du vin ! J'ai ramené cette jolie mélodie du folklore américain ainsi qu'une vingtaine d'autres chansons, au retour de mon voyage à New York en 1961.
Stewball n'est pas une chanson autobiographique. Je n'ai pas eu la chance d'avoir un cheval à moi à l'âge de dix ans, et mon père n'est pas non plus le personnage de la chanson. J'ai tout inventé.
Pourtant l'émotion et le chagrin que j'exprime dans cette chanson, je les ai vraiment ressentis plusieurs fois dans ma vie, toujours à la perte d'un animal… Tous ces animaux familiers que nous avons eus, mes frères et moi, dans notre jeunesse : chiens, chats, mais aussi une pie qu'enfant j'avais achetée à un petit gitan lors de mes vacances au Château de Cuq, près d'Astaffort, le pays du poète Francis Cabrel ! À cette époque-là, dans le Sud-Ouest, les gitans se déplaçaient dans des roulottes vertes (les verdines), souvent tirées par des Merens, ces petits chevaux courageux de l'Ariège… accompagnés aussi d'un ou deux chevaux Pie qu'ils affectionnaient. Plus de vingt ans après avoir écrit ma chanson, j'ai vécu ce drame lorsque que Moussy, ma jument blanche, fut frappée par un coup de sang dix minutes après le départ. C'était à l'occasion de la Route des Mousquetaires, je l'ai déjà raconté. En voyant Gaston Mercier revenir vers moi et me dire de mettre immédiatement pied à terre, j'ai compris que cette chanson était soudain devenue, brutalement et cruellement, autobiographique.
Victor Hugo dit que le poète est un visionnaire… Curieusement, je devenais les personnages de la chanson, à la fois l'enfant et le père, et le chagrin des deux réunis emplissait mon cœur.

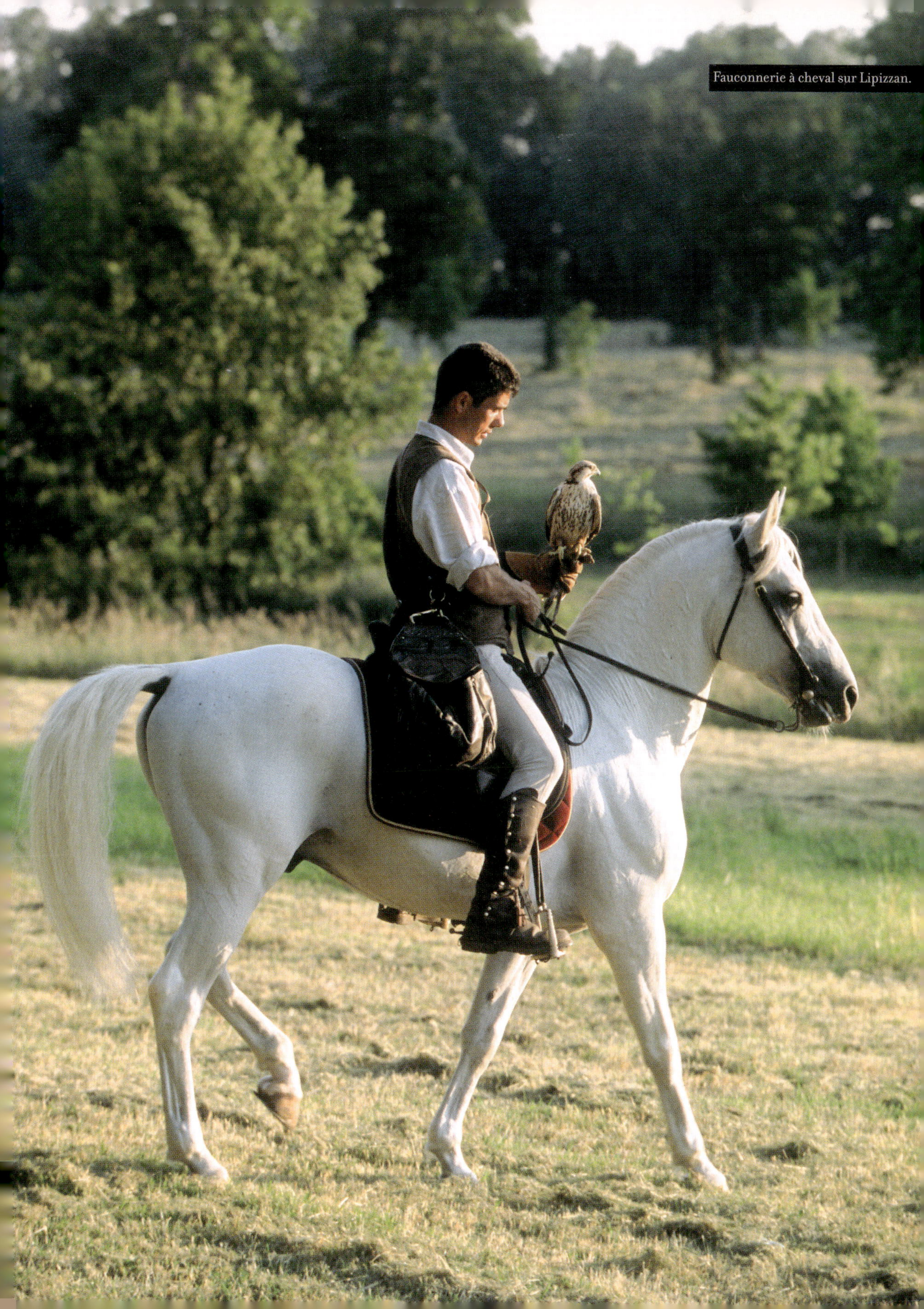

Fauconnerie à cheval sur Lipizzan.

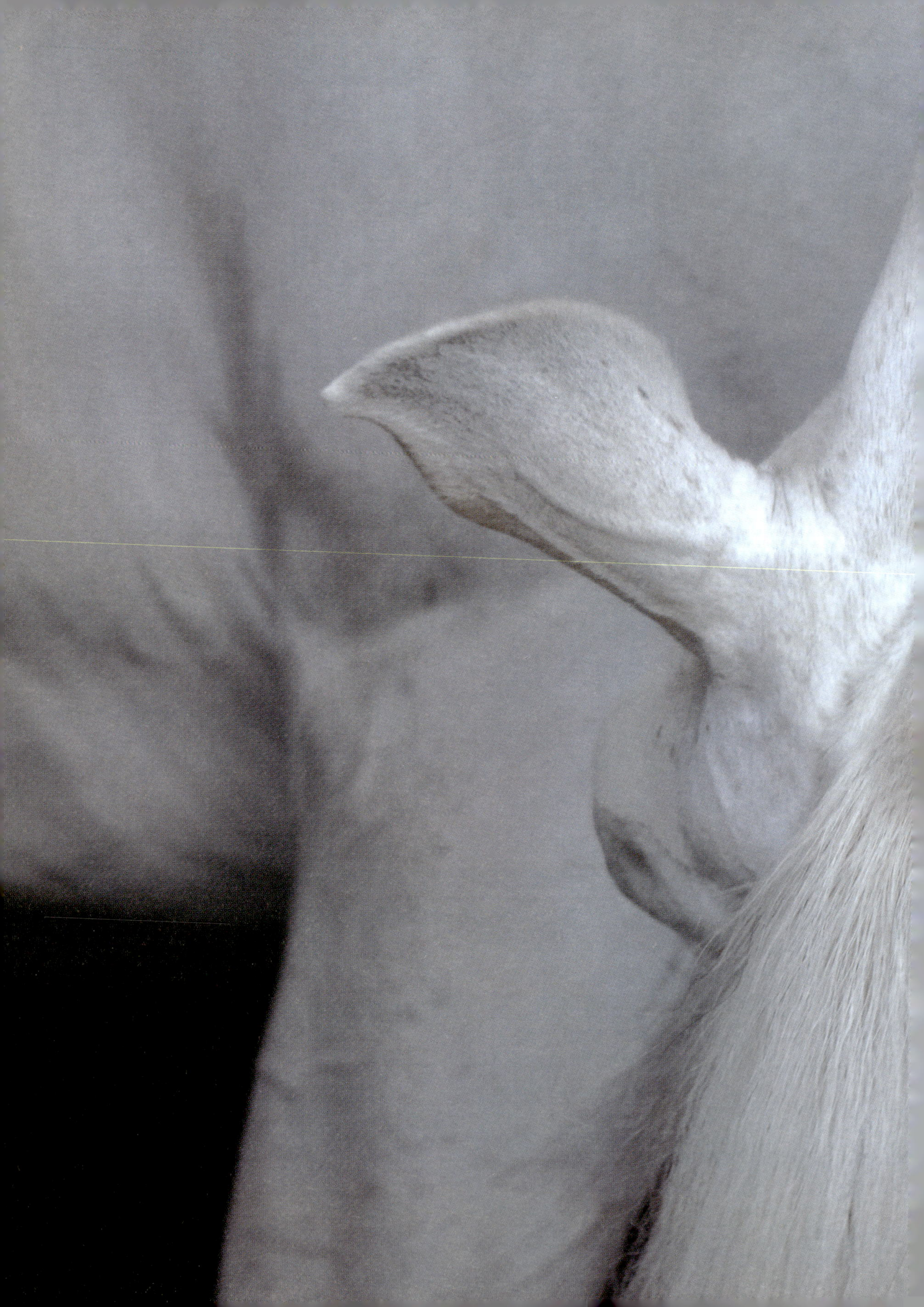

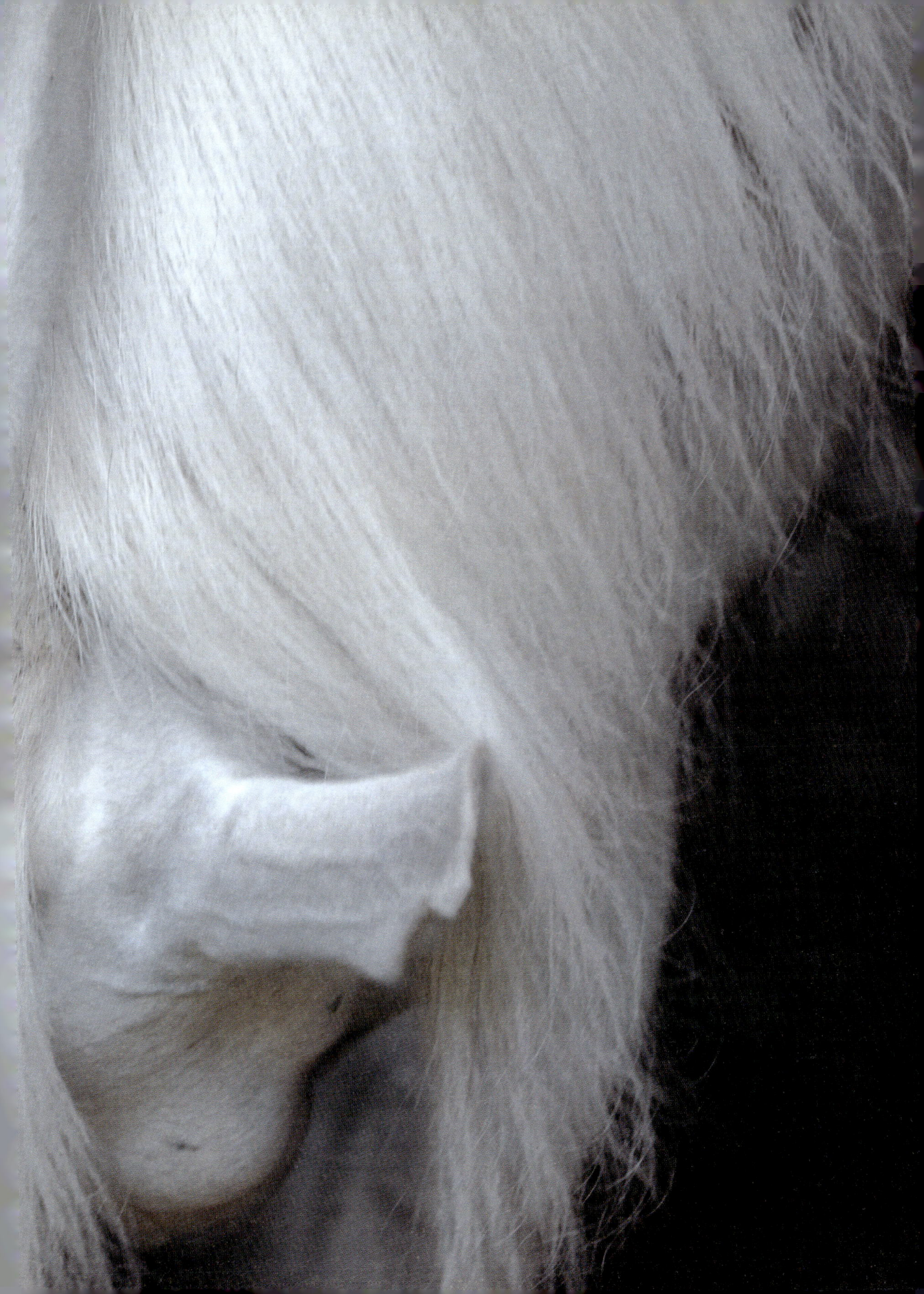

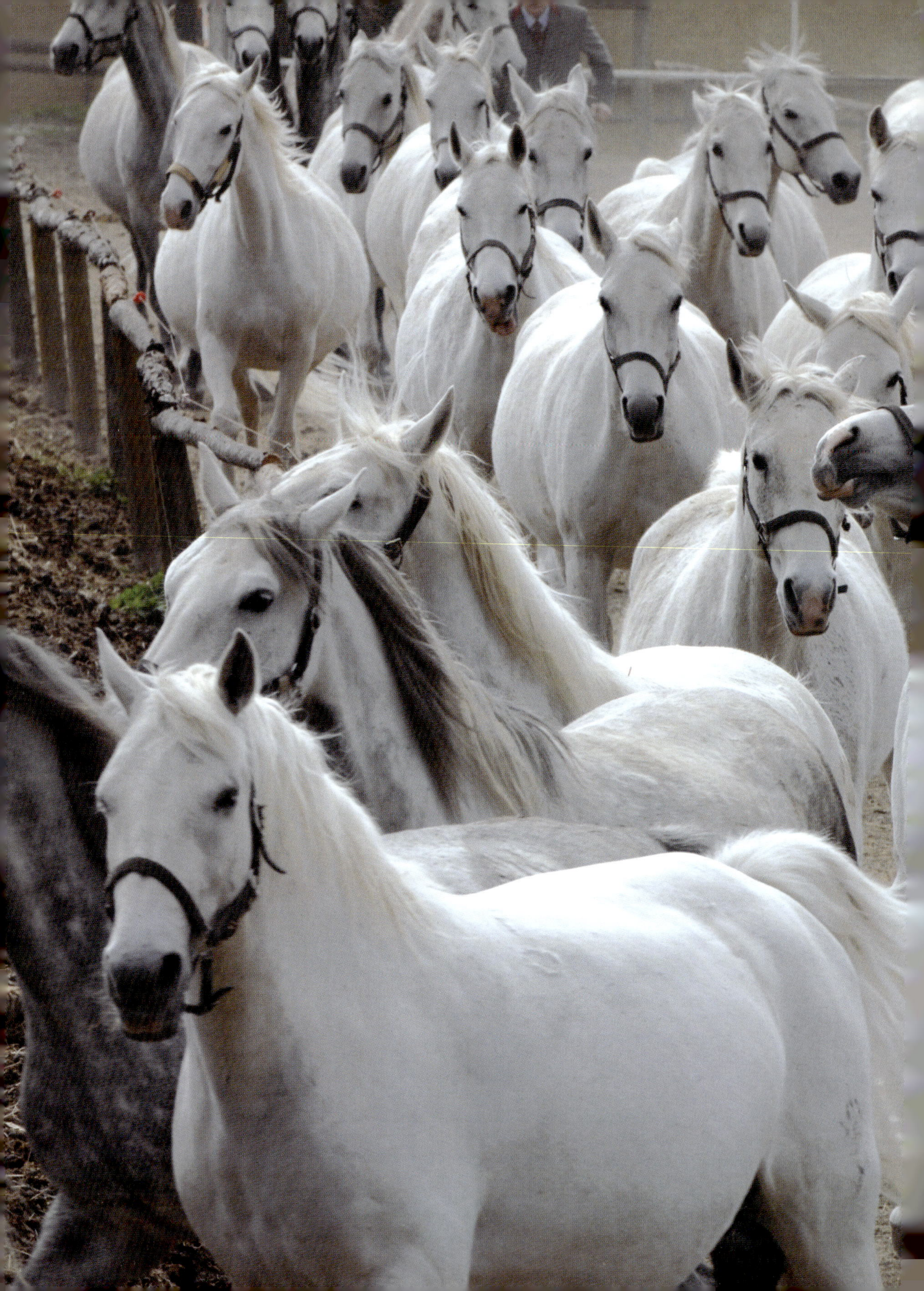

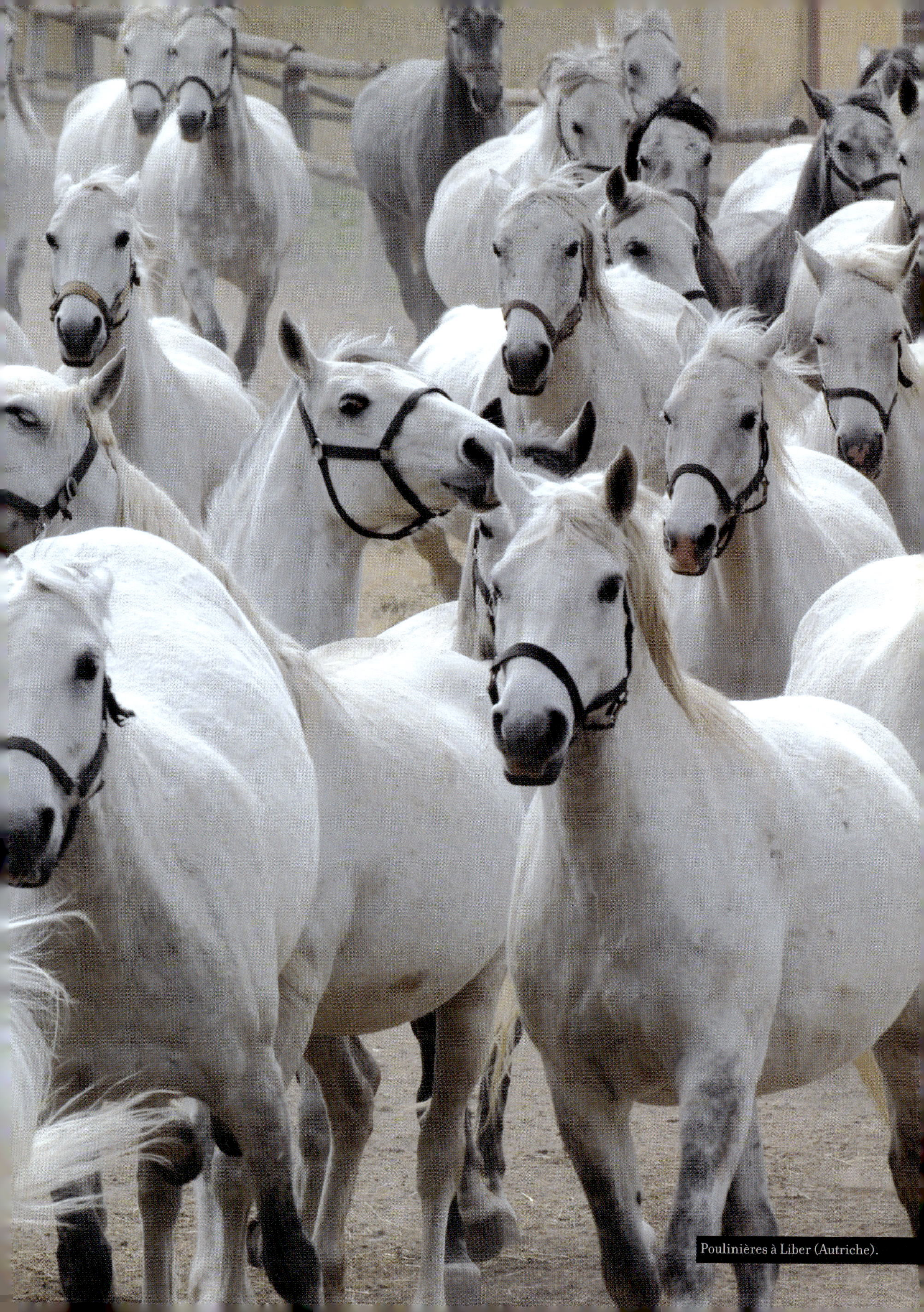

Poulinières à Liber (Autriche).

VOL
TIG
E

VOLTIGE

La voltige est, au départ, un exercice de gymnastique pour former le jeune cavalier, technique consistant à sauter sur un cheval qu'un aide fait tourner en cercle et à la longe, à toutes les allures. L'animal n'est pas sellé. Il porte un surfaix, muni de deux poignées. La voltige en ligne est bien autre chose. Beaucoup plus sportive voire périlleuse, elle est issue de la technique de formation de la cavalerie des célèbres cosaques, gardes fidèles des tsars. Cette technique rendait ces cavaliers particulièrement redoutables et invulnérables, ils étaient invisibles, cachés de façon acrobatique derrière leurs chevaux en plein galop.

C'est à Martre-Tolosane que j'ai vu pour la première fois un spectacle équestre de voltige cosaque. J'ai fait alors connaissance avec la famille de Serge Pakhomov, officier russe cosaque émigré, réfugié en France après l'avènement du communisme dans l'ex-Union soviétique. La cavalerie cosaque restée fidèle au tsar fut persécutée et massacrée par l'Armée rouge… Les survivants ont fui et certains, comme les Pakhomov, se sont installés en France. En créant une troupe de voltige cosaque, le père Pakhomov fut le pionnier dans ce domaine. Le succès fut fulgurant et beaucoup de jeunes cascadeurs français se découvrirent une véritable vocation en pratiquant cette technique équestre…

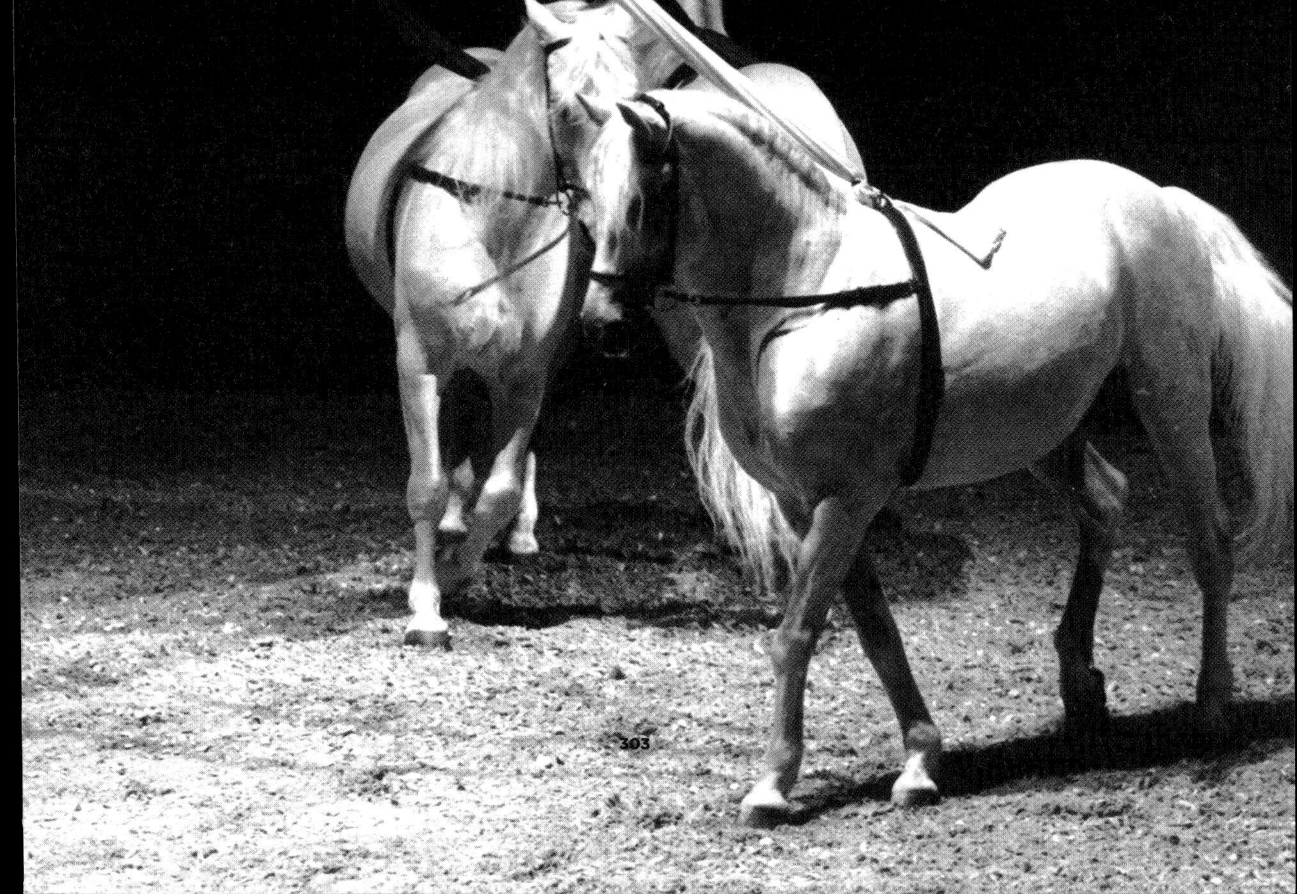

De jeunes troupes se formèrent dont les Hasta Luego, une troupe familiale camarguaise autour de deux frères… Ils aimaient bien mes chansons, particulièrement *Hasta luego*, chanson de marin dédiée à un curé breton, le père Jaouen. (*Hasta luego*, en espagnol, signifie « à plus tard ».)
Il faut rendre hommage, enfin, à Mario Luraschi qui fut un des tout premiers à dominer cet art, en y apportant une touche personnelle et créative et en formant, pour le cinéma et pour le théâtre, une troupe de renommée mondiale !

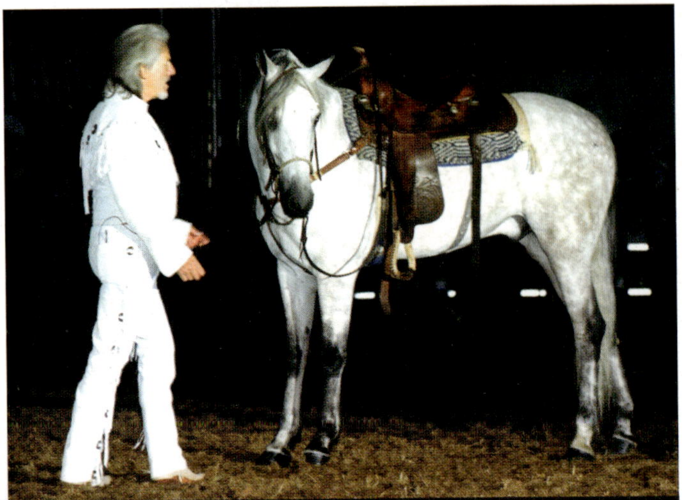

En spectacle avec la compagnie des Hasta Luego.

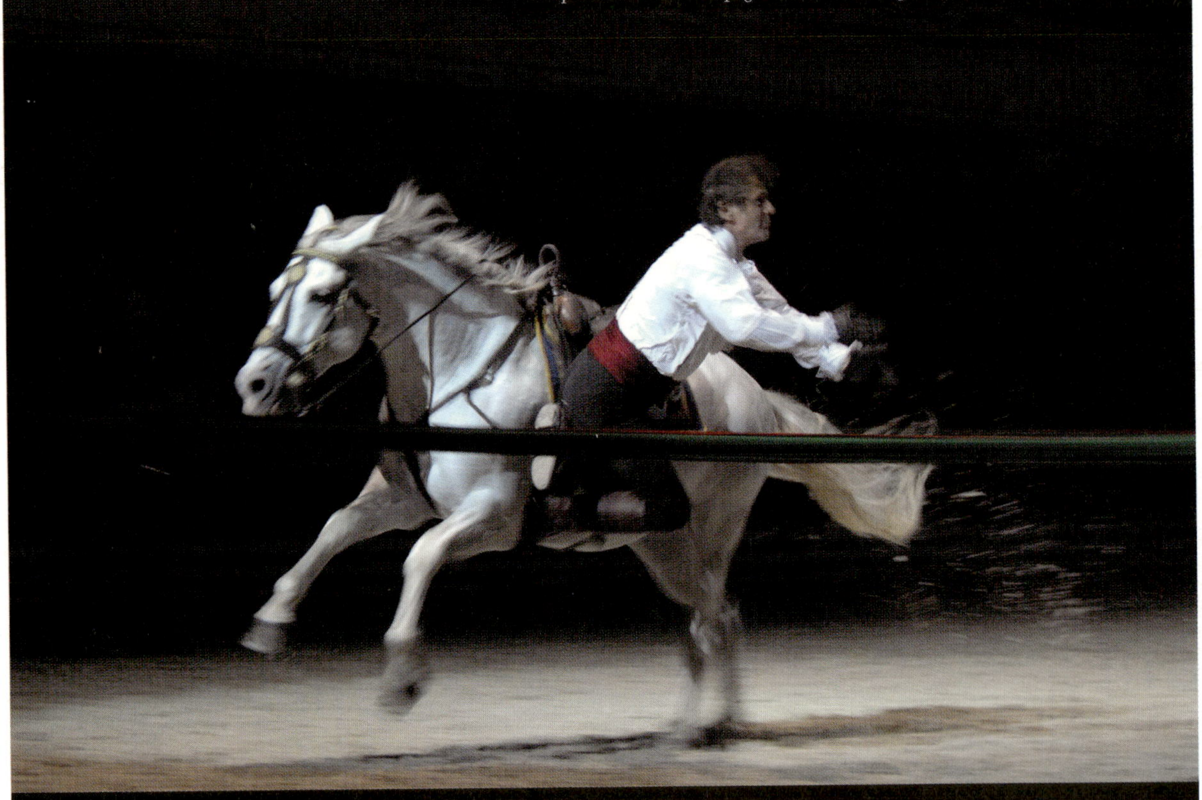

Mario Luraschi.

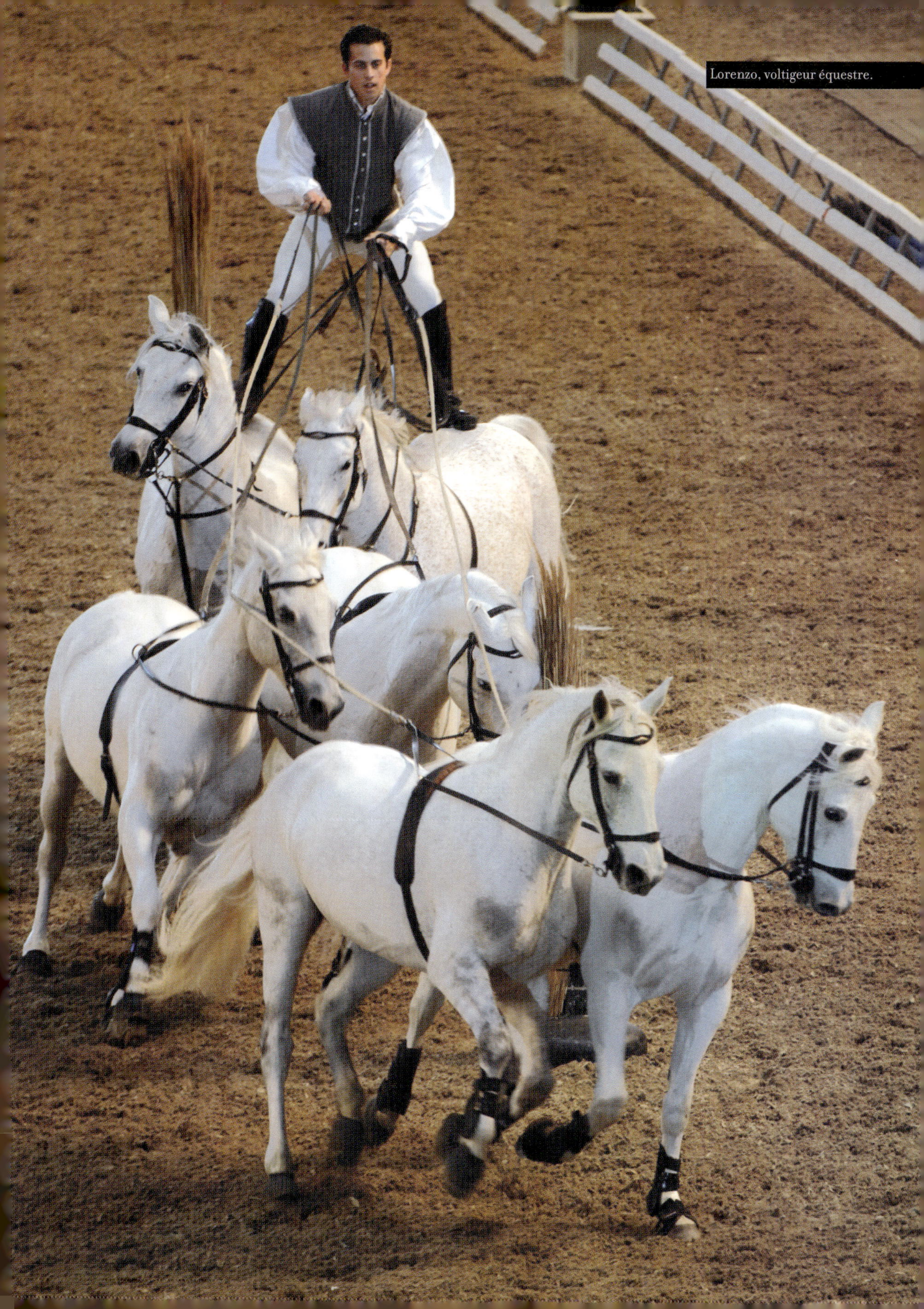
Lorenzo, voltigeur équestre.

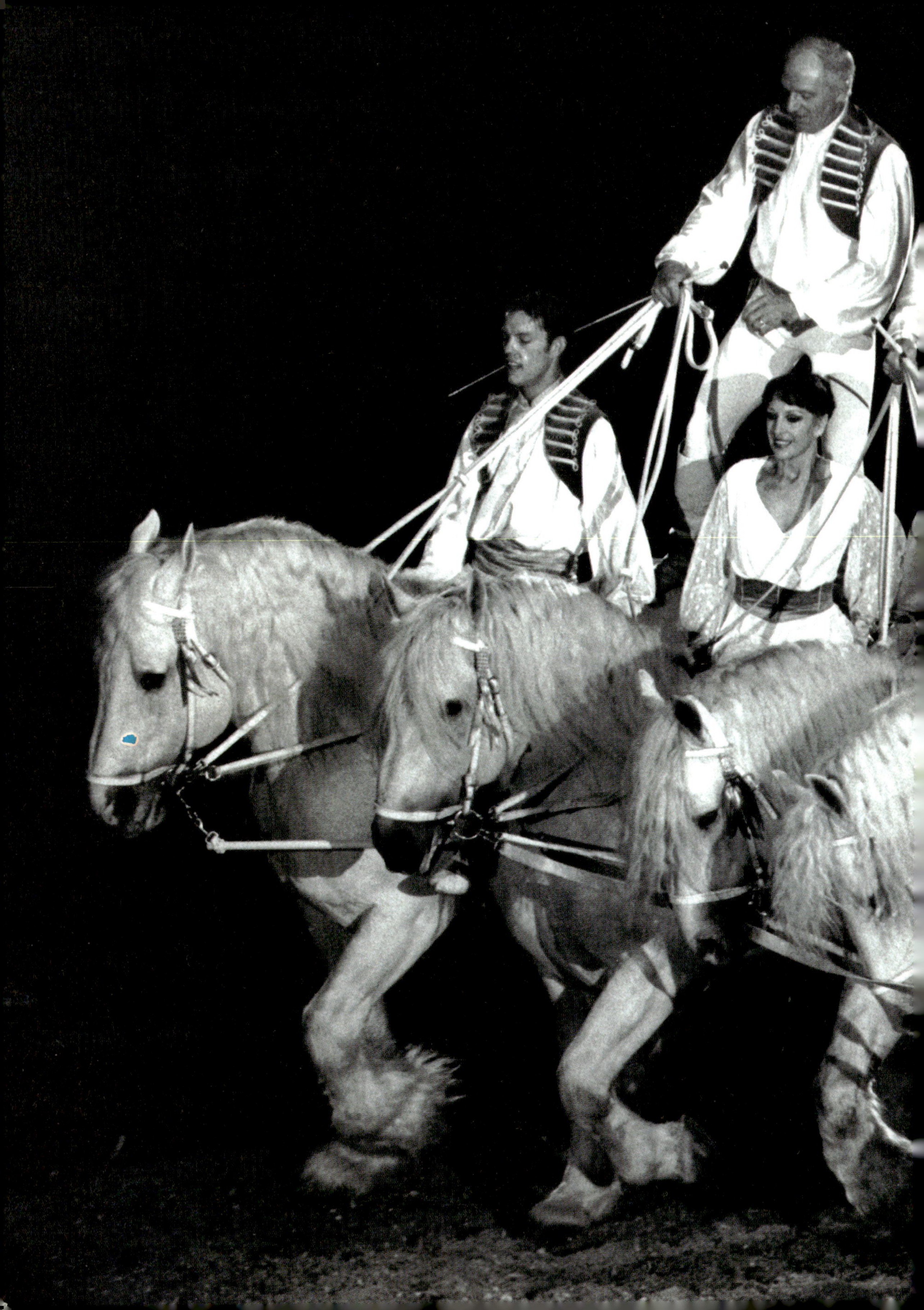

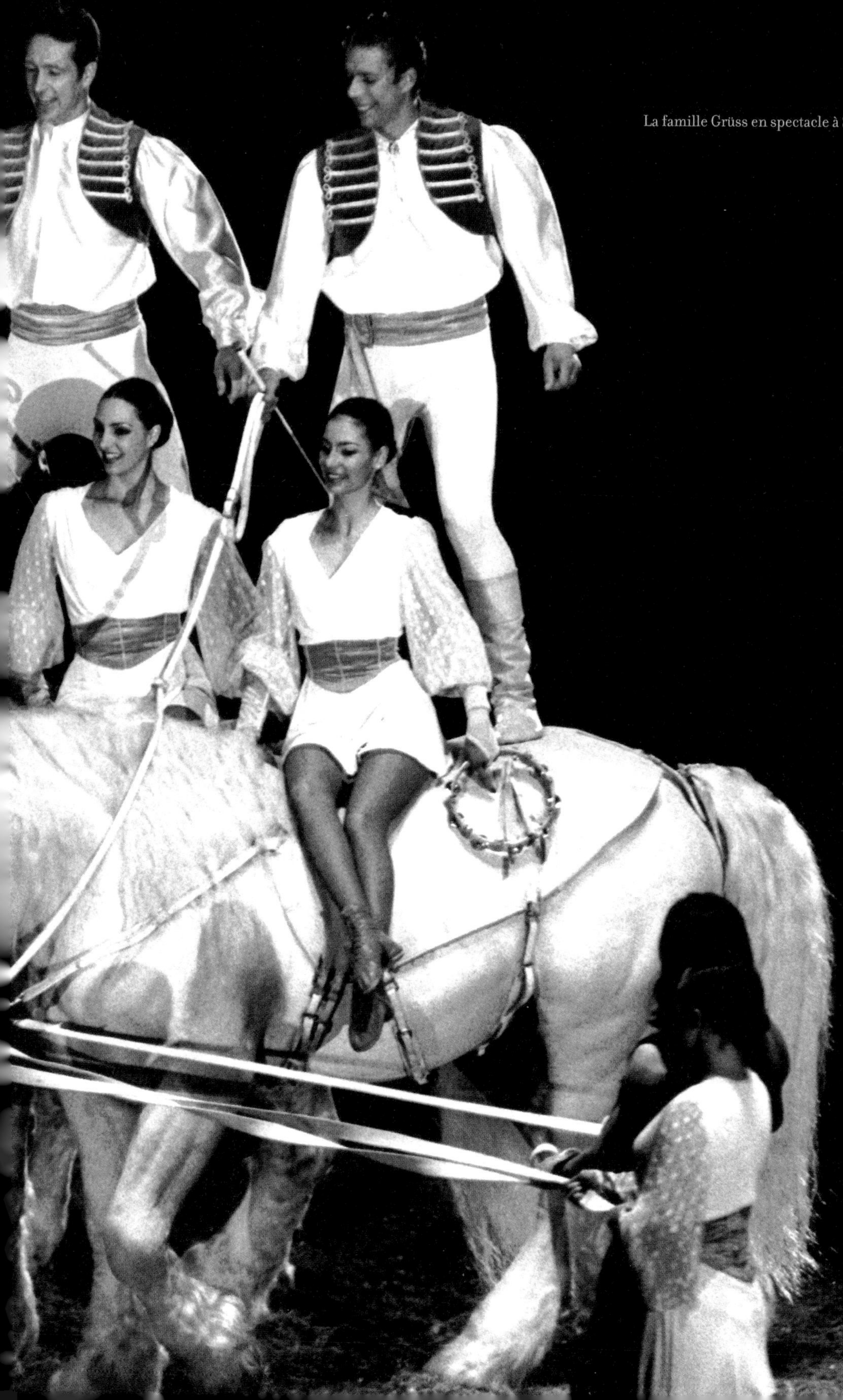

La famille Grüss en spectacle à Saumur.

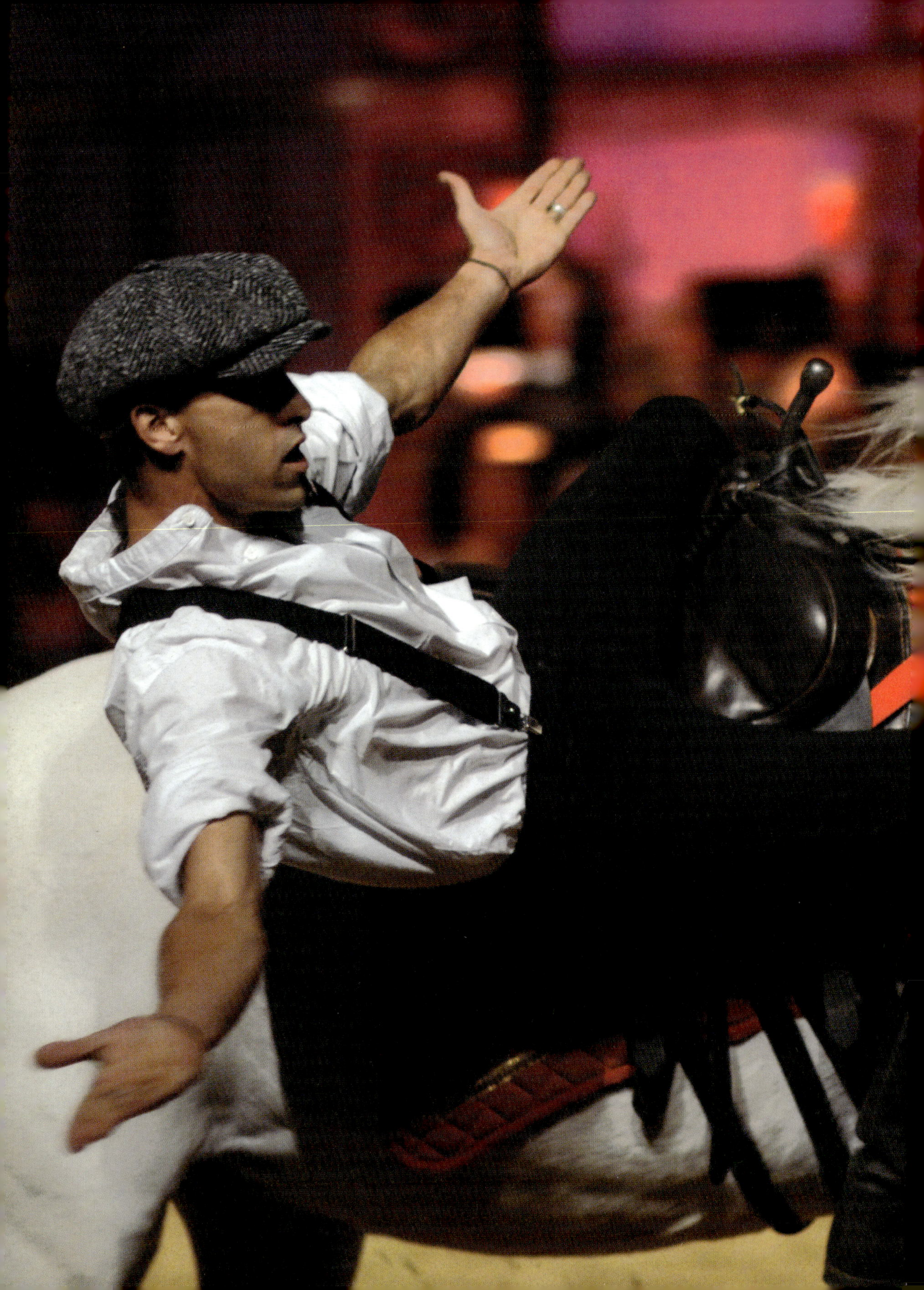

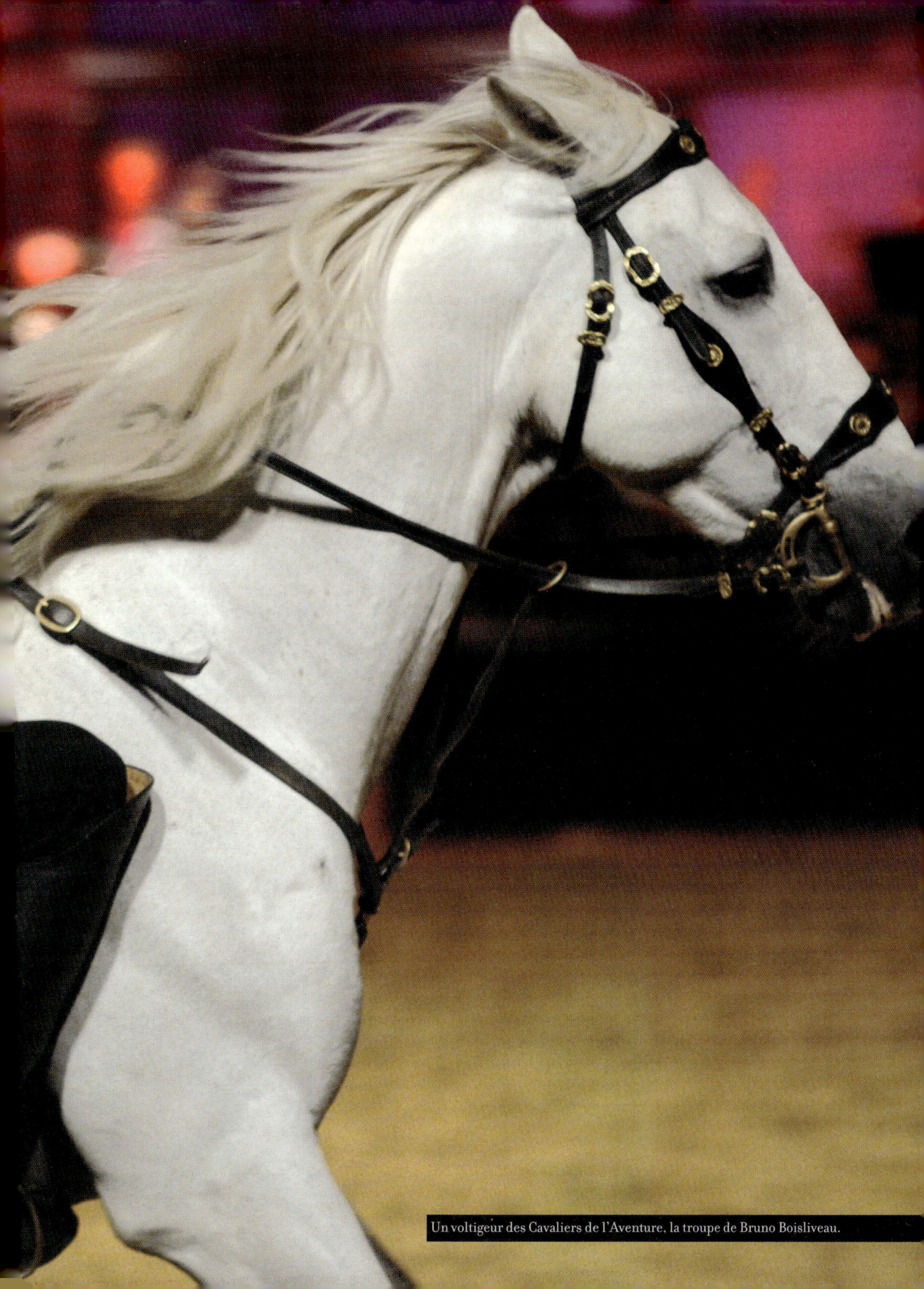

Un voltigeur des Cavaliers de l'Aventure, la troupe de Bruno Boisliveau.

WESTERN

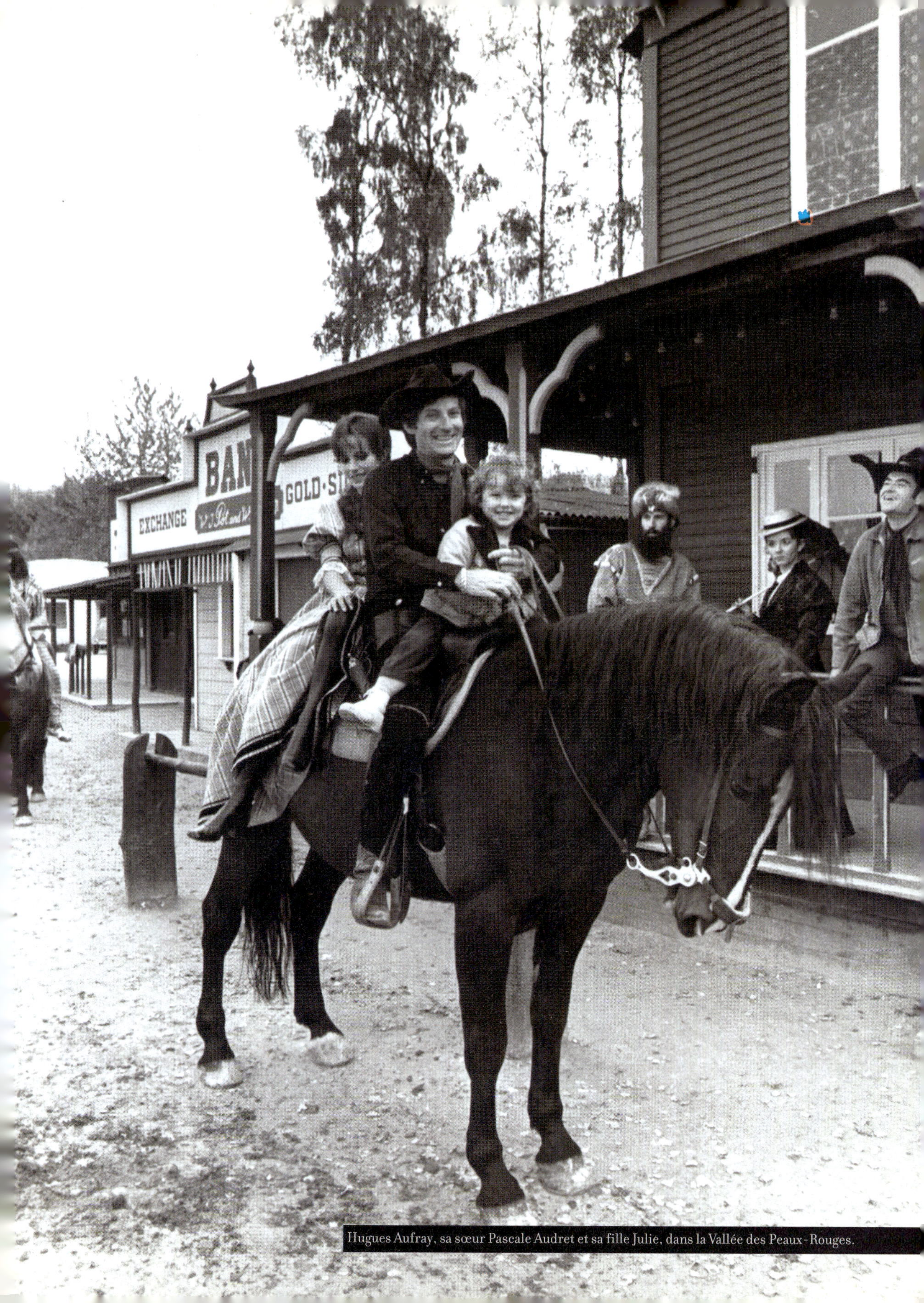

Hugues Aufray, sa sœur Pascale Audret et sa fille Julie, dans la Vallée des Peaux-Rouges.

Mes premiers héros à cheval sont beaucoup plus que de simples héros de western. Lancelot et les Chevaliers de la Table Ronde, Robin Wood et ses compagnons de Sherwood, Prince Vaillant de la célèbre bande dessinée… sans oublier Zorro, l'homme au fouet incarné tout d'abord par Douglas Fairbanks père – *The Mark of Zorro* (1920) –, puis repris par son fils Junior qui montait un cheval Pie, El Rey, qui signifie « le roi ». Justicier, il se battait pour les pauvres contre les riches. Il avait tout pour me plaire. Je me souviens aussi de son ennemi héréditaire, El Lobo, chef d'une troupe de bandits ! Cette épopée se déroulait à la frontière du Texas et du Mexique et nous faisait rêver, mes frères et moi.
C'était à Saint Jean de Luz… en 1939. Nous logions dans une superbe villa basque « Iduski sartzea », et nous avions pour coutume de regagner notre chambre comme notre héros Zorro, c'est-à-dire en escaladant le balcon qui donnait sur le jardin, ce qui n'était pas pour rassurer notre mère !
Je découvris Gary Cooper un peu plus tard, après la guerre. C'est certainement l'homme le plus beau et le plus élégant qu'ait connu le cinéma. Venu à Hollywood chercher l'aventure, il fut, paraît-il, à ses tout débuts, cascadeur à cheval lui aussi. Son charisme a rapidement fait de lui une vedette, que l'on a tort de limiter aux seuls films de western. C'est vrai que dans ce genre il a excellé, mais la plupart des gens ne retiennent que ses rôles dans *Vera Cruz* ou *Le train sifflera trois fois*, alors qu'il était merveilleux dans certaines comédies légères, comme *Sérénade à trois*.
À dix-huit ans, j'ai rêvé de mesurer 1,90 mètre comme lui… mais, comme vous le savez, je n'y suis pas encore parvenu !

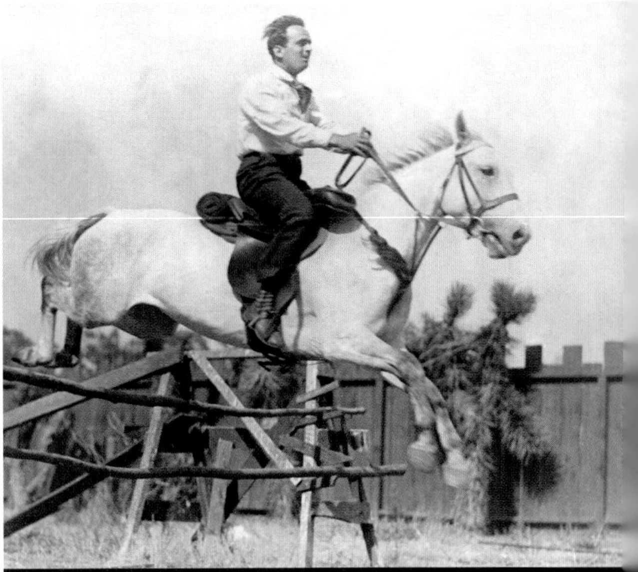

Douglas Fairbanks vers 1910 et, en bas, dans son rôle de Zorro.

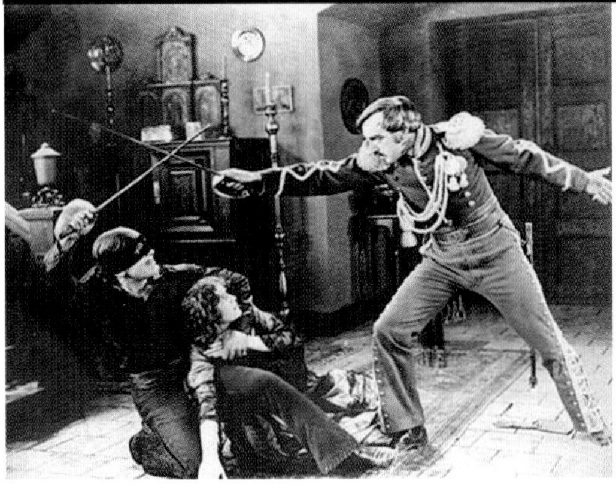

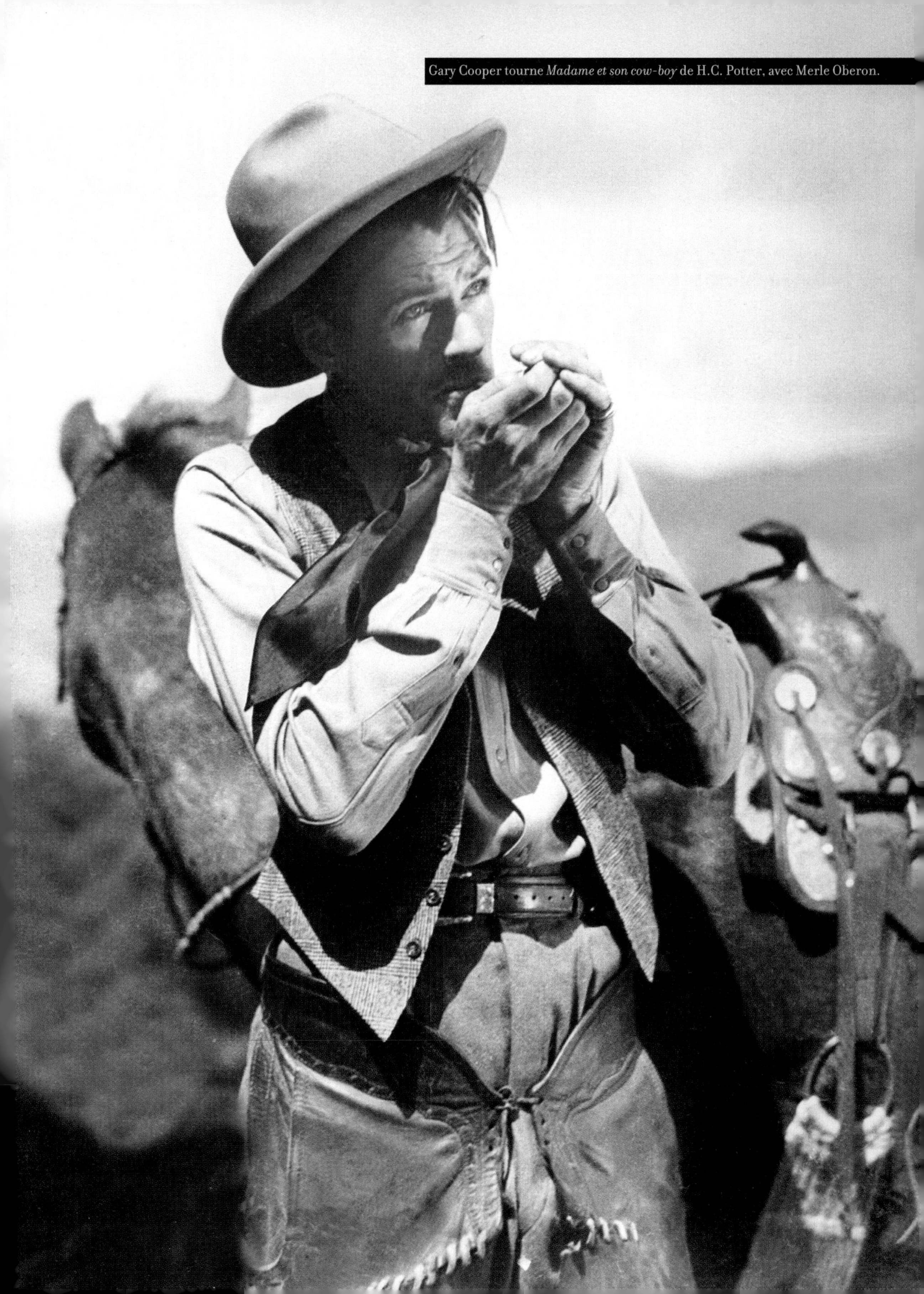

Gary Cooper tourne *Madame et son cow-boy* de H.C. Potter, avec Merle Oberon.

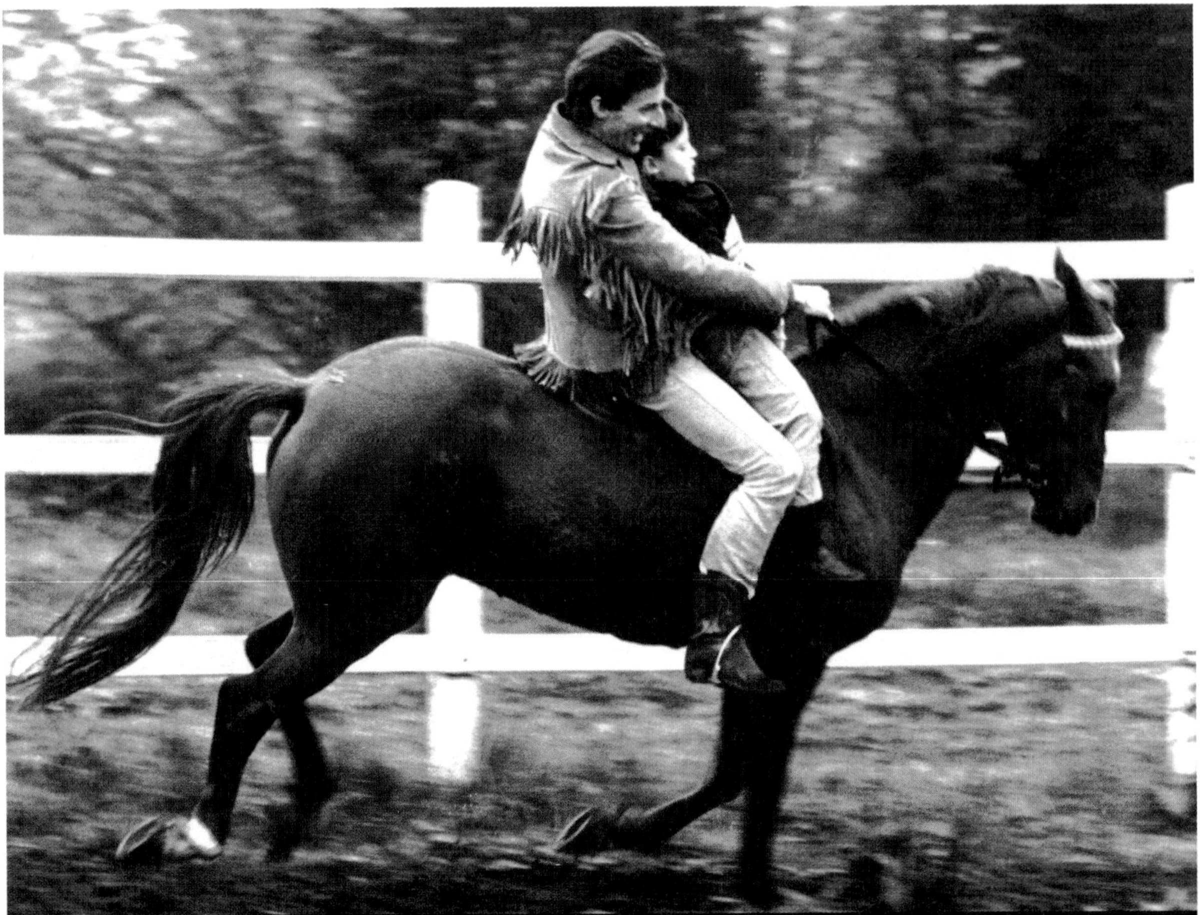

Avec Marie et Charlotte, ses filles, chez Eddie Constantine.

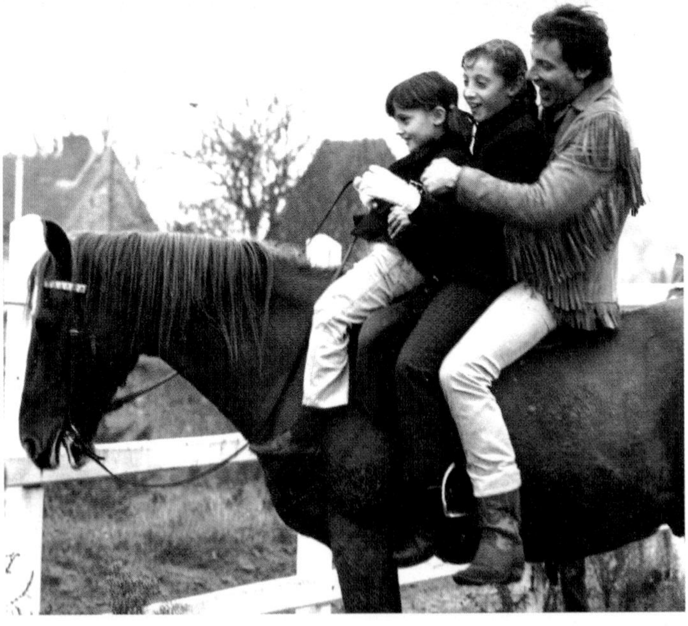

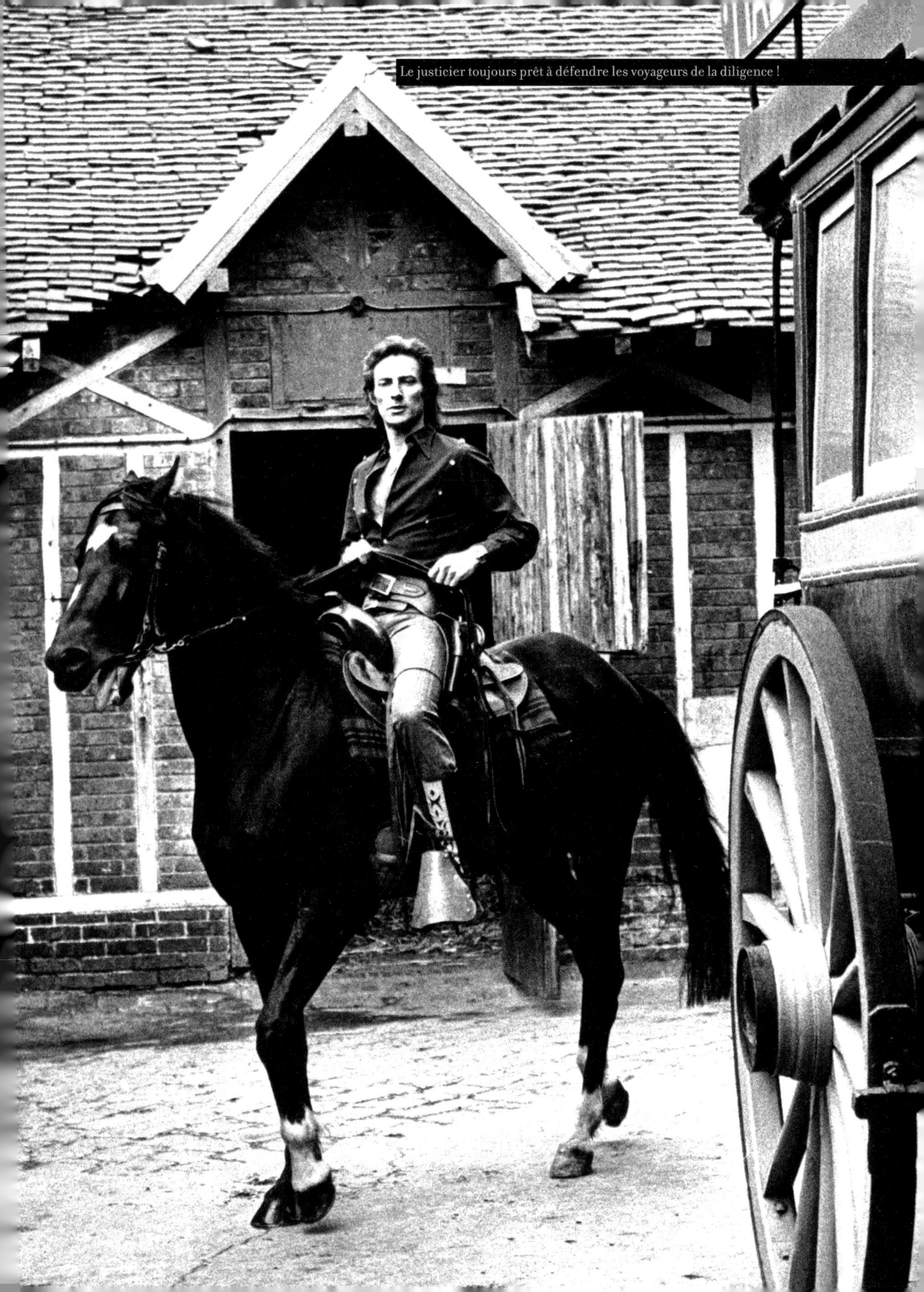

Le justicier toujours prêt à défendre les voyageurs de la diligence !

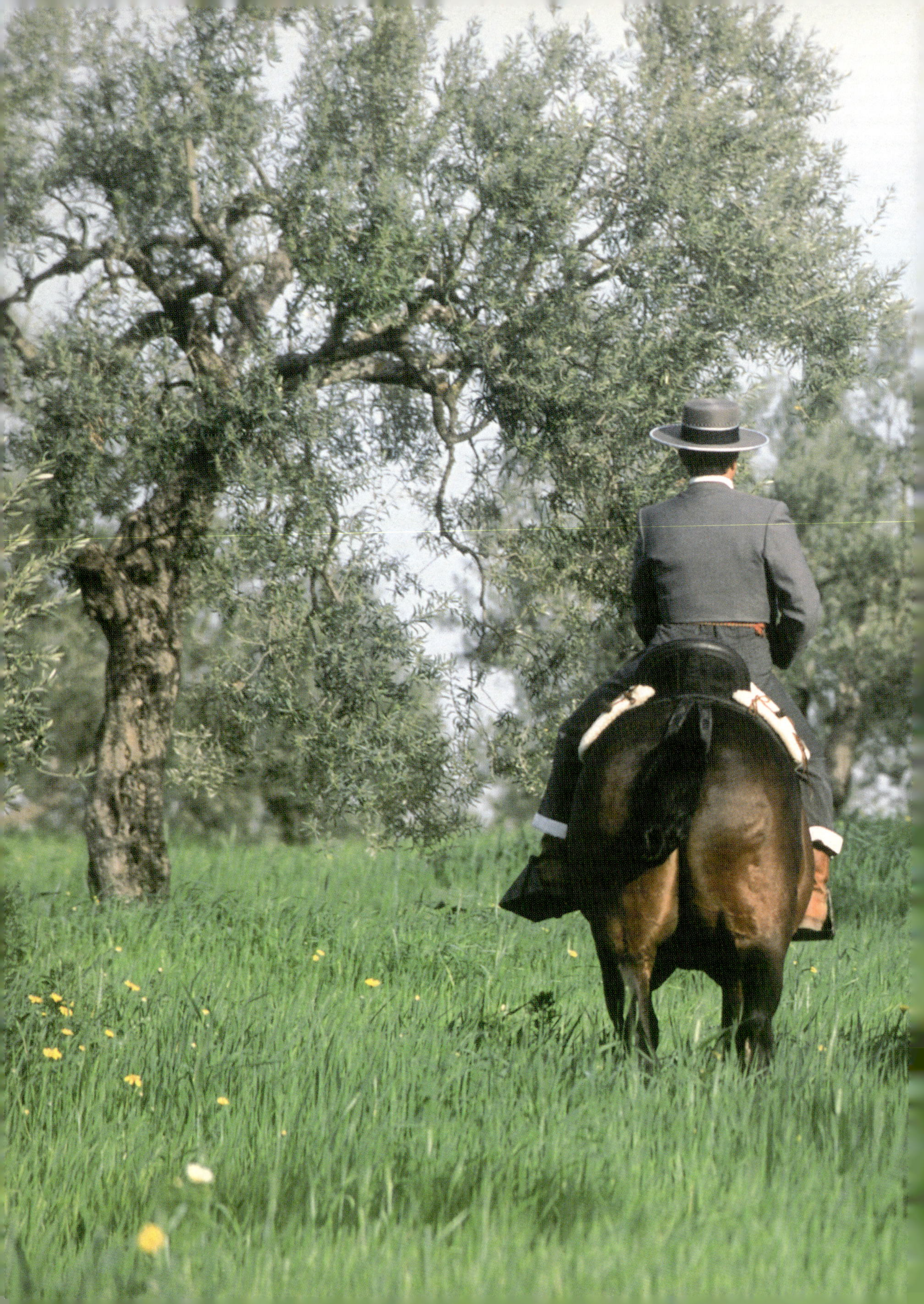

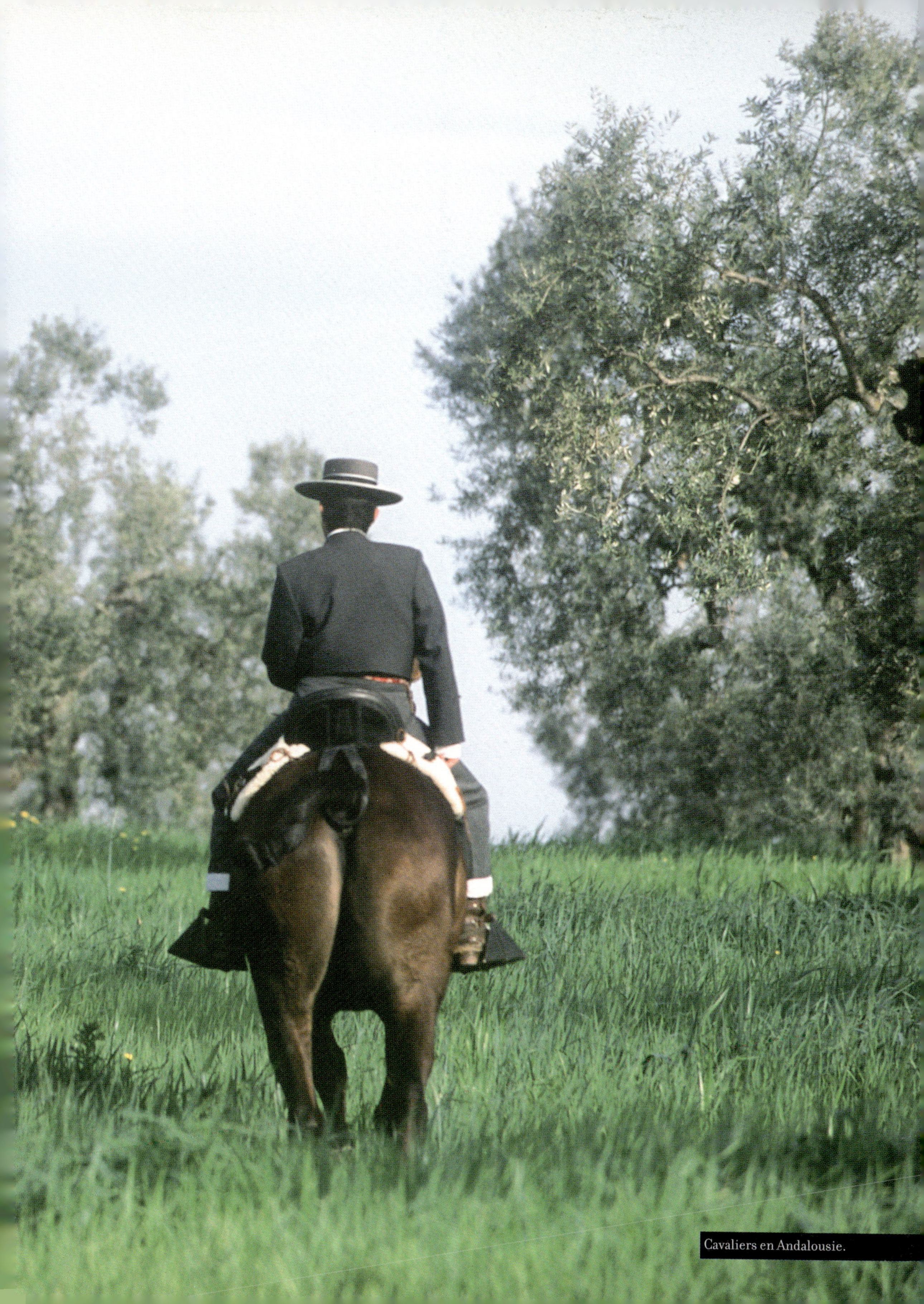

Cavaliers en Andalousie.

Au collège de Sorèze, lors de la remise des prix de fin d'année, lorsque le Père prieur annonçait : « Premier Prix d'Équitation, Hugues Auffray », j'éprouvais soudain le sentiment d'exister dans cet univers scolaire dans lequel j'avais eu tant de mal à m'intégrer...
Vous l'avez déjà compris, c'est bien au Cheval que je dois aujourd'hui d'être ce que je suis.
Cet ouvrage n'est qu'un très modeste message de reconnaissance à ce noble animal auquel l'humanité, elle aussi, doit tant et tant !
Il n'a comme ambition que d'ajouter une petite note légère et anecdotique, écrite par un cavalier amateur qui, grâce à la chanson, a eu la chance de rencontrer de véritables professionnels du monde équestre. Et de grande qualité.
À leurs côtés, je ne cesserai jamais d'améliorer mes connaissances.
Qu'ils en soient ici tous remerciés...

Je tiens à remercier
Philippe Audigé, Yves, Annabel et Sophie Bienaimé, Jean-Yves Bonnet, Jean-Pierre Burray, Pierre Cazes, Jean-Pierre Cosneau, Françoise Dehaleux, Général Pierre Durand (ENE), Pierre Durand, les Hasta Luego, Michel Henriquet, Monsieur Holpey, Pierre Jonquières d'Oriola, Philippe Karl, Jeanny Leclet, Loïc Lemasne de Chermont, Guitou Lapeyre, Xavier Le Gall, Mario Luraschi, Jacques Macaire, Gaston Mercier, Yves Piaget, Patrick « Grand Loup Blanc » Piccard, Marcel Rozier, Yves-Saint-Martin et tous mes amis du monde équestre...

Tous les chevaux que j'ai eu l'honneur et le plaisir de monter restent à jamais dans mon cœur...

Merci aussi à
Bernard Nové Josserand, Delphine Germain, François Huertas, Monique Monnet et Jacqueline Lasry, sans laquelle cet ouvrage n'aurait jamais existé !

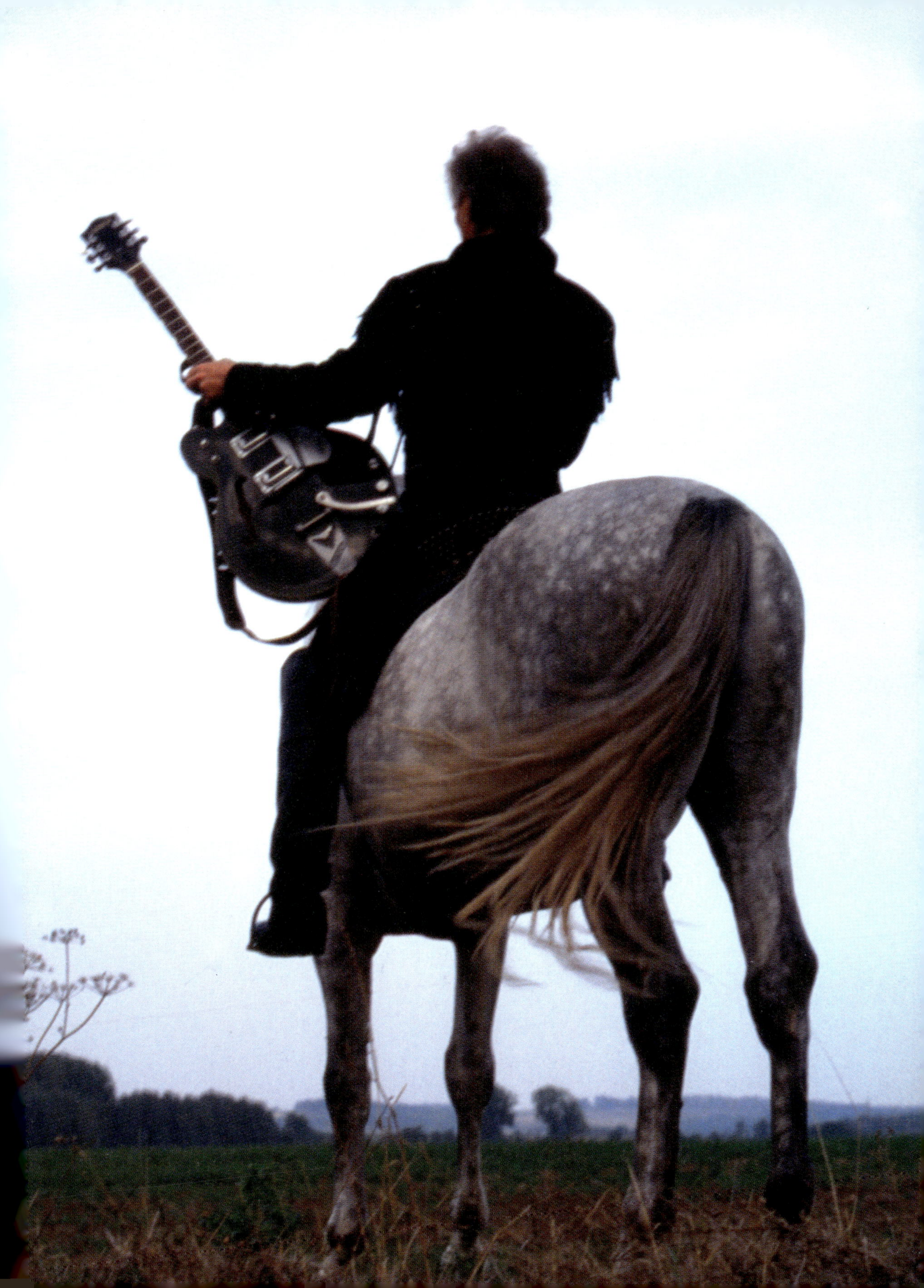

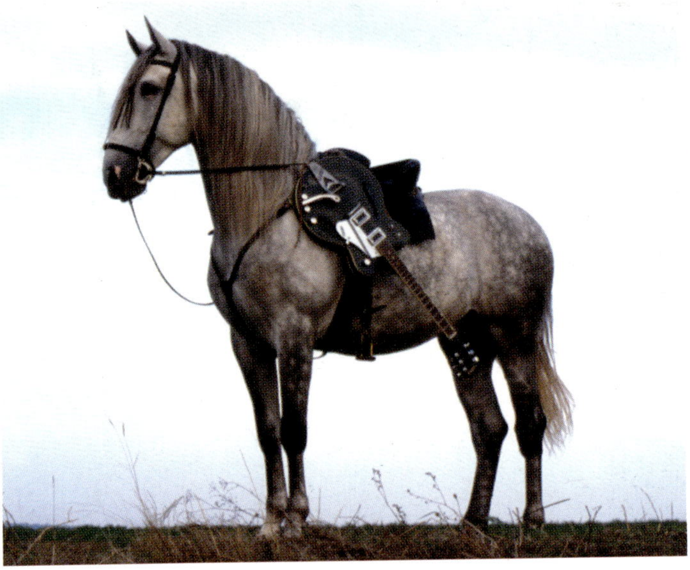

Crédits iconographiques

Archives de l'École de Sorèze : 291 c ; **Coll. part. Hugues Aufray DR** : p 1, 19, 24, 25a et b, 39, 40a et b, 54, 57, 63, 71, 82, 83, 100, 121, 122, 147, 154a, 174a, 194, 196, 198a et c, 210, 212b, 215b, 245, 248, 249, 250, 256, 261, 290, 291a et b, 304, 311, 314 a et b, 315 ; François Allasimone : 89, 90a, b, c et d, 91, 166, 168a, b, c et d ; Daniel Colonnier : 233, 239 ; Joël Lafay : 173a ; Jacques Lebeau : 319, 320 ; Monique Monnet : 212a, 213a, b et c, 228 ; **Coll. part. Yves Bienaimé** : 218b ; **Coll. part. CRT Alsace** : 162, 163, 165a ; **Coll. part. Françoise Dehaleux** : 73, 222 ; **Eyedea** : Beltra-Vandeville/Gamma : 176 ; Bernard Barbereau/Gamma : 18 ; Éric Catarina/Gamma : 108, 109 ; Andrea Friess/Gamma : 140 ; Bruno Hadjih/Gamma : 118 ; Hireschip/Gamma : 180 ; Keystone France : 95, 112, 124, 199, 219, 312a, 313, 314a et b, 315 ; Gilles Mingasson : 181 ; Noël Quidu/Gamma : 137 ; Érik Sampers/Gamma : 193 ; Christian Voulgaropoulos/Gamma : 114 ; Tim de Waele/Photo News : 116 ; **Tony Frank** : 146, 211 ; **Coll. part. Michel Henriquet** : 136 ; **Érick Henry** : 280a, b et c ; **François Huertas** : 38, 41a et b ; **Coll. part. Gillian Hugo** : 244, 247a et b ; **Alain Laurioux** : 5, 6, 8, 11, 13, 14, 17, 20, 23, 26, 27a et b, 29, 31, 32, 34, 36, 42, 43a et b, 44, 46, 47, 48, 49, 50, 51, 52, 55, 58, 59, 60, 65, 66, 67, 69, 70, 74, 75a et b, 76, 79, 80, 84a et b, 85, 86, 92, 97, 98a et b, 99, 101a et b, 102, 103,104, 106, 107, 111, 113a et b, 115, 120, 126, 127, 129,130, 131, 132, 133, 135, 138, 139, 141, 142, 145, 148, 149, 151b, 157, 158a et b, 159, 161, 164, 165b, 171, 174b, c et d, 175, 178, 182, 184, 185, 186, 187a et b, 189, 190, 195, 197, 200, 201, 202, 204, 205, 206, 208, 215a, 216, 217, 218a, 221, 223, 224, 225, 226, 229, 230, 231, 232, 234, 237, 238, 240, 242, 251a et b, 252, 254, 260, 262, 263a, 264, 267, 269, 270, 273, 275, 276, 278, 279, 281a et b, 282, 283a et b, 284, 285, 286, 288, 289, 292, 295, 296, 297, 298, 300, 303, 305, 306, 308, 316 ; **Coll. part. J. Leclet** : 198b ; **Coll. part. Mario Luraschi** : 304b ; **A. Martin** : 258a et b, 259, 263b, 265a et b ; **Médiathèque du Cheval-Photothèque/Les Haras nationaux, Paris** : R. Adenot : 188b ; L.Launay : 188a ; **Coll. part. Gaston Mercier** : 152, 154b ; **PSV J. Morel** : 173b ; **wwwrbpresse.com** : 150 ; **Coll. part. Route du Sel** : 155b, 215c ; **Daniel Simon-Equiwest Magazine** : 246 ; **Jacques Toffi** : 151a ; **Éric Trescazes** : 155a.

Merci à Xavier Boudon, Éliane, Dominique du Trieu de Terdonck, Catherine Henriquet, Gillian Hugo (Haras d'Eygalières : www.harasdeygalieres.com.), Érick Henry, Marie Hoessler, Élisabeth Meston, Muriel Molinier, Jean-Louis Siat et Daniel Simon qui ont eu la gentillesse de nous aider dans notre recherche de photos.

Collection « Phare's » dirigée par Hugues de Saint Vincent et Jacqueline Lasry

Direction artistique : François Huertas

ISBN : 9782755602708

Dépôt légal : octobre 2008

Achevé d'imprimer en octobre 2008 par PPO Graphic à Palaiseau.